Gudrun Prinz / Andrea Harms / Erich Lehner (Hrsg.)

Versionen des Selbst

Komplexes Identitätserleben
als klinische und gesellschaftliche Herausforderung

Jahrbuch Selbstpsychologie
Band 4

Jahrbuch Selbstpsychologie

Das Jahrbuch präsentiert den internationalen Dialog mit den in Praxis, Theorie und Forschung tätigen und an der psychoanalytischen Selbstpsychologie interessierten Psychotherapeutinnen und Psychotherapeuten und Psychoanalytikerinnen und Psychoanalytikern sowie Interessenten aus anderen wissenschaftlichen Disziplinen. Die Beiträge diskutieren die theoretischen Grundlagen und die klinische Praxis der psychoanalytischen Selbstpsychologie. Darüber hinaus soll der wissenschaftliche Austausch von Informationen zur psychoanalytischen Selbstpsychologie innerhalb Europas, insbesondere hinsichtlich behandlungstechnischer Fragen, gefördert und die Fort- und Weiterbildung angeregt werden.

Gudrun Prinz / Andrea Harms / Erich Lehner (Hrsg.)

Versionen des Selbst

Komplexes Identitätserleben als klinische und gesellschaftliche Herausforderung

Jahrbuch Selbstpsychologie Band 4

Beiträge von Erwin Bartosch, Camilla Chwojka,
Martin Goßmann, Andrea Harms, Franz Herberth, Rachel Kella,
Frank Lachmann, Erich Lehner, Joseph D. Lichtenberg,
Gabriela Mann, Ute Moini-Afchari, Anna Ornstein,
Christa Paulinz, Viera Pirker, Gudrun Prinz, Petra Purkarthofer,
Franz Resch, Eleonore Schneiderbauer, Karoline Windhager

Brandes & Apsel

Jahrbuch Selbstpsychologie

Redaktionsadresse:
Dr. Wolfgang Milch
Zur Napoleonsnase 13
35435 Wettenberg

1. Auflage 2022

DTP und Umschlag: Brandes & Apsel Verlag, Frankfurt a. M., Germany
Druck: STEGA TISAK, d. o. o., Printed in Croatia
Gedruckt auf säurefreiem, alterungsbeständigem und chlorfrei gebleichtem Papier

Bibliografische Information Der Deutschen Nationalbibliothek:
Die Deutsche Nationalbibliothek verzeichnet diese Publikation in der
Deutschen Nationalbibliografie; detaillierte bibliografische
Daten sind im Internet über www.ddb.de abrufbar.

ISBN 978-3-95558-323-1

Inhalt

5. Teil
Wenn die Selbstkohärenz gefährdet ist …

Gudrun Prinz / Andrea Harms / Erich Lehner
Editorial

Vor rund zwei Jahren begannen wir im Wiener Kreis für Psychoanalyse und Selbstpsychologie, uns eingehender mit den Zusammenhängen von individuellem Erleben und gesellschaftlichen Bedingungen zu beschäftigen. In Vorträgen und Diskussionen wurden unterschiedliche Aspekte dieses umfassenden Themenkomplexes beleuchtet. Bei manchen davon standen theoretische Überlegungen im Vordergrund, bei anderen die klinischen Erfahrungen der Kolleg*innen. Verschiedene Bedeutungen von Identitätskonstruktionen auf individuellen wie kollektiven Ebenen wurden dabei erforscht.

Pandemiebedingt konnten die 5. Wiener Selbstpsychologietage, die sich ebenfalls diesem Thema widmen wollten, im Juni 2020 nicht stattfinden und auch der geplante Tagungsband wurde damit hinfällig.

Umso mehr freuen wir uns darüber, unsere Auseinandersetzung mit dem Thema in Form des vorliegenden Jahrbuchs Selbstpsychologie mit einem größeren Kreis von Kolleg*innen teilen zu können. Wir hoffen, dass sich darin Ideen, Erfahrungen und Reflexionen finden, die inspirieren und zu Diskussionen anregen. Erfreulicher Weise erklärten sich auch eine Reihe von Autor*innen, die keine Mitglieder im Wiener Kreis für Psychoanalyse und Selbstpsychologie sind, bereit, Überlegungen zu diesem Band beizusteuern und damit zur Vielfalt der darin enthaltenen Perspektiven beizutragen.

Die Artikel sind auf sehr verschiedenen Betrachtungsebenen angesiedelt, teilen aber das Bestreben, einen psychoanalytischen Reflexionsraum für die wahrgenommenen Phänomene zu eröffnen.

Am Beginn des Buches werden in den Beiträgen von Viera Pirker, Franz Resch, Erich Lehner und Gudrun Prinz grundsätzliche Fragen nach dem Wesen von Identitätsentwürfen gestellt. Spezielle Herausforderungen für Adoleszente sowie die Bedeutung von Geschlecht und sexueller Orientierung werden angesichts ihrer Verflochtenheit mit gesellschaftlichen Kontexten kritisch reflektiert.

Dem Thema, wie sich Analytiker*innen über ihre Tätigkeit im Rahmen von Supervision austauschen, gehen Franz Herberth und Ute Moini-Afchari nach. Bei Gabriela Mann bekommt der Austausch unter Kolleg*innen eine zusätzliche Dimension, wenn sie darüber berichtet, wie sich israelische und deutsche Analytiker*innen gemeinsam mit den Nachwirkungen des Holocaust beschäftigten. Erwin Bartosch gewährt in einem sehr persönlichen Statement Einblicke in sein Selbstverständnis als Analytiker.

In Fallvignetten beschreiben Rachel Kella, Karoline Windhager und Camilla Chwojka die Suchbewegungen ihrer Patient*innen nach passenden Identitätsentwürfen und ihre Rollen als Analytiker*innen dabei. Andrea Harms und Martin Goßmann sowie Christa Paulinz stellen eigene Überlegungen zu aufgeworfenen Themen in den von ihnen kommentierten Fällen an.

Anna Ornstein und Petra Purkarthofer unternehmen in ihren Beiträgen den Versuch, Verbindungslinien zwischen individuellem Erleben und politischen Zusammenhängen zu ziehen.

Der sozialisierenden Funktion von Scham und ihrer Bedeutung für die individuelle Entwicklung und das Selbsterleben geht Eleonore Schneiderbauer nach. Frank Lachmann widmet sich der selbststärkenden Wirkung von Musik.

Zum Abschluss findet sich in diesem Band ein letzter theoretischer Beitrag von Joseph D. Lichtenberg, der im Mai 2021 verstorben ist. Er hat ihn noch kurz vor seinem Tod verfasst. Joe hat unser psychoanalytisches Verständnis 30 Jahre lang mit seinen entwicklungspsychologischen und behandlungstheoretischen Konzepten sehr bereichert und die Selbstpsychologie im deutschsprachigen Raum besonders gefördert. Sein Artikel befasst sich mit der Rolle eines »Gefühls von Macht« für ein kohärentes Selbsterleben und wir freuen uns sehr, ihn hier im Gedenken an ihn veröffentlichen zu dürfen.

Kurz vor Redaktionsschluss dieses Bandes erreichte uns noch die Nachricht, dass Martin Dornes am 25. Dezember 2021 völlig unerwartet verstorben und Lotte Köhler nach kurzer Krankheit am 1. Januar 2022 für immer friedlich eingeschlafen ist.

Martin Dornes und Lotte Köhler hatten großen Einfluss auf die Entwicklung der Selbstpsychologie im deutschsprachigen Raum und waren bedeutsame Persönlichkeiten für unseren Wiener Kreis für Psychoanalyse und Selbstpsychologie

Martin Dornes baute, beginnend in den 1990er Jahren, Brücken zwischen Psychoanalyse und empirischer Säuglingsforschung. Unter anderem vermittelte er einen Zugang zu den bahnbrechenden Schriften Daniel Sterns zum Erleben des Säuglings durch seine differenzierten und dennoch leicht verständlichen Zusammenfassungen und Interpretationen. Seine Besuche bei uns in Wien waren Sternstunden des kollegialen Dialogs.

Lotte Köhler ließ uns nicht nur an ihren sehr persönlichen Erinnerungen an Heinz Kohut teilhaben, sondern überzeugte uns auch mit einer ausführlichen selbstpsychologischen Entwicklungstheorie. Zudem unterstütze sie uns bei jeder Gelegenheit, zuletzt 2018 anlässlich der IAPSP Konferenz in Wien.

Im Anschluss an den Artikel von Joe Lichtenberg finden sich noch Würdigungen der beiden verfasst durch Martin Altmeyer bzw. Ron Bodansky.

Mit Joseph D. Lichtenberg, Martin Dornes und Lotte Köhler verlieren wir also gleich drei große Lehrende und verabschieden uns von ihnen mit großer Dankbarkeit.

I. Teil
Identität – eine Konstruktion?

Viera Pirker
Innen, außen, an der Grenze?
Identität als Lineatur der Erfahrung und Entwicklung

Das Thema »Identität« begleitet die analytische Arbeit seit Jahrzehnten – der schillernde Begriff, mehrfach verabschiedet, kehrt immer wieder, gerne in verändertem Gewand. Der Begriff Identität ist verwickelt und mitunter klebrig wie »Zuckerwatte«, ein »seltsam magisches« Wort von »prickelnder Modernität«, »Trompetenwort«, galt bereits Mitte der 1980er Jahre als »Inflationsbegriff Nr. 1«, ist vielleicht längst zu einer »spekulativen Gedankenblase« verkommen (Brunner, 1987, S. 63; Goffman, 1975, S. 74; Kaufmann, 2005, S. 11; Rosenlöcher, 1997, S. 24). Wovon und auf welchem Hintergrund spricht, wer heute die Identität bemüht, und wie lässt sich der Begriff konzeptionell so fassen, dass er auch in therapeutischer Arbeit tragfähig wirken kann?

1. Identität und ihre Konstruktion

Auf der Basis der kontextualisierenden Einordnungen zum Zueinander von Individuum und Gesellschaft wendet sich der Blick mit der Fokussierung der Identität stärker auf das Individuum. Mit der Frage der Identität wird in der Regel eines der folgenden Themen adressiert:

– die gesellschaftlichen *Rollen und Zugehörigkeiten*,
– die oberflächlichen, *unverwechselbaren Merkmale*, die diesen Menschen körperlich und äußerlich ausmachen und die von anderen Menschen in einer bestimmten, kulturell und gesellschaftlich geprägten Weise gelesen und gedeutet werden,
– die im *Selbstverhältnis* vorfindliche, tiefenpsychologisch orientierte Perspektive: In welcher Beziehung und in welchem emotionalen Kontakt steht eine Person zu sich selbst – wozu auch der Blick auf diejenigen inneren Anteile, die fremd und schambesetzt bleiben, gehört,
– das Zueinander von *Selbstbild und Fremdbild*, also die Selbstwahrnehmung und die in sozialen Interaktionen gespiegelte Fremdwahrnehmung.

1.1 Im Hintergrund: Identität als Status

Das Denken von Identität hatte zunächst der psychoanalytisch orientierte Entwicklungspsychologe Erik H. Erikson (1973) begründet. Erikson ging es mit dem Begriff der Identität um die stabile Klärung der zentralen psychosozialen Krise am Ende des Jugendalters, und zwar in drei Gesichtspunkten hinsichtlich der eigenen *Ideologie*, die religiöse, weltanschauliche und politische Überzeugung beinhaltet, der *Beziehung*, also die aktive Entscheidung für den familiären Status (bspw. Ehe, Zölibat), und der *Erwerbsarbeit*, die eine eigenständige gesellschaftliche Beteiligung ermöglicht. Wer in allen drei Bereichen Klarheit für sich und für andere schafft, hat nach Erikson die Krise der Identität und ihres Gegenpols, der Identitätsdiffusion, bewältigt. Mit seinem Modell der psychosozialen Entwicklung schließt Erikson explizit an die Lehre Sigmund Freuds zu den psychosexuellen Phasen an, deren Bezeichnungen und Schwerpunkte die ersten fünf Stufen seines eigenen Modells inspirieren. Erikson charakterisiert die Freud'sche Persönlichkeitstheorie als nach innen (Innenwelt, Unbewusstes), rückwärts (Ursprünge der Psyche) und unten (verdrängte Triebregungen) gerichtet, während er seine Theorie nach außen, vorne und oben ausrichtet (Erikson, 1982, S. 39).

1.2 Im Vordergrund: Identität als Prozess

Noch bevor und während sich Erikson aus der psychoanalytischen und entwicklungspsychologischen Denkweise heraus mit der Formulierung einer individuum-zentrierten Theorie der Identitätsentwicklung beschäftigt, hat sich andernorts bereits eine anders ausgerichtete Wissensverdichtung zur Frage nach Identität gebildet.

1.2.1 Soziologische Zugänge

Die Soziologen der Chicagoer Schule rücken seit Beginn des 20. Jahrhunderts »das Individuum, sein Selbst und seine Beziehung zur unmittelbaren Umwelt in den Mittelpunkt« (Kron & Horáček, 2009, S. 22). Besonders George Herbert Mead hat dabei herausgearbeitet, dass »ein Selbst sich immer nur in einer sozialen Umgebung ausbilden kann« (Kron & Horáček, 2009, S. 23–24). Der auf seine Arbeit aufbauende symbolische Interaktionismus betrachtet Identität zuerst und vor allem als soziale Realität, die Individuen in Abhängigkeit von Interaktionen und Erfahrungen herstellen. Identität, das *self*, ist nach Mead nicht mit dem physiologischen Organismus des Menschen gleichzusetzen: Ihr unterscheidendes Merkmal besteht in der erlernten Fähigkeit zur Selbst-Verobjektivierung des denkenden Organismus. Mit *self* bezeichnet Mead die reflexive Fähigkeit des Subjekts, sich zu sich selbst wie zu einem Anderen zu verhalten. Es entwickelt sich allmählich »als Ergebnis seiner Beziehungen zu [dem gesellschaftlichen] Prozeß als Ganzem und zu anderen Individuen innerhalb dieses Prozesses« (Mead, 1973, S. 177). Dieser gesellschaftliche Prozess, mit dem die interaktionale Gebundenheit der Einzelnen zum Ausdruck kommt, ist Voraussetzung für die Entwicklung von Identität; das vorherige Bestehen dieser sozialen Umgebung gilt als unabdingbar. Mead wendet sich entschieden gegen Tendenzen der seinerzeitigen Psychologie, das Selbst »als ein mehr oder weniger isoliertes und selbständiges Element zu behandeln, als eine Substanz, die durchaus allein bestehen könnte« (Mead, 1973, S. 207). Wichtige interaktionale Vertiefungen zum Ansatz Meads finden sich zum einen in der Rollentheorie des Erwing Goffman (1975) mit der dramentheoretisch gegründeten Unterscheidung sozialer, persönlicher und Ich-Identität, die er aus der Erikson'schen Inspiration gewinnt. Zum anderen kommt Lothar Krappmann (1971) die Leistung zu, die soziologischen und entwicklungspsychologischen Ansätze in einem pädagogischen Interesse verknüpft zu haben. Indem er die Identität des Individuums in den Blick nimmt und diese als Balanceleistung zwischen persönlicher und sozialer Identität beschreibt, hat er wesentlich dazu beigetragen, den Identitätsprozess »als einen Akt des ständigen Aushandelns zwischen diskrepanten Erwartungen und Selbstinterpretationen« (Klessmann, 2006, S. 144) verstehen zu können. Krappmann (1971, S. 132–173) benennt vier identitätsfördernde Grundqualifikationen als Fähigkeiten des Individuums, die in einem wechselseitigen Verhältnis zu einer balancierten Ich-Identität stehen, für die sie zugleich Voraussetzung und Folge sind:

(1) *Rollendistanz* bezieht die je unterschiedlich ausgeprägte »Hingabe« des Individuums zu seinen jeweiligen Rollen ein und respektiert die Voraussetzung, dass das Individuum ein Bemühen um Ich-Identität etabliert haben muss, um sich zu seinen Rollen verhalten zu können. Dazu gehört auch eine wachsende Fähigkeit zur Distanzierung von internalisierten Normen.

(2) *Empathie* und »role taking« bezeichnet die kognitive Fähigkeit, die Erwartungen von Interaktionspartnern zu verstehen, ggf. zu antizipieren und zu internalisieren. Um diese zu entwickeln, ist die Rollendistanz Voraussetzung.

(3) *Ambiguitätstoleranz* »umschreibt die Fähigkeit eines Subjekts, auf Menschen und Situationen einzugehen, diese weiter zu erkunden, anstatt sich von Diffusität und Vagheit entmutigen zu lassen oder nach einem »Alles-oder-nichts-Prinzip« zu werten und zu entscheiden« (Keupp et al., 2006, S. 280). Damit geht einher, dass ein Individuum imstande ist, widersprüchliche Informationen und Rollenerwartungen bei sich selbst und bei Interaktionspartnern wahrzunehmen und auszuhalten; dazu gehören auch Abwehrmechanismen, besonders im Zusammenhang mit repressiven Rollen. Die Ambiguitätstoleranz stellt für Krappmann die entscheidende Variable dar, »weil Identitätsbildung offenbar immer wieder verlangt, konfligierende Identifikationen zu synthetisieren« (1971, S. 167). Letztlich versteht er Ambiguitätstoleranz als Fähigkeit des Individuums, einen synthetischen Lösungsweg in konfligierenden Situationen herzustellen, ohne in Abwehr zu verfallen.

(4) *Identitätsdarstellung* bezeichnet schließlich die Fähigkeit, die eigene Identität in sozialen Interaktionen so zu äußern, dass sie Berücksichtigung und (positive) Aufmerksamkeit findet. Diese Darstellung nach außen ist integraler Bestandteil der Ich-Identität, da letztere nur dadurch vermittelt im Interaktionsprozess wirksam und bedeutsam werden kann.

1.2.2 Sozialpsychologische Situierung

Auch auf den soziologischen Hintergründen der Entwicklung des Begriffs versteht die Psychologie Identität heute offener – insbesondere ist die Identitätsdiffusion entpathologisiert worden (Marcia, 1989) – und die Konstruktion von Identität wird in ihrer lebenslangen Bewegung, Reversibilität und Aufgabe erkannt. Längst hat die Psychologie auch die Rede vom »einmal erreichten Status« der Identität verlassen und konzeptuell eingeholt, dass die Identitätskonstruktion eines Menschen nicht ein für alle Mal am Ende der Jugend entschieden ist, sondern sich fortgesetzt und auch immer wieder neu formieren kann. Dieses Denken hat in den 1990er Jahren eine Forschungsgruppe rund um den Münchner Sozialpsychologen Heiner Keupp empirisch gegründet und mit der Rede vom »Patchwork der Identitäten in der Postmoderne« ein umfassendes Modell der Identitätskonstruktion entwickelt, ein Prozess, den Individuen in der Gegenwart kontinuierlich vollziehen (Keupp et al., 2006). Die Linie, die sich mit dem Begriff der Konstruktion eröffnet, erweitert den Blick auf die individuelle Seite der Identität, welche nicht mehr vorrangig als Status, sondern stärker als Prozess wahrgenommen wird. Durchaus bestehen auch in einem prozessualen Verständnis der Identität stabilisierende, ja statuarische Instanzen, ebenso wie bleibende Unentschiedenheit begegnen kann.

Der Identitätsprozess beinhaltet im Wesentlichen drei Bestrebungen. Die immer wieder fortlaufende Suche nach *Kohärenz* als Antwort auf die Frage »wer bin ich, für mich selbst und für andere?« thematisiert die interaktionelle Seite, aus der heraus die Fähigkeit zur Rollen- und Perspektivübernahme entsteht, und gilt als Ausgangspunkt jeder Selbstreflexion; sie setzt einen konkreten und individuellen Sozialisationsprozess voraus. Die Suche nach *Kontinuität* als Antwort auf die Frage »wie bin ich geworden, wer ich heute bin?« findet ihre Ansatzpunkte in den Narrationen, dem Erzählen einer eigenen Geschichte des individuellen Lebens, die im Rückblick und Vorausblick zueinander passt und aufeinander aufbaut. Die Suche nach *Authentizität* – »wer bin ich wirklich, und kann ich das auch zeigen?« – orientiert die Ausgestaltung der Identität an einer inneren Dimension, am Wissen darum, was mich von anderen unterscheidet und darum, ob ich so sein und leben kann, wie ich wirklich bin.

Die Annahme von einem Prozess der Identitätsarbeit geht davon aus, dass Menschen immer und ständig neu in jedem Moment Identität konstruieren – selten bewusst, meistens unbewusst. Als eine ständige Re-Evolution des Ich vollzieht sich dies auf drei Ebenen (Keupp et al., 2006, S. 218). Auf der Ebene *der situativen Selbst-*

thematisierung begegnet jeder kleine Alltagsmoment, auch jede spontane Interaktion. Diese bündeln sich auf der Ebene der *Teilidentitäten*: Sie setzt sich aus den verschiedenen Rollen und Zugehörigkeiten zusammen, in denen Menschen alltäglich agieren und die jeweils eigenen Dynamiken erzeugen – beispielsweise als Student, als Lehrerin in einer Schule, als Oberärztin in einer Klinik, familiär als Vater und Mutter, als Tochter und Sohn, als Bruder und Schwester; als Angehörige einer bestimmten Gruppe, als Anhänger einer ideologischen Haltung, als kulturell teilhabende Person. Diese Teilidentitäten sind individuell zusammengesetzt; es gibt Schwerpunkte, in denen die meisten Menschen eine Rolle für sich identifizieren und diese auch gestaltend ausfüllen – z.B. die Bereiche Familie, Körper, Geschlecht, Arbeit. Oft sind diese Teilidentitäten gar nicht besonders herausgefordert oder angefragt, aber sie können im Leben immer wieder auf den Prüfstand kommen, beispielsweise die Elternschaft zu Beginn und Ende der Familienphase, die Arbeit bei einem anstehenden Jobwechsel oder beim Eintritt ins Rentenalter, die Beziehungsgestaltung bei Trennung. Angehörige einer marginalisierten Gruppe erfahren diese Teilidentität als oft ungewollt dominierend, beispielsweise wenn Zuschreibungen zu einer bestimmten Herkunft vielfältige Auswirkungen auf die Gestaltung des eigenen Lebens nehmen.

Die dritte Ebene der *Meta-Identität* steht in Wechselbeziehung zu den Teilidentitäten. Hier begegnen zum einen *dominierende Teilidentitäten* – das sind einzelne Rollen und Aspekte, die in einer bestimmten Zeit im Leben in den Vordergrund treten oder auch – gewollt oder ungewollt – dominierend wirken. Das Individuum verfügt zudem über *biographische Kernnarrationen*: Also erzählte Erfahrungen, in denen Menschen rückblickend in ihrem eigenen Leben besonders wichtige Momente identifizieren oder die ihnen im Entwurf auf Zukunft hin besonders wichtig erscheinen. Die Kernnarrationen können sich im Laufe eines Lebens auch verändern. Oft bündeln sich hier Herkunftsgeschichten, Familiengeschichten, ein Coming-Out, der Beginn einer Liebe, ein Einschnitt im Wertekostüm, eine Berufungserfahrung. Solche Narrationen brauchen Raum: Wo wird erzählt, wie wird erzählt, wie kommen Menschen mit ihren eigenen Geschichten in Kontakt? An welchen anderen Geschichten dürfen sie über andere Menschen lernen? Zu der Ebene der Metaidentität gehört auch das sehr wichtige *Identitätsgefühl*, in dem sich das emotionale, individuelle Verhältnis eines Menschen zu sich selbst verbirgt. Dieses Gefühl wird stark durch primäre Bezugspersonen geprägt, oft in der frühen Kindheit und im familiären Raum, sowie durch kindliche Erfahrungen. Darin entwickelt sich eine intime, individuelle Ausgangslage, von der aus Menschen auch im Erwachsenenleben in ihrem Alltag agieren können. Das Identitätsgefühl gilt als der Ort, an dem große innere Spannungen und Emotionen (Angst, Wut, Scham) ausgetragen, jedoch in der Regel nach außen hin verborgen werden. Das Identitätsgefühl zu verstehen, zu gestalten und zu verändern, erfordert vom Individuum eine große Bereitschaft zur Selbst(-er-)kenntnis und in der supervisorischen und therapeutischen Begleitung hohe Sensibilität.

Für den Prozess der Identitätsarbeit ist es notwendig, dass sich die verschiedenen Aspekte interaktionell und im Handeln, aber auch in den Selbsterzählungen zeigen. Dieses Außen wirkt wiederum zurück auf das Innen in einem offenen, gestaltenden Prozess. Gestaltend wirken zudem auf allen drei Ebenen unzählige Interaktionsmomente, Selbst- und Fremderfahrungen in Begegnungen im sozialen Raum, die den Prozess begleiten. Der Prozess der Identitätskonstruktion verläuft hochgradig individuell und subjektiv, doch wird von innen her, aus der Perspektive der ersten Person heraus, vollkommen wahrheitshaltig erfahren.

Der Konstruktionsprozess verläuft nicht richtungslos, sondern wird kontinuierlich durch verschiedene Identitätsziele gesteuert, die sich vorrangig motivational und emotional auswirken (Keupp et al., 2006, S. 261–262). Zu den *sozialen Identitätszielen* gehört die *Anerkennung* (von außen und Selbst-Anerkennung) und die *Integration*. Als *kognitive Identitätsziele* lassen sich das *Commitment* identifizieren, also Entschiedenheit oder Treue zu einer einmal getroffenen Entscheidung oder zu einem wichtigen Projekt, zu bestimmten Werten und zu einer Gemeinschaft – »in guten wie in schlechten Tagen« – sowie die *Autonomie*: Für Menschen hat Gestaltungsfreiheit in Bezug auf ihr Leben und ihren Alltag eine große Bedeutung. Entlang *produktorientierter Identitätsziele* richten Menschen die Konstruktion ihrer Identität auch auf das Erreichen bestimmter Ergebnisse, eben »Produkte«: in einer gewissen *Originalität* und um sich selbst darin zu zeigen. Dies konkretisiert sich im Ziel der *Selbstobjektivierung*. In den vergangenen 20 Jahren zunehmend hinzugekommen ist der Körper als Austragungsort von Identitätszielen, im Wesentlichen als produktorientiertes Identitätsziel im Bereich der Selbstobjektivierung (Pirker, 2019, S. 52–53). *Emotionale Identitätsziele* lassen sich identifizieren als *Selbstachtung* und *Selbstwirksamkeit*, die ebenso wie Anerkennung mit von der Resonanz von außen geprägt werden.

2. Psychotherapeutische Perspektiven

Im vorliegenden Zusammenhang ist nur ein kleiner Einblick in den Umgang verschiedener therapeutischer Richtungen mit der Identitätsthematik möglich (Petzold, 2012a; Pirker, 2013, S. 172–248). Verzichtet wird an dieser Stelle auf einen vertiefenden Einblick in neuropsychiatrische Krankheitsbilder, die beispielsweise nach einer Hirnverletzung auftreten, ebenso wie die psychischen und Verhaltensstörungen, die sich identitätstangierend auswirken, wie die Anpassungsstörungen oder dissoziative Störungen. Die Einordnungen der Identitätsthematik in der Operationalisierten Psychodynamischen Diagnostik (OPD) müsste hier von besonderem Interesse sein (Arbeitskreis OPD, 2006). Die Identitätsthematik begegnet darin insbesondere auf der Achse III (Konflikt) sowie auf der Achse IV (Struktur). Den verschiedenen therapeutischen Richtungen ist gemeinsam, dass sie, wenn auch in unterschiedlichem Ausmaß, Zugänge zur Auseinandersetzung mit der Biographie der Patienten wählen und darin auch mehr oder minder ausdrücklich identitätsbezogen ansetzen. Eine Konkretisierung wird mit Blick auf die Psychoanalyse und humanistisch ansetzende Gesprächspsychotherapie vorgenommen.

2.1 Drei Modi des Begreifens von Biographien

Rahel Jaeggi differenziert drei »Modi des Begreifens von Biographien« (1997, S. 87): Der *kausale* Modus, der auf vergangenheitsgerichtete Kontinuität und begründende Zusammenhänge setzt und an Erklärungen interessiert ist; der *intentionale* Modus, der sich auf zukunftsgerichtete Finalität bezieht und die (vielleicht unbewusst) verfolgten Ziele, die das Handeln leiten, betrachtet, sowie der *sinnverstehende* Modus, der sich um ein Begreifen »der gesamte[n] Lebensgeschichte als Hintergrund, auf dem sich einzelne Verhaltensweisen und Erlebnisse abspielen« (1997, S. 87), bemüht. Weitgehend unstrittig ist allen Ansätzen ein grundlegendes Verständnis für einen Zusammenhang von Identität und Narrativität in der Komplexität der modernen Lebenswelten, in der Menschen, Gesunde, Belastete und Kranke gleichermaßen, vor der Aufgabe stehen, Orientierung in Vielfalt zu finden und das Eigene zugleich als Eigenes zu bewahren. Die Art der Auseinandersetzung mit diesen Zusammenhängen ist vom jeweiligen Konzept geprägt; auch beschreitet jede Therapieschule eigenständige Wege, um mit biographischen Zusammenhängen zu arbeiten. Jaeggi sieht die Bedeutung der biographischen Arbeit innerhalb der Therapie vor allem darin, dass sie einerseits »als eine Strategie zur Absicherung der eigenen Identität« (1997, S. 82) dient, dass dadurch andererseits aber psychische Störungskonstellationen sichtbar werden können, beispielsweise durch sich wiederholendes Handeln, sich wiederholende Situationen oder durch subjektives Beharren auf Ungelöstes. Doch auch das genaue Gegenteil der Wiederholung, das Jaeggi als eine therapeutisch nur schwer einzuholende Erfahrung des »und dann war plötzlich alles anders«-Typ beschreibt, findet in biographischen Erzählungen Platz und kann vom Individuum rückblickend scheinbar bruchlos integriert werden. Tiefe Identitätsbrüche – als solche werden beispielsweise religiöse Konversionserlebnisse verstanden – können zu einer Abwertung des vorherigen Lebens und einer Aufwertung des »Danach« führen, wobei es sich um nachträgliche Umbewertungskonstruktionen handelt, mit der Intention, die Erfahrung des »ganz Anderen« in das biographische Kontinuum einzubauen. Therapeutisches Arbeiten endet – systemisch-familientherapeutische Ansätze einmal ausgenommen – an einer Grenze: Der Einbezug der Umwelt und des gesamtgesellschaftlichen Bezugssystems ist nur in einem geringen Ausmaß möglich. Der Vorwurf, Psychotherapie arbeite nur individuumsorientiert und lasse die mitunter krankmachende Umwelt aus dem Blick und somit aus der Verantwortung, kann mit Jaeggi daher allenfalls eingeschränkt, nicht aber entkräftet werden: »Psychotherapie ist und bleibt ein Unterfangen des einzelnen, die Möglichkeit, sich über sein Innenleben klarzuwerden, kommunikative Strategien zu verändern, Einstellungen zu überprüfen.« (1997, S. 90)

2.2 Psychoanalyse

Die regelrechte Inflation der Identitätsthematik im Grenzgebiet von Psychologie und Soziologie hat in der Psychoanalyse bis in die 1990er Jahre hinein keine erkennbare Entsprechung gefunden, auch wenn die begriffliche Entwicklung einer psychoanalytisch ansetzenden Entwicklungspsychologie entstammt. Eine Ausnahme bildete die Untersuchung von de Levita, der 1971 Herkunft und Entwicklung des Identitätsbegriffs analysierte, um von dort her psychoanalytische und therapeutische Anregungen für eine Persönlichkeitstheorie zu erhalten; nach einer breiten Rezeption sozialwissenschaftlicher Theorien kommt er darin zu einer klaren Abgrenzung vom dort diskutierten Rollenbegriff und zu einer Konzentration auf das reflexive »Identitätsgefühl«. Ehrlich u. a. führen die psychoanalytische Nicht-Rezeption auf begriffliche Unschärfe zurück:

> »Das Identitätskonzept wurde von der Psychoanalyse weder besonders rezipiert, noch in ihre Theorien aufgenommen. Psychoanalytiker bevorzugen Begriffe mit einer besser fundierten metapsychologischen Definition und größerer Relevanz für ihre tägliche Arbeit, wie Ich, Selbst und Subjekt.« (2003, S. 362)

Werner Bohleber begründet die Jahrzehnte währende Vermeidung der Identitätsdiskussion mit Verweis auf die psychoanalytische Narzissmus-Diskussion, auf das Verblassen der Ich-Psychologie sowie stärkere Beschäftigung der Psychoanalyse mit der Selbst-Psychologie, und sieht ebenfalls Probleme in den begrifflichen Unschärfen des Erikson'schen Identitätskonzepts (Bohleber, 1992, S. 336; 2008, S. 339). Etwa seit Mitte der 1990er Jahre hat der Identitätsbegriff in der Psychoanalyse jedoch an Präsenz gewonnen, so dass einige Entwicklungen beschrieben werden können. Diese vollziehen sich entlang einiger Verbindungslinien, die sämtlich aus älteren psychoanalytischen Traditionen entstammen:

– Die Position des Anderen gilt als Grunddatum des dezentrierten Subjektverständnisses der Psychoanalyse. Der Mensch ist ex-zentrisch von einem Außen abhängig, wobei dieses Außen auch im eigenen Inneren gefunden werden kann.
– Das Bemühen des Subjekts um Psychosynthese ereignet sich in dem dynamischen Versuch, Verdrängtes zu interpretieren und Unbewusstes abzuweisen, und kann darin als ein innerpsychischer Grenzerweiterungs- bzw. Grenzverengungsprozess verstanden werden.

– Das Subjekt im psychoanalytischen Verständnis ist von Anfang an dezentriert, das »Ich« ist imaginär. Dies wird in allen Objektbeziehungen und Interaktionen erfahrbar: in der Interaktion mit dem Anderen in mir, in der Interaktion mit Anderen sowie in der Interaktion der Therapie.

– Die Bedeutung der Beziehung für innere Einheit und Kontinuität hat psychoanalytisch zunehmend Beachtung gefunden.

Die Frage nach der Identitätsbildung nimmt seelische Integrationsprozesse in den Blick, die in der Psychoanalyse als synthetische Prozesse lange Zeit eher als marginal beachtet wurden. Ihr genuiner Beitrag als Erforscherin des individuellen Schicksals liegt im Beharren auf der Bedeutung singulärer Dynamiken, weshalb sie ihr Identitätsverständnis nicht auf soziale Komponenten wie das Rollenverhalten konzentriert, sondern vorrangig »das im Unbewußten aufbewahrte Nicht-Identische« (Bohleber, 1992, S. 338) thematisiert, die Dimension des »Fremden« im Menschen selbst (Schneider, 1995). Auch daraus erklären sich Vorbehalte gegenüber dem Begriff der Identität, der sich, so Klaus-Jürgen Bruder, als »Schimäre« erweisen muss: »Die Psychoanalyse rechnet die »Identitätstheorie« dem Arsenal der Verkennungen zu, den Wünschen oder (An-)Forderungen des (an das) Ich.« (Bruder, 2010, S. 73) Doch im changierenden Grenzcharakter des Identitätsbegriffs zwischen äußerer (soziologischer) und innerer (psychologischer) Beschreibbarkeit zeigt sich ein Vorteil, nämlich dass »in ihm beide Aspekte des Selbst, Autonomie und Zugehörigkeit, ungetrennt enthalten sind« (Bohleber, 1992, S. 360). An dieser Doppelseitigkeit des Identitätsbegriffs setzt auch der zweite Schwerpunkt der psychoanalytischen Auseinandersetzungen mit dem Konzept der Identität an: Die Objektbeziehungstheorie beschreibt die Beziehung des Subjekts zu seiner Umwelt in ihrer Bedeutung für die psychische Entwicklung (Bohleber, 1992, S. 338–345), wozu auch die Intersubjektivität gehört, die mit dem *relational turn* und der Eröffnung des Möglichkeitsraums, des *potential space* nach Donald Winnicott (1971) von Außen und Innen, sich »zwischen Subjekt und Objekt, zwischen Trieb und Kultur, zwischen Ich und Realität« (Altmeyer, 2005, S. 56) aufspannt, den Martin Altmeyer auch als den »sozialen Geburtsraum für Identität« bezeichnet hat (2005, S. 45).

Psychologische Identitätstheorien machen auf unterschiedlichen Wegen die Notwendigkeit der Interaktion für die Entwicklung und das Erleben von Identität deutlich. Bei der konsequenten Betrachtung der Schnittstelle von Innen und Außen liegt es nahe, dass die Psychoanalyse auch Erikson mit neuem Interesse liest, da dieser Identität genau an der »Schnittstelle zwischen gesellschaftlichen Erwartungen an den einzelnen und dessen psychischer Einzigartigkeit« (Bohleber, 1992, S. 336) entwickelt hat. An dieser Stelle lohnt der Hinweis auf die Theorie zur »Entwicklung des Selbst« nach Robert Kegan (1986), die einen seltener rezipierten, doch bedeutsamen – so Flammer (2003, S. 246) – neoanalytischen Entwicklungsansatz darstellt.

Kegans Ansatz basiert auf den psychoanalytischen Vorstellungen von Selbst und Objektbeziehungen sowie auf der progressiven Stufenintegration nach Piaget und Kohlberg, wobei er die Krise, hier ganz in Erikson'scher Tradition, als zentrales Element beachtet. Kegan formuliert die Entwicklung in sechs Schritten, charakterisiert als Weg »vom Sein zum Haben«. Die einzelnen Stufen schreiten in einem dialektischen Prozess zwischen Individualität und Bezogenheit voran, worin sie sich von Eriksons intrapersonalen Entwicklungsmodell unterscheiden, dessen innere Dialektik sich zwischen Krisenpolen vollzieht. Kegan beschreibt diese Stufen mit Hilfe übernommener und von außen entstehender Rollen, innerhalb derer sich das Individuum zurechtfinden muss. Ihre Entwicklung erfolgt dynamisch, sie ist immer an den Übergängen ausgerichtet. Identität kommt auch für Kegan besonders in der späten Adoleszenz zum Tragen, wenn das zentrale Thema im Austausch in und in Auseinandersetzung mit den zwischenmenschlichen Beziehungen liegt. In Eriksons Theorie gilt Identität sowohl als ein Vermittlungsprodukt der beiden Seiten als auch als ihre dynamische Balance. Diese schien in den Dynamiken der Postmoderne zu einem Paradoxon verzerrt: Das Individuum benötigt die Interaktion zur Identitätsbildung, befindet sich aber gleichzeitig in einer radikal vereinzelten – individualisierten – Position, in der Interaktion erschwert herzustellen ist. Das Identitätsgefühl fungiert dabei als »aktives inneres Regulationsprinzip« dieser Balance, indem es sowohl Handlungen als auch Erfahrungen auf ihre Integrierbarkeit in den vorhandenen Bezugsrahmen überprüft. Damit unterstützt das Identitätsgefühl die synthetisierenden Funktionen des Ich. Doch wird die Ausbildung einer harmonischen Identität nur als begrenzt möglich erachtet, zum einen, da die Bedürfnisse des Individuums immer eine gewisse Diskrepanz zur Realität ausweisen, so dass immer »Brüche und Widersprüche zwischen einzelnen Identitätselementen« (Bohleber, 1992, S. 361) bestehen, zum anderen da die Vielfalt hoch motivierender Selbsterfahrungen, die aus infantiler Quelle stammen, zwar die Positionen zentraler Selbstrepräsentanzen einnehmen, dabei aber unvereinbar konfligieren. Mit der Verdrängung nicht kompatibler Selbst-Repräsentanzen aus der Identität und der Aktualisierung bzw. Neuinszenierung unbewusster Selbst-Anteile erkennt Werner Bohleber zwei Hauptstrategien des Identitätsgefühls im Bemühen um eine innere Einheit des Selbst, die zu einem dialektischem Verständnis von Identität, wie es Gerhard Schneider (1995) formuliert hat, aufschließen.

Als jüngere Herausforderung treten die zunehmende Mediatisierung der Lebenswelt sowie der Umgang mit medialen Spiegelungen hinzu, die zunächst als durchaus verzweifelter Versuch der öffentlichen Interaktion verstanden wurden, da sie eine vermeintliche Herstellung von Intersubjektivität erzeugten. Sie bringen, wie Martin Altmeyer dies interpretierte, die »szenische Struktur des Narzissmus« erst zum Vorschein: »Die intersubjektive Kehrseite der Selbstbezogenheit lässt uns etwas vom Muster der Identitätsbildung in der Postmoderne, im Grunde einer »reflexiv«

gewordenen Moderne, ahnen.« (Altmeyer, 2005, S. 46) Er führt mehrere Beispiele an (Altmeyer, 2005, S. 44): Die Sehnsucht nach dem Klingeln des Handys in der S-Bahn, »das Aufspüren elektronischer Belege für die eigene Existenz«, z. B. in der Internet-Suche nach dem eigenen Namen, aber auch »die Vorführung intimster Details des Privaten in den interaktiven Formaten des entfesselten Fernsehens«, ein Prozess, der sich seither potenziert hat, insbesondere in dem durchschlagenden Erfolg des Web 2.0, das auf die Vernetzung von *User Generated Content* in Social-Media-Plattformen aufbaut. Diese Praktiken und ihre Rückwirkungen auf die Persönlichkeitsentwicklung werden vielfach reflektiert, aktuell im Essayband *Trick Mirror* von Jia Tolentino (2021), in dem die Autorin das ursprüngliche Freiheitsversprechen des Web 2.0 in seiner ganzen Tragweite reflektiert – zwischen persönlicher Erfahrung und politisch-ökonomischer Bedeutung, immer auf der Suche nach Antworten auf die Frage, ob und wie in einer von Selbstoptimierung und Selbstdarstellung geprägten Welt, die sich keineswegs mehr auf »online« beschränken lässt und ein gerüttelt Maß an Selbsttäuschung in sich trägt, ein authentisches Selbst überhaupt entwickeln und leben lässt.

2.3 Humanistische Psychologie

Die humanistische Psychologie hat kaum eigenständige Identitätstheorien entwickelt, doch die Thematik implizit oder explizit aufgegriffen. Explizit hat im Rahmen der integrative Therapie Hilarion Petzold (2012b) einen integrativen identitätstheoretischen Ansatz entwickelt, in dem als fünf Säulen der Identitätsarbeit Leiblichkeit – Soziale Beziehungen – Arbeit, Leistung, Freizeit – Materielle Sicherheit – Werte benannt sind. Die personzentrierte Theorie der Persönlichkeitsentwicklung nach Carl R. Rogers ist implizit identitätsbezogen, da um den Begriff des Selbstkonzepts aufgebaut (Rogers, 2006; Weinberger, 2003). Sie versteht das Selbstkonzept als entscheidende Instanz in der individuellen und vital voranschreitenden Entwicklung des Menschen, worin sich der Ansatz von der vorrangig empirischen Selbstkonzeptforschung unterscheidet. Eine Psychotherapie stellt in ihrem beziehungsgestaltenden Angebot einen besonderen Fall der Persönlichkeitsentwicklung dar. Kongruenz, Akzeptanz und Empathie als Grundhaltungen der Gesprächspsychotherapeutin ermöglichen dem Klienten, eine neue Deutung seines Selbstbilds zu entwickeln und von dort her zu einer positiven Annahme der eigenen Persönlichkeit zu gelangen. Gesprächspsychotherapie setzt so radikal ressourcenorientiert, stützend und aufbauend unmittelbar an der Sehnsucht des Menschen nach positiver Selbstentfaltung, nach Begegnung und Interaktion, nach Anerkennung, Gesehen- und Angenommenwerden an und entfaltet von dort identitätsprägende Kraft. In den Begriffen wird bereits unmittelbar ersichtlich, dass die Gesprächspsychotherapie in der Tradition Rogers' an Themen und Interaktionszusammenhängen arbeitet, die für Identitätsbildungsprozesse

Bedeutung erlangen. Eindeutig auf der Seite des Individualismus stehend, entfaltet Rogers in seinen Werken ein individualistisches Modell der psychischen Entwicklung, das aus konkreten Erlebnissen und Erfahrungen von Menschen heraus entstanden ist. Dem Modell liegt eine lange Sammlung und Systematisierung therapeutischer und empirischer Arbeit zugrunde. Vielfach integriert Rogers in die Theorieentwicklung Fallbeispiele aus therapeutischen Prozessen, die er aufgezeichnet, transkribiert und ausgewertet hat. Er verwendet den Begriff der Identität nicht als Bestandteil seiner Theorie, sondern nutzt eine ganzheitlichere Terminologie: Er spricht von Person, Persönlichkeit und verwendet die Begriffe Selbst bzw. Selbstkonzept für den Aspekt der Person, der dem Individuum bewusst zugänglich ist. Erikson hat er an der Stanford University kennengelernt, doch Rogers rezipiert dessen psychoanalytisch geprägte Entwicklungstheorie nicht. In mancherlei Hinsicht, beispielsweise in der Bedeutung, die er der Beziehung und sozialer Interaktion zumisst, basieren seine theoretischen Ausführungen auf Mead (Rogers, 2003, S. 429).

3. Abschließend: Eine Zurückhaltung

Die Prozessualität des Identitätsbegriffs, die besonders im Nachdenken über Identitätskonstruktionen zutage getreten ist, hat Jürgen Straub als transitorische Identität, also als Identität im Übergang, beschrieben. Sie bedeutet nicht vollständige Auflösung in fluktuierende Zustände, sondern vielmehr kontinuierliche Wandlung und bleibende Vorläufigkeit vormals scheinbar stabiler Entitäten in den Selbst- und Umweltrelationen einer Person. So verstandene Identität kann treffend als »Einheit ihrer Differenzen« bezeichnet werden, und zwar sowohl in temporaler als auch in dynamischer Perspektive,

> »als aktive, stets nur vorläufige Synthese des Heterogenen [...], wobei unbestritten ist, dass diese Einheitsbildung, Integrations- oder Syntheseleistung nicht zur ›Aufhebung‹ oder ›Eliminierung‹ von Differenz und Heterogenität und auch nicht von Kontingenz, Ambiguität, Ambivalenz oder Polyvalenz führt oder führen kann«. (Straub, 2002, S. 94)

Wo derartige Aufhebungen und Eliminierungen auftreten, entstehen dagegen Unsicherheiten und Infragestellungen bezüglich der innerpsychischen Struktur eines Menschen.

Die hier unternommenen Ausführungen beschränken sich auf die individuelle Seite der Identität, wie sie für psychotherapeutische Zusammenhänge von besonderer Bedeutung und Relevanz sind. Die sich seit etwa 10 Jahren zunehmend aufschaukelnden Debatten um Identität als Zugehörigkeit und Abgrenzung, die insbesondere identitätspolitische Dynamiken um Anerkennung, Definitionshoheiten, Sprechverbote und Erfahrungsräume prägen, werden darin nicht beachtet. Sie gründen sich auf

Dynamiken, denen die Annahme von Kollektividentitäten vorausgehen, eine Denkfigur, die in sich mit Straub »eine überaus heikle Angelegenheit [birgt], die der Ideologisierung der sozialen und politischen Praxis Tür und Tor öffnet« (2002, S. 91). Psychologische Betrachtungen werden diesbezüglich Zurückhaltung wahren, doch es ist unverkennbar, dass Dynamiken der Repräsentation, der Selbstdarstellung, der medialen Wahrnehmung und Zuschreibung eine intensive Rückwirkung darauf nehmen, wie Individuen sich in ihrer Umwelt – in ihrem umgebenden gesellschaftlichen Prozess – verstehen, verorten und entwickeln können (vgl. z.B. Charim, 2018). Identität bleibt begrifflich schillernd und vielfältig. Die Grundfrage, worauf hin sich Menschen in therapeutischer Begleitung entwickeln mögen und worin ein Status des subjektiv empfundenen Wohlbefindens liegt, stellt sich in identitätsorientierten Zugängen somit eventuell unter veränderten Vorzeichen. Identitätspolitiken vollziehen sich als behauptete Rückkehr zu einem statuarischen Identitätsverständnis, über das ein am Individuum orientiertes Identitätsverständnis meinte, bereits hinausgeschritten zu sein.

Literatur

Altmeyer, M. (2005): Innen, Außen, Zwischen. Paradoxien des Selbst bei Donald Winnicott. *Forum der Psychoanalyse*, 21(1), 43–57.

Arbeitskreis OPD (Hrsg.) (2006): *Operationalisierte Psychodynamische Diagnostik OPD-2. Das Manual für Diagnostik und Therapieplanung.* Bern: Huber.

Bohleber, W. (1992): Identität und Selbst. Die Bedeutung der neueren Entwicklungsforschung für die psychoanalytische Theorie des Selbst. *Psyche – Z Psychoanal*, 46(4), 336–365.

Bohleber, W. (2008): Identität. In: Mertens, W., & Waldvogel, B.o (Hrsg.): *Handbuch psychoanalytischer Grundbegriffe.* Stuttgart: Kohlhammer, 3., überarb. u. erw. Aufl., 336–341.

Bruder, K.-J. (2010): Die Kontinuität des bewussten Diskurses – biographisches Interview und psychoanalytisches Gespräch. In: Griese, B. (Hrsg.): *Subjekt – Identität – Person? Reflexionen zur Biographieforschung.* Wiesbaden: VS Verlag für Sozialwissenschaften, S. 73–92.

Brunner, K.-M. (1987): Zweisprachigkeit und Identität. *Psychologie und Gesellschaftskritik*, 44, 57–75.

Charim, I.e (2018): *Ich und die Anderen. Wie die neue Pluralisierung uns alle verändert.* Wien: Zsolnay.

Erikson, E. H. (1973/1959): *Identität und Lebenszyklus. Drei Aufsätze.* Frankfurt a. M.: Suhrkamp.

Erikson, E. H. (1982): *Lebensgeschichte und historischer Augenblick.* Frankfurt a. M.: Suhrkamp.

Erlich, H. S., Körner, J., Minolli, M., Nedelmann, C., & Sandler, A.-M. (2003): Was ist psychoanalytische Identität? *Forum der Psychoanalyse*, 19(4), 362–377.

Flammer, A. (2003): *Entwicklungstheorien. Psychologische Theorien der menschlichen Entwicklung*. Bern/Göttingen/Toronto/Seattle: Huber.

Goffman, E. (1975/1963): *Stigma. Über Techniken der Bewältigung beschädigter Identität*. Frankfurt a. M.: Suhrkamp.

Jaeggi, R. (1997): *Zu heilen die zerstoßnen Herzen. Die Hauptrichtungen der Psychotherapie und ihre Menschenbilder*. Reinbek bei Hamburg: Rowohlt.

Kaufmann, J.-C. (2005): *Die Erfindung des Ich. Eine Theorie der Identität*. Konstanz: UVK.

Kegan, R. (1986/1982): *Die Entwicklungsstufen des Selbst*. München: Kindt.

Keupp, H., Ahbe, T., Gmür, W., Höfer, R., Mitzscherlich, B., Kraus, W., & Straus, F. (2006/1999): *Identitätskonstruktionen. Das Patchwork der Identitäten in der Spätmoderne*. Reinbek bei Hamburg: Rowohlt.

Klessmann, M. (2006): *Pastoralpsychologie. Ein Lehrbuch*. Neukirchen-Vluyn: Neukirchener.

Krappmann, L. (1971): *Soziologische Dimensionen der Identität. Strukturelle Bedingungen für die Teilnahme an Interaktionsprozessen*. Stuttgart: Klett-Cotta.

Kron, T., & Horáček, M. (2009): *Individualisierung*. Bielefeld: transcript.

Levita, D. J. de (1971): *Der Begriff der Identität*. Frankfurt a. M.: Suhrkamp.

Marcia, J. E. (1989): Identity diffusion differentiated. In: Luszcz, M. A., & Nettelbeck, T. (Hrsg.): *Psychological development: perspectives across the life-span*. North Holland: Elsevier, S. 289–294.

Mead, G. H. (1973/1934): *Geist, Identität und Gesellschaft. Aus der Sicht des Sozialbehaviorismus. Herausgegeben von Charles W. Morris*. Frankfurt a. M.: Suhrkamp.

Petzold, H. G. (Hrsg.) (2012a): *Identität. Ein Kernthema moderner Psychotherapie. Integrative Modelle in Psychotherapie, Supervision und Beratung*. Wiesbaden: VS Verlag für Sozialwissenschaften.

Petzold, H. G. (2012b): Transversale Identität und Identitätsarbeit. Die Integrative Identitätstheorie als Grundlage für eine entwicklungspsychologisch und sozialisationstheoretisch begründete Persönlichkeitstheorie und Psychotherapie – Perspektiven »klinischer Sozialpsychologie. In: Petzold, H. G. (Hrsg.): *Identität. Ein Kernthema moderner Psychotherapie. Integrative Modelle in Psychotherapie, Supervision und Beratung*. Wiesbaden: VS Verlag für Sozialwissenschaften. S. 407–603.

Pirker, V. (2013): fluide und fragil. Identität als Grundoption zeitsensibler Pastoralpsychologie. *Zeitzeichen*, 31. Ostfildern: Grünewald.

Pirker, V. (2019): Fragilitätssensible Pastoralanthropologie. Impulse aus Praktiken der (Selbst-)Inszenierung in Social Media. *ZPTh*, 39(1), 43–58. Online unter: http://nbn-resolving.de/urn:nbn:de:hbz:6:3-zpth-2019-23318 [Stand 21. Dezember 2021].

Rogers, C. R. (2003/1951): *Die klientenzentrierte Gesprächspsychotherapie*. Frankfurt a. M.: Suhrkamp.

Rogers, C. R. (2006/1961): *Entwicklung der Persönlichkeit. Psychotherapie aus der Sicht eines Therapeuten*. Stuttgart: Klett-Cotta.

Rosenlöcher, T. (1997): *Ostgezeter. Beiträge zur Schimpfkultur*. Frankfurt a. M.: Suhrkamp.

Schneider, G. (1995): *Affirmation und Anderssein. Eine dialektische Konzeption personaler Identität*. Opladen: Westdt. Verlag.

Straub, J. (2002): Personale Identität: anachronistisches Selbstverhältnis im Zeichen von Zwang und Gewalt? In: Straub, J., & Renn, J. (Hrsg.): *Transitorische Identität. Der Prozesscharakter des modernen Selbst*. Frankfurt a. M.: Campus, S. 85–113.

Tolentino, J. (2021): *Trick Mirror. Über das inszenierte Ich*. Frankfurt a. M.: S. Fischer.

Weinberger, S. (2003): *Klientenzentrierte Gesprächsführung. Lern- und Praxisanleitung für Personen in psychosozialen Berufen*. Weinheim/München: Beltz.

Winnicott, D. W. (1971/1967): Die Spiegelfunktion von Mutter und Familie in der kindlichen Entwicklung. In: Winnicott, D. W.: *Vom Spiel zur Kreativität*. Stuttgart: Klett-Cotta, S. 128–135.

Franz Resch

Identität und Zeitgeist –
Überlegungen zur Selbstentwicklung in der Adoleszenz

Einleitung

Die unterschiedlichen Facetten der Selbstentwicklung bei Jugendlichen können ohne Blick auf die gesellschaftlichen Rahmenbedingungen nicht gehaltvoll diskutiert werden. Der Prozess der Identitätsentwicklung in der Adoleszenz hat bio-psycho-soziale Aspekte, denn die Adoleszenz, die der körperlichen Pubertät und der Entwicklung der sekundären Geschlechtsmerkmale folgt, ist nicht nur ein biologischer Umbauprozess, in dem neuronale Netzwerke sich entscheidend verändern. Die Adoleszenz ist auch durch eine Reihe fundamental mentaler Wandlungsschritte im psychosozialen Feld gekennzeichnet und damit in hohem Maße als eine kultursensible Entwicklungsphase aufzufassen. Jugendliche Risikoverhaltensweisen dürfen als riskante Suchbewegungen der sich im Spiegel der Selbstreflexion erkennenden Persönlichkeit nicht pauschal als psychopathologische Phänomene abgetan werden. Die Selbstentwicklung des Jugendlichen ist ein emanzipatorischer Prozess.

Die Erörterung des Identitätsbegriffs nimmt auch zur Frage Stellung, ob denn Identität subjektiv präzise und nachhaltig zu fassen ist, um danach die Probleme der Identitätsentwicklung in der Adoleszenz anzusprechen. Auch die Beziehung von Selbstwert und Identität bildet einen Gegenstand der Auseinandersetzung. Nach einer Darstellung der ubiquitären Phänomene der Risikoverhaltensweisen bei Jugendlichen in ihren funktionellen Aspekten, werden zum Schluss einige Schlaglichter auf den Zusammenhang von Identität und Zeitgeist geworfen.

Erstens: Zum Identitätsbegriff

Wir können Identität als die Übereinstimmung des Subjektes mit sich selbst formulieren. Die Einheit der Person zeigt sich darin, dass die sich aktiv in ihren Handlungen erlebende Person durch einen selbstreflexiven Prozess als Einheit erfährt. Identität ist damit ein Akt der Selbstverortung des Individuums in übereinstimmenden, aber aus unterschiedlichen Richtungen zusammenströmenden Perspektiven. Sich selbst zu spüren und in den Handlungen zu erleben, wird mit den Selbstbetrachtungen in Einklang gebracht.

Historisch gehen wir ja davon aus, dass der Begriff der Identität – wie wir ihn heute verstehen – ganz viel mit dem Aufkommen der europäischen Aufklärung zu tun hat (Resch & Sevecke, 2018). Die Aufklärung, die das spezifische Mensch-Sein mit der Vernunft verknüpft, hat mit dem Problem zu kämpfen, dass wir bei jedem Menschen auch emotionale Schattenseiten und irrationale Unterströmungen finden, die nur in verzweifelten Anstrengungen unter den Deckmantel des Vernünftigen gebracht werden können, so dass der Vernunft-Mensch in ständiger Besorgnis vor einem drohenden Selbstverlust leben muss (Böhme, 2014). Gernot Böhme (2014) hat diese Überlegungen philosophisch zusammengefasst: Vieles, was uns Menschen ausmacht und gerade im Jugendalter unseren Alltag prägt, erscheint aus dem Blickwinkel der Vernunft irrational, irreal, unmoralisch oder unlogisch. Aber all diese Bestände des Eigenen, die leiblichen Gefühle, das Unbewusste, das Begehren, die Phantasien, die Neigungen und Passionen gehören ebenso zu uns, wie schon erlebte Katastrophen, Traumatisierungen und seelische Konflikte. Dieser irrationale Untergrund prägt menschliche Handlungen mindestens so stark, wie vernünftige Urteile. Die Person, die die Quelle der Subjektivität darstellt und die unsere Handlungen intentional steuert, hat es notwendig, dass sie im gesellschaftlichen Prozess als Einheit erscheinen kann. Der Mensch will als Denker seiner Gedanken, als Täter seiner Taten und als Träger seiner Gefühle auftreten (Böhme, 2014). Im jeweiligen Kontext will das Individuum sich positionieren, definieren und eindeutig erkennbar sein.

Diese Einheit der Person ist schwieriger herzustellen, als es sich die Aufklärung erhofft hatte. Wir werden nicht durch ein inneres Herrschaftsverhältnis zusammengehalten, quasi autoritär zusammengeschweißt, sondern wir müssen durch eine innere Dialektik eine Balance zwischen unterschiedlichen Polaritäten erzielen (Resch & Sevecke, 2018).

Die Identität des Menschen speist sich aus zwei wesentlichen Quellen (siehe auch Resch, 2016). Die erste Quelle ist die Identitätserfahrung durch Selbstreflexion: Identität entspricht der Selbstwahrnehmung als einmalig und unverwechselbar nach außen sowie einer Übereinstimmung selbstreflexiver Perspektiven nach innen: Das Selbst als Akteur (»Ich«) wird mit dem Objekt der Selbstbetrachtung (»reflektiertes Selbst«) in Übereinstimmung gebracht. Aus den vielfältigen Strömungen der Person wird ein Unteilbares und Unverwechselbares. Neben dieser reflexiven Identitätserfahrung gibt es noch einen zweiten Mechanismus der Identitätskonstruktion – nämlich die Identifikation.

Die Identifikation mit Personen oder einzelnen Eigenschaften von Personen, mit Idolen oder Idealen, wird dem eigenen Selbst zugerechnet und hilft diesem in der Selbstbestimmung. Auch mit sozialen Rollen und Aufgaben kann das Selbst sich identifizieren, die dann als selbstdefinierende Ziele der Person festgelegt werden. Ein wichtiger Aspekt dabei ist der Begriff der Zugehörigkeit zu definierten Gruppen, Religionsgemeinschaften oder Ethnien, die unsere Teilnahme durch Anerkennung definieren. Diese Zugehörigkeit zu einer bestätigenden Gemeinschaft stärkt das Identitätsgefühl. Die Anerkennung und Wertschätzung durch die anderen Mitglieder der Gemeinschaft spielt dabei eine fundamentale Rolle (Resch, 2016).

Es besteht ein dialektisches Spannungsverhältnis zwischen der reflexiven Identität und der identifikatorischen Identität, das auf den Polaritäten Abgrenzung und Teilhabe beruht. Eine reflexive Identitätserfahrung definiert sich durch Selbstbezogenheit und Abgrenzung gegenüber anderen. Demgegenüber ist die identifikatorische Identität durch Zugehörigkeit, Gemeinschaft und Grenzöffnung zu anderen gekennzeichnet. Das Selbst schöpft seine Bestätigung aus der Anerkennung durch andere.

Schauen wir genau auf diese Prozesse, dann müssen wir festhalten, dass Identität immer mit Grenzen zu tun hat. Entweder ist es die Abgrenzung des Individuums gegenüber dem Du oder es ist die Abgrenzung der Gruppe, der man zugehört, gegenüber anderen, die nicht zur Gruppe gehören und damit als fremd oder sogar feindlich definiert werden können. Ich werde versuchen zu zeigen, dass gerade in dieser identifikatorischen Sehnsucht nach Anerkennung in Gruppen eine große Gefährdung und Verführbarkeit liegt, sich radikalen, politischen oder religiösen Gruppen anzuschließen und dass in der selbstreflexiven Identität, sofern es ihr gelingt, eine innere Vielfalt aufrecht zu erhalten, ein wichtiges Grundelement für Toleranz zu Tage tritt (Resch & Sevecke, 2018).

Die selbstreflexive Identität geht davon aus, dass ich mich erkenne und dadurch ich selbst bin. Diese reflexive Erkenntnis der Übereinstimmung ist eine Perspektive von innen. Daneben gibt es die Perspektive der Zugehörigkeit und Anerkennung »Ich werde gesehen, also bin ich« (Altmeyer, 2019). Dies ist die Selbsterkenntnis durch eine Definition von außen. Bei der Selbsterkenntnis von außen ist es wichtig, dass ich scheine und erscheine, im Mittelpunkt von Aufmerksamkeit stehen kann, ich muss mich zeigen und will erkannt und erfahren werden, ich will angesehen und begriffen werden. Die soziale Vergewisserung der eigenen Existenz ist ein wichtiger Schritt der Selbstwerdung. Nach Altmeyer (2019) lässt sich festhalten: Die Jugendlichen heute haben nicht so sehr die Angst überwacht zu werden, als die Sorge übersehen zu werden. Es geht um Aufmerksamkeit durch andere um jeden Preis.

Die Entwicklungsgeschichte des Menschen vom Säuglingsalter bis zum Erwachsenenalter offenbart, dass beiden Prozessen der Identitätsgewinnung eine fundamentale, interaktive Umweltresonanz zugrunde liegt. Denn auch der mentale Raum, die Reflexionsfähigkeit des Jugendlichen und Erwachsenen in diesem psychischen Raum, entwickeln sich im Dialog des Kindes mit seinen wichtigen Bezugspersonen (Möhler, 2013). Wir haben also quasi eine Entwicklung der Anerkennung, Fürsorge und Wertschätzung von außen hin zur Entwicklung eines inneren mentalen Raumes, in dem Selbstreflexion möglich ist. Der emotionale Dialog erweitert sich zum sprachlichen Dialog und ermöglicht später durch Internalisierung einen inneren Dialog der Selbstreflexion. Zur Entwicklung der Mentalisierung siehe Fonagy et al.

(2006) und Taubner und Volkert (2017). Diese Sichtweise folgt den Grundlinien der Kulturtheorie von Wygotsky (1964), die diese Entwicklungsperspektive noch kulturspezifisch vertiefen kann. Das menschliche Bewusstsein ist historisch entwickelt, natürliche und kulturelle Entwicklung verschmelzen zu einem einheitlichen Prozess.

Das Konstruktionsproblem der Identität ist bereits im Wesen ihres Anspruches verborgen. Ist dieser Anspruch nämlich totalitär, begeben wir uns schon auf einen Weg in die Sackgasse. Es gibt keine Monokultur der Seele! Haben wir die Idee, das eigene Sein als grundsätzlich gegliederte Ordnung, als sinnhafte Übereinstimmung aller aktionalen Teile in deren reflexiver Betrachtung zu begreifen, so muss dieser Anspruch scheitern. Denn die Intention, eine durchgehend stimmige Verortung vorzunehmen, die überdauernde Gültigkeit hat, muss zum Scheitern verurteilt sein. Selbstreflexion ist in sich widersprüchlich, weil wir als Menschen niemals das Ganze unseres Selbst mit unseren eigenen Teil-Werkzeugen erfassen können! Das Erkenntniswerkzeug kann sich selbst nicht vollständig erfassen. Und indem wir einfach ganz normal auf der Zeitachse leben sind wir dem Identitätsanspruch einer totalen Definition unseres Selbst außerdem schon immer entschlüpft. Wir sind nie mehr dort, wo die Definition uns zu erreichen sucht, weil wir uns selbst immer überschreiten – und morgen nicht mehr ganz dieselben sind, die wir gestern waren. Identität ist für das Subjekt nicht wissenschaftlich zu sichern und erkenntnistheoretisch abzuschließen!

Das Ungenügen unserer Denkwerkzeuge und der unaufhörliche Zeitprozess des Lebens verhindern eine logische Totalität von Identität. Identität kommt aus dem Zweifel. Der kritische Zweifel ist ihre Basis. Wo der Zweifel endet, beginnt aber nicht die bleibende Erkenntnis, sondern der Wahn. Identität kann immer nur eine momentane, gefühlshafte Integration unterschiedlicher Identitätsaspekte sein, die uns unter dem Ziel der Handlungsfähigkeit innerlich zur Verfügung gestellt ist. Ich kann als »Eins« handeln, obwohl ich »Viele« bin. Mentale Reflexion und Spiegelung von außen ergänzen uns. Wir selbst vervielfältigen, verteilen, zergliedern und vermehren uns in spiegelnder Betrachtung. Wir können immer nur Teile von uns selbst tatsächlich erfassen. Wir leben also, wenn wir tätig werden, in einer Blase der Einheitlichkeit, einer emotional vermittelten Illusion, die uns handlungsfähig macht. Es ist davon auszugehen, dass diese Illusion der Einheitlichkeit in strenger religiöser Gebundenheit oder politischer Eindimensionalität sich leichter erzeugen lässt, als in einer pluralen, offenen Gesellschaft, die bei selbstunsicheren Individuen rasch zur Angst vor dem Zerfall des Eigenen führt. Wo nur eine Idee herrscht, kann man schnell außer sich sein, ohne sich zu verlieren. Wo vieles möglich ist und gedacht wird, muss das Eigene erst herausmodelliert werden.

Zweitens: Adoleszenz und Identitätsentwicklung

Die Phase der Adoleszenz hat sich in den letzten Jahrzehnten deutlich in die zweite Lebensdekade verlängert. Entwicklungspsychologen, wie beispielsweise Arnett (2004), haben daher den Begriff einer Emerging Adulthood, einer verlängerten Adoleszenz, geprägt – die durch eine Verkomplizierung des Übergangs vom jugendlichen Dasein in eine verantwortliche Erwachsenenposition gekennzeichnet ist (Seiffge-Krenke, 2020). Dafür werden sowohl die zunehmende Komplexität von Ausbildungswegen, aber auch die Erweiterung des Spektrums sozialer Rollen und neue Formen des Zusammenlebens zwischen den Generationen verantwortlich gemacht. In einigen Aspekten wie z. B. der finanziellen Versorgung, bleibt die junge Generation von den Eltern abhängig und hat trotzdem subjektiv ein Freiheits- und Autonomiegefühl. Die Verlängerung der Entwicklungsphase trägt offenbar der Neuheit gesellschaftlicher Herausforderungen – durch neue Medien und dramatische Veränderungen in der Berufswelt durch die digitale Technisierung – Rechnung. Die verlängerte Adoleszenz und damit die Suche der Jugendlichen nach sich selbst ist zumeist nicht lustvoll, sondern oft verzweifelt (Seiffge-Krenke, 2020) und die gesamtgesellschaftlichen Prozesse bringen manche Jugendliche in ihren Entwicklungsaufgaben auch zum Scheitern.

Da die Identitätsentwicklung schon in der Kindheit beginnt und als emotionaler und erweiterter sprachlicher Dialog bis ins Erwachsenenalter weitergeführt wird, also die Identitätsfindung ein lebenslanger Prozess bleibt, werden in veränderten Umwelten die Entwicklungsmöglichkeiten entscheidend von diesen Umweltbedingungen abhängen. Die Entwicklung von Identität erscheint uns also nicht als ein Prozess, der genetisch folgerichtig aus dem menschlichen Bauplan folgt, sondern eine prekäre Neudefinition aufgrund der Umweltsituation notwendig macht (Resch & Sevecke, 2018).

Nur wenn Jugendliche in ihren Beziehungen zu ihren wichtigen Bezugspersonen gesichert, geliebt und anerkannt sind, dann entwickeln sie über die Kindheit ins Erwachsenenalter hinweg einen ausreichend guten inneren Reflexionsraum der Selbsterkenntnis, der eine Vielfalt der Selbstfacetten und auch Unsicherheiten im Selbstbezug zulässt und tolerierbar macht. Diese Jugendlichen, mit sicherer Bindung und einem gelingenden emotionalen Dialog mit den Bezugspersonen, entwickeln ein starkes Identitätsgefühl und ein sicheres Identitätsbewusstsein auf der Basis einer stabilen emotionalen Regulation, die das Ergebnis einer andauernden erfolgreichen Co-regulation in der Matrix der Familie darstellt. Diese Jugendlichen können sich als Individuen in unterschiedlichen sozialen Rollen erleben, auch bei Misserfolgen oder Nichtanerkennung wird ihre Identität nicht bedroht. Sie haben eine innere emotionale Stabilität erreicht, die einen Selbstreflexionsprozess der Identität stabil ermöglicht.

Wenn Jugendliche aber Probleme im emotionalen Dialog mit wichtigen Bezugspersonen haben, wenn sie seelisch verletzt werden, traumatisiert sind – z. B. einem

33

sexuellen Missbrauch oder Gewalthandlungen ausgesetzt waren, wenn sie abgelehnt, abgewertet, missachtet und gedemütigt wurden, oder unberechenbare psychisch kranke Elternteile hatten, deren Willkür unerträglich war, dann bildet sich der sichere innere mentale Raum nicht aus (Resch & Sevecke, 2018). Solche Jugendlichen sind vermehrt auf die Identitätsstiftung durch Zugehörigkeit angewiesen. Sie brauchen Anerkennung, sie werden gegenüber Gruppenzielen wie Gewalt oder Fanatismus verführbar und laufen Gefahr, mit den jeweiligen Meuten zu heulen und als Gruppenmitglieder auch bei radikalen und kriminellen Unterfangen mit zu machen. Erziehung, Bildung, Bindung und emotionaler Dialog sind also die gesellschaftlichen Schlüssel für mündige, demokratiebewusste Jugendliche, oder fanatisierte Mitläufer und Untertanen (Resch & Parzer, 2018).

Drittens: Selbstwert und Identität

Im Stufenkonzept von Erikson (1959), werden die Ausbildung des Selbstwertes und die Entwicklung von Identität als nacheinander sich entwickelnde Aufgaben von Latenz und Adoleszenz aufgefasst. Diese Auffassung bildet die jugendliche Realität aber nicht ab. Auch eine im Schulalter oder der Latenzphase gelingende Selbstwertregulation wird in der Adoleszenz wieder neuerlich auf den Prüfstand gestellt. Während im Kindesalter die Wertschätzung durch wichtige Bezugspersonen und andere Erwachsene eine Geringschätzung durch Gleichaltrige noch leidlich zu kompensieren vermag, ist der Selbstwert des Jugendlichen auf die Anerkennung durch »Peers«, also die Akzeptanz in der Gruppe von Gleichaltrigen fundamental angewiesen.

Ebenso erscheinen Selbstwert und Identität nicht unabhängig voneinander, oder stellen aufeinander aufbauende Selbstfunktionen dar, vielmehr sind sie miteinander verwobene Prozesse. In jeder Entwicklungsphase muss sich das Kind nach neuen Zielvorstellungen orientieren und den neuen Herausforderungen der Altersstufe begegnen. Der Selbstwert muss in der Adoleszenz auf einem neuen reflexiven Niveau in Wechselwirkung mit der Identitätsentwicklung noch einmal aufgebaut werden, wobei der Selbstwert zwischen den Polen Kompetenz und Akzeptanz, also »Ich kann etwas« und »man traut mir etwas zu«, zu verorten ist (Resch & Sevecke, 2018). Selbstwert ist niemals allein Bewusstsein eigener Kompetenz oder allein Akzeptanzerfahrung, sondern immer beides. Identitätsprobleme werden immer mit Selbstwertproblemen einhergehen. Denn ein von Desintegration und Zerfall bedrohtes Selbst, ist in seiner Selbstwertregulation ebenso bedroht und funktionell beeinträchtigt (Resch, 2017a).

Wer nicht von anderen Jugendlichen Wertschätzung erfährt, wer nicht von anderen als attraktiv angesehen wird, dessen Aussehen und Fähigkeiten können auch bei positiver Ausgangslage nicht zu einer Verbesserung des Selbstwertes beitragen. Das vermehrte Bedürfnis nach Selbstbespiegelung und sozialem Echo ist nur durch gelingende Interaktionen mit Gleichaltrigen und damit einhergehender positiver sozialer Akzeptanz zu befriedigen. Selbstwert und Identität verweisen insofern aufeinander und sind in ihrer Entwicklung aufeinander angewiesen (Resch & Sevecke, 2018).

Tiefenpsychologie, Sozialphilosophie und Politik haben der Wechselwirkung von Eros und Logos alle Aufmerksamkeit gewidmet: Der Mensch wird von Begehren und triebhaften Unterströmungen geleitet, und die Grundfrage ist, wie Verstand und Besonnenheit diese unbändigen Wünsche zähmen können. Der Mensch wird also im Spannungsfeld von Bedürfnissen und Vernunft verortet. Aber es gibt noch eine dritte wichtige Quelle des Wohlbefindens und Handelns: die Anerkennung und Beachtung. Von anderen Menschen, die man selbst achtet, beachtet und akzeptiert zu werden, kennzeichnet diese zwischenmenschliche Verbindung. Das Du ist nicht immer nur Objekt der Begierde, sondern auch der notwendige Spiegel für das Eigene. Es gibt ein Grundbedürfnis des Menschen nach Wertschätzung. Wird dieses Bedürfnis nicht eingelöst, entstehen Wut und Verzweiflung.

Das Thema lautet also: Nichtbeachtung ist eine Quelle von Irrationalität und Sehnsucht nach identifikatorischer Stärke. Entwertungsgefühle, Gefühle abgehängt und bedeutungslos zu sein, Gefühle des Herabgesetztseins und Betrogenwerdens, Gefühle der Machtlosigkeit erzeugen blinde Wut, sie speisen die Probleme der Mythenbildung und Wissensverweigerung, sie leisten Verschwörungstheorien Vorschub und fördern ein Untertanentum mit Begeisterung für starke Führer.

Viertens: Identität und Risikoverhalten

Krisenhafte Anpassungsprobleme, die mit Störungen des Identitätsbewusstseins und/ oder der Selbstwertregulation einhergehen, sind häufig durch klinische Phänomene einer Selbstentfremdung, emotionale Instabilität oder Selbstverletzungstendenzen gekennzeichnet. Auch Gewaltbereitschaft, Drogenkonsum, Alkoholmissbrauch, Promiskuität, Schulverweigerung oder riskanter Internetkonsum können damit verbunden sein. Solche Verhaltensweisen nennen wir Risikoverhalten. Es handelt sich dabei um Handlungsmuster, die eine mutwillige Gefährdung der Person und ihrer Entwicklungschancen oder eine Bedrohung der Umgebung in Kauf nehmen, wobei in kurzfristiger Sicht die Ziele einer Selbstbestätigung und einer Anerkennung durch Gleichaltrige erreicht werden. Das Gefühl der Identität oder die Bestätigung des Selbstwertes werden zu erreichen versucht, dafür wird eine Gefährdung der Person und ihrer Zukunft in Kauf genommen. Risikoverhaltensweisen sind durch einen Mangel an Selbstfürsorge und Gesundheitsbewusstsein gekennzeichnet, aber sie stehen im Dienste des Selbst und der Identitätsbildung. Ob dabei auch langfristig die eigenen Entwicklungschancen aufs Spiel gesetzt werden oder soziale Regelübertretungen unvermeidlich sind, bleibt dabei unberücksichtigt.

Auch im Umgang mit den neuen Medien kann eine suchtartige Komponente ausgemacht werden, die nicht selten mit Abkapselung und Rückzug aus direkten sozialen Kontakten einhergeht oder sogar zur Schwächung der Realitätskontrolle führen kann. In Extremfällen können z. B. U-Bahnsurfen oder Strommastklettern zu Aufstachelungen in Jugendgruppen führen und unmittelbar das Leben von Jugendlichen bedrohen. Dass Erwachsene solche Verhaltensweisen nicht billigen, macht deren Einsatz gerade noch interessanter. Viele Risikoverhaltensweisen folgen dem Muster des russischen Roulettes: bewusst wird in Kauf genommen, dass etwas Schlimmes passieren kann, aber nicht selten machen sich Jugendliche dabei Illusionen darüber, wie stark sie die Gefahren selbst in den Griff bekommen können (Resch & Sevecke, 2018).

Jugendliche, die durch Mobbingerfahrungen, Traumatisierungen oder wiederholte Misserfolge in ihrer Selbstentwicklung Beeinträchtigungen erfahren haben, zeigen mit höherer Wahrscheinlichkeit Risikoverhalten wie z. B. Substanzmissbrauch, suchtartigen Internetkonsum oder Selbstverletzungen (Resch, 2016). Andererseits können Jugendliche in Außenseitergruppen oder Cliquen Anerkennung und Bestätigung suchen, wobei das starke soziale Echo von Seiten devianter Gruppen schließlich zu immer riskanteren Verhaltensweisen Anlass geben kann.

Das Problem der Selbstverletzung stellt ein besonderes archaisches Verhaltensmuster dar, das Unverständnis, Sorge, Entsetzen und Abscheu bei Bezugspersonen und Therapeuten hervorrufen kann. In den letzten Jahrzehnten ist die Prävalenz deutlich gestiegen (Resch, 2017b). Selbstverletzungen dienen häufig der Stabilisierung des Selbst unter Bedingungen einer diffusen Identitätsbedrohung und können einen suchtartigen Mechanismus der Intensitätssteigerung annehmen. Der Körper wird zur Matrix selbstverletzender Handlungen, die auf paradoxe Weise einer fürsorglichen Selbst-Stabilisierung bei unerträglichen Affektstürmen dienen. Dem Selbstverlust wird durch Selbstverletzung vorgebeugt (Resch, 2017b). Der Umgebung zugewandt werden Selbstverletzungen zu Hilferufen und Vorwurfsgesten, die anderen zu spüren geben sollen, wie unerträglich die eigene Situation ist.

Das ist mein Punkt: Psychopathologische Symptome und Risikoverhaltensweisen der Adoleszenz sind nicht nur Ausdruck eines Defizits der psychologischen Ressourcen oder simple Störungen der Hirnfunktion, sondern sie haben eine regulatorische Aufgabe für das Selbst (Resch & Parzer, 2015). Sie werden bevorzugt angewandt, um Selbstfunktionen zu stabilisieren – beispielsweise Affektkontrolle, Impulskontrolle oder um negative Emotionen zu überwinden. Risikoverhaltensweisen haben auch unterbewusste und unbewusste Komponenten und damit eine fundamentale selbstregulierende Funktion. Wenn wir also Alkoholkonsum, Drogenmissbrauch oder Selbstverletzung betrachten, dann zeigt sich, dass diese in sich selbst sinnvolle Verhaltensweisen sind, sie repräsentieren nicht lediglich ein Symptom oder eine Dysfunktion der Anpassung, sie sind wertvoll, sie helfen dem Individuum sich zu stabilisieren und einen Rest Selbstachtung aufrecht zu erhalten, auch wenn sie ein

Risikopotential in ihrer Anwendung entfalten oder in der langen Sicht auch für das Individuum schädlich sein können.

Wenn man also möchte, dass jemand dieses Verhalten beendet, dann muss man andere Lösungsmechanismen aktivieren: beispielsweise eine diffuse psychosoziale Beeinträchtigung als Problem zu definieren und zu klären oder die Lebensumstände einer Veränderung zuzuführen, Chancen zu eröffnen oder neue Einsichten und Absichten zu gewinnen. Der Patient wird in seinem Risikoverhalten verharren, wenn er keine anderen Formen der Selbstregulation findet. Risikoverhalten ist nicht eine Krankheit an sich oder eine schlechte Angewohnheit, sondern ein funktionelles Verhalten. Risikoverhalten muss also durch eine bessere Lösung für dieselbe Regulationsaufgabe ersetzt werden.

Fünftens: Identität und Zeitgeist

Können Jugendliche auf ihrem Weg ins Erwachsenenalter auf die sozialen Rollen und Strukturen zurückgreifen, die wir Erwachsene ihnen bereitstellen? Sind wir als Gesellschaft in der Lage, die Entwicklungswege der Jugendlichen konstruktiv zu begleiten?

Wir leben heute in einer Zeit fundamentaler gesellschaftlicher Herausforderungen, vom Klimawandel über die Globalisierung des Wirtschaftssystems, von Umbrüchen alter Herrschaftssysteme bis zu den Erosionen in demokratischen Kernstrukturen. Diese heutige Zeit, die sich gerne selbstgerecht mit dem Titel »Postmoderne« schmückt, versucht so zu tun, als gäbe es geistig kein Danach mehr. (Anzunehmen ist, dass der Begriff als er in den 1990er Jahren des 20. Jahrhunderts von Jean-Francois Lyotard (1990) geprägt wurde, provokant gemeint war und nicht die eitle und selbstgerechte Verwendung intendierte, die er nun heute erfährt.) Unser Gesellschaftssystem ist durch eine ideelle Vielfalt, Mehrdeutigkeit, Multikulturalität und einem Mangel an fixen Bezugspunkten geprägt. Manche Autoren sprechen auch von einem »Flickenteppich«. Es gibt nicht nur einen Stil, eine Mode, oder einen verbindlichen Mythos der kulturellen Epoche (Resch & Sevecke, 2018). Das Überborden von Vielfalt zieht aber eine Unüberschaubarkeit und Beliebigkeit von Meinungen, Wissensbeständen und Haltungen nach sich. Zwischen Globalisierung und waffenstarrendem Fundamentalismus, zwischen nationaler Engstirnigkeit und kultureller Weltoffenheit, zwischen Fremdenangst und weltweiten Migrationsbewegungen muss der Jugendliche Antworten auf die Fragen »Wer bin ich?« und »Wo ist mein Ort?« finden. Der Vielfalt möglicher Interpretationen der Welt auf den Gebieten der Wissenschaft und Kunst steht nicht selten eine verbohrte Sicht auf die Dinge im Bereich der Religionssysteme, Ideologien und Verschwörungstheorien gegenüber. Vernunft und Irrationalität finden sich auf Augenhöhe nebeneinander, als wäre jede Form des Weltzugangs gleichwertig.

Die zunehmende Digitalisierung der Arbeitsfelder, die elektronische Vergnügungsindustrie und die rasch wachsende Informationstechnologie der ubiquitären Medien haben unsere Art der Weltrepräsentation so fundamental verändert, dass man dadurch an die Umwälzungen am Beginn der Neuzeit mit der Erfindung des Buchdrucks erinnert wird. Die Grenzziehung zwischen Sein und Schein wird im Alltag noch einmal deutlich erschwert. Aktion und Repräsentation wechseln in materiellen und virtuellen Welten immer wieder die Rollen und bilden ein komplexes Geflecht einer mehrdimensionalen Wirklichkeit. Die gut nachvollziehbare Skepsis der Nachkriegszeiten vor ewigen Werten und Wahrheiten, vor der einen Welterklärung und Heilslehre ist leider an manchen Punkten zu weit gegangen. Was Nietzsche noch zynisch anmerkte, nämlich dass es keine Fakten gäbe, sondern nur Interpretationen, ist heute alltägliche Realität geworden (Resch & Sevecke, 2018). Das hat sich im Ausdruck des sogenannten **Postfaktischen Zeitalters** selbst persifliert. Ein zu freier Relativismus – der jeden Standpunkt als gleichwertig im Konzert der gesellschaftlichen Stimmen ansieht und den wissenschaftlichen letzten Wahrheiten misstraut – hat nur den zynischen Populisten in die Hand gespielt, die das Wunschdenken der Menschen durch Propaganda und Lügen bedienten, während sie neoliberale und autoritäre Eigeninteressen hinter den Kulissen verwirklichten.

In Welten des Terrors, der Staatskriminalität und des kalten Kapitalismus muss man sich fragen, wo der Schein aufhört oder selbst schon zum Sein geworden ist, denn es gibt harte Realitäten, es gibt Katastrophen, die als Fakten uns betreffen, während sie medial wirksam durch Fehlinterpretationen, Desinformation, Falschaussagen und Dreistigkeiten weggeleugnet oder weg-getwittert werden. Es gibt Arbeitslosigkeit und Armut, es gibt Lebensgefahr, es gibt Krieg, Tod und Traumatisierung, es gibt Hunger und Schmerz und das sind harte Wahrheiten. Genauso wie die pandemiebedingten Generalschließungen in Kultur, Wirtschaftszweigen und Bildungseinrichtungen, die den beängstigenden Bildern beatmeter Risikopatienten und gestapelter Särge gegenüberstehen. Während emotionalisierte Gruppen individuelle Einschränkungen beklagen und den demokratischen Grundkonsens an manchen Stellen auf fatale Weise in Frage stellen, ringen andere mit dem Virus um ihr Leben oder sind im Rahmen der gesellschaftlichen Solidarität von existentiellen Sorgen bedroht. Diese Realitäten sind nicht wegzudiskutieren.

Im Alltag regen wir uns über den erhöhten Medienkonsum von Jugendlichen und dessen mögliche destruktiven Einflüsse auf deren Entwicklung auf, und übersehen dabei, dass wir längst selbst Teil dieser virtuellen Realität geworden sind. Wie anders wollen Jugendliche in der Pandemie ihre persönlichen Kontakte pflegen? Wie anders halten wir wissenschaftliches und kulturelles Leben notdürftig aufrecht? Wir werden den negativen Aspekten einer virtuellen Welt bei mangelnder Medienkompetenz ausgeliefert bleiben. Wer mit digitalen Plattformen nicht zurechtkommt, bleibt in der persönlichen Realität einer engeren Welt gefangen und von vielen gesellschaftlichen

Prozessen ausgeschlossen. Wer vor der »digitalen Demenz« warnt, übersieht, dass nur durch Einbeziehung der medialen Welten noch Emanzipation möglich ist (Resch & Kaess, 2017) – auch nach Corona.

Die gesellschaftliche Einengung durch Verbote führt zu einem neurotischen Überbau nach dem Motto »Ich darf nicht«. Regeln zu brechen, geforderte Grenzziehungen zu übertreten – um das Eigene zu verwirklichen – führt zu Schuldgefühlen und zu Einengungen des Handlungsspielraums. Das waren die Erziehungsprinzipien autoritärer Ideologien, die den Menschen die Spiele freier Sexualität verboten, und den allgemeinen Handlungsspielraum durch Verbote einengten. Heute wird den Jugendlichen aber suggeriert, dass alle Chancen prinzipiell offen sind, wobei das Angebot alles erreichen zu können aber nicht wahr ist. Nicht jeder kann tatsächlich reich, schön, gesund, erfolgreich, autonom und angesehen werden. Die bio-psycho-sozialen und politischen Rahmenbedingungen lassen das nicht zu. Wenn aber grundsätzlich angeblich alles erreichbar wäre, dann bleibt der eigene Misserfolg, die eigene Einschränkung an einem selbst hängen. Und daher ist unter diesen Bedingungen dem »ich darf nicht« ein Übermaß eines ernüchternd demütigenden »Ich kann nicht« gegenübergestellt. Und dieses »Ich kann nicht, ich bin nicht gut genug« führt zu schweren narzisstischen Krisen und zur Erschöpfung des Individuums (Resch & Sevecke, 2018).

Haben diese Rahmenbedingungen einer zunehmend globalisierten Gegenwart – mit kritischen Widersprüchen, überbordender Vielfältigkeit und unübersehbaren Gefahren – einen Einfluss auf den emotionalen Dialog in der Dyade zwischen Bezugspersonen und Kindern? Wie helfen Eltern ihren Kindern, all diese Chancen und Möglichkeiten auch zu ergreifen, ohne von einem Überangebot gelähmt zu sein? Wie können Eltern ihren Kindern beistehen, in der Informationsflut Spreu von Weizen zu unterscheiden? Wie helfen Eltern ihren Kindern, Misserfolge zu verkraften, nicht zu verzagen und sich nicht selbstdestruktiv an anderen zu messen?

Es droht die Gefahr, dass Kinder bei allem Übermaß an Möglichkeiten und Ressourcen doch einen Mangel erleben: Verknappen nicht, die vom verstärkten Alltagsstress und ihrer eigenen Orientierungslosigkeit genervten und erschöpften Erwachsenen ihren emotionalen Dialog mit ihren Kindern (Resch & Westhoff, 2008)? Herrschen nicht Zeitmangel, Ungeduld, Missverstehen und mangelnde Passung – bis hin zur Vernachlässigung und seelischen Traumatisierung – in den Eltern-Kind-Interaktionen? Unter Bedingungen in denen die Erwachsenen selbst nicht nur Anpassungsprobleme, sondern schon psychische Störungen aufweisen, werden Kinder in eine allzu frühe Verselbstständigung gedrängt, ihren Impressionen und Emotionen überlassen und parentifizierenden Einflüssen ausgesetzt, die sie dazu nötigen, für die Eltern Fürsorge zu entfalten und ihre eigenen Sorgen und Bedürfnisse hintanzustellen. In anderer Weise bleiben Jugendliche oft von ihren Eltern lange Jahre materiell abhängig und unselbstständig. Die Kombination von Orientierungslosigkeit des

Jugendlichen mit verwöhnendem Versorgt-werden durch die Eltern ist ebenso ent-wicklungsfeindlich (Seiffge-Krenke, 2012). Während die Kinder in ihrer Bedeutsam-keit narzisstisch aufgeladen werden, liegt in deren Erfüllung von Elternwünschen ein Risikofaktor für eine narzisstische Selbstentwicklung (Resch & Westhoff, 2008). Es gibt mehrere Wege zum Scheitern, aber viele davon führen durch die Themenkreise eines wechselseitigen Nicht-genügens, Nicht-verstehens und Nicht-entscheiden-kön-nens (Resch & Parzer, 2018).

Wir müssen davon ausgehen, dass die Beeinträchtigung des emotionalen Wechsel-spiels im Mikrosystem der Eltern-Kind-Interaktion durch die vielfältigen Faktoren gesellschaftlicher Einflussbedingungen schließlich die Persönlichkeitsentwicklung des Kindes – also die Entwicklung des adoleszenten Selbst – schwächen kann. Die Heranwachsenden sind immer weniger bereit und in der Lage, den Herausforde-rungen des aktuellen gesellschaftlichen Alltags nachzukommen. Wenn Kinder und Jugendliche dann psychische Probleme entwickeln und es in der Adoleszenz zu Schwierigkeiten der Identitätsfindung, der Selbstwertregulation, der Intimitätsent-wicklung und der sozialen Rollenfindung kommt, müssen Risikoverhaltensweisen und die Nicht-Einlösung adoleszenter Entwicklungsaufgaben die Folge sein und dort hätte dann der vermehrte Konsum von Freizeit, Medien, Alkohol und Drogen seinen Hintergrund als Krücke der Person, als eine Ersatzwelt (Resch & Westhoff, 2008).

Andere machen in aggressiver Weise ihrem Unmut und ihrer gefühlten Chancen-armut Luft. Die »No-Future-Haltung« und die erlernte Hilflosigkeit sind ebenso wie das sogenannte »Burn-Out-Syndrom« (Schulte-Markwort, 2015) nur andere Formulierungen für depressive Entwicklungen. Denn der internalisierte Vorwurf des Ungenügens, der Hohn am eigenen Nichtgelingen selbst schuld zu sein und die Hoffnungslosigkeit und Aussichtlosigkeit an der Schwelle zum Erwachsenwerden bleiben schließlich nicht ohne Folgen. Wenn Jugendliche sich selbst aber in ihrer Entwicklung durch Risikoverhaltensweisen gefährden, geraten sie in einen Teufels-kreis der Selbstverletzungen bis hin zu Selbstmordversuchen und sie scheitern an ihren Zukunftserwartungen durch ihre Identitätsunsicherheit, ihre Scham und ihre Selbstzweifel (Resch & Parzer, 2021).

Das überforderte jugendliche Individuum kehrt im Dunstkreis der heutigen ge-sellschaftlichen Entwicklungen als Opfer oder potentieller Täter mit destruktivem Potential aus seinen gesellschaftlichen Explorationen voller Enttäuschungen zu-rück. Und in allen Selbstverletzungen und eskalierten Risikoverhaltensweisen ma-chen die Jugendlichen sich und anderen deutlich, dass sie sich als »Waren« fühlen, als verdinglichtes menschliches Kapital ohne Zukunftserwartung, dass sie nur zum wertlosen Objekt herabgewürdigt wurden, an dem schließlich verzweifelte Inszenie-rungen ausgelebt werden. In solch einem Paradox der Selbstverdinglichung und des suchtartigen Selbstkonsums, wird schließlich die Sehnsucht – sich zu behaupten und etwas Eigenes zu definieren – ausgelebt (Resch & Parzer, 2018). Das »Wer bin ich«

wird eng mit der Konsumfrage und den Gesetzen des Marktes verknüpft. Das »Muster ohne Wert« wird aufgezehrt.

Und doch scheint es so, dass fünf von sechs Jugendlichen diesen Entwicklungsprozess der Adoleszenz mit Hilfe ihres sozialen Umfeldes relativ gut meistern, aber mindestens 15 Prozent gefährdet sind (Resch & Parzer, 2021) Nur wenn der Einstieg in die gesellschaftlichen Prozesse gänzlich misslingt, und es zu deutlichen Problemen der Identitätsfindung und der Selbstwertregulation kommt, dann können die selbstschädigenden – oder süchtigen, oder fanatisierten – Handlungen die Entwicklung der Jugendlichen weiter gefährden. Wenn schließlich Vulnerabilitäten zu psychischen Dekompensationen und Symptombildungen führen, entsteht zusätzlicher psychotherapeutischer Hilfebedarf.

Wir selbst haben alle auch daran Anteil. Wir können uns fragen, ob wir geeignete Vorbilder und Identifikationsfiguren sind, ob wir die richtigen Beziehungskontexte anbieten. Fördern wir die emotionale Entwicklung der Persönlichkeiten unserer Kinder? Welche Bedeutung haben Rivalität, Erfolgsdruck und Chancenmaximierung in unserem eigenen Leben? Sind wir verbindlich respektvoll? Leben wir Rhythmen der Gemeinsamkeit und verlässliche Rituale? Es liegt an uns, die Jugendlichen in ihrer Identitätsentwicklung anzuerkennen. Es liegt an uns, die größer gewordenen Anstrengungen der Jugendlichen, sich selbst zu finden, zu honorieren. Wir können die Jugendlichen unterstützen. Die Anerkennung und Wertschätzung der nächsten Generation ist die zentrale Zukunftsaufgabe für uns alle, damit jeder junge Mensch auch in veränderten Umwelten noch »ich bin ich« sagen kann.

Literatur

Altmeyer, M. (2019): *Ich werde gesehen, also bin ich. Psychoanalyse und die neuen Medien*. Göttingen: Vandenhoeck & Ruprecht.

Arnett, J. J. (2004): *Emerging adulthood: the winding road from the late teens through the twenties*. Oxford: Oxford UP.

Böhme, G. (2014): Ich-Selbst und der Andere. In: Liessmann, K. P. (Hrsg.): *Ich – der Einzelne in seinen Netzen*. Wien: Zsolnay, S. 53–65.

Erikson, E. H. (1959): *Identity and the life cycle: selected papers*. New York, NY: Intern. UP.

Fonagy, P., Gergely, G., Jurist, E. L., & Target, M. (2006): *Affektregulierung, Mentalisierung und die Entwicklung des Selbst*. Stuttgart: Klett-Cotta.

Lyotard, J. F. (1990): Beantwortung der Frage: Was ist postmodern? In: Engelmann, P. (Hrsg.): *Postmoderne und Dekonstruktion: Texte französischer Philosophen der Gegenwart*. Stuttgart: Reclam, S. 33–48.

Möhler, E. (2013): *Eltern-Säuglings-Psychotherapie*. München: Reinhardt.

Resch, F. (2016): Identität und Ablösung – Entwicklungsaufgaben der Adoleszenz. *Swiss Arch Neurol Psychiatry Psychother*, 167, S. 137–146. https://doi.org/10.4414/sanp. 2016.00411

Resch, F. (2017a): Gefährdete Entwicklungen von Selbstwert und Identität in der Adoleszenz: Selbstpsychologische und Individualpsychologische Perspektiven ergänzen einander. In: Harms, A., & Hartmann, H. P. (Hrsg.) *Einsamkeit. Bedeutung und klinisches Verständnis aus psychoanalytischer Sicht*. Frankfurt a. M.: Brandes & Apsel, S. 164–177.

Resch, F. (2017b): *Selbstverletzung als Selbstfürsorge: Zur Psychodynamik selbstschädigenden Verhaltens bei Jugendlichen*. Göttingen: Vandenhoeck & Ruprecht.

Resch, F., & Kaess, M. (2017): Risikoverhalten bei Jugendlichen: Flucht in die Scheinwelt. *Ruperto Carola Forschungsmagazin*, 11, 61–67.

Resch, F., & Parzer, P. (2018): Neue Morbidität und Zeitgeist. In: Brähler, E., & Herzog, W. (Hrsg.): *Sozialpsychosomatik: Das vergessene Soziale in der Psychosomatischen Medizin*. Stuttgart: Schattauer, S. 319–335.

Resch, F., & Parzer, P. (2015): *Entwicklungspsychopathologie und Psychotherapie: Kybernetische Modelle zur funktionellen Diagnostik bei Jugendlichen*. Wiesbaden: Springer.

Resch, F., & Parzer, P. (2021): *Adolescent Risk Behavior and Self-Regulation: A Cybernetic Perspective*. Heidelberg: Springer International Publishing.

Resch, F., & Sevecke, K. (2018): Identität – Eine Illusion? Selbstentwicklung in der Adoleszenz. *Prax Kinderpsychol Kinderpsychiatr*, 67, 613–623. https://doi.org/10.13109/prkk.2018. 67.7.613

Resch, F., & Westhoff, K. (2008): Adoleszenz und Postmoderne. In: Resch, F., & Schulte-Markwort, M. (Hrsg.): *Kursbuch für integrative Kinder- und Jugendpsychotherapie*. Weinheim: Beltz. S. 67–76.

Schulte-Markwort, M. (2015): *Burnout-Kids: Wie das Prinzip Leistung unsere Kinder überfordert*. München: Pattloch.

Seiffge-Krenke, I. (2020): *Die Jugendlichen und ihre Suche nach dem neuen Ich: Identitätsentwicklung in der Adoleszenz*. Stuttgart: Kohlhammer.

Seiffge-Krenke, I. (2012): *Therapieziel Identität: Veränderte Beziehungen, Krankheitsbilder und Therapie*. Stuttgart: Kohlhammer.

Taubner, S., & Volkert, J. (2017): *Mentalisierungs-Basierte Therapie für Adoleszente*. Göttingen: Vandenhoeck & Ruprecht.

Wygotski, L. S. (1964): *Denken und Sprechen*. Berlin: Akademischer Verlag.

Erich Lehner
Identität queer denken – Gender und Psychoanalyse

Der Begriff Gender hat seine Wurzeln in der Psychoanalyse. Es ist zunächst der verhaltenswissenschaftlich orientierte Sexologe John Money, der 1955 diesen, auch im Englischen bis dahin unbekannten Begriff, in die Forschung einführt. In seinen Abhandlungen zu Hermaphroditen verwendet er ihn im Unterschied zu Sex, um darzustellen, dass auch Hermaphroditen trotz widersprüchlicher Merkmale des Körpergeschlechts (Sex) eine eindeutige Geschlechtsidentität (Gender) ausbilden können. Populär gemacht hat ihn dann das Schrifttum Robert Stollers (vgl. Reiche, 1997, S. 929). Im Vorwort zu seinem Buch *Sex and Gender* beschreibt er beide Begriffe:

> »… we have split off ›gender‹ as a distinguishable part of ›sexuality‹. The word sex in this work will refer to the male and female sex and the component biological parts that determine whether one is male or female. [There remain] tremendous areas of behavior, feelings, thoughts, and fantasies that are related to the sexes and yet do not have primarily biological connotations.« (Stoller, 1968, S. vi-vii)

Die Unterscheidung Sex/Gender wurde zunächst sehr breit aufgenommen. Sie bot dem Feminismus und der Frauenforschung, »den tradierten und im Alltagsbewusstsein immer noch fest verankerten ›Natur der Frau‹-Argumentationen ein entschiedenes und begründetes Nein entgegenzusetzen« (Gildemeister & Wetterer, 1995, S. 205). Die Unterschiede der Geschlechter und die Diskriminierung von Frauen waren in dieser Perspektive nicht von der Natur vorgegebene Bestimmung, sondern konnten mit Gender als Ergebnis von Geschichte, Sozialisation und geschlechtsspezifischer Arbeitsteilung beschrieben werden. Für Regine Gildemeister und Angelika Wetterer war diese Unterscheidung jedoch nur eine »Scheinlösung«. Denn in der geläufigen Verwendung von »Sex« und »Gender« bleibt dennoch die Annahme bestehen, ein Teil der Geschlechterunterschiede könnte biologisch fundiert sein, eine Annahme, die von der Humanbiologie nicht eingelöst wurde (vgl. Gildemeister & Wetterer, 1992, S. 205–211).

Robert Stoller formulierte mithilfe dieses Begriffes die »core gender identity«. (vgl. Reiche, 1997, S. 929) Für Stoller »starts [the core gender identity] with the knowledge and awareness, whether conscious or unconscious, that one belongs to one sex and not the other« (Stoller, 1968, S. 10). Dieses Wissen speist sich aus drei Quellen: »the anatomy and physiology of the genitalia; the attitudes of parents, siblings and peers toward the child's gender role; and a biological force that may more or less modify the attitudinal (environmental) forces« (Stoller, 1968, S. 40). Die core gender identity

(Kerngeschlechtsidentität) ist zu einem Standard in der Psychoanalyse geworden. Nach Stoller legen sich um einen Kern zwei Kreise oder Schichten. Der innerste Kern enthält das Körpergeschlecht (Sex). Um diesen Kern herum legt sich entweder isomorph (körpergestaltentprechend) oder anisomorph (körpergestaltwidersprechend) ein weiterer Kreis, der zur core gender identity wird. Umhüllt wird Körpergeschlecht und Kerngeschlechtsidentität schließlich von einer dritten Schicht, der Geschlechtsrollenidentität. In ihr finden sich vielgestaltige geschlechtsbezogene Objekt- und Selbstrepräsentanzen, sowie gesellschaftliche Konventionen und Normvorstellungen (vgl. Reiche, 1997, S. 930f.; Qindeau, 2018, S. 193).

Robert Stoller hat jedoch nicht nur dem Begriff Gender zu großer Verbreitung verholfen, sondern auch jenem der Identität. Identität als Begriff und Konzept, das die Einheit eines Ichs fasst, konnte sich in der Psychoanalyse erst spät – in den 1950er Jahren des 20. Jahrhunderts – durchsetzen. Identität wurde hier in zwei unterschiedlichen theoretischen Ausrichtungen gebraucht. Zum einen kann sie auf »die Kohärenz, die Kontinuität und Einheit eines Individuums« abzielen, zum anderen wird unter ihr die »Geschlechtsidentität als Ergebnis der psychosexuellen Entwicklung« (Hutfless, 2017, S. 142) verstanden.

Die erste Position vertritt der Ich-Psychologe Erik H. Erikson. Für ihn entwickelt sich die Identität von einer erwachsenen Person aus ihren früheren Erfahrungen. Identifikationen allein reichen für eine funktionierende Persönlichkeit jedoch nicht aus. Aus diesen früheren Identifikationen muss erst eine kohärente Gestalt entstehen. Erikson versteht Identität als ein psychosoziales Phänomen, das im Spannungsfeld von Individuum und Gesellschaft entsteht (vgl. Hutfless, 2017, S. 143).

Zum maßgeblichen Vertreter des zweiten Ansatzes, dem der Geschlechtsidentität, wurde Robert Stoller, der auf die Vorarbeit der Amerikanische Psychoanalytische Vereinigung aufbauen konnte. Auf ihrer Tagung 1969 wird der Terminus sexuelle Identität durch Geschlechtsidentität ersetzt. Zu dieser Zeit wurden Ansätze der Selbstpsychologie und Objektbeziehungstheorien aufgegriffen. Dadurch geriet die klassische Theorie zur psychosexuellen Entwicklung in den Hintergrund (Hutfless, 2017, S. 147).

> »Grundsätzlich ist die Kerngeschlechtsidentität für Stoller etwas, das sich klar herausstellt, konstant bleibt und in seiner ›normalen‹ Ausprägung entweder männlich oder weiblich ist. Das Modell der Kerngeschlechtsidentität löst die Biologie ab, setzt die Idee ›eines wahren Geschlechts‹ jedoch unter den Vorzeichen eines komplexeren Ursprungsmodells wieder ein.« (Hutfless, 2017, S. 148)

Obwohl auch Stoller sieht, dass es genetisch viele Varianten an Geschlechtern gibt, hält er dennoch an der Geschlechterbinarität fest.

Diese Vorgänge lassen sich auch aus einer zeitgeschichtlichen Perspektive verstehen. Das Konzept der »Identität« wurde genau zu jener Zeit aufgegriffen, als in Medizin und Psychiatrie das Thema der Transsexualität in den Fokus der Aufmerksamkeit rückte. Kam, so lässt sich nun fragen, mit Identität ein Konstrukt ins Spiel, um einer ins Wanken geratenen Überzeugung von der normativen Zweigeschlechtlichkeit neue Standfestigkeit zu verleihen? Jedenfalls ist Esther Hutfless zuzustimmen, wenn sie sagt: »Männlich und Weiblich sind zwar nicht zwangsläufig biologisch zu erklären, mit dem Konzept der binären Geschlechtsidentität gelingt es jedoch, die Zweigeschlechtlichkeit zu retten und all jene, die dieses System überschreiten, dennoch einzugliedern.« (Hutfless, 2017, S. 150)

Hartmut Reiche (1998, S. 929) weist kritisch darauf hin, dass Stollers Konzept der Kerngeschlechtsidentität das bis dahin in der Psychoanalyse geltende Konzept der Bisexualität verdrängt hat. Über diese Bisexualität schreibt Freud in seiner Vorlesung zur Weiblichkeit:

> »Männlich und weiblich ist die erste Unterscheidung, die Sie machen, wenn Sie mit einem anderen menschlichen Wesen zusammentreffen, und Sie sind gewöhnt, diese Unterscheidung mit unbedenklicher Sicherheit zu machen. Die anatomische Wissenschaft teilt Ihre Sicherheit in einem Punkt und nicht weit darüber hinaus. Männlich ist das männliche Geschlechtsprodukt, das Spermatozoon und sein Träger, weiblich das Ei und der Organismus, der es beherbergt. [...] Und dann sagt Ihnen die Wissenschaft etwas, was Ihren Erwartungen zuwiderläuft und wahrscheinlich geeignet ist, Ihre Gefühle zu verwirren. Sie macht sie darauf aufmerksam, dass Teile des männlichen Geschlechtsapparates sich auch am Körper des Weibes finden, wenngleich in verkümmertem Zustand, und das gleiche im anderen Fall. Sie sieht in diesem Vorkommen das Anzeichen einer Zweigeschlechtlichkeit, Bisexualität, als ob das Individuum nicht Mann oder Weib wäre, sondern jedesmal beides, nur von dem einen soviel mehr als vom anderen.« (Freud, 1933, S. 546f.)

Wenngleich nun Freuds Äußerungen über Männlichkeit und Weiblichkeit zu den umstrittensten Theorien seines Werkes gehören und sein »phallischer Monismus« zurecht zurückgewiesen wurde, kann mit Ilka Quindeau (2017, S. 191) die konstitutionelle Bisexualität »als Meilenstein der psychoanalytischen Theoriegeschichte« gesehen werden. »Körperliche Männlichkeit und Weiblichkeit werden auf einem Kontinuum angesiedelt und nicht scharf voneinander abgegrenzt.« (Quindeau, 2017, S. 191) Freud verankert »die bisexuelle Anlage unmittelbar im Körperlichen«. Ilka Quindeau schlägt vor, den Begriff Bisexualität, der einer Geschlechterdichotomie verhaftet ist, die es zu überwinden gilt, durch den Begriff »konstitutionelle Geschlechtervielfalt« zu ersetzen. Besondere Bedeutung kommt dabei dem Zusatz »konstitutionell« zu. Er gewährleistet, dass sich der Begriff nicht nur auf die psychische oder die psychosoziale Ebene bezieht, sondern auch die somatische Ebene miteinschließt. (Quindeau, 2017, S. 193)

In diese Richtung denkt auch Hartmut Reiche. Er weist darauf hin, dass das Körpergeschlecht Robert Stollers selbst keine monolithische Einheit, sondern konstruiert ist (Reiche, 1998, S. 930). Es umfasst nicht nur die Genitalien, sondern setzt sich auch aus verschiedenen anatomischen, chromosomalen, morphologischen, endokrinologischen u. a. Faktoren zusammen. »In diesem Sinn meint die Formulierung, dass das Geschlecht konstruiert ist, nicht nur die psychologische oder soziale Ebene, sondern ebenso die körperliche.« (Quindeau, 2018, S. 194)

Die psychoanalytisch orientierte Philosophin Judith Butler begreift Geschlecht als soziale Konstruktion. Sie entwirft Geschlecht »als kulturelle Erfindung, als performatives Ergebnis sich wiederholender Handlungen« (Jagosi, 2001, S. 109).

»Geschlechtsidentität [ist] die wiederholte Stilisierung des Körpers, ein Ensemble von Akten, die innerhalb eines äußerst rigiden regulierenden Rahmens wiederholt werden, dann mit der Zeit erstarren und so den Schein der Substanz bzw. eines natürlichen Schicksals des Seiende hervorbringen.« (Butler, 1991, S. 60)

Geschlecht kann daher nicht länger als eine »innere Wahrheit der Anlagen und der Identität« gelten, »sondern [als] eine performativ inszenierte Bedeutung« (Butler, 1991, S. 61). »Hinter den Äußerungen der Geschlechtsidentität (gender) liegt keine geschlechtlich bestimmte Identität (gender identity). Vielmehr wird diese Identität gerade performativ durch diese Äußerungen konstituiert, die angeblich ihr Resultat sind.« (Butler, 1991, S. 49) Für Butler ist jedoch nicht nur das psychosoziale Geschlecht, sondern auch Sex durch verschiedene wissenschaftliche Diskurse und aufgrund politischer und gesellschaftlicher Interessen produziert (vgl. Fraisl), denn es gibt »keinen Rückgriff auf den Körper, der nicht bereits durch kulturelle Bedeutungen interpretiert ist« (Butler, 1991, S. 26). Butler wendet sich gegen eine »Metaphysik der Substanz«, die das soziale Geschlecht als Attribut einer Person begreift,

»die wesentlich als eine ihrer geschlechtlichen Bestimmtheit vorangehende Substanz (pregendered substance) oder als ›Kern‹ charakterisiert ist und ein universales Vermögen der Vernunft oder der Sprache bezeichnet. [...] Als sich ständig verschiebendes (shifting) und kontextuelles Phänomen bezeichnet die Geschlechtsidentität nicht ein substanzielles Seiendes, sondern einen Schnittpunkt zwischen kulturell und geschichtlich spezifischen Relationen.« (Butler, 1991, S. 28f.)

Die Geschlechtsidentität erweist sich damit »als performativ, d. h., sie selbst konstituiert die Identität, die sie angeblich ist. In diesem Sinne ist die Geschlechtsidentität ein Tun, wenn auch nicht das Tun eines Subjekts, von dem sich sagen ließe, daß es der Tat vorangeht« (Butler, 1991, S. 49).

Auch die feministische Biologin Anne Fausto-Sterling (2019) begreift Geschlecht als soziale Konstruktion. Sie möchte die Opposition Natur vs. Kultur zurücklassen und sieht »both identities as deeply embodied« (Fausto-Sterling, 2019, S. 529). In einem systemischen Entwicklungsverständnis verbindet sie Sex, Gender, sexuelle Orientierung, Körper und Kultur ohne das eine über das andere zu stellen.

»It seems uncontroversial to posit that our desires, behaviors, and choices emanate from our bodies and that our bodies are, of course, expressions of biological processes; but perhaps it is more controversial to insist as well that nurture/culture directs, shapes, and limits these processes.« (Fausto-Sterling, 2019, S. 530).

Für sie ist Gender/Sex und sexuelle Orientierung etwas, das wird, das sich entwickelt. Es beginnt in der Kindheit, wird aufrechterhalten durch Interaktionen mit anderen Individuen und wird beeinflusst durch Kultur. Sie sieht die Entwicklung »as a continuously evolving (both intra- and intergenerationally) set of habits resulting from ongoing interactions between the child and other humans and objects in their world« (Fausto-Sterling, 2019, S. 534). Gender/Sex ist so ein »biosocial sediment built up over a lifetime« (Fausto-Sterling, 2019, S. 534).

Zentral im Denken Anne Fausto-Sterlings ist Embodiment. Embodiment meint, dass sich Erfahrungen körperlich einprägen. Jedes Handeln und Interagieren, jedes Wahrnehmen und Denken beeinflusst das Individuum in seiner Gesamtheit der körperlichen, psychischen und sozialen Identität. Ganz basal entsteht für sie ein »embodied phenomen« in der Interaktion eines Organismus mit der Umwelt, als Resultat einer senso-motorischen Aktivität (Fausto-Sterling, 2021, S. 3). So verweist sie beispielsweise auf die Forschungsarbeiten von Beatrice Beebe und Frank Lachmann (1994) zur Mutter-Kind-Interaktion und zitiert deren drei Prinzipien, die die interne Organisation der dyadischen Erfahrung in den ersten Lebensjahren dominieren: »ongoing regulation, disruption and repair, and heigthend affective moments«. Fausto-Sterling fügt dem hinzu, »that variations in any or all of these components based on the gender/sex composition of the dyad form the initial scaffolding for embodied gender/sex.« (Fausto-Sterling, 2019, S. 538)

»Gender/sex and orientation are complex and usually stable systems assembled from bodily, cultural, and intersubjective subsystems.« (Fausto-Sterling, 2019, S. 539) Gender/Sex und sexuelle Orientierung reichen so tief in die Physiologie, sie äußern sich symbolisch beispielsweise in Kleidung und Haarstil. Die Symbole drücken aus, wie wir uns nach innen hin fühlen und welche Identität wir nach außen zeigen wollen. Unter dem Blickwinkel einer dynamischen Systemtheorie sieht Fausto-Sterling »Gender as Soft Assembly« (Harris, 2005). Weil es eine »soft« und kein starres System ist, kann Gender im Erwachsenenalter eine gewisse Stabilität erlangen, bleibt aber offen für Veränderung. Sobald sich eines der Subsysteme ändert, kann es zu einem veränderten gender/sex system kommen. Gender/Sex als »soft assembly banishes forever the vocabulary of programs, structures, modules, and schemas and substitutes the notions of complexity, stability, and change« (Fausto-Sterling, 2019, S. 539).

Auch für die Psychologie war und ist Gender eine fundamental wichtige Fragestellungen. Sie hat seit ihren Anfängen als etablierte Wissenschaft im späten 19. Jahrhundert zahlreiche Untersuchungen zu den Charakter- beziehungsweise Wesensunterschieden von Männern und Frauen durchgeführt. Dabei wurde deutlich, dass dieser Unterschied mit der Zeit immer geringer wurde. Eleanor Maccoby und Carol N. Jacklin publizierten 1974 eine Übersichtsarbeit zu den psychologischen Unterschieden zwischen Männern und Frauen. Sie bearbeiteten dazu die seit 1965 gemachten wissenschaftlichen Forschungen im Bereich der Psychologie. Mit dieser Arbeit mussten viele gängige Grundannahmen über den Geschlechterunterschied, wie z. B. Mädchen seien sozialer, beeinflussbarer oder hätten ein geringeres Selbstbewusstsein als nicht haltbar fallen gelassen werden. (Maccobi & Jacklin, 1974, S. 349f.). Geschlechtsunterschiede, die sie als »fairly well established« (Maccobi & Jacklin, 1974, S. 351) bezeichneten, betrafen verbale Sprachfähigkeit, räumliche Wahrnehmung, mathematische Fähigkeiten und Aggression.

Etliche Jahrzehnte später griff Janet S. Hyde (2005) erneut diese Thematik auf. Sie führte eine Review der wichtigsten Meta-Analysen zu den einzelnen psychologischen Variablen in Bezug auf Genderdifferenzen durch. Insgesamt 124 Verhaltens- und Fähigkeitsbereiche wurden auf mögliche Unterschiede untersucht: darunter fielen mathematische und sprachliche Leistungen, Wahrnehmung, Motorik, aber auch Aspekte wie Aggression, Sexualverhalten oder Lebenszufriedenheit. Auf der Grundlage der Analysen kategorisierte sie die Effektgrößen: »close to zero (d ≤ 0.10), small (0.11 < d < 0.35), moderate (0.36 < d < 0.65), large (d = 0.66 –1.00), or very large (>1.00)« (Hyde, 2005, S. 582). Sie kam dabei zu dem Ergebnis: »The striking result is that 30% of the effect sizes are in the close to zero range, and an additional 48% are in the small range. That is, 78% of gender differences are small or close to zero.« (Hyde, 2005, S. 582f.) Die größten Unterschiede (very large) wiesen einige motorische Handlungen wie Weitwerfen auf. Große (large) Unterschiede gab es in zwei Bereichen der Sexualität und betrafen die Häufigkeit der Masturbation und die Haltung zu Sex ohne Beziehung. Für das Alltagsverständnis von Gender überraschend war, dass auch im Bereich von Aggression die größten Unterschied nur in einigen Aspekten auftraten und hier auch nur die Effektgröße moderat erreichten. Nur zehn Jahre später unternahmen Ethan Zell, Krizan Zlatan und Sabrina R. Teeter (2015) erneut eine Meta-Analyse. Sie bestätigten Janet Hyde. Auch in ihrer Studie hatten 85 Prozent der erfassten Unterschiede eine Effektgröße von klein bzw. sehr klein.

Mit einer Datenlage, die derart geringfügige Unterschiede aufzeigt, lässt sich kein Wesensunterschied zwischen Frauen und Männern konstruieren. Janet Hyde formuliert deshalb im Gegensatz zu der gängigen Annahme der Verschiedenheit der Geschlechter »the Gender Similarities Hypothesis«. Die Geschlechter, so folgert sie, kennzeichnet nicht in erster Linie die Unterschiedlichkeit, sondern die Ähnlichkeit. Raewyn Connel urteilt auf der Grundlage dieser Daten:

»Die Annahme einer Charakterdichotomie zwischen Frauen und Männern ist auf überwältigende, entscheidende Weise widerlegt worden. Die insgesamt bestehende psychologische Ähnlichkeit von Männern und Frauen auf Gruppenebene kann auf der Grundlage des Umfangs der sie stützenden Belege als eine der am besten gesicherten Verallgemeinerungen in den Humanwissenschaften gelten.« (Connell, 2013, S. 96)

Um der Vielfalt von Geschlecht, die auch Transsex und Intersex sowie die geschlechtliche Erfahrung anderer Kulturen umfasst, gerecht zu werden, schlägt Christel Baltes-Löhr eine Neudefinition von Geschlecht vor. Diese Definition umfasst die Differenzierung in Sex, dem biologischen Geschlecht, Gender, dem sozialen Geschlecht und Desire, dem sexuellen Begehren bzw. der Sexualität. Genau betrachtet unterlässt Baltes-Löhr eine klare Definition. Sie beschreibt vielmehr einen definitorischen Rahmen, innerhalb dessen es zu vielfältigen Zuordnungen kommen kann. Sie betont, dass damit »die Verabschiedung von der Geschlechterkategorie als binare, dichotome und heteronormative Strukturkategorie gesellschaftlicher Ordnungen einher[geht]« (Baltes-Löhr, 2014, S. 33).

Baltes-Löhr führt vier bzw. mehrere Dimensionen des Geschlechts an. Die körperliche Dimension umfasst biologische Merkmale, wie Gene, Chromosomen etc. Die psychische Dimension umfasst Emotionen und Kognitionen, die das eigene Empfinden des Geschlechts, das zwischen Fremd- und Selbstzuschreibung pendelt, beschreibt. Die soziale Dimension umfasst die Geschlechterrolle als das dem Geschlecht zugehörige Verhalten. Schließlich umfasst die vierte Dimension das sexuelle Begehren. Baltes-Löhr führt noch Platzhalter für weitere Dimensionen an, die sie nicht ausführt. Sie stehen symbolisch dafür, dass diese Geschlechtsdefinition unabgeschlossen ist und für weitere Entwicklungen offen ist. Innerhalb dieses definitorischen Rahmens lassen sich vielfältige und unterschiedliche Kombinationen zwischen den Elementen der Dimensionen denken. »So kann«, nach Baltes-Löhr (2014, S. 26), zum Beispiel

> »ein Mensch mit einem Penis, jedoch ohne Hodensäcke, Röcke tragen, sich schminken, mit tiefer Stimme sprechen, durchsetzungsfähig und konkurrenzbewusst sein, musisch begabt und heterosexuell zusammen leben mit einem Menschen mit Vagina, erhabenem Busen, Gesichtsbart, einer gesellschaftlich besser angesehenen beruflichen Position und die erstgenannte Person um Haupteslänge überragen.«

Das auf diese Art entstandene Geschlecht eines Menschen ist dann auch »als veränderbar, polypolar, plural und intersektional verfasst« (Baltes-Löhr, 2014, S. 32) anzusehen.

Für Gender ergeben sich nun viele Möglichkeiten, enge biologistisch gedachte Geschlechterrollen zu überschreiten und eine Vielfalt von Geschlecht zu denken. Eine Psychoanalyse, die sich dieser Vielfalt öffnet, rezipiert queerness. »Allgemein gesagt«, so Annemarie Jagose (2021, S. 15),

> »beschreibt queer Ansätze oder Modelle, die Brüche im angeblich stabilen Verhältnis zwischen chromosomalem, gelebtem Geschlecht *(gender)* und sexuellem Begehren hervorheben. Im Kampf gegen diese Vorstellung von Stabilität [...] lenkt queer den Blick dahin, wo biologisches Geschlecht *(sex)*, soziales Geschlecht *(gender)* und Begehren nicht zusammenpassen.«

Für den psychoanalytischen Alltag, ist dann »[q]ueer […] im eigentlichen Sinne das, was jeglicher Fixierung und Benennung zuwiderläuft« (Hutfless, 2017, S. 35). *Queering Psychoanalysis*, so der Titel von Hutfless (2017), lässt sich als Aufforderung verstehen, in der Psychoanalyse einen Raum zu eröffnen, der die Komplexität von Geschlecht aufnimmt. Es gilt, von einem statischen einheitlichen Identitätsverständnis abzulassen. Identität – und im Speziellen Geschlechtsidentität – lässt sich nur als ein höchst komplexes Zusammenspiel unterschiedlicher Elemente, die einen kontinuierlichen Balanceakt des Selbst erfordern, verstehen.

Der amerikanische Männlichkeitsforscher James W. Messerschmidt (2016, S. 119–144) ist in seinen Forschungsarbeiten der Komplexität von Gender nachgegangen. Die Biografie von Morgan, die sich selbst als »genderqueer as being gender fluid so that I express many genders in a multifacetees way« empfindet, soll deshalb am Ende dieser Überlegungen stehen.

Morgan ist 25 Jahre und steht vor ihrem Bachelor. Sie stammt aus dem Arbeitermilieu. Ihr Vater ist Fabrikarbeiter und ihre Mutter Rezeptionistin. Ihre Familie beschreibt sie als nicht gewalttätig, »easygoing« und unterstützend. Im Elternhaus gab es keine Trennung der Geschlechterrollen, jeder führte jede Tätigkeit aus. Sie hatte viele Freunde und Freundinnen. Als Kind kleidete sie sich eher als Junge. Im Alter von fünf entdeckt sie mit einem Freund beim Spielen den geschlechtlichen Unterschied (»Zeigst du mir deins, zeig ich dir meines.«).

Mit zehn Jahren galt sie in ihrer Schule als »Tomboy«. Sie kleidete sich wie ein Junge, spielte und kämpfte mit Jungen. Ihre Eltern waren unterstützend und setzen in der Schule durch, dass sie ihre verkehrte Baseballmütze auch während des Unterrichts auf dem Kopf tragen durfte. Sie und ihre Tomboy-Gruppe unterschieden sich deutlich von den »Preppies« (adretten Mädchen) und genossen in der ganzen Schule Anerkennung aufgrund ihrer herausragenden sportlichen Leistungen.

In der Junior High School erlebte sie allmählich, dass von Mädchen erwartet wurde, sich für Jungen zu interessieren und sich Gedanken über »boyfriends« und »girlfriends« zu machen. Nach langen inneren Dialogen – sie wollte ihr Tomboy-Projekt nicht aufgeben, aber auch nicht von den anderen ausgeschlossen sein – begann sie das heterosexuelle Projekt an ihr Tomboy-Projekt anzubinden. Sie interessierte sich ab nun für Kosmetik, Kleidung und Jungen. Jetzt begannen ihre Brüste zu wachsen, sie bekam ihre Regel und fühlte sich wohl in ihrer neuen »preppy« Weiblichkeit. Sie freute sich über ihren Körper und auch darüber, dass sie für Jungen attraktiv war. Allerdings, auch als »preppy« war sie weiterhin hartneckig und wollte immer ihr eigenes Ding machen. Allmählich spürte sie jedoch, dass Sexualität sich anfühlte, als stimme etwas nicht.

»I enjoyed being a girl and looking like a girl, but if being a girl meant being their [the boys] object, then they really bothered me. So I broke up with all of them because they treated me like an object and didn't allow me to decide, how I wanted to be touched and interact sexually with them.« (S. 126)

Kurz nachdem sie die Beziehung zu einem heterosexuelle Junge beendet hatte, freundet sie sich mit einem homosexuellen Jungen an. Die Beziehung wird tiefer und sexuell. »And the way we had intercourse was in the way, where he was the receptive one, the energetically receptive partner and I was the energetically dominant partner, even though our anatomy was totally contradictory.« (Messerschmidt, 2016, S. 127) Aber genau in dieser Beziehung entdeckt sie wieder ihre Maskulinität, die sie allmählich als fundamentaler erkennt. Ihr Begehren beschreibt Morgen:

> »We noticed each other's gender more than we noticed each other's sex and bodies. I was attracted to him because he was beautiful and feminine, and he was attracted to me, because I was masculine in my behavior. I was a girl and he was a boy, but we ignored it and just noticed our genders.« (Messerschmidt, 2016, S. 128)

Mit ihrem Freund hat sie nun auch Kontakt zur LGBT-Gruppe an der Schule und überlegt ein Mann zu werden. Einerseits fühlt sie sich nicht »right« in ihrem weiblichen Körper, aber andererseits wollte sie auf keinen Fall ein »straight guy« werden. Sie beginnt ihre Brüste abzubinden und entschließt sich im Sommer vor dem College ein Mann zu werden. Jetzt lässt sie sich die Brüste abnehmen und nimmt männliche Hormone. »Now I felt complete« (Messerschmidt, 2016, S. 132), sagt sie. Ihre Eltern unterstützten sie.

Als Morgan mit dem College beginnt ist er ein »dude« und nimmt für drei Jahre Hormone. Er lernt von Trans*männern, hat eine tiefe Stimme und Gesichtshaare. Morgan will ein richtiger Mann sein. (Er unterscheidet zwischen Trans*männern und richtigen Männern). In seinen Kontakten mit anderen Männern und in der sexuellen Begegnung mit heterosexuellen Frauen (»straight woman«) bekommt er das Gefühl und die Bestätigung ein richtiger Mann zu sein.

Obwohl er als Mann sehr anerkannt ist, irritiert ihn zunehmend die Tatsache, dass er keinen Penis hat. Soll er einen Penisaufbau machen? Er überlegt intensiv und überdenkt seine bisherige Geschichte. Er erkennt, dass er eben nicht eine eindeutige männliche Entwicklung hatte. Als Mann wäre er gezwungen, sich ein männliches Narrativ zu geben und dabei einen Teil der Erfahrungen seines Lebens – nämlich die weiblichen – wegzulassen. Auch will er nicht nach einem Penisaufbau für den Rest seines Lebens Medikamente nehmen müssen. Schließlich wird er sich ziemlich sicher, dass er einmal Kinder haben will. Von da an stoppt er auch die Hormoneinnahmen.

> »Because I have so many bodies and so many past experiences all wrapped into one – a tomboy, a straight female-bodied person, a masculine female-bodied male, an female-to-male transman, and a genderqueer person – which is a very different gender than being born female and always being female and acting female.« (Messerschmidt, 2016, S. 142)

Morgan empfindet sich als »genderqueer person«, was er folgendermaßen beschreibt:

»It's when I redescovered my feminine past, but when I did that, it's not really going back to feminity as it is going forward to something new. It's like I'm queering queer! So I feel and act many genders based on this history of different bodies and genders. And if I'm many genders, then I'm neither masculine nor feminine.« (Messerschmidt, 2016, S. 142)

Zum Zeitpunkt des Interviews ist Morgan in Beziehung mit einer anderen körperlich-weiblichen Person, die so empfindet wie er. Beide bezeichnen sich als pansexuell und beide unterstützen sich in ihrem Denken und in ihrer Entscheidung.

Literatur

Beebe, B., & Lachmann, F. M. (1994): Representation and internalization in infancy: Three principles of salience. *Psychoanalytic Psychology*, 11, 127–165.

Baltes-Baltes-Löhr, C. (2014): Immer wieder Geschlecht – immer wieder anders Versuch einer Begriffsbestimmung. In: Schneider, E., & Baltes-Löhr, C. (Hrsg*innen): *Normierte Kinder. Effekte der Geschlechternormativität auf Kindheit und Adoleszenz*. Bielefeld: transcript, S. 17–40.

Butler, J. (1991): *Das Unbehagen der Geschlechter*. Frankfurt a. M.: Suhrkamp.

Connell, R. (2013): *Gender*. Wiesbaden: Springer VS.

Fausto-Sterling, A. (2019): Gender/Sex, Sexual Orientation, and Identity Are in the Body: How Did They Get There? *The Journal of Sex Research*, 56(4–5), 529–555.

Fausto-Sterling, A. (2021): A Dynamic Systems Framework for Gender/Sex Development: From Sensory Input in Infancy to Subjective Certainty in Toddlerhood. *Frontiers in Human Neuroscience*, 15, 1–19.

Fraisl, B. (o.J.): Psychoanalytische Konzeptionen von Geschlechtsidentität. http://www.gewi.kfunigraz.ac.at/moderne/sheft2f.htm [Stand 28. Januar 2020].

Freud, S.(1933/1982): Neue Folge zur Einführung in die Psychoanalyse. In: Mitscherlich, A., Richards, A., & Strachey, J. (Hrsg.): *Sigmund Freud. Studienausgabe*. Frankfurt a. M.: Fischer, S. 448–608.

Gildemeister, R., & Wetterer, A. (1995): Wie Geschlechter gemacht werden. Die soziale Konstruktion der Zweigeschlechtlichkeit und ihrer Reifizierung in der Frauenforschung. In: Knapp, G., & Wetterer, A. (Hrsg*innen): *Traditionen. Brüche. Entwicklungen feministischer Theorie*. Freiburg i. Br.: Kore, 2. Aufl., S. 202–254.

Hyde, J. S. (2005): The Gender Similarities Hypothesis. *Am. Psychologist*, 60(6), 581–592.

Hutfless, E. (2018): Queer [Theory]: Annäherungen an das Undarstellbare. Einleitung. In: Hutfless, E., & Zach, B. (Hrsg*innen): *Queering Psychoanalyse. Psychoanalyse und Queer Theory, Transdisziplinäre Verschränkungen*. Wien: Zaglossus, 2. Aufl., S. 31–47.

Hutfless, E. (2018): Die Zukunft einer Illusion. Eine queer-psychanalytische Kritik am Identitätsdenken der Psychoanalyse. In: Hutfless, E., & Zach, B. (Hrsg*innen): *Queering Psychoanalyse. Psychoanalyse und Queer Theory, Transdisziplinäre Verschränkungen.* Wien: Zaglossus, 2. Aufl., S. 133–180.

Jagose, A. (2021): *Queer Theory. Eine Einführung.* Berlin: Querverlag, 4. Aufl.

Maccobi, E. E., & Jacklin, C. N. (1974): *The Psychology of Sex Differences.* Stanford, 1975.

Messerschmidt, J. W. (2016): *Masculinities in the Making. From the Local to the Global.* Lanham: Rowman & Littlefield.

Quindeau, I. (2018): Geschlechtervielfalt und polymorphes Begehren: Queer Perspektiven in der Psychoanalyse In: Hutfless, E., & Zach, B. (Hrsg*innen): *Queering Psychoanalyse. Psychoanalyse und Queer Theory, Transdisziplinäre Verschränkungen.* Wien: Zaglossus, 2. Aufl., S. 181–210.

Reiche, R. (1997): Gender ohne Sex. Geschichte, Funktion und Funktionswandel des Begriffs »Gender«. *Psyche – Z Psychoanal*, 51(9–10), 926–957.

Stoller, R. J. (1968): *Sex and gender: Vol. 1. The development of masculinity and femininity.* New York: Science House.

Zell, E., Krizan, Z., & Teeter, S. R. (2015): Evaluating Gender Similarities and Differences Using Metasynthesis. *American Psychologist*, 70(1), 10–20.

Gudrun Prinz
Sich von der eigenen Geschichte berühren lassen.
Über die Notwendigkeit einer Auseinandersetzung
mit der Gender-Thematik

We Should All Be Feminists[1]
(C. N. Adichie)

Dieser Beitrag befasst sich mit dem Thema Geschlechtsidentität. Es werden darin grundlegende Auswirkungen einer geschlechtsspezifischen Sozialisation auf das Selbsterleben und auf die psychoanalytische Praxis erforscht. Ich nähere mich dem Untersuchungsgegenstand aus einer sehr persönlichen Perspektive und eigenen Betroffenheit heraus an und stelle dar, wie bei seiner Bearbeitung theoretische Überlegungen und individuelle Erfahrungen gleichermaßen eine Rolle spielen und einander beeinflussen. Die Bereiche Sexualität, Begehren, Erotik und sexuelle Orientierung sind zwar eng mit dem Thema verbunden, sie stehen aber nicht im Fokus meiner Ausführungen. Ihre Behandlung würde die Eröffnung eines weitläufigen und komplexen zusätzlichen Feldes erfordern und ist daher im Rahmen dieses Artikels nicht zu leisten.

Begonnen hat meine Auseinandersetzung mit dem Thema, als ich eingeladen wurde, anlässlich der IAPSP-Konferenz in Vancouver, 2019, einen Vortrag von David Shaddock zu diskutieren. In diesem nimmt Schaddock häufig Bezug auf ein preisgekröntes Langgedicht von Claudia Rankine (2015). Darin thematisiert sie die zahlreichen alltäglichen, rassistisch motivierten Diskriminierungen, die sie beobachtet und als Opfer selbst erlebt hat.

Völlig unerwartet löste dieses Gedicht eine heftige Resonanz in mir aus. Ich kam mit meiner Verletztheit, Scham und Hilflosigkeit als Betroffene lebenslanger Diskriminierungen als Frau in Kontakt und begann, mich damit zu befassen.

Von Anfang an fand ich es besonders spannend dem nachzugehen, was es für mich und für Frauen generell bedeutet, Teil einer patriarchalen Kultur zu sein. Die vorherrschenden Werte und Vorstellungen werden ja auch von Frauen geteilt und formen ihr Selbsterleben. Welche inneren Konflikte und Unvereinbarkeiten dadurch zwangsläufig entstehen müssen, interessierte mich. Der Begriff des »doppelten Bewusstseins«

---

1   Titel einer berühmten Rede der Schriftstellerin Chimanda Ngozi Adichie (2014), gehalten 2012 als TED-Talk.

schien mir diese inneren Spannungsverhältnisse gut zu beschreiben. Dieser wurde Anfang des 20. Jahrhunderts von dem schwarzen US-amerikanischen Soziologen Du Bois geprägt und bezieht sich auf die Erfahrung, als Schwarzer in einer von Weißen geprägten Welt zu leben. Er schreibt:

> »Es ist sonderbar, dieses doppelte Bewusstsein, dieses Gefühl, sich selbst immer nur durch die Augen der anderen wahrzunehmen, der eigenen Seele den Maßstab einer Welt anzulegen, die nur Spott und Mitleid für einen übrig hat.« (Du Bois, 2004 [1903])[2]

Ich fragte mich, wie es in analoger Weise das Selbsterleben von Frauen beeinflusst, in einer Gesellschaft zu leben, in der sie wegen ihres Geschlechts Abwertungen, Benachteiligungen und Gefahren ausgesetzt sind. Auf der Suche nach Antworten begann ich, mich relativ breit gestreut und eher unsystematisch mit aktueller feministischer Literatur zu beschäftigen. Seit meiner Jugend hatte ich mich nicht mehr näher mit feministischen Perspektiven befasst und war überrascht, welche interessanten neuen Aspekte es für mich zu entdecken gab. Mein spezielles Interesse verlor ich dabei aber nie ganz aus den Augen: Die Identitätsfindung von Frauen als besondere Herausforderung angesichts der herrschenden Geschlechterordnung.

Als Ansporn, mein Studium zu vertiefen, meldete ich einen Vortrag im *Wiener Kreis für Psychoanalyse und Selbstpsychologie* an, den ich im Mai 2021 hielt. Drei Monate vor diesem Termin hatte ich die Idee, meine Erfahrungen in der Auseinandersetzung mit dem Thema in einem Tagebuch festzuhalten. Das sollte eine nochmalige Vertiefung unterstützen und mir dabei helfen, eine Dynamik zu reflektieren, von der ich zu diesem Zeitpunkt schon erfasst war und die noch immer nachwirkt – denn die Beschäftigung mit dem Thema veränderte mich tiefgreifend. Sie beeinflusste somit auch meine psychoanalytische Praxis in spürbarer Art und Weise. Mein Themen-Tagebuch bot eine Möglichkeit, diese Effekte festzuhalten und zu reflektieren. Das Schreiben parallel zum Lesen einschlägiger Fachliteratur erwies sich als sehr produktiv und brachte für mich wertvolle Ergebnisse. Einige davon sollen im Folgenden dargestellt werden.

---

2 Das Originalzitat dieser Stelle auf Englisch lautet: »It is a particular sensation, this double-consciousness, this sense of always looking at one's self through the eyes of others, of measuring one's soul by the tape of a world that looks on in amused contempt and pity.« (Du Bois, 1903, S. 5) Die zitierte deutsche Übersetzung stammt von Jürgen und Barbara Mayer-Wendt aus der deutschen Ausgabe des Klassikers und erfolgt hier nach einer Buchbesprechung, die am 24. Juli 2004 in der taz erschienen ist. Online unter: https://taz.de/!723010/ [Stand 6. Januar 2022].

Die Biologie als Argument für Diskriminierung

Am einschneidendsten war für mich das Hinterfragen einer für mich bis dahin nicht hinterfragbaren Grundannahme, nämlich der Einteilung der Menschheit in zwei Geschlechter. Dort hingeführt hat mich die Auseinandersetzung mit den Gedanken der Philosophin Judith Butler (1991, 1997 & 2001). Diese ermöglichte es mir, über die Folgen eines unreflektierten Akzeptierens der Einteilung der Geschlechter in zwei elementare Grundkategorien nachzudenken. Butler dekonstruiert in postmoderner Manier (in Anknüpfung an Foucault und Derrida) die Zweigeschlechtlichkeit, indem sie ihre Konstruktion sichtbar macht. Damit verschwindet diese nicht, es wird aber erkennbar, wie dieses Konstrukt hergestellt und aufrechterhalten wird. Die sprachphilosophischen Überlegungen Butlers befassen sich auch ausführlich mit psychoanalytischen Konzepten, insbesondere von Psychoanalytiker*innen in der Lacan'schen Tradition und mit Lacan selbst, aber auch mit Freud.

Butlers grundsätzliche Infragestellung der Basis herkömmlicher Geschlechtsidentitäten, nämlich der Einteilung in zwei Geschlechter, eröffnete neue Denkräume für mich; neue Fragestellungen rückten in mein Blickfeld:

Welche Implikationen hat die Annahme, dass die sprachlichen Kategorien weiblich/männlich in erster Linie gesellschaftlichen und weniger biologischen Realitäten entsprechen?

Wie sind Machtverhältnisse in diese Kategorisierung hineinverwoben und erhalten diese aufrecht?

Es ist verwunderlich und bezeichnend zugleich, dass ich, als promovierte Humanbiologin, mir anlässlich der Lektüre von Butlers Buch *Körper von Gewicht* (1997) erstmals die Frage stellte, ob die biologischen Unterschiede bei der Geburt eine Einteilung in zwei Grundkategorien entlang der Geschlechtergrenze tatsächlich rechtfertigen. Schließlich brauchen alle Säuglinge im Prinzip das gleiche, um zu gedeihen, unabhängig davon, welches Geschlecht in der Geburtsurkunde steht. Wozu also diese Unterscheidung von Anfang an? Welche Bedeutung hat sie, welche gesellschaftlichen Implikationen?

Während die Implikationen für den einzelnen Menschen je nach Verfasstheit der Gesellschaft und ihrer Strukturierung unterschiedlich sind, scheint die grundsätzliche Einteilung in zwei Geschlechter vor allem folgenden, durchgängig beobachtbaren Effekt zu haben: Sie ist ein mächtiges Instrument der Normierung und auch Diskriminierung. Dabei wird die menschliche Entwicklung von Beginn an in den Rahmen gesellschaftlich errichteter Geschlechtergrenzen verwiesen und entlang dieser strukturiert.

In den Blick zu nehmen, wie diese Grenzen erschaffen und aufrechterhalten werden, mithilfe von Idealen, Sanktionen, Tabus, über Identifikationen, Erleben von Zugehörigkeit und Ausgrenzung, erscheint mir wichtig, um die Entwicklung einzelner

Menschen zu verstehen. In einer rassistisch verfassten Gesellschaft spielt die Hautfarbe eine enorme Rolle für die Entwicklung des Individuums. Ebenso kann, meiner Meinung nach, eine Gesellschaft, in der die Zuteilung zu einem Geschlecht einen wesentlichen Unterschied in den Entwicklungsbedingungen bedeutet, als sexistisch entlarvt werden; d. h. als eine, in der Menschen wegen ihres Geschlechts von Natur aus als unterlegen gelten und Diskriminierungen, Zurücksetzungen und Benachteiligungen ausgesetzt sind.[3] In diesem Licht betrachtet erscheint die enorme Bedeutung, die die Zweigeschlechtlichkeit für Menschen von Geburt an in unserer Kultur hat sowohl als Ausdruck als auch als Voraussetzung einer sexistischen Gesellschaft.

Beim Bemühen um ein Verständnis individuellen Erlebens, wie es eine psychoanalytische Vorgangsweise kennzeichnet, können diese gesellschaftlichen Voraussetzungen daher nicht außer Acht gelassen werden. Besonders die Selbstpsychologie konzeptualisiert menschliche Entwicklung als von Beginn an in soziale Kontexte eingebunden und von diesen wesentlich beeinflusst. Insofern steht die Einbeziehung einer feministischen Perspektive durchaus in dieser Denktradition, bereichert und erweitert sie aber, indem wesentliche kulturelle Bedingungen psychischer Zustände und Entwicklungsprozesse neu und/oder anders erfasst und reflektiert werden können.

Zentral dabei ist die Frage, wie sich eine Sozialisation innerhalb der Geschlechtergrenzen gestaltet. Darauf soll im folgenden Kapitel eingegangen werden.

Der performative Charakter von Geschlecht

Butler (1991 & 1997) verdeutlicht, wie permanente Wiederholungen notwendig sind, damit eine Geschlechtsidentität aufrechterhalten werden kann und wie diese immer wieder durch den verworfenen Bereich, das Ungelebte, Unartikulierte bedroht wird. Sie beschreibt auch, wie Zweigeschlechtlichkeit und normative Heterosexualität verwoben sind und dass bestehende Verhältnisse von der Diversität und Variabilität des Begehrens ständig angefochten werden. Der performative Charakter von Geschlechtsidentität wird von ihr herausgearbeitet. Nur durch ein ständiges Erleben von sich, als einem bestimmten Geschlecht zugeordnet und entsprechendes Handeln, wird dieses hergestellt, definiert und aufrechterhalten. Der prozesshafte Aspekt von Identität, ihre ständige Formung/Umformung und die kontextualen und inneren Bedingungen ihrer Aufrechterhaltung werden fokussiert.

---

3   Vergleiche hierzu die Definition von Sexismus im Duden: »Vorstellung, nach der ein Geschlecht dem anderen von Natur aus überlegen sei, und die [daher für gerechtfertigt gehaltene] Diskriminierung, Unterdrückung, Zurücksetzung, Benachteiligung von Menschen, besonders der Frauen, aufgrund ihres Geschlechts.« Online unter: https://www.duden.de/rechtschreibung/Sexismus [Stand 6. Januar 2022].

Auch andere feministische Theoretiker*innen legen ein besonderes Gewicht darauf zu analysieren, wie gesellschaftliche Normierungen in Interaktionen ihre formende Wirkung entfalten. Das Konzept des »doing gender« ist ein Beispiel dafür (vgl. z. B. Gildemeister, 2008).

In meiner Selbsterforschung zu diesem Aspekt fielen mir eine Unzahl von Gelegenheiten ein, bei denen ich wegen meines Geschlechts auf einen bestimmten Platz verwiesen wurde, mit dem ich nichts anfangen konnte, den ich als unpassend für mich erlebte. Immer wieder musste ich erfahren, wie verschiedenste Seiten von mir keine Resonanz fanden, wegen meines Geschlechts. Ich sah keine andere Lösung, als die Enttäuschungen und Verletzungen wegzustecken. Diese schmerzhaften Erfahrungen prägten mein implizites Beziehungswissen, das Erleben meines »Zusammenseins-Mit« (Stern et al., 2012, S. 54), in einem größeren Ausmaß, als ich angenommen hatte. Das wurde mir in der Auseinandersetzung der letzten Monate klar. Seit ich mich intensiver mit dem Thema befasse, nehme ich auch bewusst die Anstrengung wahr, die damit verbunden ist, gegen Geschlechtervorurteile anzurennen und mein Selbstwertgefühl trotz der ständigen Anfechtungen aufrecht zu erhalten.

Eine literarische Beschreibung des Erlebens, in die Grenzen gesellschaftlich definierter Weiblichkeit verwiesen zu werden, findet sich in dem autobiographisch gefärbten Roman *Memories of the Future* von Siri Hustvedt (2019). Darin erinnert sich die Heldin an das kleine Mädchen, das sie war, ambitioniert im Lernen menschlicher Anatomie, weil sie einmal den gleichen Beruf wie ihr Vater ergreifen und Ärztin werden wollte. Sie erzählt von der unglaublichen Kränkung, die es für sie bedeutete, dass ihr Vater sich sie nur als Krankenschwester vorstellen konnte. In diesem Zusammenhang fragt sie sich: »Was it then or was it before or was it later that the tiny, bitter seed began to grow within me?« (ebd., S.131).

Die ständig notwendigen Verbiegungen bei der Einpassung in ein kulturell vorgegebenes Frauenbild sind nicht nur oft mit Bitterkeit, sondern auch mit einem Gefühl von Inkongruenz verbunden. Was als spontaner Selbstausdruck zur Geltung kommen will, stößt auf mangelnden Widerhall oder gar Ablehnung und bleibt daher unentwickelt. Das bewirkt eine tiefe Unbestimmbarkeit und unergründbare Diffusität im Selbsterleben, die mit dem Gefühl einhergehen, nicht ganz diejenige sein zu können, die man ist, wobei auch gar nicht gewusst werden kann, wer man ist, weil der Zugang zu den unvalidierten, und daher unterentwickelten und nicht integrierten Bereichen des Selbsterlebens nicht möglich ist. Die Entstehung eines »falschen Selbst«, wie es Winnicott schon 1960 beschrieben hat, ist meiner Ansicht nach unter solchen Entwicklungsbedingungen zwangsläufig (vgl. Winnicott, 2001).

Aus eigener Erfahrung weiß ich aber nicht nur, wie sich die Verbiegung, sondern auch, wie sich das Abtrünnige, Starke, Eigene der Rebellion in diesem Kontext anfühlt, als etwas, das nicht bewusst bedacht, aber empfunden wird. Auch die Erzählerin in Hustvedts Roman erinnert sich an solche Gefühlszustände:

»She could not have thought it because the words were unspeakable and the thoughts were unthinkable. The child did not know she was a heretic, but she felt the burn of ugly heretical emotions.« (Hustvedt, 2019, S.131)

Jessica Benjamin (1990) entwirft ein sehr nachvollziehbares Bild davon, wie der Subjektstatus von Frauen von Geburt an infrage steht und wie diesem im Laufe der Entwicklung immer wieder die Anerkennung versagt wird. Sie macht auch deutlich, wie Mädchen und Frauen dadurch geschwächt werden. Das erotische Erleben sieht sie ebenfalls von herrschenden Machtverhältnissen durchdrungen. Sie beschreibt eindrücklich, wie die Akteur*innen beiderlei Geschlechts an der Gestaltung und Aufrechterhaltung dieser Verhältnisse mitwirken und wie sehr die Partner*innen in heterosexuellen Beziehungen einander dabei verfehlen **müssen** – denn Begegnung kann nur zwischen einander wechselseitig anerkennenden Subjekten stattfinden.

Auch andere feministische Psychoanalytikerinnen befassen sich mit dem Einfluss normativer Vorstellungen von Geschlechtlichkeit auf die Entwicklung und das Selbsterleben. Besonders ergiebig diesbezüglich erwies sich ein Artikel von Virginia Goldner (2002) in dem Buch *Gender in Psychoanalytic Space*. (Dimen & Goldner, 2002). Sie stellt heraus, dass die Entwicklung des sozialen Geschlechts in komplexen familiären Beziehungsgeflechten erfolgt, mit Personen (Eltern, Geschwistern), die als weiblich oder männlich wahrgenommen werden. Die Repräsentanzen von Beziehungen enthalten somit immer auch vielfältige Informationen zu Geschlechterverhältnissen. Dabei spielen nicht nur die Beziehungen der einzelnen Familienmitglieder zum jeweiligen Kind, sondern auch deren vielfältige Beziehungen untereinander eine Rolle. Sie schreibt:

»Insofar as gender relations are power relations, contextualizing gender in this fashion can illuminate the mechanisms by which gender not only organizes mind and relationships but organizes them hierarchically (with men and masculinity in the elevated position).« (Goldner, 2002, S. 79)

Wie Goldner betont, wird vom Kind immer auch die Hierarchie innerhalb familiärer Beziehungen wahrgenommen und stellt somit einen wesentlichen Einflussfaktor bei der Strukturierung des Erlebens dar. Sie hebt zudem hervor, dass zwar jede Familienkultur einzigartig ist, jede aber auch von sozialen Mustern geprägt und symbolisch strukturiert ist, in Hinblick auf normative Gender-Kategorien.

Goldner (ebd.) sieht darin eine Quelle von vielen widersprüchlichen Botschaften und Anforderungen, die double-bind Kontexte erzeugen. Zur Veranschaulichung beschreibt sie in einem Beispiel die Situation eines Sohnes, der dem Auftrag der Mutter folgen will, ein starker Mann zu werden, damit er Frauen vor Männern beschützen kann, die wie der Vater sind. Er soll aus Loyalität zur Mutter eine hypermaskuline Identität entwickeln. Dafür muss er sich mit dem Vater identifizieren. Das erfordert aber eine Art von Beziehung zum Vater, in der der Sohn auch seine Liebe ihm gegenüber zeigt. In einer polarisierten Familiensituation kommt das einem Verrat an der

Mutter gleich. Außerdem wird er sich, selbst wenn der Vater nicht verfügbar ist, in der Regel mit einer symbolischen Kategorie von Maskulinität identifizieren, die eine männliche Misogynie beinhaltet. Weibliche Anteile und eine Identifikation mit der Mutter müssen dafür verleugnet werden. Wenn der Sohn loyal der Mutter gegenüber sein will, indem er versucht sie zu beschützen, so wie sie es von ihm verlangt, wird er gleichzeitig zu einem Verräter an ihrem Anliegen.

Goldner (ebd.) bringt mehrere solcher Beispiele dafür, wie Vorstellungen von Männlichkeit und Weiblichkeit und die dabei transportierten Machtverhältnisse das Erleben innerhalb von Familienbeziehungen mitgestalten.

Eine Selbstentwicklung entlang von Geschlechtergrenzen erzwinge die Abspaltung von Identifikationen und Selbstobjekterfahrungen mit andersgeschlechtlichen Bezugspersonen und damit von Selbstaspekten im Dienste der Ausbildung und Aufrechterhaltung einer Geschlechtsidentität. Das konstituiere den pathogenen, wackeligen Grundstein (»the pathogenic, wobbly bedrock«) des sozialen Geschlechts (ebd.); wackelig deshalb, weil er durch die abgespaltenen, verleugneten, verworfenen Erlebensbereiche unterminiert wird; pathogen, weil für seine Aufrechterhaltung all das weggehalten werden muss, was nicht ins jeweilige Geschlechtsformat passt – seien es Gedanken, Handlungen, Impulse, Gefühlszustände oder Charakterzüge. Die Entwicklung einer Geschlechtsidentität mache zudem »false-self-operations« für die Aufrechterhaltung der Beziehungen zu wichtigen anderen notwendig (ebd.). Der formende Einfluss von Bezugspersonen bei der Vermittlung gesellschaftlicher Normen und Ansprüche an Heranwachsende wird hier adressiert. Interaktionen, Atmosphären, Vorbildfunktionen etc. wirken dabei auf impliziten Ebenen. Das erinnert an Brandchaft, der bei seiner Konzeption der »Systeme pathologischer Anpassung« (vgl. Brandschaft et al., 2015) ebenfalls den mächtigen, implizit vermittelten Anpassungsdruck in nahen Beziehungen in den Blick nimmt.

In den dargestellten theoretischen Überlegungen wird ausgeführt, wie dem eigenen Erleben bei der Ausgestaltung einer Geschlechtsidentität fortwährend Gewalt angetan wird. Das weibliche Geschlecht ist davon in zweifacher Hinsicht betroffen. Es muss nicht nur die andersgeschlechtlich zugeschriebenen Seiten verleugnen, sondern bekommt auch noch die unvorteilhaftere Position im Machtverhältnis zugewiesen und soll sich mit ihr identifizieren.

Dieses Machtverhältnis ist allerdings weder einheitlich, noch starr. Zu beachten sind in diesem Zusammenhang zumindest zwei Differenzierungsachsen. Die eine lässt sich mit dem Stichwort Intersektionalität (vgl. z. B. Lutz et al., 2013) benennen. Damit ist das Zusammenspiel verschiedener, einander überschneidender gesellschaftlicher Faktoren gemeint, die für die einzelne Frau zum Tragen kommen und ihre soziale Stellung beeinflussen. So kommt es zu ethnisch, religiös und schichtspezifisch unterschiedlichen Ausformungen der Geschlechterverhältnisse.

Die andere Differenzierung verläuft entlang einer Zeitachse, auf der ein ständiger Wandel gesellschaftlicher Strukturen stattfindet, bedingt u. a. durch politische und ökonomische Einflussfaktoren und verbunden mit neuen geschlechtsspezifischen Anforderungen und Erwartungen. In Bezug auf die Herausforderungen an ein in Veränderung begriffenes Selbstverständnis von Männern innerhalb von Familien fragen beispielsweise Meuser und Scholz (2012) danach, inwieweit das Konzept der »hegemonialen Männlichkeit« weiterhin Gültigkeit besitzt und schreiben:

> »In der heterosozialen Dimension der privaten Geschlechterverhältnisse scheint eine hegemoniale Männlichkeitsposition einerseits normativ obsolet geworden und alltagspraktisch auch nicht mehr aus der Ernährerfunktion herzuleiten zu sein, andererseits aber in dem Versprechen, auch engagierte Väter seien richtige Männer, hintergründig weiterhin eine Rolle zu spielen. Das neue Verständnis von Vaterschaft muss in einen Identitätsentwurf integriert werden, der bei den meisten Männern – und sei es aus einem Mangel an Alternativen – am Leitbild der hegemonialen Männlichkeit orientiert ist.« (ebd.)

Traditionelle Leitbilder dürften also eine gewisse Beständigkeit aufweisen, auch wenn Männlichkeit »reflexiver« wird, wie Meuser und Scholz (ebd.) konstatieren. Ich denke, dass auch die zunehmende Vielfalt familiärer Konstellationen starren Vorstellungen von innerfamiliären Aufgabengebieten und Machtverhältnissen entgegenwirkt. Das neue Spektrum beinhaltet Patchworkfamilien ebenso wie Familien mit gleichgeschlechtlichen Eltern.

Jedenfalls scheint der derzeitige Wandel durch ein Spannungsverhältnis gekennzeichnet zu sein zwischen einem zähen, überkommenen Rollenverständnis und einer Modernisierungsdynamik, die in Richtung Gleichberechtigung von Frauen zielt. Ein Machtgefälle, das Frauen benachteiligt, zeigt sich bei genauerem Hinsehen und all den notwendigen Differenzierungen aber leider weiterhin in den allermeisten Bereichen.

Ist das Erlangen einer eindeutigen Geschlechtsidentität überhaupt erstrebenswert?

Butler (2001) beschäftigt sich mit dem fragwürdigen Fundament von Geschlechtsidentitäten. Sie nimmt dabei Bezug auf Freuds Verständnis von Melancholie als unabgeschlossene Trauer. In der Melancholie wird nach Freud der Kontakt zum verlorenen Objekt über Identifizierungen bewahrt. Dieser Idee folgend entwickelt Butler eine Konzeptualisierung, in der Geschlechtsidentität auf Identifikationen mit verworfenen Liebesobjekten beruht. Verworfen mussten diese werden, weil die Liebe mit kulturellen Verboten belegt war, wie es beispielsweise bei homosexuellem Begehren weitgehend noch immer der Fall ist. Der verworfene, im Vorhinein verunmöglichte Bereich, kann nicht betrauert werden, weil der kulturelle Rahmen dafür fehlt.

Er wird konstituierender Bestandteil der Geschlechtsidentität. Diese gründet bei Butler auf verleugneten, unartikulierten und ungelebten eigenen Aspekten und Möglichkeiten und geht mit verhinderter Trauer und nach innen gewendetem Zorn einher. Ausgehend von diesen Überlegungen kritisiert sie das Festhalten an dem Ideal einer eindeutigen Geschlechtsidentität genauso wie die Idee einer festgelegten sexuellen Orientierung. Sie plädiert dafür, das Risiko der »Inkohärenz der Identität« einzugehen. Außerdem meint sie, dass es notwendig sei, dass Ambivalenz und Verlust einen Ausdruck finden, eine, wie sie sagt »dramatische Sprache, in der sie ausagiert werden können« (ebd., S. 140/141).

Auch Goldner (2002) hebt die Unbestimmbarkeit von Geschlecht hervor, sowohl als psychologische Erfahrung als auch als kulturelle Kategorie. In diesem Zusammenhang argumentiert sie gegen eine Reifizierung, gegen ein Verständnis von Geschlecht als kohärente Essenz oder Einheit.

Jessica Benjamin (1990) meint in ihrem Buch *Die Fesseln der Liebe* zwar, dass die geschlechtliche Identität nicht eliminiert werden könne oder sollte, aber »neben einer zuverlässigen Geschlechtsidentität sollten die Individuen im Idealfall männliche und weibliche Aspekte des Selbstseins (wie sie nun einmal kulturell definiert sind) zum Ausdruck bringen können« (S. 111). Die Voraussetzung dafür seien ständig wechselnde Identifikationen in der frühen Kindheit (die auch zugelassen werden müssen, wie sie an anderer Stelle ausführt). Geschlechtsspezifische Selbstrepräsentanzen existierten im Individuum dann ebenso, wie geschlechtslose und gegengeschlechtliche. Sie schreibt:

> »So könnte jemand sich abwechselnd erleben als: ›Ich, eine Frau‹; ›Ich, ein geschlechtsloses Subjekt‹; ›Ich, wie ein Mann (oder: wie eine Frau)‹. Eine Person, die diese Flexibilität beizubehalten vermag, kann alle Aspekte ihres Selbst wie auch des anderen akzeptieren.« (ebd., S. 112)

Ähnlich erscheint mir der Ansatz der Psychoanalytikerin Muriel Dimen (2002), wenn sie anregt, einen spielerischen Umgang mit Geschlechtsidentitäten zu entwickeln. Auch ihr Fokus liegt auf dem Erlangen von mehr Beweglichkeit in Hinblick auf das Erleben von Eigenschaften, die als Ausdruck von Maskulinität oder Feminität gelten und in ein starres Schema von Polaritäten eingepasst sind. Ein Spielraum eröffne sich dort, wo diese Polaritäten wahrgenommen und die daraus entstehende Spannung, der intermediäre Raum, kreativ genützt werden könnte.

Sowohl Dimen (ebd.) als auch Adrienne Harris (2003) betonen die Komplexität im Erleben des sozialen Geschlechts sowie die Verwobenheit individueller und kultureller Faktoren. Diese vermittelten immer auch ungleiche Machtverhältnisse. Harris (2004) schreibt dazu: »Culturally mediated gender inequality is installed in subjectivity (reproduction) and at the same time specific and unique, context-sensitive gendered subjectivities are intersubjectively and relationally produced.« (S. 202)

Die soeben dargestellten Ansätze zusammenfassend, kann gesagt werden, dass die feministische Debatte um die Bedeutungen und Auswirkungen der dichotomen, komplementären Einteilung von Menschen in zwei Geschlechter um die Jahrtausendwende auch in psychoanalytische theoretische Überlegungen Eingang gefunden hat. Als gemeinsamer Tenor kann festgestellt werden, dass die Einteilung in die beiden Kategorien weiblich und männlich angesichts der Heterogenität innerhalb der Geschlechtergruppen jedenfalls zu grob, wenn nicht überhaupt unpassend ist. Für mich sehr nachvollziehbar wird argumentiert, dass es feinere und individuelle Unterscheidungen braucht, damit diese dem eigenen Erleben gerecht werden – in Bezug auf eigene Fähigkeiten, Wünsche, Strebungen, das eigene Begehren und das Erleben von Zugehörigkeiten innerhalb der Gesellschaft. Das Zulassen und die Anerkennung von Diversität, auf individueller wie auf gesellschaftlicher Ebene, erscheinen dabei wesentlich. Identität lässt sich in diesem Verständnis auch nicht mehr als einmal erreichter und dann unverändert bestehender Zustand konzeptualisieren.

Franz Resch (2022) schreibt in seinem Beitrag zum vorliegenden Band von der »Illusion der Einheitlichkeit« und vom engen Zusammenhang zwischen Identität und Zweifel. Gerade im Umgang mit dem Thema Geschlechtsidentität erscheint es mir wichtig, Zweifel zuzulassen, ja sogar zu kultivieren, die einengenden Vorstellungen von sich selbst zu hinterfragen, sich den tabuisierten, von Scham versiegelten Bereichen im eigenen Erleben zu nähern sowie zu experimentieren. Einem oft diffusen Unbehagen kann dann nachgegangen werden. Ein bislang unartikulierter Bereich des Selbsterlebens wird dann vielleicht zugänglicher, einer, der mit dem Auftrag und dem Willen verbunden ist, sich in einer bestimmten Geschlechtsidentität zu definieren und dafür Verbiegungen, Verleugnungen und Abspaltungen in Kauf zu nehmen.

Die Kunst, sich solchen Bereichen zu nähern, sie in der therapeutischen Beziehung fassbar und verhandelbar zu machen, ist das Kerngebiet psychoanalytischer Behandlungen. Feministische Sichtweisen bieten somit auch eine wertvolle Grundlage für Überlegungen zur therapeutischen Praxis.

Auswirkungen einer expliziten Auseinandersetzung mit der Gender-Thematik auf die psychoanalytische Praxis

Die Hinterfragung der Geschlechterdichotomie schuf eine neue theoretische Basis für die klinische Praxis. Davon ausgehend mehrten sich in den letzten Jahrzehnten in der Fachliteratur die Berichte über die Auswirkungen feministischer Perspektiven auf das Verständnis psychotherapeutischer Prozesse. Immer wieder wird betont, wie wichtig die Reflexion der eigenen Verfasstheit, der Einstellungen und Erfahrungen der Therapeut*innen in Bezug auf Geschlecht als gesellschaftliche Kategorie, wie auch auf die eigene Geschlechtlichkeit und die der Klient*innen ist. Helga Krüger-Kirn (2015) schreibt dazu:

>»Um Möglichkeitsräume für aus dem Diskurs ausgeschlossene, das heißt abgewehrte Weiblichkeits-vorstellungen bereitzustellen, die weder das gesellschaftliche Unbewusste von Geschlechterrollen reproduzieren oder deren Gegenteil affirmieren, muss die Therapeut_in die komplexe bewusste und unbewusste Wirkmächtigkeit der tradierten Geschlechterbilder und bislang abgewehrten Gefühle, Überzeugungen und Ängste selbstreflexiv bearbeiten.«

Das Themen-Tagebuch, das ich über mehrere Monate parallel zu meiner theoretischen Auseinandersetzung führte, stellt den Versuch einer solchen selbstreflexiven Bearbeitung dar. Der Effekt, den das Öffnen eines Reflexionsraums über meine Geschlechtsidentität bewirkte, war für mich überwältigend. Ich bezeichne mich seit meiner Jugend als Feministin und habe mich immer gegen geschlechtstypische Rollenzuweisungen gewehrt. Mein bisheriges Verständnis unterschied sich aber gravierend von dem Zugang, den ich jetzt zu diesem Thema habe. Diesen Unterschied möchte ich herausarbeiten, weil ich glaube, dass er nicht nur für mich, sondern für Psychoanalytiker*innen generell von Bedeutung ist.

Bevor ich vor ca. zwei Jahren begann mich intensiver mit dem Thema zu befassen, hatte ich eine recht klare Position dazu. Ich befürwortete alle politischen Bestrebungen, die in Richtung Chancengleichheit von Frauen und Mädchen gingen und wehrte mich im Privaten so gut es ging gegen Rollenklischees. In der Praxis setzte ich auf die Entfaltung der Individualität und meinte, wenn meine Patient*innen und ich den individuellen Bedeutungen Raum geben könnten, wären damit ohnehin automatisch das Gebiet der Geschlechtsidentität und die damit verbundenen individuellen Herausforderungen ausreichend berücksichtigt.

Meine intensive Auseinandersetzung mit der Gender-Thematik hat mich eines Besseren belehrt. In für mich überraschender und beeindruckender Weise explodierte der Umfang meines Themen-Tagebuchs. Ich hatte dieses im Zuge der Vorbereitungen auf einen Vortrag begonnen und musste mich zu einem Stopp zwingen, um eine Zwischenbilanz ziehen und mein Referat halten zu können. Meine Notizen betrafen die verschiedensten Gefühlszustände, Gedanken, Erinnerungen, körperlichen Verfasstheiten und Zustände bis hinein in meine Träume. Ich musste erkennen, dass sowohl meine Geschichte als auch mein heutiges Leben zutiefst durchdrungen und geprägt von meiner weiblichen Sozialisation sind. Erst das bewusste Nachdenken über diesen Umstand mithilfe des Tagebuchs, begleitet und angeregt vom Studium einschlägiger Literatur, brachte ans Licht, wie umfassend das zutrifft.

Der Einfluss auf meine Praxis war seit Beginn meiner Auseinandersetzung mit dem Thema bemerkbar und einer der Gründe dafür, wieso ich das Tagebuch zu führen begann. Ich wollte diesen systematischer und konsequenter reflektieren. Die Beschäftigung mit dem Thema schärfte meine Wahrnehmung dafür, wie wir alle ständig darum bemüht sind, innerhalb der Geschlechterkategorie, der wir uns zugehörig fühlen, akzeptable Versionen von uns zu verwirklichen – akzeptabel für uns und für andere. Die Kategorie »Geschlecht« spielt dabei in allen Lebensbereichen eine Rolle, wenn auch oft als ein so grundlegendes Element unserer organisierenden Prinzipien, dass dieser Umstand einer Reflexion nur schwer zugänglich ist.

Am augenfälligsten ist das noch bei den klassischen »Frauenthemen«, Schönheit und Mutterschaft und damit verbundenen Bereichen Schönheitsideal und Optimierungsdruck, Rollenvorstellungen, Rollenvereinbarkeiten. Die Bedeutung von Idealen, Normen und Vorbildern ist hier evident, die Verflochtenheit mit Machtstrukturen und kulturellen Ausformungen ebenso. Das Leiden von Patientinnen in diesen Zusammenhängen kann oft explizit Thema in den Therapien werden. Anders ist es mit den lebenslangen, alltäglichen, demütigenden und enttäuschenden Erfahrungen und Selbstverbiegungen. Diese werden meist gar nicht mehr bemerkt, sondern als selbstverständlich, unvermeidbar, wenn nicht gar »natürlich« wahrgenommen. Sie gehören so sehr zum Frausein, dass sie dieses zwar ständig definieren und konstituieren, aber meist völlig unbewusst wirken.

Die Beschäftigung mit dem Thema eröffnete neue Denk- und Spürräume, die meine Möglichkeiten in der Begegnung mit meinen Patient*innen merkbar bereicherten. Im Versuch, Worte für mein Erleben zu finden, wurde mir deutlich, wieso es wichtig ist, die diffusen, unartikulierten Bereiche, auf denen Geschlechtsidentitäten aufbauen, zu erforschen, explizit zu machen und damit bedenk-bar und besprech-bar. Die Reflexion über diesbezügliche eigene organisierende Prinzipien hatte den Effekt, dass sich ein dissoziativer Nebel lichtete, der mit den vielen Demütigungen, Enttäuschungen, abgelehnten und verleugneten Anteilen zu tun hatte, die vielfach unformuliert und zudem tabuisiert und daher nicht zu fassen waren. Auch die damit verbundenen negativen Gefühle wie Scham, Trauer, Angst und Wut konnte ich jetzt erleben und es öffneten sich Bereiche, die bis dahin unzugänglich gewesen waren.

Diese Erfahrungen waren natürlich nicht nur angenehm. Einerseits beeindruckten mich die Vielschichtigkeit und Buntheit dessen, was da auftauchte, und es fühlte sich gut und richtig an, manches jetzt klarer fassen zu können, andererseits wurde mein Selbstverständnis zutiefst erschüttert.

So fragwürdig mir meine Geschlechtsidentität als Konstrukt mittlerweile erscheint, stellt sie doch einen wesentlichen Aspekt meines Identitätserlebens dar. Die Brüchigkeit dieses Fundaments in mein Selbstbild zu integrieren und mich auf seine laufende Hinterfragung einzulassen, ist immer wieder eine Herausforderung. Denn die gewohnten Kategorien dienen auch als Orientierung; sie anzuzweifeln führt zwangsläufig zu Verunsicherungen. Diese sind zwar unangenehm, aber eine notwendige Voraussetzung dafür, dass über die grundsätzliche Verfasstheit von Therapeut*innen und Patient*innen als »gendered individuals« (Schigl, 2015) nachgedacht werden kann. Das halte ich für wichtig und schließe mich Schigl an, wenn sie schreibt:

»Das Handeln im therapeutischen Prozess ist ebenso wie alle anderen performativen Akte geprägt durch Gender, und Gender wird in der Psychotherapie ebenso wie in anderen Interaktionen wechselseitig hergestellt.« (ebd.)

Meine gesteigerte Sensibilität für diesen Umstand rückte neue Aspekte im Kontakt mit meinen Klient*innen in den Vordergrund. Ich merkte, wie sich meine Schwingungsfähigkeit in Zusammenhang mit bestimmten Themen und Erlebensbereichen veränderte und ich manches differenzierter wahrnehmen konnte, weil mir einerseits zunehmend mehr Denk- und Spürkategorien zur Verfügung standen, und andererseits die bestehenden Kategorien fluider wurden. Das förderte meine Fähigkeit, einen Resonanzraum zu bieten für die verdrängten, verleugneten, abgespaltenen oder auf andere Art unzugänglichen Seiten von Klient*innen in Zusammenhang mit deren Geschlechtsidentität. Es waren Seiten, die mit verbotenem Begehren im Sinne Butlers (1991, 1997 & 2001) zu tun hatten, aber auch mit ungelebten, abgelehnten, negativ bewerteten und beschämenden Selbstaspekten generell.

Ich erlebte eine Erweiterung meiner Möglichkeiten, sowohl in Bezug auf Personen, die sich als Frauen, wie auch auf jene, die sich als Männer verstanden. Noch deutlicher als zuvor konnte ich wahrnehmen, wie die Einengungen durch traditionelle Geschlechterkategorien für Patient*innen beiderlei Geschlechts wirksam sind. Nicht nur Frauen, auch viele Männer leiden darunter, allerdings unter anderen Voraussetzungen und in anderer Art und Weise. In nahezu allen gesellschaftlichen Bereichen und von Geburt an entfalten Geschlecht als Kategorie und das Verhältnis der Geschlechter zueinander ihre strukturierende Wirkung und haben somit einen allgegenwärtigen gestaltenden Effekt auf das Erleben. Ob bewusst reflektierbar und reflektiert oder unbewusst bleibend wird das therapeutische Geschehen daher zwangsläufig wesentlich davon beeinflusst. Das konnte ich jetzt klarer erkennen.

Spannend ist für mich in diesem Zusammenhang auch, dass der gesamte Bereich des sozialen Geschlechts, der sexuellen Orientierung, des Wahrnehmens, Erlebens und Bewertens körperlicher Geschlechtsmerkmale etc. zudem seit jeher einem historischen und kulturellen Wandel unterliegt. Was in meiner Jugend noch als unangefochtene Tatsache gehandelt wurde, kann mittlerweile hinterfragt und neudefiniert werden. Im gesellschaftlichen Diskurs entstanden neue Kategorien. Zum Beispiel finden sich in Bezug auf die Geschlechtsidentität neben männlichen, weiblichen und nonbinären auch Inter- oder Transidentitäten – oder in Bezug auf das Begehren neben hetero-, homo-, bi- auch pansexuelle oder queere sexuelle Orientierungen. Obwohl das Gros der Patient*innen in psychoanalytischen Praxen wahrscheinlich noch immer in der traditionellen Zweigeschlechtlichkeit verhaftet ist und jedenfalls in dieser sozialisiert wurde, gewinnen auch diese neuen gesellschaftlichen Entwicklungen an Bedeutung und sollten klinisch und theoretisch berücksichtigt werden.

Harris (2003) betont die inhärenten Schwierigkeiten von Therapeut*innen bei der notwendigen Reflexion des eigenen Geworden-sein und der eigenen Verfasstheiten und Einstellungen in Bezug auf das Thema Geschlecht. Sie schreibt:

> »The unconscious or preconscious aspect of our analytic functioning is paradoxically the flaw in our knowing and the source of our knowing. We come with varieties of blindness –scotomas – in our ways of seeing. Our blind spots arise from our own histories as well as our places in history and culture.« (S. 112).

Es liegt in der Natur blinder Flecken, dass sie ausgeblendet sind. Erst die aktive Beschäftigung mit dem Thema eröffnete neue Perspektiven und Möglichkeiten für mich. Ich bin deshalb überzeugt davon, dass eine Auseinandersetzung mit dieser Thematik nie abgeschlossen sein kann und soll. Eine so grundlegende persönliche und gesellschaftliche Verfasstheit geht zwangsläufig mit blinden Flecken und unbewussten Dynamiken einher.

Eine »emanzipatorische Psychoanalyse« zu betreiben, bedeutet, »Systeme pathologischer Anpassung« zu fokussieren und zu erkennen, wie diese in der Vergangenheit wirksam waren und welche Rolle sie aktuell spielen (vgl. Brandchaft et al., 2015). Der Umgang mit emotionalen Abhängigkeiten innerhalb realer Machtverhältnisse und seine negativen Auswirkungen auf die Entfaltung der eigenen Individualität werden dabei in den Blick genommen. Dafür ist meiner Ansicht nach auch eine Auseinandersetzung mit gesellschaftlichen Verhältnissen und kulturellen Besonderheiten sowie eine Analyse ihres Einflusses auf das Geschehen im Behandlungszimmer notwendig. Durch das Wahrnehmen der gesellschaftlichen Bedingungen, unter denen die jeweils bestehende Ordnung auf Kosten der Entwicklungsmöglichkeiten von Angehörigen diskriminierter Gesellschaftsgruppen aufrechterhalten wird, eröffnet sich ein Reflexionsraum. Es kann erforscht und konzeptionell berücksichtigt werden, wie sowohl Therapeut*innen als auch Patient*innen an unterschiedlichsten gesellschaftlichen Zusammenhängen und Machtverhältnisse teilhaben und diese mitgestalten. Ich habe versucht, dies am Gegenstand der Gender-Thematik aufzuzeigen.

Noch vor nicht allzu langer Zeit fand ich den Rat beflügelnd, den Kamala Harris, die derzeitigen Vizepräsidentin der USA, von ihrer Mutter auf den Lebensweg mitbekam: »Don't you let anyone tell you who you are. You tell them who you are.«[4] Nach der intensiven Beschäftigung mit der Gender-Thematik wirkt diese Aussage in ihrer kämpferischen Bestimmtheit immer noch beeindruckend und bestärkend auf mich und es erscheint mir nach wie vor wichtig, mich gegen Fremdzuschreibungen zu wehren. Mittlerweile halte ich es aber für problematisch, mich selbst auf eine

---

4   Kamala Harris im Interview mit Trevor Noah: Get to Know Kamala Harris. The Daily Social Distancing Show – YouTube. Online unter: https://www.youtube.com/watch?v=V_859HIJjKM [Stand 6. Januar 2022].

eindeutige und starre Definition von mir festzulegen, besonders in Bezug auf meine Identität als Frau.

Diese Einstellung ist Ausdruck eines veränderten Selbsterlebens und einer erweiterten Perspektive, die neue Möglichkeiten für mich eröffnen – auch in der Begegnung mit meinen Patient*innen.

Literatur

Adichie, C. N. (2014): *We Should All Be Feminists*. New York: Vintage Books.

Benjamin, J. (1990): *Die Fesseln der Liebe. Psychoanalyse, Feminismus und das Problem der Macht*. Frankfurt a. M.: Stroemfeld/Roter Stern.

Butler, J. (1991): *Das Unbehagen der Geschlechter.* Frankfurt a. M.: Suhrkamp.

Butler, J. (1997): *Körper von Gewicht*. Frankfurt a. M.: Suhrkamp.

Butler, J. (2001): *Psyche der Macht. Das Subjekt der Unterwerfung*. Frankfurt a. M.: Suhrkamp.

Brandchaft, B., Doctors, S., & Sorter, D. (2015): *Emanzipatorische Psychoanalyse. Systeme pathologischer Anpassung- Brandschafts Konzept der Intersubjektivität*. Frankfurt a. M.: Brandes & Apsel.

Dimen, M. (2002): Deconstructing Difference: Gender, Splitting, and Transitional Space. In: Dimen, M., & Goldner, V. (Hrsg.): *Gender in Psychoanalytic Space*. New York: Other Press, S. 41–61.

Du Bois W. E. B. (1903): *The Souls of Black Folk*. Amazon Classics. Dt. (2004): *The Souls of Black Folk. Die Seelen der Schwarzen*. Freiburg: Orange Press.

Gildemeister, R. (2008): Soziale Konstruktion von Geschlecht: »Doing gender«. In: Witz, S. M. (Hrsg.): *Geschlechterdifferenzen – Geschlechterdifferenzierungen. Ein Überblick über gesellschaftliche Entwicklungen und theoretische Positionen.* Wiesbaden: Springer. Verlag für Sozialwissenschaften. S. 167–198.

Goldner, V. (2002): Toward a Critical Relational Theory of Gender. In: Dimen, M., & Goldner, V. (Hrsg.): *Gender in Psychoanalytic Space*. New York: Other Press. S. 63–90.

Harris, A. (2004): *Gender as Soft Assembly*. Ne,zw York/London: Routledge.

Hustvedt, S. (2019): *Memories of the Future*. London: Sceptre.

Krüger-Kirn, H. (2015): Körperbasierte Erfahrungen als Herausforderung für gendersensible Psychotherapie. *Psychosozial*, 38(140/2), 25–38.

Lutz, H., Vivar, M. T. H., & Supik, L. (Hrsg.) (2013): *Fokus Intersektionalität. Bewegungen und Verortungen eines vielschichtigen Konzeptes*. Wiesbaden: Springer.

Rankine, C. (2015): *Citizen: An American Lyric*. New York: Penguin.

Resch, F. (2022): Identität und Zeitgeist – Überlegungen zur Selbstentwicklung. In diesem Band.

Stern, D. N., et al. (2012): *Veränderungsprozesse. Ein integratives Paradigma.* Frankfurt a. M.: Brandes & Apsel.

Meuser, M., & Scholz, S. (2012): Herausgeforderte Männlichkeit. Männlichkeitskonstruktionen im Wandel von Erwerbsarbeit und Familie. In: Baader, M. S., Bilstein, J., & Tholen, T. (Hrsg.): *Erziehung, Bildung und Geschlecht. Männlichkeit im Fokus der Gender-Studies.* Wiesbaden: Springer. Verlag für Sozialwissenschaften. S. 22–40.

Schigl, B. (2015): Doing Gender im psychotherapeutischen Prozess – braucht Dekonstruktion. *Psychosozial*, 38(140/2), 39–53.

Winnicott, D. W. (2001): Ich-Verzerrung in Form des Wahren und des falschen Selbst. In (ders.): *Reifungsprozesse und fördernde Umwelt.* Gießen: Psychosozial, S. 182–199.

**2. Teil
Wie tauschen sich Psychoanalytiker*innen
über ihr Selbsterleben in der Praxis aus?**

Gabriela Mann
Täter und Opfer –
Kann sich das Selbst vom Trauma lösen?[1]

Zusammenfassung

Der Artikel beschreibt eine Gruppe deutscher und israelischer Analytiker*innen, die bei 14 jährlichen Treffen ihre jeweilige persönliche Geschichte und analytische Fälle vor dem Hintergrund des Holocaust erforschten.

Die Gruppe begann mit der üblichen Spaltung in »Täter« und »Opfer«. Letztendlich führte der Gruppenprozess zu einer Abkehr von vorgefassten Einstellungen, indem Traumata von privaten Katastrophen zu geteilten Erfahrungen wurden und zur Akzeptanz eines ethischen Kodex, der uns verpflichtete zu verstehen, was passiert ist, und anzuerkennen, was unbegreiflich bleibt. Die Fallvignette einer Patientin, die an Körpersensationen litt, verursacht durch eingeschriebene Traumata in Zusammenhang mit dem Holocaust, illustriert den Prozess der Rückgewinnung ungelebter Erfahrungen und der Befreiung der Psyche von namenlosem Grauen.

In der Diskussion wird betont, dass die Befreiung des Selbst nicht nur in einer Loslösung von persönlichen Bindungen an vergangene Traumata besteht, sondern auch im Erlangen einer weiten Perspektive, die ein Verstehen der traumatischen Erfahrung in einem größeren Kontext ermöglicht.

---

1   Es handelt sich hier um eine geringfügig abgeänderte und ins Deutsche übersetzte Fassung des folgenden Artikels: Mann, G. (2020) Perpetrators and Victims: Can the Self Renounce Its Trauma? *Psychoanalytic Inquiry*, 40(7): 487–496. Die vorliegende Veröffentlichung erfolgt mit Genehmigung des Verlages Taylor & Francis.

Ankunft[2]

Grauer Nebel
Bedeckt den Horizont
Frische Luft! Eine Erleichterung
Rauchfänge?! … Eine Fabrik?!
»Nicht stehen bleiben. Schaut
nicht auf eure Sachen,
bildet eine Reihe!«
Jeder schreit: »Du Jüdin!« Du lebst …
es erwartet dich nur Arbeit?!

Frauen auf diese Seite!
Gebt ihre Kinder zu deren
Großeltern, schnell … Gruppen bilden sich.
Wo sollst du dich hinstellen?
Was wird »gut« sein?
Dein Mann geht nach links
Da … Selektion!
Wo wird es hingehen?
… Frag den Mann in Uniform! Er könnte verstehen
Sei nicht schüchtern!

… es ist unmöglich …
sollst du dich verstecken?
Er soll auf die Menge schauen … nur auf die Köpfe
Schnell einen roten Schal auf deinen Kopf. Jung,
ein ungezwungenes Lächeln … Leben
will gelebt sein.
In Fünferreihen!
… kein Geräusch … kein Lärm
Nur der Rauch und die Stille
außen. Innen können
die Gedanken ihren Platz nicht finden.
Was für ein Geruch ist das?
Brennt es irgendwo?
Und dann verbinden sich Erkenntnis und Entsetzen…

---

2   Dieses Gedicht ist Teil der Auschwitz-Ballade, geschrieben von Margit F. Furth und aus dem Unga-
    rischen ins Englische übersetzt von ihrer Schwester, Anna Brunn-Ornstein (Ornstein & Goldmann,
    2004). Darin werden die Erfahrungen ihrer Mutter in Auschwitz und anderen Konzentrationslagern
    beschrieben.

Einleitung

Die Nachwirkungen des Holocaust haben weite Teile der Gruppe der Überlebenden in geistiger Gefangenschaft hinterlassen, die Kinder der Überlebenden und die Kinder jener Personen, die im Holocaust starben. Viele dieser Trauma-Opfer sind der psychischen Freiheit, die es bräuchte, um als Menschen voll zu gedeihen, brutal beraubt. Wie Hannah Arendt so anschaulich geschrieben hat, waren die Konzentrationslager das Gegenteil von Leben, der Endgültigkeit des Todes am nächsten. Ein das Leben versperrendes Trauma wurde ganz klar an Menschen der zweiten und dritten Generation weitergegeben, von denen viele in Israel leben. Psychoanalyse und Psychotherapie in Israel sind wesentlich damit befasst zu versuchen, die zweite und dritte Generation von den inhärenten Fesseln des Holocaust zu befreien.

Dieser Artikel beschreibt die Arbeit einer Gruppe von israelisch-deutschen Analytiker*innen, die gemeinsam 14 Jahre lang die persönliche Geschichte ihrer Mitglieder und analytische Fälle erforscht haben. Die Gruppe begann mit einer stark empfundenen Spaltung zwischen »Tätern« und »Opfern« – »deutschen« Analytiker*innen und »israelischen« Analytiker*innen. Wir vermuteten, dass die Gruppenmitglieder ein Leid in sich trugen, das mit dem Holocaust verbunden war, entweder offen oder verborgen. Und dann machten wir in unseren vielen gemeinsamen Sitzungen die Erfahrung, dass die Deutschen der zweiten Generation in verschiedener Weise durch ihre Nazi-Vergangenheit gefangen genommen sind, wenngleich natürlich nicht auf die gleiche Art und Weise oder mit der gleichen Intensität, wie die Überlebenden und ihre Nachkommen von den Nachwirkungen des Holocaust gefangen genommen sind.

Die Gruppe bestand aus Mitgliedern des Instituts für Psychoanalyse Heidelberg, Deutschland, und des zeitgenössischen Instituts für Psychoanalyse in Tel-Aviv, Israel. Die Treffen fanden einmal jährlich, abwechselnd in Tel-Aviv und Heidelberg statt. Das Ziel unserer Arbeit war es zu untersuchen, ob die Zusammenarbeit in der Gruppe dabei helfen kann, maligne internalisierte Identifikationen aufzulösen und Wege zu finden, sich aus der Umklammerung des Traumas zu befreien.

Wir hofften, dass es uns helfen könnte, eine gemeinsame Humanität jenseits unserer profunden Gegensätze zu finden, wenn wir uns den Nachkommen von Personen der jeweils anderen Seite des Traumas gegenüber öffnen würden.

Der analytische Prozess, auch wenn dieser manchmal anstrengend und immer herausfordernd war, führte zu einem vertieften Verständnis dafür, wie unsere Schicksale durch dasselbe historische Ereignis beeinflusst waren. Wir alle sind Kinder einer zutiefst verletzten Generation und wir alle tragen komplexe Identitäten in uns, die mit dieser Vergangenheit verbunden sind. Wir merkten, dass wir eine gemeinsame Sprache haben, die sich von unserem psychoanalytischen Denken ableitet, und eine einzigartige Gelegenheit, Ereignisse, Erfahrungen und Erinnerungen zu diskutieren, die nicht oder nicht ausreichend mit unseren Familien und Freunden diskutiert werden konnten. Wir wussten, dass die Ereignisse und ihre Nachwirkungen auf subtile Art und Weise Ausdruck in unserem Leben fanden, auch wenn wenig darüber gesprochen wurde. Wir waren uns auch einig darüber, dass wir uns insofern grundlegend unterschieden, als nichts mit dem Leiden vergleichbar ist, das der Holocaust verursacht hat.

Die Erfahrungen in der Gruppe eröffneten jedem/jeder von uns die Möglichkeit, unsere Perspektive zu erweitern, und förderten Veränderungen. Letztendlich überwand unser Dialog die üblichen Spaltungen: Wir konnten uns über Erfahrungen von Verletzlichkeit und Schmerz austauschen. Es war möglich, unsere vorgefassten Einstellungen zueinander aufzugeben und uns auf einen ethischen Kodex zu einigen, der uns verpflichtete, möglichst zu erkunden und zu verstehen, was passiert ist, und ebenso zu akzeptieren, dass vieles unbegreiflich ist. Diese Unbegreiflichkeit als Faktum zu akzeptieren, brachte ein Gefühl größerer Freiheit mit sich.

Die Gruppe startete mit sechs deutschen und zwölf israelischen Mitgliedern. Sechs Israelis verließen zu unterschiedlichen Zeitpunkten und aus unterschiedlichen Gründen die Gruppe (Gesundheit; Unfähigkeit einen Umgang damit zu finden, in Deutschland zu sein; andere Verpflichtungen; Emigration aus Israel; Konflikt mit der Gruppe). Mit jedem dieser Verluste sind wir offen umgegangen.

Die Treffen wurden von den Mitgliedern selbst geleitet und hatten einen festgelegten Ablauf: Die erste Sitzung mit der gesamten Gruppe stand unter dem Motto: »Warum sind wir hier?« In den nachfolgenden zweieinhalb Tagen trafen sich die Mitglieder in unterschiedlichen Zusammensetzungen: In der »gemeinsamen Gruppe« tauschten sich die Mitglieder über ihre persönlichen Erfahrungen, ihre Geschichte und über Spannungen aus, wenn diese auftraten. Anfangs wurden diese Spannungen durch den Mangel an gegenseitigem Vertrauen zwischen Israelis und Deutschen verursacht. Als das Vertrauen wuchs, standen die Spannungen nicht mehr in einem spezifischen Zusammenhang mit den Identitäten der Teilnehmer*innen; Spannungen zwischen »Gründungsmitgliedern« beider Institute und jüngeren Analytiker*innen und Spannungen zwischen den Gründer*innen der gemeinsamen Gruppe und Mitgliedern der gemeinsamen Gruppe.

In der »getrennten Gruppe« trafen sich Deutsche und Israelis separat mit den Mitgliedern ihrer Gruppe. Das war gelegentlich notwendig, um die Spannungen zu containen, die in der gemeinsamen Gruppe aufgetaucht waren. Manchmal erschienen die Differenzen zwischen den Gruppen so grundlegend, dass es ein weiter Weg war, die Kluft zu überbrücken. Zu anderen Zeiten entwickelten sich interne Spannungen innerhalb jeder Gruppe und diese wurden ebenfalls in separaten Treffen analysiert. Die getrennten Treffen wurden dafür verwendet zu versuchen, solche persönlichen Verletzungen in ein allgemeineres Verständnis kultureller und persönlicher Differenzen überzuführen.

Jedes Jahr präsentierten wir auch vier klinische Fälle: Zwei israelische analytische Fälle von Patient*innen aus der zweiten Generation und zwei deutsche analytische

Fälle von Patient*innen, die in deutschen Haushalten gleich nach dem Krieg aufgewachsen waren. Wir erkannten, dass die Atmosphäre in deutschen Nachkriegsfamilien noch immer von faschistischen Prinzipien und einer Nazi-Erziehung geprägt war, von einer Grausamkeit Kindern gegenüber, strikten Grenzen und Angst davor, offen zu reden. Wir versuchten, diese besonderen Charakteristiken in diesen Analysen zu beschreiben.

Die letzte Einheit war immer dem Thema »Was machen wir nächstes Jahr?« gewidmet.

Als wir uns dem letzten Treffen der Gruppe näherten, beschlossen wir, unsere subjektiven Erfahrungen schriftlich zu reflektieren. Einige Mitglieder bereiteten Entwürfe vor, die wir gemeinsam lasen und diskutierten. Das geschriebene Material enthielt wichtige Analysen und erlaubte es, die unterschiedlichen Perspektiven auf dieselben Ereignisse zu untersuchen. Beim letzten Treffen im März 2019 in Israel konzentrierten wir uns auf die Beendigung der Gruppentreffen.

Im Folgenden möchte ich einige Beobachtungen mitteilen, die mein persönliches Verständnis des Gruppenprozesses ausdrücken. Ich will darstellen, was ich von meinen deutschen Kolleg*innen gelernt habe. Und ich will zusammenfassende Bemerkungen dazu machen, wie sich die Gruppe während der 14 Jahre der Treffen entwickelt hat. Es ist nicht mein Ziel nahezulegen, dass es Antworten darauf gibt, wie und warum der Prozess sich so entwickelt hat, wie er es tat. Ich will ihn nur aus meiner Sicht darlegen in der Hoffnung, dass das ein neues Nachdenken über traumatische Ereignisse und ihre Transformation anregen kann.

Der Anfang

Das Projekt entstand aus einem zufälligen Treffen von Raimund Rumpeltes, einem Mitglied der deutschen analytischen Gruppe, und mir bei einer Konferenz in Warschau 2004. Es brauchte nur einen kurzen Moment, um zu verstehen, dass unsere persönlichen Geschichten auf mysteriöse Art und Weise miteinander verflochten waren. Es waren nicht nur das ähnliche Alter und der Beruf, die uns verbanden, sondern auch die unausgesprochene Ahnung, dass wir zu entgegengesetzten Polen derselben Katastrophe gehören. Und ich bin überzeugt davon, dass es das war, was uns gegenseitig anzog. Für mich war es eine Gelegenheit, den Blick auf den dämonisierten »Anderen« zu wagen, den ich nie getroffen hatte. Ich vermutete, dass das auch auf ihn zutraf und für ihn eine Gelegenheit darstellte, eine jüdische Person aus der zweiten Generation der Überlebenden zu treffen. In diesem vieldeutigen Kontext beschlossen Raimund und ich ein Jahr später, eine deutsch-israelische psychoanalytische Arbeitsgruppe zu gründen.

Vor unserem ersten Treffen, 2006, hatte ich folgenden Traum: *Ich reise mit Freunden in einem Bus. Alles schien gut zu sein mit Ausnahme der Tatsache, dass ich auf dem oberen Brett schlief…* Ich erkannte, dass Vergangenheit und Gegenwart ineinander-flossen im Kontext der intensiven Gefühle in Bezug auf das bevorstehende Treffen der Gruppe. Auf einem Brett schlafen hat in unserer Kultur eine bedrohliche Konnotation, weil es an Situationen in den Konzentrationslagern erinnert.

Während der ersten Sitzung wurde einem israelischen Mitglied übel und es musste hinausgehen, um sich zu übergeben; wir deuteten das als eine Reaktion auf etwas Unverdauliches im Raum. Dieses »etwas« war offensichtlich das zentrale Thema unseres Projekts: Sich dem zu stellen, was unverdaulich ist und dennoch von einer Generation auf die nächste weitergegeben wurde. Am nächsten Tag präsentierte ein israelischer Analytiker den Fall einer Frau, die darauf bestanden hatte, direkt über eine Aufnahme zu den Deutschen zu sprechen, um ihre Erinnerungen an den Holocaust und ihre Empörung mitzuteilen. Das hatte einen vernichtenden Effekt: Die Deutschen fühlten sich angegriffen, wurden defensiv und verkündeten, dass sie nicht mehr an dem Projekt teilnehmen würden, wenn ihnen Vorwürfe gemacht werden. Das war zu viel für sie, um es halten zu können. *Schwierig…* dachte ich bei mir. *Wie sollen wir uns von ihren Schuldgefühlen fernhalten?* Zu dieser Zeit repräsentierten SIE in meiner Vorstellung definitiv die Täter und WIR waren die Opfer.

Als die Spannungen nachließen, begannen wir uns über unsere komplexen Geschichten auszutauschen. Wir fragten uns: »Warum sind wir hier?« Ich erzählte der Gruppe, dass mein Vater mit einer deutschen Frau verlobt gewesen war, die er zurücklassen musste. Das blieb ein fehlendes Stück in seiner persönlichen Geschichte und möglicherweise auch in meiner.

Beim nächsten jährlichen Treffen in Heidelberg wurden wir mit den grausamen Realitäten der Vergangenheit konfrontiert, als ein deutscher Analytiker ein schwarzes Lederalbum hervorholte, dessen Einband mit dem deutschen Adler geschmückt war. Darin waren Bilder seiner Nazi-Verwandten, die er uns ohne Umschweife zeigte. Ich war geschockt von der Erkenntnis, dass ein Mitglied unserer Gruppe so eng mit der Nazivergangenheit verbunden war. Gleichzeitig berührte mich der Mut des deutschen Analytikers, damit zu beginnen, sich seine Vergangenheit einzugestehen. Seine Eröffnung bewirkte einen emotionalen Aufruhr in der Gruppe; die Deutschen hatten von dieser Vergangenheit ihres Kollegen nichts gewusst. Die Israelis waren schockiert.

Der Prozess

Es gab verschiedene Momente des Grauens. Während unseres zweiten Besuchs in Heidelberg erzählte ein deutsches Mitglied einen Traum: *Eine kleine Katze war versehentlich in einen Ofen gesteckt worden. Die Katze war halb verbrannt, aber noch am Leben…*

Als die Gruppe den Traum diskutierte, tauchten Bilder von Krematorien und halb verbrannten Leichen auf. Wir bemerkten, welch heftige Emotionen in unserer Gruppe entzündet wurden, und fragten uns, ob wir sowohl individuell als auch kollektiv fähig wären, das Grauen zu überleben, das in diesem Moment so konkret auftauchte.

Ein anderes Mal, als wir in Heidelberg waren, fuhren wir zu einem Jazzkonzert in eine nahegelegene Stadt. Als wir an unserem Ziel ankamen, einer kleinen Stadt, die für ihre chemische Industrie bekannt war, wurde uns gesagt, dass Zyklon B (das Gas, das in den Konzentrationslagern zur Vernichtung von Juden und anderen verwendet worden war) dort hergestellt worden war. Wir stiegen aus dem Wagen aus, ich nahm den starken Geruch der Chemikalien war und hatte eine leichte Panikattacke. In diesem Fall manifestierte sich die Vergangenheit auf massiv bedrohliche Art und Weise. Nachher entschuldigten sich die Deutschen und sagten uns, dass sie sich schuldig dafür fühlten, nicht vorhergesehen zu haben, dass dieser Ort traumatische Erfahrungen bei uns hervorrufen könnte. Sie erklärten, dass sie traurigerweise so gewöhnt sind daran, mit den Spuren ihrer Vergangenheit zu leben, dass sie diese kaum mehr wahrnehmen. Dieses Ereignis wurde zu einem »Now Moment« in der Geschichte unserer Gruppe. Es legte die innere Realität offen, in der jede(r) von uns lebte: Von einem Augenblick zum anderen erlebten die Israelis vergangene Traumata in der Gegenwart und tief verwurzelte Empfindlichkeiten wurden wiederbelebt. Die Deutschen mussten sich ihrem dissoziativen Erlebensmodus stellen und der schockierenden Entdeckung, auf welche Art und Weise sie sich selbst gegen den Horror ihrer Vergangenheit immunisiert hatten.

Eine Fallpräsentation eines deutschen Mitglieds rief ebenfalls alte Geister hervor. Die Analytikerin beschrieb eine Behandlungsstunde und die Israels empfanden sie als unachtsam den Bedürfnissen des Patienten gegenüber. Es entstand eine Diskussion darüber, dass der Patient um ein zusätzliches Kissen gebeten hatte und die Analytikerin dieser Bitte nicht nachgekommen war. Die Reaktion der Israelis wurde zunehmend kritisch, sogar feindselig, und war verquickt mit Vorurteilen und vorgefassten Meinungen über die Deutschen. Schließlich drückten wir unsere Missbilligung und unsere Kritik so aus, dass wir der Fallvorstellenden nahelegten, sie arbeite wie eine »Nazi-Analytikerin«. Dieses Urteil hatte mit den kleinianischen Neigungen der Analytikerin zu tun und dem Gefühl der israelischen Gruppe, dass ihr strenger Ansatz ein Ausdruck deutscher Bosheit und Rigidität sei. Die Analytikerin verließ den Raum, den Tränen nahe. Wir blieben paralysiert zurück und wussten nicht, wie wir die Situation auflösen könnten. Wir konnten kaum denken, die Stille lastete schwer auf uns. Erst später konnten wir über die Situation nachdenken und sie mit unseren eingeschriebenen kulturellen Unterschieden und kollektiven Traumata in Verbindung bringen, die all unsere unterschiedlichen Wahrnehmungen durchdrangen. Gleichzeitig schätzten wir alle die Tatsache, dass wir jetzt frei mit solchen Differenzen umgehen, sogar streiten konnten und nicht mehr das Gefühl hatten, defensiv reagieren zu müssen. Dieser Prozess brachte eine hilfreiche Wiederherstellung der Beziehung und eine Einsicht in unsere unterschiedlichen Verhaltensmuster als Analytiker*innen.

Die Berichte, die wir gegen Ende der Gruppentreffen verfassten, wurden ein Möglichkeitsraum für die Veränderung und Überwindung solcher Vorfälle. Wir konnten über das Ereignis mit weniger emotionaler Verstrickung und »professioneller« nachdenken. Wir erkannten in der Sache der »deutschen Analytikerin« sowie bei anderen Gelegenheiten, dass jede Gruppe einer anderen psychoanalytischen Schule anhängt und dass diese Unterschiede zum Teil auf kulturelle Unterschiede zurückzuführen sind. Die Deutschen orientierten sich an der Klein´schen Theorie. Die israelische Gruppe orientierte sich mehr an den Überlegungen Kohuts und Winnicotts; weniger an der Triebtheorie und mehr an kontextualen Konzepten.

Als die Gruppe zusammenwuchs und wir fähig wurden, unsere Differenzen direkt anzusprechen, wurden unsere Reaktionen ausführlicher und unsere Assoziationen entwickelten sich weiter. Als wir zum Beispiel weiter an dem Vorfall, bei dem wir die deutsche Analytikerin kritisiert hatten, arbeiteten, kamen wir mit dem Thema »Grausamkeit« gegenüber Patient*innen in Berührung und bald mussten wir bemerken, dass wir schon wieder in Stereotypien schlitterten: Sind die Deutschen ihren Patient*innen gegenüber weniger empathisch? Sind sie »kälter«? Halten sie sich strenger an Vorschriften oder ans Gesetz? Sind ihre klinischen Haltungen und Zugänge eine Folge ihres Erbes? Viele deutsche Analytiker*innen wurden von Analytiker*innen ausgebildet, die ihre Ausbildungen in Nazi-assoziierten Instituten gemacht hatten. Hat sich die faschistische Kultur in ihre professionellen Haltungen eingeschrieben? Diese Fragen wurden zu unserer Überraschung von deutschen Mitgliedern aufgeworfen, die besorgt darüber waren, dass die psychoanalytische Tradition in Deutschland von der Nazi-Ideologie beeinflusst sein könnte.

Im Laufe der Zeit stießen wir auf die Verbindung zwischen der persönlichen Geschichte unserer Patient*innen und unserem jeweiligen eigenen kulturellen Hintergrund, aus dem wir unser Verständnis als Analytiker*innen bezogen. Wir wurden uns zunehmend der verschiedenen Wege bewusst, auf denen historische Ereignisse unser Leben formen, inklusive unserer professionellen Werte. Wir erkannten, dass die Geschichte nicht von unserem Selbstverständnis abgelöst werden kann; wir werden mit unserer Vergangenheit geboren und tragen sie von Anfang an mit uns in die Zukunft. Gleichzeitig gingen wir davon aus, dass wir frei wählen können, ob wir uns diesem Erbe unterwerfen oder es überwinden und unsere Vorurteile verändern.

Manchmal hatte ich während unserer Treffen schreckliche private Assoziationen: Ich erinnerte mich daran, dass mir ein Onkel Kindheitserinnerungen an die Erniedrigung von Juden in Essen (Deutschland) erzählt hatte. Juden mussten sich niederknien und die Straßen mit ihren Bärten reinigen. Ich muss annehmen, dass meine Mutter das als Kind mit angesehen hat. Diese Gedanken tauchten in mir in einer verworrenen und bedrohlichen Weise auf. Waren das unbewusste Projektionen oder waren sie mit einer gegenwärtigen bedeutsamen Realität verbunden? Ich wusste es nicht.

Meine 14-jährige Teilnahme an der Gruppe hatte eine verändernde Wirkung auf mich. Ich wurde mehr denn je meines Großvaters gewahr, der nach Auschwitz deportiert worden war. Ich wusste, dass meine Mutter ein schriftliches Statement für das Yad Vaschem[3] abgegeben hatte, ein Beleg dafür, dass sie wusste, was mit ihm geschehen war. Aber diese Tatsache hatte sie mir gegenüber zu Hause nie erwähnt. Nun, da ich neu fokussiert und motiviert durch die Arbeit in der Gruppe war, besuchte ich das Memorial Center in Paris, um nach mehr Informationen über meinen Großvater zu suchen. Ich suchte und fand seinen Namen in die Wand eingraviert. Ich bekam auch ein offizielles Dokument, das die genauen Namen derjenigen enthielt, die in dem Transport waren, der ihn zu seinem letzten Ziel, Auschwitz, gebracht hatte. In dem Dokument stand, er sei »immédiatement gazé« (sofort vergast) worden.

Was bisher ein Missing Link war, rückte in den Vordergrund meines Bewusstseins, sogar greifbar. Bis dahin war mein Großvater eine gesichtslose Person für mich gewesen. Ich hatte nicht oft über ihn nachgedacht. Jetzt wurde Elias Kagan eine Person mit eigener Subjektivität. Ich konnte über ihn nachdenken und mir sein Leben vorstellen. Ich bin überzeugt davon, dass die Gruppe zu dieser Veränderung beigetragen hat und dafür bin ich sehr dankbar. Das war Teil der wichtigen Erfahrung der Rückgewinnung, indem die unausgesprochene Vergangenheit aufgedeckt und Fakten berücksichtigt wurden, die von unseren Familien verborgen und sogar verleugnet worden waren. Wir konnten die Verbindung von Vergangenheit, Gegenwart und Zukunft als Erweiterung unserer eigenen Kontinuität des Seins anerkennen.

Auch wenn wir wissen, dass manche Eltern offen über ihre Traumata sprachen, scheint es so zu sein, dass viele ihre Kinder vor den Traumata der Vergangenheit bewahren wollten. Doch dieser Pakt des Schweigens erzeugte oft konkrete, schreckliche Bilder im Kopf der Kinder von Überlebenden in der zweiten und dritten Generation.

Ich entdeckte, dass auch deutsche Familien verschleierte Fakten über ihre Eltern, Großeltern und Verwandten haben: In unseren israelischen Familien diente Dissoziation als Schutz vor seelischer Qual und Überlebensschuld. Traurigkeit wurde verleugnet und Angst versteckt… Heroismus, Mut und Hoffnung wurden in unserer Erziehung kultiviert. In den deutschen Familien resultierte das Schweigen aus der Scham, der Schuld und dem Wunsch, das, was die Eltern während des Kriegs getan hatten, zu verleugnen. In allen Familien, deutschen und israelischen, ging man mit den traumatischen Ereignissen so um, dass man nichts Genaues über die Vergangenheit wissen wollte. In den meisten Familien gab es einen Riss in der transgenerationalen Kontinuität.

Schließlich merkten wir, dass wir die »getrennte Gruppe« nicht mehr brauchten. Gegenseitige Anerkennung und ein Gefühl relativer Sicherheit hatten sich langsam

---

3   Das Holocaust Museum in Jerusalem.

unter den Teilnehmer*innen entwickelt und wir waren in der Lage, auf das schützende Setting der getrennten Gruppe zu verzichten. Diese Wendung wurde von allen positiv bewertet und wir waren hoffnungsvoll in Bezug auf unsere Zukunft.

Bei allem Vertrauen und Optimismus tauchten neue Herausforderungen auf. Im Besonderen warfen zwei Kriege im Gazastreifen (2012 & 2014) Fragen dazu auf, wie sich Israel um die Sicherheit von Völkern an seinen Grenzen sorgt. Die Deutschen begannen Interesse für das palästinensische Problem zu zeigen und besuchten Janine, eine palästinensische Stadt in der Westbank. Ich dachte, das wäre ein Zeichen dafür, dass sie in der Gruppe mehr Freiheit empfanden, in einer Art und Weise zu denken und zu handeln, die den Israelis gegenüber kritisch sein kann, eine Freiheit, anderer Meinung zu sein und ein Zeichen für die Entwicklung von Spielraum in der Gruppe. Jedenfalls gerieten die Deutschen in der Nacht, als sie Janine besuchten, mitten in einen Anschlag mit einem Molotow-Cocktail. Ihre Unterkunft brannte. Sie entkamen nur knapp. Sie kamen erschöpft und geschockt zurück. Das stiftete Verwirrung. Die politische Realität im Nahen Osten war gewaltvoll, verwirrend und schwierig zu verstehen.

Wir Israelis mussten uns unseren eigenen aggressiven Tendenzen stellen und einen Umgang mit der Politik unserer Regierung finden. Komplexe Fragen stellten sich für die israelischen Mitglieder: Was war mit dem »schönen Israeli« geschehen, jenem, der in der lokalen Literatur und den Medien während Israels Gründerzeit beschrieben worden war als einer, der sich mit ungeheurer Hingabe dafür einsetzt, einen sicheren Hafen / einen Himmel für das jüdische Volk zu gründen, genauso wie eine gerechte Gesellschaft? Wie können wir widersprüchliche Tendenzen integrieren, wie solche, dass wir einerseits Kinder von Flüchtlingen sind, die alles verloren haben, und andererseits Aggressoren, die manchmal in ethische Dilemmata verstrickt werden, die die eigene Vergangenheit als Flüchtlinge scheinbar verleugnen? Diese Themen brachten die Gruppe dazu, nach verlorenem Potenzial in Israel zu suchen und der Möglichkeit, dieses wiederaufzufinden. Erinnern bedeutet Integrieren und ist das Gegenteil von Dissoziieren, Abspalten und Verleugnen. Wir befanden uns in der ungewohnten Situation, diese Themen untereinander in Gegenwart der Deutschen und mit den Deutschen zu diskutieren. Diese Themen öffentlich zu machen, war eine bereichernde Erfahrung. Mit den Deutschen erlebten wir eine mitfühlende Suche nach der verlorenen, inneren, sicheren Heimat. Israelis und Deutsche spürten beide eine Sehnsucht nach der verlorenen Unschuld in einer äußerst grundlegenden Art und Weise.

Als die Gruppe älter und reifer wurde, war es ein für mich wichtiges Ereignis, als bei einem Treffen durch die Diskussion über soziale Gewalt das Erinnern eigener Erfahrungen angestoßen wurde: Einige Mitglieder erzählten von ihren Erinnerungen an sexuellen Missbrauch und körperliche Misshandlungen zu Hause. Andere sprachen über die emotionale Blindheit und den Mangel an Fürsorge ihrer Eltern. Wir redeten nicht mehr länger von »Deutschen« und »Israelis«. Wir erkannten, dass viele von uns ähnlichen elterlichen Aggressionsausbrüchen oder sozialer Aggression ausgesetzt waren, die mit unserer traumatischen Geschichte zusammenhingen, und dass wir alle radioaktive Identifikationen erlebten (Gampel, 2000).[4]

Solche Einsichten boten jedem / jeder von uns eine Gelegenheit, die eigene Perspektive zu erweitern, und ermöglichten es, Meinungen zu ändern. In diesem späteren Stadium in der Geschichte der Gruppe überwand unser Dialog die Spaltungen: Jetzt konnten wir leichter über unsere Erfahrungen von Verletzlichkeit und Leid sprechen. Ich konnte nicht nur mein Bewusstsein für meine eigene persönliche Geschichte erweitern, sondern erfuhr auch von den Traumata der »Anderen«, der tiefsitzenden Qual derjenigen, die in einer Ex-Naziumgebung aufgezogen wurden und bis heute mit den Manifestationen dieses Hintergrunds kämpfen. Die Deutschen konnten unsere Qual als Bürger*innen eines Landes, das einige seiner fundamentalen Ideale verloren hat, verstehen.

Obwohl wir uns klar von jeder moralischen oder destruktiven Gleichsetzung zwischen dem Holocaust und der israelischen Aggression gegen die Palästinenser distanzierten, kamen wir zu der Einsicht, dass Opfer zu Aggressoren werden können und Täter zu Opfern und dass jene, die in einer Sache gerecht sind in einer anderen ungerecht sein können. Wir konnten die unendliche Wandelbarkeit unserer Leben wertschätzen. Wir gaben festgelegte Rollenzuschreibungen auf.

All das oben Beschriebene entstand durch das Setting der Gruppe in Form nuancierter Reflexionen über unsere Vergangenheit und Gegenwart. Ich erlebte Hochs und Tiefs, ich glaube wie alle von uns, Momente tiefer Freundschaft neben Momenten von Enttäuschung und Misstrauen, Zugehörigkeit und Ausschluss, Zusammenhalt und Fragmentierung. Wir beherbergten einander zu Hause, stellten einander unsere Familien vor, aßen gemeinsam, gingen miteinander spazieren und lachten miteinander (oft über uns selbst). Manchmal waren wir böse aufeinander und fühlten uns einander fremd.

Mit Sicherheit verwandelte sich, was als Spaltung zwischen »Deutschen« und »Israelis« begonnen hatte, in andere Arten von Spaltungssituationen, zwischen Führungspersonen und Nicht-Führungspersonen und zwischen unterschiedlichen psychoanalytischen Richtungen. Es gab ein breites Spektrum an Erfahrungen, von denen viele jetzt schriftlich festgehalten und formuliert werden können.

---

4   Yolanda Gampel beschreibt das Konzept der »radioaktiven Identifikation«. Dieser Begriff bezeichnet das gewaltvolle Eindringen sozialer Gewalt in die individuelle Psyche. Das Individuum internalisiert die radioaktiven Hinterlassenschaften, die ihm nicht bewusst sind und diese zerstören es von innen. Das kann auf unterschiedliche Weise stattfinden, in Form einer schädlichen Identifikation mit dem Angreifer oder anderer Symptome. Diese Identifikation wird von einer Generation an die nächste weitergegeben.

Die Analyse traumatischer Internalisierungen – ein Fallbeispiel

Eine kurze Vignette soll die Art klinischen Materials darstellen, die wir für unsere Diskussionen verwendeten. Das Beispiel zeigt die schrittweise Entwicklung von Erinnerung und die Erweiterung des psychischen Spielraums in der Analyse einer israelischen Frau.

Die Patientin ist eine beruflich erfolgreiche Balletttänzerin, die ein erfülltes Leben mit ihrem Ehemann und ihren Kindern hat. Bald nachdem wir uns kennengelernt hatten, erzählte sie, dass ihr Vater ein Häftling in Mengeles[5] Klinik in Auschwitz gewesen war. Da er an einer Herzkrankheit verstarb, als sie noch ein Kind war, konnte sie keine genauen Informationen über seine Erfahrungen im Lager erhalten. Ihre Mutter unterließ es, über diese Erfahrungen zu sprechen.

Am Beginn der Analyse erzählte sie ihren ersten Traum: *Da ist ein dunkles Objekt am Grund des Meeres. Ich kann es nur von oben betrachten. Es ist unantastbar.* Wir nahmen an, dass sich der Traum auf die schrecklichen Ereignisse des Holocaust bezog und die seelische Qual, die noch nicht angetastet werden konnte.

Im dritten Jahr der Analyse erwähnte sie, dass sie die Angewohnheit habe, mit den Zähnen zu knirschen. Beim Assoziieren fiel ihr ein, dass Mengele ihren Vater vor die Wahl gestellt hatte, sich alle Zähne ziehen zu lassen oder kastriert zu werden. Sie erkannte, dass ihre Angewohnheit, mit den Zähnen zu knirschen, etwas mit dem Bedürfnis zu tun hatte, sich zu versichern, dass ihre Zähne intakt sind. Mehr noch: Sie erkannte auch, dass seine Entscheidung die Voraussetzung dafür war, dass sie auf die Welt kommen konnte.

Die Patientin war sich der Verbindungen von Geist und Körper sehr bewusst. Sie glaubte, dass psychische Traumata in den Körper verlagert werden, wenn die Psyche sie nicht verarbeiten kann. Daher sollten diese nicht nur verbal »untersucht« werden. Sie hatte das Gefühl, sie sollte ihre Körpersensationen sehr aufmerksam erkunden, so wie sie das als Kind getan hatte, als es nicht möglich war, verbal mit dem Vater zu kommunizieren. (Er sprach nur Deutsch und sie nur Hebräisch. Sie war überzeugt davon, dass dieser Umstand kein Zufall war.)

Irgendwann beschloss die Patientin, die deutsche Sprache zu lernen. Sie meinte, sie könne *die versteckte Barriere in einen Weg der Kommunikation verwandeln,* wenn sie »seine« Sprache sprechen könnte. Ein paar Monate später beschlossen sie und ihr Ehemann, einen Urlaub im Schwarzwald zu verbringen, einem Gebiet in Deutschland, das für seine Attraktionen für Kinder bekannt ist. Als sie zurückkam, erzählte sie, dass ihre Familie eine großartige Zeit verbracht hatte. Sie aber hatte

---

5   Mengele war ein Arzt in Auschwitz, der an einer großen Anzahl von Häftlingen medizinische Experimente durchführte, besonders an eineiigen Zwillingen. Üblicherweise hatten diese Experimente den Tod, Verunstaltungen oder dauerhafte Behinderungen zur Folge und gelten daher als Beispiel für medizinische Folter.

die ganze Woche unter einer Zahnfleischentzündung gelitten. Sie erzählte auch von zwei Träumen, die sie während des Urlaubs hatte: In einem *hatte sie den Geschmack von Kalziumoxid im Mund. Es war unmöglich, ihn hinunterzuschlucken, ekelhaft und schrecklich.* Im zweiten Traum *traf sie ihren Vater und fragte ihn alles, was sie ihn immer schon fragen wollte. Mit jeder Frage wurde er kleiner und nervöser. Sie bat ihn, Jiddisch zu sprechen. Plötzlich erschien ihre Mutter im Traum und die beiden umarmten sich. Ihr Dialog mit ihm wurde unterbrochen.*

Die Patientin sagte, dass »der Mund« während des Urlaubs in vielfacher Weise Thema war. Sie spürte, dass das mit der angesammelten internalisierten Wut zu tun hatte, weil sie still sein musste, es unterlassen musste, Ärger auszudrücken oder den Vater anzuschreien, vom Gespräch der Eltern ausgeschlossen war. Sie hatte sich in ein schweigendes Selbstobjekt für den leidenden Vater verwandelt und akzeptierte das Beziehungsmuster, das ihr der Vater anbieten konnte.

Gleichzeitig dachten wir auch über ihre »Körperempathie« mit ihrem Vater nach: Ihre Symptome ermöglichten ihr, über ihren Körper eine Ahnung von den unaussprechlichen Empfindungen zu bekommen, die ihr Vater möglicherweise hatte. Das Unbegreifliche wohnte im Körper und wurde ein privater Raum, den die Patientin mit ihrem Vater teilte. So verstanden wurde ihr Leiden nicht lediglich in sie projiziert, sondern resultierte aus ihrem Versuch, mit dem fehlenden Vater zu verschmelzen und seine mentalen Zustände zu entziffern. Eine Stimmung körperlicher Verbundenheit wurde geschaffen, sodass sie seine verleugneten Qualen erahnen konnte.

Sie erklärte:
Seine Zähne waren schwach und kaputt wegen der Krafteinwirkung, der sie ausgesetzt waren… Er beschönigte alles, damit ich nicht mit ihm spreche, und mehr noch, damit er nie mit mir reden muss. Er hat meine Mutter gewählt, weil sie so hart und unnahbar ist… Und sie fuhr fort: *Ich esse auch gerne sehr harte Speisen; die Kruste von Brot, grüne Äpfel und die Schale. Ich spüre die Verbindung zwischen dem Zahnfleisch und dem Herzen,[6] dem Ohr, der Nase und dem Mund… Während der Woche in Deutschland hatte ich das Gefühl, mein Zahnfleisch würde brennen. Meine Zähne wuchsen aus dem verstümmelten Zahnfleisch. Ich aß nur Joghurt… Ich schrieb in mein Tagebuch: Meine Mutter war von außen mit dem Leben verbunden. Ich musste den Tod und das Leiden von innen ertragen.*

Sechs Monate später erzählte sie einen anderen Traum: *Mein Mann und ich wollten uns küssen. Ich nahm den weißen Kaugummi aus dem Mund. Ich war überrascht, dass ich das tun konnte…*

---

6   Es gibt eine bekannte Verbindung zwischen Zahnfleischerkrankungen und Herzversagen. Beide Krankheiten können sich durch Bakterien im Zahnfleisch entwickeln, die später in jene Blutgefäße gelangen, die das Herz versorgen.

Die Rückgewinnung ungelebter Erfahrungen –
Undenkbare Angst und namenloses Grauen

Die Psyche hat mysteriöse Wege, um schreckliche Erfahrungen zu bewahren, und kann von ihnen gefangengenommen sein. Das Selbst bildet Abwehrmechanismen aus, um sich mit Hilfe von Verleugnung, Dissoziation und Spaltung zu schützen. Trotzdem ist es unvermeidbar, dass die Schatten des Grauens wiederkehren, nicht unbedingt in Form unmittelbarer Erfahrung, aber in Träumen, Reverien, visuellen Bildern und Körpersensationen. Undenkbare Angst und namenloses Grauen werden in verschiedenster Weise erfahren und von Generation zu Generation weitergegeben. Kinder von Eltern, die Traumata erlitten haben, sind oft nicht in der Lage, die psychischen Zustände ihrer Eltern zu entziffern. Gleichzeitig nehmen sie die Vulnerabilität der Eltern wahr, deren versteckte Sehnsucht nach dem, was sie verloren haben, und deren Angst vor Fragmentierung.

Die Vignette veranschaulicht, wie sich unausgesprochenes Grauen in Geist und Körper einer Patientin eingeschrieben und eine spezifische Form angenommen hat. Doch es gibt unendlich viele Weisen, auf die sich traumatische Erfahrungen und ein »radioaktives« Umfeld in die Psyche eintragen. Innerhalb der Gruppe aus Israelis und Deutschen versuchten wir, an diese Ereignisse heranzukommen und uns darüber auszutauschen.

Die beständige Überzeugung in der Gruppe, alles zu geben, um sich mutig auf die Vergangenheit einzulassen, half, dissoziiertes Material in denkbare Ereignisse zu verwandeln. Die Bereitschaft der Gruppenmitglieder, sich mitten ins Geschehen zu begeben und den emotionalen Stürmen zu überlassen, führte zu einer psychischen Entwicklung.

Die Heilung vertikaler und horizontaler Spaltungen

Der Widerstand dagegen, über bestimmte Erfahrungen nachzudenken, sie abzuspalten oder zu verstecken, weist oft darauf hin, dass solche Erfahrungen allzu Schamerzeugend und zu schmerzhaft sind. Die Spaltung wird hergestellt, um das Denkbare von dem Undenkbaren zu trennen. Eine andere Form von Spaltung findet sich in den stereotypen Meinungen über »**die** Deutschen« oder »**die** Israelis«. Wir neigen dazu, automatisch anzunehmen, dass das, was wir über »sie« wissen, richtig ist. Unser Geist ist mit übernommenen Vorannahmen beschäftigt, die neue Perspektiven aussperren. Rigide Haltungen kommen von einer Abwehr dagegen, den »Anderen« zu verstehen. Solche Haltungen fördern Selbstbezogenheit und unmodifizierte, defensive Grandiosität. Das stellt eher einen **Aus**schluss- als einen **Ein**schlussprozess dar, der unsere mentale und emotionale Freiheit beschränkt.

Eine erweiterte Perspektive erfordert, dass Vorurteile aufgegeben werden im Rahmen der Suche nach innerer Freiheit, Flexibilität, Sorge für Andere und geistiger Transformation. Die Möglichkeit, die Katastrophen des Anderen kennenzulernen, kann aus dem Verständnis erwachsen, dass unser innerstes Selbst nicht ausschließlich in der Identifikation mit unserem speziellen Schicksal verhaftet sein muss. Das Selbst kann einer großen Bandbreite von kontextuellen Ereignissen gegenüber mitfühlend und offen sein.

Der enorme Wert eines unvoreingenommenen geistigen Zustandes wird im psychoanalytischen Denken als grundlegend anerkannt. Wir können uns auf Kohuts Konzepte der Selbstobjekte und der Vergänglichkeit beziehen (Kohut, 1966), den Vorschlag von Bion, (1967) »ohne Erinnerung, ohne Wünsche und ohne Vorkenntnisse« zu arbeiten, und der Idee vom potenziellen Raum und von der unintegrierten Position des Selbst bei Winnicott (1945, 1971). Diese mentalen Zustände erfordern einen Akt des Verzichtens, des Aufgebens von etwas (Epstein, 2007). Das Konzept des Verzichts bezieht sich auf die Fähigkeit, eine ausgeglichene Haltung in konflikthaften Situationen zu bewahren und an keine Perspektive gebunden zu sein. In einem offenen geistigen Zustand ist es wahrscheinlicher, dass man fähig ist, zuzuhören, komplexe Situationen zu akzeptieren und ihre verschlüsselten Bedeutungen klar zu entziffern, ohne an übermäßigen emotionalen Kontaminationen zu scheitern (Mann, 2020). Eine offene Einstellung befreit den Verstand von seiner Tendenz, sich in unproduktiver Art und Weise auf vorgefasste Meinungen festzulegen.

Dieser Akt des Verzichtens geschah in unserer Gruppe während vieler guter Momente, in denen es uns gelang, die unsichtbare Wand zu beseitigen, die zwischen den Vorannahmen über »uns« und »sie« stand, und in denen wir die Komplexität unserer Situationen annehmen und der unendlichen Verbundenheit begegnen konnten, an der wir alle teilhaben (Mann, 2013, 2015). In diesen Momenten erlebten wir eine Art Zwillingserfahrung (Togashi, 2014), wechselseitige Empathie (Pillsbury, 2019) und ein Gefühl von Verwobenheit als Berufskolleg*innen und Freund*innen. Wir tauschten uns über unsere Vergänglichkeit aus, wurden älter in diesen 14 Jahren und spürten die Auswirkung davon. Wir erlebten die tiefgründige Bedeutung, die es hat, »ein Mensch unter Menschen« (Kohut, 1984) zu sein.

Kann sich das Selbst von seinen eigenen Traumata befreien?

Es zeichnete die Gruppe aus, dass sich ihre Mitglieder zur Aufgabe gemacht hatten, den einschränkenden Einfluss von Trauma zu analysieren. Wir hatten verstanden, dass wir nur dann aufrichtig und authentisch mit den Ereignissen in unserem Leben umgehen können, wenn wir deren Einbettung in und Verbindungen zu vergangenen traumatischen Ereignissen erkennen können. Wir begannen, es auf eine neue Art zu schätzen, dass wir den Raum dafür öffnen konnten, Ereignisse zu entlarven, die uns überschwemmt und in ihrem Sog mitgerissen hatten. Indem wir Wiederholungen erkennen, können wir uns, wenn auch nur teilweise, davon befreien, Umstände nachzubilden, die unsere Vergangenheit geprägt haben. Das haben wir uns selbst bewiesen.

Aber dazu gibt es noch mehr zu sagen: Die Freiheit des Selbst besteht nicht nur in der Auflösung unserer persönlichen Bindungen an vergangene Traumata und dem Lernen aus Erfahrung. »Völlige Freiheit« des Selbst könnte nur erreicht werden, wenn sich das Selbst von seiner speziellen Identität lösen könnte. Allerdings stellt das einen nicht realisierbaren, idealen Zustand dar. Wegen der Tiefe der traumatischen Prägung kann die Psyche nicht gänzlich befreit oder gereinigt werden; es bleibt immer etwas Unbegreifliches und nicht Transformierbares.

So betrachtet war der Entschluss zur Beendigung kein Seufzer der Verzweiflung oder der Erschöpfung. Wir hatten das Gefühl, getan zu haben, was getan werden konnte. Die Gruppensituation hat maßgeblich dazu beigetragen, das Trauma von einem privaten Unglück zu einer geteilten Erfahrung zu transformieren. Die Gruppenmitglieder verstehen die Traumata der anderen jetzt besser. Damit soll nicht gesagt werden, dass Gruppenprozesse persönliche Traumata eliminieren. Sie verbesserten eher die Empathie und ermöglichten uns, das Trauma als eine kollektive Katastrophe in einem größeren Kontext wahrzunehmen. Unsere Traumata gewannen eine Bedeutung, die über das individuelle »Ich« hinausging.

Ich bin überzeugt davon, dass jede(r) von uns mit einer bedeutsamen Erfahrung zurückbleibt und mit einem Gefühl von Verantwortung, die Transformation fortzusetzen. Zum Beispiel entschied sich ein Gruppenmitglied, sich mit dem Thema der globalen Erwärmung zu beschäftigen. Raimund Rumpeltes und ich beschlossen, eine neue israelisch-deutsche Gruppe mit jüngeren Analytiker*innen zu gründen. In dieser neuen Gruppe wollen wir den kulturellen Faktoren bei der Erinnerung von Traumata mehr Beachtung schenken und mehr auf die Sorgen der jüngeren Generation fokussieren. Für die jüngere Generation könnte der Holocaust weniger persönliche Auswirkungen haben, aber wahrscheinlich ist es für sie sehr relevant, über mögliche zukünftige Massenkatastrophen nachzudenken. Diese beiden Beispiele spiegeln die Kultivierung einer Perspektive in der Gruppe wider, die über individuelle Anliegen und selbstbezogenes Unglück hinausgeht, in Richtung einer Sorge um den Zustand des Menschen und seine Existenz. Es handelt sich um einen Befreiungsprozess des Selbst von seinen eigenen Schatten.

Aus dem Englischen übersetzt von Gudrun Prinz

Literatur

Bion, W. R. (1967): Notes on memory and desire. *The psychoanalytic Forum*, 2(3). Republished in F. Bion (Hrsg.) (1992): *Cogitations*. London: Karnac.

Epstein, M. (2007): *Psychotherapy without the self*. Context, Vol.12, Nr 3. Yale: UP.

Gampel, Y. (2000): Reflections on the prevalence of the uncanny in social violence. In: Robben, A. & Suarez-Orozoo, O. (Hrsg.): *Cultures under Siege: Collective violence and trauma in interdisciplinary perspective* (S. 38–69). Cambridge: UP.

Kohut, H. (1966): Forms and transformations of narcissism. *Journal of the American psychoanalytic Association, 14(2)*, 243–272.

Kohut, H. (1984): *How does analysis cure?* Chicago/London: The University of Chicago Press.

Mann, G. (2013): Being human among human: Response to Maxwell S. Sucharov's »Thoughts on wholeness, connection, and healing: moving towards complexity in the analytic space«. *The International Journal of Psychoanalytic Self Psychology*, 8(4), 398–411.

Mann, G. (2015): Paradoxes of belonging. *The International Journal of Psychoanalytic Self Psychology*, 10(3), 275–286.

Mann, G. (2020): Emptiness, equanimity and the selfobject function. *Psychonalytic Inquiry*, 40(5), 300–310.

Ornstein, A., & Goldmann. S. (2004): *My Mother's Eyes. Holocaust Memories of a Young Girl*. Cincinnati: Emmis Books.

Pillsbury, S. H. (2019): Mutual empathy: Imagined symbol and realization in the treatment of trauma. *Psychoanalysis, Self and Context*, 14(3), 247–255.

Togashi, K. (2014): A sense of »being human« and twinship experience. *International Journal of Psychoanalytic Self Psychology*, 9(4), 265–281.

Winnicott, D. W, (1945): Primitive emotional development. In: *Through pediatrics to psychoanalysis: Collected papers* (S. 145–157). Karnac Books and the Institute of Psychoanalysis, 1992.

Winnicott, D. W. (1971): The location of cultural experience. In: *Playing and reality* (S. 95–103). London: Tavistock/Routledge.

Franz Herberth / Ute Moini-Afchari

Identität im Supervisionsprozess – Das Eigene bewahren und verändern

Sich auf einen anderen Menschen wesentlich einzulassen ist immer beides:
Eine potenzielle Bereicherung ebenso wie eine potenzielle Bedrohung des eigenen Selbsterlebens.

Das Eigene und das Gemeinsame im Supervisionsprozess

Ziel dieses Beitrags ist es, Formen und Auswirkung wechselseitiger Einflussnahme in menschlichen Beziehungsprozessen zu beschreiben. Für uns, Ute Moini-Afchari und Franz Herberth (im Folgenden U. M.-A. und F. H.), war es naheliegend, uns auf Erfahrungen aus unserem gemeinsamen Arbeitsfeld zu beziehen. Wir beschäftigen uns mit der wechselseitigen Einflussnahme im psychoanalytischen Supervisionsprozess, mit ihren Auswirkungen auf jeden der beiden am Prozess Beteiligten und mit den Auswirkungen auf die Beziehung Supervisor-Supervisand als eigenständige Entität.

Wann bin ich ein guter Supervisor? Unter welchen Voraussetzungen erlebe ich als Supervisand den Supervisionsprozess als hilfreich und bereichernd? Wie lässt sich eine Art der Einflussnahme des Supervisors beschreiben, die die Souveränität des Supervisanden achtet und gleichzeitig ein Angebot zum Perspektivenwechsel darstellt? Wie wird der Supervisor seinerseits vom Supervisanden beeinflusst und behält gleichzeitig seine eigene Souveränität?

Zwei Themen fließen in dieser Arbeit zusammen, die uns beide, Autorin und Autor, in der unten dargestellten Supervisionssitzung zugleich Supervisandin und Supervisor, beschäftigen:

– Die implizit prozedurale intersubjektive Dimension in einer Supervisionsbeziehung.
– Der Einfluss des intersubjektiven Prozesses auf die Identitäten der beiden Beteiligten.

Unsere Beschäftigung mit der implizit-prozeduralen Dimension der Beziehung (Stern et al., 2012) ist begründet durch das Anliegen, Vielfalt und Reichtum des Beziehungsprozesses einer Supervision in einer erfahrungsnahen Weise erlebbar zu machen und beschreiben zu können. Die in der Regel nicht bewusste implizite, atmosphärische Dimension einer Begegnung und die dabei entstehende wechselseitige, affektive Resonanz unverstellt wahrzunehmen, wird gerade unter Psychotherapeuten entscheidend erschwert durch den Hang, dem Geschehen unverzüglich interpretierend zu begegnen, das heißt, Bedeutungen zuzuschreiben, die sich auf unser jeweiliges Theorieverständnis gründen und damit sprachlich-symbolische, kognitive Prozesse in den Vordergrund schieben.

Ähnlich einer meditativen Übung erfordert es Geduld und Disziplin, sich auf die eigene Befindlichkeit zu konzentrieren und, einer inneren Bewegung folgend, auf die Qualität der sich im körperlichen Ausdruck zeigenden affektiven Gestimmtheit zu achten, einer Bewegung zwischen Harmonie und Dissonanz, Ergriffenheit und Distanz, rhythmischer Einwilligung und synkopischem Widerstand. Diesen Ausdruck unserer eigenen affektiven Lebendigkeit im Beziehungsprozess (Vitalitätsaffekte: Stern, 1993) erleben wir als eine subjektiv im »Innen« verortete, introspektiv zugängliche Erfahrung; aber diese Erfahrung hat neben dem subjektiv verorteten »Innen« auch ein »Zwischen« (Mitchell, 2003), es entsteht dabei auch etwas Atmosphärisches »zwischen« Supervisandin und Supervisor, ebenso wie sich eine gemeinsame »Matrix« im Gruppenprozess bildet, wie wir das im Supervisionsformat unserer Arbeitsgruppe erfahren konnten. Diese Erfahrungen sind extrem flüchtig, sie zur Sprache zu bringen oder, wie hier, sie aufzuschreiben, geht teilweise auf Kosten des Verlustes ihrer Authentizität, man bekommt sie sozusagen nur in einer geronnenen Form sprachlich zu fassen. In der Arbeitsgruppe von selbstpsychologisch-intersubjektiv orientierten Psychoanalytikern, der wir beide Autoren seit Jahren angehören, wurde ein Format von Supervisionssitzungen entwickelt, das es ermöglicht, diese Form der Selbstbeobachtung und intersubjektiven Erfahrung eingebettet in einen Gruppenprozess intensiv einzuüben und sich darüber auszutauschen. Über die Details dieses Projektes wurde im 3. Jahrbuch der Selbstpsychologie ausführlich berichtet, sodass wir uns hier auf diese allgemeine Beschreibung beschränken können (J. Clauer & W. Milch, 2021).[1]

Persönliche Souveränität und Psychische Intimität

Das andere Thema versucht, den Einfluss des Supervisionsprozesses auf die Identitäten der beiden Beteiligten in den Blick zu nehmen. Wir richten unsere Aufmerksamkeit dabei auf jenen Erfahrungsbereich eines Menschen, den dieser implizit als »mein unverhandelbares Eigenes« erlebt. Wir beschäftigen uns also mit einem scheinbaren Paradoxon: einem Beziehungsprozess, der auf Veränderung zielt und gleichzeitig darauf angelegt ist, die Souveränität, »das Eigene« im Selbsterleben der beiden am Prozess Beteiligten zu beschützen und zu bewahren.

---

1   Viele der hier vorgetragenen Überlegungen sind in den »Konversationsprozessen« der Maschsee-Gruppe entstanden und haben sich darin weiterentwickelt. Unser Dank gilt unseren Kolleginnen und Kollegen für den jahrelangen anregenden und bereichernden Austausch.

Das Wort »Souveränität« bedeutet so viel wie »Unabhängigkeit«, »Überlegenheit«. Die Souveränität eines Staates besteht darin, dass er selbst entscheiden kann, was im Inneren sowie in den Beziehungen zu anderen Staaten geschehen soll.[2] In dieser politwissenschaftlichen Definition steckt als Kernaussage die freie Selbstbestimmung über innere und äußere Angelegenheiten. In der umgangssprachlichen Verwendung wird die affektive Tönung, die mit dieser Selbstbestimmung einhergeht, stärker betont, sie schließt Selbstsicherheit und positiven Selbstwert mit ein: Ein souveräner Mensch ist ein Mensch, der eigenständig entscheidet, der sich seiner selbst sicher ist und der sich selbst als wertvoll erlebt.

Dieses »Eigene« im Selbsterleben ist etwas Wertvolles und Unverhandelbares. William James (1890) hat es in seiner grundlegenden Arbeit über das Selbstkonzept wie folgt beschrieben:

>»Wenn der Strom (des Bewusstseins) als Ganzes mit dem Selbst identifiziert ist, weit mehr als jeder äußerliche Gegenstand, dann wird ein bestimmter Teil des Stroms, der vom Rest abgetrennt ist, als etwas ganz Besonders erfahren, er wird von allen Menschen als eine Art innerstes Zentrum innerhalb des weiteren Kreises erlebt, ein Heiligtum in der Zitadelle, gegründet auf der Ganzheit des subjektiven Lebens.«[3]

R. Meares (2000) schreibt dazu:

>»Dieser Bezug auf das Heiligtum steht in Resonanz mit dem Konzept der (psychischen) Intimität und der Vorstellung, dass es für alle von uns einen Kern der Erfahrung gibt, von Bildern, Erinnerungen, Phantasien, und so weiter, die als das Zentrum unseres persönlichen Lebens erfahren werden und die als wertvoll erfahren werden.«[4]

Eine idealtypisch gedachte Supervisionsbeziehung, in der Wirklichkeit bestenfalls nur annäherungsweise erreichbar, ließe sich folgendermaßen beschreiben: Ein souveräner Supervisand ist in der Lage, selbst über Art und Ausmaß des Einflusses zu entscheiden, den der Supervisionsprozess auf sein »innerstes Eigenes« ausüben soll, er kann selbst entscheiden, welche der im Prozess entstehenden, für ihn neuen Perspektiven er sich zu eigen macht und in sich hineinnimmt. Das setzt voraus, dass der souveräne Supervisor die mit seiner Rolle verbundene Machtposition kritisch reflektiert und sich neben dem Schutz des inneren »Eigenen« auch stellvertretend für den Schutz des »Eigenen« im Analysanden mit verantwortlich fühlt.

Der Analysand wiederum fühlt sich neben dem Schutz des »Eigenen, Unverhandelbaren« oft auch verantwortlich für den Schutz des »Analytischen Dritten«, für jenes »Eigene«, das die Erfahrung psychischer Intimität mit seinem Patienten ausmacht.

---

2   Google-Eingabe: »Souveränität / Bedeutung«.

3   Übersetzung: F. H.

4   Übersetzung: F. H.

Die metaphorische Verortung dieses »Eigenen« als sich »im Inneren« befindend hat ihre Wurzeln in der Verkörperung der Selbstwahrnehmung; das Selbst wird in seiner Räumlichkeit innerhalb der Körpergrenzen wahrgenommen. Wesentlich scheint dabei die Entdeckung, die Kinder im Alter von ca. vier Jahren machen: dass die eigenen Gedanken für andere nicht einsehbar sind und es in der eigenen Macht steht, Erlebtes und Phantasiertes zu verschweigen: Geheimnis, oder die Außenwelt darüber zu täuschen: Lügen (Meares, 1993). In diesem Entwicklungsschritt wird erstmals die persönliche Souveränität als Macht erfahrbar, selbst zu entscheiden, was ich den Anderen von mir hergebe, und ebenso, was ich von den Anderen in mich aufnehme.

Gegenseitiger Respekt für die Souveränität des Anderen schafft in einer Beziehung die Möglichkeit für die Entstehung einer gemeinsam geteilten Erfahrung von psychischer Intimität.

Das prozedurale Aushandeln des Grades der Offenheit in einer Beziehung lässt sich nach der Bostoner Studiengruppe (The Boston Change Process Study Group, in: Stern et al., 2012) als eine prozesshafte Suchbewegung beschreiben, als ein sich Entlangtasten (moving along) auf der Suche nach gelingendem Kontakt. In diesem Prozess gibt es herausragende affektive Momente (affective hightened moments: Beebe & Lachmann, 2013):

– In jeder persönlichen Begegnung wird implizit (unbewusst) verhandelt, welcher Grad an Offenheit in der Beziehung möglich ist und zugelassen wird, als Kompromiss zwischen dem Wunsch nach Kontakt einerseits und dem Bedürfnis nach Schutz des »verletzlichen Eigenen« andererseits. Stern beschreibt als »Gegenwartsmoment« jenen Moment, in dem einer der beiden Beteiligten in einer Beziehung den implizit ausgehandelten Kompromiss zwischen Nähe und Distanz in Frage stellt oder aufkündigt. Er tut dies, indem er von seinem Gegenüber eine authentische Antwort einfordert, eine Antwort, die dessen persönliches Erleben offenlegt. Der Andere muss ad hoc entscheiden: Geht er darauf ein und riskiert damit, sich affektiv verletzbar zu machen, oder ignoriert er die Aufforderung seines Gegenübers bzw. weist er sie zurück?

– Die wechselseitige Abstimmung kann in einer Beziehung einen Punkt von absoluter Stimmigkeit und optimaler wechselseitiger Resonanz erreichen, eine Erfahrung psychischer Intimität (Meares, 2000). Dieser Moment ist charakterisiert durch das von beiden geteilte intersubjektive Gefühl von Echtheit, Relevanz und »Glück«. Die Bostoner Studiengruppe (Stern et al., 2012) beschreibt diesen »Begegnungsmoment« der plötzlichen emergenten Erweiterung emotional-kognitiven Gewahrseins in der Beziehung. Ogden (1994) spricht vom »analytischen Dritten«, dem Entstehen eines eigenständigen subjektiven Bereiches in der gelingenden Begegnung.

Die frühe Entwicklung des »unverhandelbaren Eigenen«, eingebettet in einen gelingenden affektiven Dialog

Die Erfahrung der Stimmigkeit des affektiven Austausches in der Beziehung des Babys zu seiner Mutter (und zu anderen Personen im Umfeld) ist im ersten Lebensjahr zentral für das Auftauchen der Vorläufer des Selbsterlebens in der vorsprachlichen Entwicklung (Auftauchendes Selbst: Stern, 1992). Im mimisch-gestischen affektiven Austausch zwischen Säugling und Fürsorgeperson (Protokonversation: Threvarten, 1998) wird die Grundlage für die Entwicklung eines als lustvoll, wertvoll und bedeutungsvoll erfahrenen »Selbstgesprächs« geschaffen. Dieses »Selbstgespräch« führt aus der frühen Mutter-Kind-Dyade mit zunehmendem Interesse für unbelebte Gegenstände zum symbolischen Spiel, welches bestimmten ausgewählten Objekten in der äußeren Welt eine eigene subjektive Bedeutung verleiht und sie damit der inneren affektiven Erfahrungswelt (Übergangsphänomene: Winnicott, 1973) einverleibt und aneignet. Die Entwicklung führt stufenweise vom frühen dyadischen Austausch (Protokonversation) zum symbolischen Spiel bis zur Erfahrung einer kohärenten Innenwelt, dem nichtlinearen Erleben von »Meinhaftigkeit« und Identität. Dieser Kernbereich subjektiver Erfahrung, »das Heiligtum in der Zitadelle« (James) bleibt in der Dialektik von »Selbst-Nichtselbst« oder »Selbst mit Welt« als »das unverhandelbar Eigene« erfahrbar.

Wir haben oben beschrieben, wie die Entwicklung beginnend mit dem stimmigen frühen affektiven Austausch in der Mutter-Kind-Beziehung über das symbolische Spiel bis hin zum Identitätsgefühl des Heranwachsenden und Erwachsenen die Erfahrung eines persönlichen seelischen Innenraumes erschafft, der das Eigene – das »Meinhafte« – gegen alles Nichteigene abgrenzt. Sich kontinuierlich als »der Selbe« in der eigenen Biografie erfahren können (die diachrone Perspektive der Identität) ist bestimmt durch dieses Gefühl der »Meinhaftigkeit«, das bestimmten Erinnerungen eine einzigartige Qualität verleiht und uns damit im Wiedererkennen unseres identen Selbstseins wie an einem Erinnerungsfaden durch das Labyrinth unseres Gedächtnisses leitet.

Die Erfahrung, eigenständig darüber entscheiden zu können, was ich aus diesem seelischen Innenraum nach außen gebe und was ich von außen in mich hineinnehme, haben wir als die Erfahrung persönlicher Souveränität beschrieben. In einer gelingenden Entwicklung steht die Souveränitätserfahrung im Wechselspiel mit den Forderungen nach Anpassung an die soziale Wirklichkeit. Die Entwicklung einer positiven Souveränitätserfahrung beim Kind ist eingebettet in ein Beziehungserleben, in dem das sich entwickelnde »Eigene« beim Kind von den Pflegepersonen geschützt, wertgeschätzt und anerkannt (Benjamin, 2007, 2015) wird. Diese Erfahrung von Wertschätzung für das »Eigene« wird später zur affektiven Grundierung des eigenen Identitätserlebens; in einer Beziehung, in der Nähe entsteht, sind die impliziten Erwartungen (Organisierende Prinzipien: Stolorow, Brandchaft & Atwood 1996;

Orange, Atwood & Stolorow, 1997) darauf gerichtet, dass das dem Anderen offenge-
legte Eigene auch von diesem wertgeschätzt und respektiert werden wird.

Über die Schwierigkeit, das »Fließende, Veränderliche« der intersubjektiven Regulationsvorgänge und das »Feste, Konstante« in der Kontinuität des Identitätserlebens begrifflich miteinander zu verknüpfen

Im Supervisionsformat der Maschsee-Gruppe (zwei Gruppenmitglieder als Supervisand und Supervisor, die anderen in der Position der Beobachter) sehen und beschreiben wir Regulationsvorgänge, in denen die dialektisch gegenläufigen Tendenzen
von *Sich*-Öffnen, *Sich*-Überlassen versus *Sich-Abgrenzen, Sich-Schützen* verhandelt
werden. Für die Beobachter in einer dritten Position ist das beim Supervisanden deutlicher erlebbar, aber auch sichtbar beim (beobachteten) Supervisor. Dieser in der Regel implizit bleibende, aber durchaus beobachtbare und reflexiv erfahrbare Prozess
verweist auf eine abstraktere Ebene der Theoriebildung, um das, was da verhandelt
wird – was da aufs Spiel gesetzt wird – begrifflich zu fassen. Hinter dem erfahrungs-
näherem »Fließenden« des Regulationsprozesses lässt sich auf ein erfahrungsferneres
»Festes« bei beiden Beziehungspartnern schließen. Um etwas »Festes« im seelischen
Erleben zu beschreiben, verwenden wir gewöhnlich objekthafte Begriffe aus der Kategorie »Struktur«. Hier sind wir dann allerdings mit der Schwierigkeit konfrontiert,
dass wir einen Begriff wie Identität schlecht in unserem phänomenologisch-kontex-
tuellen intersubjektiven Denken (Stolorow & Atwood, 2019) unterbringen können.[5]
Ähnlich wie »das Selbst« in der Theorie Kohuts von Stolorow und Atwood als eine
abwehrbedingte Verschleierung der prozesshaften Flüchtigkeit des Selbsterlebens kritisiert wird, lässt sich auch der Identitätsbegriff als illusionäre Ontologisierung eines
subjektiv erfahrbaren Selbstaspekts sehen, der durch seine statische Verdinglichung
von seiner prozesshaften Flüchtigkeit und Unwägbarkeit befreit werden soll.

> Kohut selbst erlebte mindestens zwei welterschütternde Diskontinuitäten im Laufe seiner Entwick-
> lung – eine kam mit dem Einfluss des Ersten Weltkriegs auf das Leben seiner Familie – der Vater
> wurde eingezogen und kam in Kriegsgefangenschaft während Heinz' Kindheit, die andere war die
> Zerstörung seiner Welt durch die Nazis, als er ein Medizinstudent in Wien war (Strozier, 2001). Die
> Objektifizierung des Erfahrens der Selbstheit diente dazu, ein Gefühl von persönlicher Identität sta-
> bil und fest zu bewahren, dem ansonsten Diskontinuität, Unsicherheit und Fragmentierung gedroht
> hätte. Eine phänomenologisch-kontextuelle Perspektive dagegen wendet sich der unerträglichen
> Verletzlichkeit und Kontextabhängigkeit der menschlichen Existenz zu. (Stolorow & Atwood, 2019,
> S. 93)[6]

---

5   Wolfgang Kämmerer, persönliche Mitteilung.

6   Übersetzung, F. H.

Im Zuge unserer Liebesaffäre mit der Philosophie haben wir versucht, die Psychoanalyse als phänomenologischen Kontextualismus neu zu fassen, der die emotionale Erfahrungswelt untersucht und erhellt, die Strukturen, welche diese präreflexiv organisieren, und die intersubjektiven Kontexte, in denen diese Strukturen Form annehmen. Eine solche Neufassung führt uns unvermeidlich zu einer dekonstruktiven Kritik der psychoanalytischen Metapsychologien. (Stolorow & Atwood, 2019, S. 17)[7]

So wie wir das verstehen, werden hier von Stolorow und Atwood zwei Ebenen des Seelischen beschrieben, eine Ebene der emotionalen Erfahrungswelt und eine Ebene der – abstrakteren – Strukturen, die diese Erfahrungswelt präreflexiv organisieren. Wesentlich scheint uns die Formulierung: »intersubjektive Kontexte, in denen diese Strukturen Form annehmen«. Wir verstehen das als Beschreibung der Art und Weise, wie diese beiden Ebenen miteinander interagieren. Der Wechsel zwischen den beiden Ebenen, von der abstrakten »strukturellen« Ebene hin zu einer konkreten Erfahrung, kontextualisiert das intersubjektive Erleben und gibt ihm als Ergebnis einer erweiterten Reflexion eine bestimmte Bedeutung.

So kann man »Identität« sowohl auf der Ebene abstrakter präreflexiver Meta-Konzepte (der »organisierenden Prinzipien«) verorten, ebenso kann »Identität« eine ganz bestimmte intersubjektive Szene sinnstiftend kontextualisieren. Stolorow und Atwood (2019) sprechen von »konstitutiven Kontexten« (Selbstpsychologie, 17/18, S. 2).

Wohin möchten wir mit unseren Überlegungen zum Thema »Identität« gelangen? Wir möchten ein begriffliches Werkzeug finden, mit dem der Supervisionsprozess auch unter dem Aspekt der Identitäten der beteiligten Personen beschreibbar wird, d. h. wir fragen uns, in welcher Weise im Beziehungsprozess der Supervision Themen der Kohärenz und Kontinuität des Selbst der beiden Beteiligten berührt werden. Wir verstehen den Supervisionsprozess nicht vorwiegend aus der Perspektive sozialer zwischenmenschlicher Routinen, in denen technisches Wissen weitergegeben und erworben wird. Es werden wechselseitig seelische Bereiche berührt, die wir ansonsten, in den konventionellen sozialen Situationen, eher schützend zurückhalten. So entsteht eine Form wechselseitiger menschlicher Nähe und Berührbarkeit, die man nicht willentlich technisch herstellen kann, man kann diese Nähe nicht »machen«. Es ist eher ein Anbieten, ein Zulassen und ein Entstehen-Lassen. Wenn das gelingt, können Momente psychischer Intimität entstehen.

Die Beziehung Supervisor-Supervisand hat in typischer Weise eine symmetrische und asymmetrische Dimension. Symmetrisch, was den intersubjektiven Austausch betrifft, das Sich-Einlassen oder das Sich-Zurücknehmen, Initiative übernehmen versus das Angebotene aufgreifen und aufnehmen, so wie es unserer Vorstellung von der Ko-Konstruktion eines intersubjektiven Feldes, entspricht – organisiert um den gemeinsames inhaltlichen Fokus im Hier und Jetzt, aber wesentlich mitgeprägt von

---

7   Übersetzung, F. H.

den organisierenden Prinzipien der Beteiligten und asymmetrisch, wenn wir die unterschiedlichen Rollen in den Vordergrund stellen. Die Rollenaufteilung Lernender und Experte gibt dem Experten mehr Macht, zugleich auch mehr Verantwortung für die Gestaltung der Situation.

Die Angebote des Supervisors an den Analysanden bewegen sich auf einer Palette zwischen dem Pol der urteilenden, schließenden Attribuierung: »Ich interessiere mich dafür, ob du ausreichend gut gearbeitet hast, gemessen an meiner eigenen Vorstellung von einem gelingenden therapeutischen Prozess«, und dem anderen Pol einer öffnenden Attribuierung von der Art: »Ich interessiere mich dafür, wie es dir in der Beziehung mit deinem Patienten geht und welche Themen euch beschäftigen.« Die Art und Weise, wie der Supervisor diese Angebote macht, vermittelt – über die unmittelbare Situation hinausgehend – einen Eindruck vom dessen Selbstverständnis seiner eigenen Berufsrolle. Damit sind wir beim Thema Identität. Im Video-Setting unserer Arbeitsgruppe haben wir die Supervisionsbeziehung gleichsam verdoppelt, das heißt, die Gruppe ist in der Rolle eines Metasupervisors, auch ihre Angebote an den beobachteten Supervisor und seinen Supervisanden bewegen sich zwischen schließenden und öffnenden Attribuierungen.

– Die Rolle des Supervisanden bewegt sich zwischen den Polaritäten: sich öffnen, sich verschließen, etwas von dem Angebotenen aufnehmen oder es zurückweisen, sich abgrenzen. In seiner Antwort an den Supervisor kann der Supervisand entweder eine selbstbestimmte und selbstbewusste, eine abwehrend-vermeidende oder eine unterwürfig-angepasste Haltung einnehmen. In einer öffnenden Attribuierung unterstellt der Supervisand dem Supervisor dessen Bemühen, das »Eigene« des Supervisanden respektvoll zu behandeln. Eine schließende Attribuierung des Analysanden sieht die Bedrohung durch den Supervisor im Vordergrund, die Drohung, dieser könnte das »Eigene« entwerten oder manipulieren, ebenso das »gemeinsame Eigene«, das der Analysand mit seinem Patienten teilt.

Identität im klassisch-psychoanalytischen und im intersubjektiv-kontextuellen Verständnis

Nach Erikson (1959) ist Identität das Empfinden von Kohärenz und Kontinuität des Selbst im Kontext der sozialen Bezogenheit. Es wird damit zum Scharnier zwischen Innenwelt und Außenwelt. Identität entsteht aus Identifizierungen.

Laplanche und Pontalis (1973) definieren in ihrem *Vokabular der Psychoanalyse* Identifizierung wie folgt: »Psychischer Vorgang, durch den ein Subjekt einen Aspekt, eine Eigenschaft, ein Attribut des anderen assimiliert und sich vollständig oder teilweise nach dem Vorbild des anderen umwandelt.«

»Der Begriff der Identifizierung erhielt in Freuds Werk zunehmend zentrale Bedeutung; dadurch wurde er mehr als nur ein psychischer Mechanismus unter anderen, nämlich der Vorgang, durch den das menschliche Subjekt sich konstituiert.« (S. 219, 220)

Im klassischen psychoanalytischen Verständnis der Ein-Personen-Psychologie und der Theorie des isolierten Geistes (Orange et al., 1997) wird im Prozess der Identifizierung etwas über die Grenze der Person – von außen nach innen – transportiert.

Schon Freud beschreibt zwei Formen der Identifizierung, die – grammatikalisch-semantisch – unterscheidbar sind (Laplanche & Pontalis, 1973):

– eine reflexive Form: »Ich identifiziere mich!«
– ein transitive, aktive und passive Form: »Ich identifiziere dich«, und: »Ich werde von dir identifiziert.«

Der mentale Prozess der Identifizierung ist nach dem Vorgang der Nahrungsaufnahme gestaltet (Freud, 1921). In der reflexiven Form – »ich füttere (identifiziere) mich« – bin ich sowohl Subjekt als auch Objekt. Die Reflexion beschreibt einen Richtungs- bzw. Perspektivenwechsel: Vom ICH, der Perspektive des handelnden Subjekts hin zur Perspektive des MICH als Objekt, dem ich etwas einverleibe. Die Intention ist: sich nach außen wenden und etwas von außen in sich hineinholen. (Der Säugling ist einer, der saugt, der etwas von außen in sich hineinnimmt.)

Die transitive Form hat eine aktive und eine passive Perspektive: »Du (Mutter) fütterst mich (Kind) und ich (Kind) werde von Dir (Mutter) gefüttert.« Bei einer gelingenden affektiv-mimisch-gestischen Abstimmung zwischen Mutter und Kind ist das Gefüttert-Werden sowohl ein passives In-Empfang-Nehmen wie zugleich auch ein aktives, lustvolles In-sich-Hineinnehmen. Lustvoll ist die Erfahrung des »Eigenen«, die Erfahrung der Verfügbarkeit über das, was man in sich hineinholt; dieses »Eigene« muss aber immer wieder neu verhandelt werden und mit den unlustvollen Begrenzungen durch den Anderen, der die soziale Wirklichkeit vertritt, einen Kompromiss eingehen: »Wenn du satt bist, dann matsch nicht herum, mit dem Essen wir nicht gespielt!« Sich der Gegenstände in der Außenwelt spielerisch zu bemächtigen und sie damit der eigenen Subjektivität einzuverleiben (symbolisches Spiel) verbindet sich so mit dem praktischen, linearen Wissen über die gegenständliche Welt und deren Grenzen.

Am anderen Ende des Spektrums von Freiheit und Zwang, Lust und Unlust steht ein erzwungenes Aufnehmen-Müssen bei der Zwangsfütterung, das als quälend und erniedrigend wahrgenommen wird. Der Verlust der eigenen Verfügbarkeit ist verbunden mit der Erfahrung des Anderen als grenzenlos mächtig und über mich verfügend, einem Gefühl eigener Ohnmacht und Ausgeliefertsein.

Die transitiv-passive Form der Identifizierung ist eine Zuschreibung an mich in der passiven Position durch den aktiven Anderen. Du identifizierst **mich**, du bestimmst darüber, wer ich bin. Dieser Akt der Identifizierung bedeutet für den aktiven Anderen eine einseitige Machtposition in der Beziehung, verbunden mit meiner eigenen Entmachtung. Die Besiegten werden vom siegreichen Feldherrn identifiziert: »Von jetzt an seid ihr mein Eigentum.« Im Kolonialismus werden die Eingeborenen von den Kolonialherren identifiziert, ebenso wie die Sklaven von ihren Sklavenhaltern: »Wir bestimmen über eure Identität, wir sagen euch, wer ihr seid.«

Identifizierung als intersubjektiver Prozess

Aus einer intersubjektiven Perspektive ist Identifizierung ein intersubjektives, rekursiv-wechselseitiges Geschehen zwischen zwei oder mehreren Subjekten. Beide Formen, die transitive und die reflexive Form, sind am Identifikationsprozess beteilig und wechselseitig aufeinander bezogen, sie bilden so eine basale Form intersubjektiver Regulation. Ein reflexiver Pol: Ein Sich-zu-eigen-Machen, ein Nehmen, ein Aufnehmen oder auch ein Sich-aggressiv-Aneignen (Beißen) steht im Wechselspiel mit einem transitiven Pol: Sich-Öffnen, Geben, Anbieten bis hin zu Befehlen – Bestimmen – Aufzwingen.

Prozesse der Identitätsentwicklung
zwischen Fremdattribuierung und Emanzipation

Zwischenmenschliche Austauschprozesse (visualisiert in den Sprachbildern des »Einfluss-Nehmens« und des »Sich-beeinflussen-Lassens«) haben das Potenzial, Veränderungen im zentralem Selbsterleben und damit im Identitätsgefühl der Beteiligten zu bewirken. Diese Veränderungsprozesse brauchen ihre Zeit und haben ihre eigene Geschichte (diachrone Dimension der Identität). Wenn sie einen emanzipatorischen Charakter (Brandchaft et al., 2015) annehmen, ermöglichen sie seelisches Wachstum im Sinne einer seelischen Bereicherung und Differenzierung und einer Zunahme der Erfahrung innerer Freiheit.

Die Erfahrung innerer Freiheit erwächst aus der persönlichen Souveränität im Umgang mit dem Annehmen-Können wie auch dem Sich-abgrenzen-Können von Identifikationsangeboten, ebenso aus der Vielfalt wechselnder Identifizierungen und Zugehörigkeiten, die je nach Kontext im Subjekt wechselnde Identitätsaspekte in den Vordergrund treten lassen (synchrone Dimension der Identität).

Ein emanzipatorischer Prozess in einer Beziehung ist eine Entwicklung in der Qualität der Identifizierungen, eine Entwicklung von einer aufgezwungenen Fremdattribuierung hin zur Freiheit, willentlich und souverän entscheiden zu können, was ich in mich aufnehme und was ich zurückweise, woran ich teilhaben will und woran nicht.

Schillers Ballade *Die Bürgschaft* (1799) beschreibt – in hochgradig idealisierender Weise – einen solchen exemplarischen Wechsel einer Identifizierung vom schließenden in den öffnenden Modus: Zu Beginn der Ballade wird Damos bei dem Versuch, den Tyrannen Dionys zu töten, gefasst und von diesem zu Tode verurteilt. Das Vergeltungsmotiv: »Wie du mir, so ich dir«, zeigt die Wirksamkeit von transitiver Identifizierung im Wechsel der Machtverhältnisse: »Ich sollte dein Opfer sein, jetzt wirst du mein Opfer sein.« Der Hauptteil der Ballade beschreibt die immer verzweifeltere Sorge von Damos, er würde zu spät kommen, um das Leben seines Freundes zu retten, der für ihn als Bürge bei Dyonis eingetreten ist und nun an seiner Stelle hingerichtet werden soll, wenn er, Damos, nicht rechtzeitig zurück ist. Im allerletzen Moment verhindert Damos mit seiner Rückkehr die Hinrichtung seines Freundes. Das ist, in der Darstellung Schillers, ein absolut grandioser »Gegenwartsmoment« für den Tyrannen Dyonys; dieser ist existentiell angefragt, seine tief verwurzelte zynische Einstellung anderen Menschen gegenüber zu überprüfen und zu verändern. Und genau das geschieht in der Ballade: Dionys ist erschüttert über die Treue und den Idealismus der beiden Freunde und ändert seine zynische Einstellung. An die Stelle der Überzeugung: »Jeder Mensch sucht nur seinen eigenen Vorteil«, tritt nun ein Bekenntnis zu den Idealen von Freundschaft und Treue. Die einseitig machtbetonte, transitive Identifizierung verändert sich in eine reflexiv aufnehmende Identifizierung: »Ich möchte von dem, was ich bei euch und zwischen euch wahrnehme, auch etwas in mir haben.« Damon, den er als zuvor als Todfeind und Mörder identifiziert hatte, bittet er darum, ihn in die Beziehung mit seinem Freund, der für ihn gebürgt hatte, mit aufzunehmen: »Ich sei, gewährt mir die Bitte, in eurem Bunde der Dritte.« Hier wird (in der idealtypischen Sicht Schillers) der Übergang von einer schließenden zu einer öffnenden Attribuierung beschrieben. Von »du wolltest mich töten, jetzt werde ich dich töten« zu »ich möchte gerne so sein wie ihr und zu euch gehören, deshalb bitte ich euch, dass ihr mich als Freund aufnehmt und anerkennt«.

Der Verlust der Souveränität als innerer Belagerungszustand

In den oben genannten Beispielen sind gewaltsame und erzwungene transitive Identifizierungen offensichtlich, sie werden von beiden Parteien auch bewusst so erlebt. Das kennen wir vor allem aus gesellschaftlichen Zusammenhängen, in denen Zwang offen ausgeübt und legitimiert wird.

Die Erfahrungen, die uns im Zusammenhang mit der Supervisionsbeziehung vorrangig beschäftigen, betreffen Identifizierungsprozesse in nahen menschlichen Beziehungen, in der Familie, in der Partnerschaft, in der psychotherapeutischen Behandlungs- oder Supervisionssituation. Unter jenen Identifizierungsprozessen, die zu Einengung und Unfreiheit führen, finden sich hier neben offenem und manifest ausgeübtem Zwang auch wesentlich subtilere und schwerer greifbare Formen der Machtausübung.

Der offene oder verdeckte Versuch einer gewaltsamen Einflussnahme in einer Beziehung verstärkt beim Gegenüber das Bedürfnis, das unverhandelbare Eigene besser zu schützen und sich dem Transitiv-identifiziert-Werden (du sagst mir, wer ich bin) zu widersetzen.

Dieser Schutz des unverhandelbar Eigenen, des »Heiligtums in der Zitadelle«, nimmt, lebensgeschichtlich bedingt, im Erleben und Verhalten jedes Menschen sehr unterschiedliche Formen und Muster an, sobald dieses Eigene in einer Beziehungssituation in das intersubjektive Spiel gebracht wird.

Das Bedürfnis, das Eigene zu schützen, kann eine Beziehungssituation in einem Ausmaß dominieren, dass eine dialogische Konversation völlig zu erliegen kommt und jeglicher Freiraum für ein spielerisches Austauschen von Identifikationsangeboten schwindet.

Wir gehen davon aus, dass sich diese Erfahrung des drohenden oder tatsächlich erfahrenen, vom Anderen gewaltsam Identifiziert-Werdens in jedem Menschen in unterschiedlicher Ausprägung findet, sie ist ein Teil der je eigenen »organisierenden Prinzipien«, die die Erwartungen in einer neuen Beziehungssituation mit steuern. Wenn bei einem der Beziehungspartner das Bedrohungsgefühl und das gesteigerte Schutzbedürfnis dominiert, führt die Bereitschaft des anderen Partners zur komplementären Rollenübernahme in eine Beziehungsszene, die bei Beiden von Gefühlen der Unfreiheit, der inneren Ohnmacht und Stagnation geprägt ist, in der Literatur als Beziehungsverstrickung (Baurierdl, 1980, 1994), Täter-Opfer-Spaltung und Sackgassensituation (Benjamin, 2007) beschrieben.

Ein Spielraum – Übergangsraum – im intersubjektiven Prozess bedeutet die Freiheit, die Entscheidung darüber, was richtig ist – wer Recht hat – in der Begegnung vorübergehend zu suspendieren und aufzuschieben. Fehlender Übergangsraum bringt beide Beziehungspartner in das Dilemma, die eigene Perspektive mit aller Kraft gegen den Anderen verteidigen und durchsetzen zu müssen, weil sonst das »unverhandelbare Eigene« massiv von Enteignung und gewaltsamer transitiver Identifizierung durch den Anderen bedroht ist. Für viele Menschen ist die Frage nach »richtig oder falsch« zutiefst personalisiert: Wenn der Andere sagt: »Du hast unrecht«, »hört« er: »Du bist nicht richtig; so wie du bist, hast du kein Recht zu existieren.« Damit wird das »Recht-haben-Müssen« zu einer Überlebensfrage für die Integrität des Selbst.

Man kann das Konzept der projektiven Identifikation auch unter diesem Aspekt des intersubjektiven Dilemmas verstehen: Die Erfahrung existentieller Bedrohung durch den Anderen lässt subjektiv nur den einen Ausweg, Macht über den Anderen zu gewinnen und ihn transitiv zu identifizieren, das heißt, Kontrolle über dessen Selbst-Gefühl, über sein Erleben, wer er selbst ist, zu erlangen. Im Gegensatz zur Erfahrung einer bereichernden Nähe in der psychischen Intimität gibt es am anderen Ende des

Spektrums die Erfahrung von menschlicher Nähe als wechselseitigen Belagerungszustand, eine massive wechselseitige Bedrohung für die Integrität des Selbst (seiner
Identität und seiner Souveränität) bei beiden Beziehungspartnern.

Wir haben die intersubjektive Belagerungssituation als einen grundsätzlich sym-
metrischen Prozess beschrieben, der beide Beziehungspartner in Erfahrungen von
Enge, Zwang und Ohnmacht führt. Da wir den Kern dieser Erfahrungen im vor-
symbolisch-prozeduralen Erleben verorten, sind diese Erfahrungen zunächst nur auf
einer Handlungsebene zugänglich und werden sich dort machtvoll intersubjektiv
inszenieren.

Wie wieder Spielraum entsteht

Therapeuten berichten häufig über die Erfahrung, dass jeder Versuch, eine intersubjektive Belagerungssituation mit einer Deutung aufzulösen, eine paradoxe Wirkung
zeigt: Die Schlinge zieht sich weiter zu. Bedeutungen können nur dann intersubjektiv
verhandelt werden, wenn im Beziehungsgeschehen ein Spielraum vorhanden ist, ein
Übergangsraum, der jedem der beiden Beteiligten die Freiheit lässt, sich einer gemeinsam geteilten Wahrheit perspektivisch anzunähern.

Fehlt dieser intersubjektive Raum oder ist er stark eingeengt, nimmt jede Zuschreibung einer Bedeutung den Charakter einer gewaltsamen transitiven Identifizierung
an, im Erleben des Patienten bestimmt dann der Therapeut darüber, wer der Patient
ist. Die Folge ist ein Dominanz-Unterwerfungsdilemma: Der Patient wird mit aller
Kraft versuchen, den Therapeuten zu entmachten, um dem drohenden Verlust der
eigenen Souveränität, der Bedrohung des »unverhandelbaren Eigenen« zuvorzukommen.

Wesentlich für eine gelingenden Deeskalation und Befriedung der intersubjektiven Belagerungssituation und dem Entstehen einer empathischen Verbindung (repair:
Lachmann & Beebe, 2013) ist die Fähigkeit der Therapeutin, zunächst das Gefühl
eigener Ohnmacht erfahren, ertragen und regulieren zu können. Wenn der Therapeutin der Weg, den eigenen Selbstwert über erfolgreiches professionelles Handeln zu
regulieren, komplett abgeschnitten ist, ist es für sie wichtig, die Aufmerksamkeit auf
ihre eigene Befindlichkeit zu richten und introspektiv die eigenen Ressourcen zu nutzen – für die Wiederbelebung des inneren Dialogs, der Erweiterung des eingeengten
inneren Spielraums, für das Wiedererstarken des Selbstwertes und für eine empathische Zuwendung zu sich selbst (Selbstempathie).

Die wichtigste Ressource liegt in der Wiederbelebung von Belagerungserfahrun-
gen aus der eigenen Lebensgeschichte, Erfahrungen des Fremdbestimmt-Werdens
und Ausgeliefert-Seins, die als Vorgänger aus der Kindheit das aktuelle Erleben der
Belagerung in der therapeutischen Beziehung mit prägen. Wenn es später gelungen ist,

diese Erfahrungen in einem Beziehungskontext zu thematisieren und zu reflektieren, der Raum für eine empathische Resonanz bot (z. B. in der Lehranalyse), dann kann diese Erfahrung aus der Vergangenheit dazu genutzt werden, sich selbst in der Gegenwart der intersubjektiven Belagerungserfahrung empathisch zu begegnen; diese Empathie mit sich selbst hilft der Therapeutin, sich innerlich aufzurichten und mit Gefühlen von Ohnmacht und Bedrohung umzugehen.

Eine weitere Ressource bietet eine innere Haltung, die vom grundsätzlichen Wert der gemeinsamen therapeutischen Unternehmung überzeugt ist. Auf Wertvorstellungen basierende, die eigene berufliche Identität begründende Haltungen transzendieren eine aktuelle krisenhafte Blockade in der therapeutischen Beziehung, weil sie auf die Erfahrung fokussieren, dass Entwicklungsprozesse in einer Therapie immer wieder durch Zeiten von Verwirrung und Ratlosigkeit unterbrochen sind.

Als den ersten wichtigen Schritt aus der Blockade sehen wir deshalb die Selbstregulation der Therapeutin, die ihre Aufmerksamkeit auf ihre persönlichen Ressourcen richtet, auf Erfahrungen, wie die kontextuelle Einbettung eigener kindlicher Belagerungserfahrung in eine empathische Beziehung innere Spielräume schaffen kann und auf Erfahrungen mit langfristig gelungenen therapeutischen Prozessen, in denen ähnliche krisenhafte Blockaden überstanden werden mussten. Das hilft, den Wert des Ertragen-Könnens von Ohnmachtserfahrungen als Teil der beruflichen Identität zu begreifen, nicht im Sinn einer masochistischen Unterwerfung, sondern als eine Form von Hingabe (surrender: Ghent, 1990), die auch in einem Stück Selbstbehauptungsaggression der Ohnmacht oder Resignation trotzt. Die Ohnmachtserfahrung führt auch zu der letztlich entlastenden Einsicht, dass unsere Mittel, den therapeutischen Prozess einseitig kontrollierend zu steuern, durchaus begrenzt sind. Wenn wir uns, etwas bescheidener, als Teil des Prozesses verstehen und uns ihm ein Stück überlassen können, gewinnen wir im Vertrauen auf den Prozess als Therapeuten auch unser Selbstvertrauen wieder. Diese veränderte innere Haltung verringert das Bedrohungsgefühl und schafft wieder einen inneren Raum für die eigene Souveränität.

Das Wiedererlangen eines eigenen inneren Raums, von Selbstwert und Selbstempathie ermöglicht es der Therapeutin dann – als nächsten Schritt –, sich der Patientin wieder empathisch zuzuwenden, um sich identifikatorisch in die Perspektive der Patientin hineinzuversetzen, ohne dabei »das Eigene« als bedroht zu erleben. Wir schlagen keine bestimmten Interventionen vor, das heißt, wir sehen das nicht als Problem psychoanalytischer Technik, sondern wir vertrauen auf die Wirksamkeit einer veränderten Haltung der Therapeutin auf die gemeinsame Atmosphäre der Beziehung im implizit-prozeduralen Bereich. Atmosphärische Veränderungen beginnen in der Therapeutin (Herberth & Maurer, 1997).

Eine Supervisionssitzung

Wir wollen nun versuchen, eine solche intersubjektive Belagerungssituation in einer Behandlung und deren Reinszenierung in der Supervision darzustellen.[8] Wir tun das anhand einer Supervisionssitzung, die wir hier ausschnitthaft wiedergeben und die anschließend von uns beiden, Supervisandin und Supervisor, aus unserer jeweils eigenen Perspektive kommentiert werden. Wir, die beiden Autoren, haben dazu das uns bereits aus unserer Arbeitsgruppe vertraute Format gewählt und ein 20-minütiges, auf Video aufgezeichnetes Supervisionsgespräch geführt, und zwar in den uns vertrauten Rollen aus der Jahre zurückliegenden, gemeinsamen Arbeit: U. M.-A. als Supervisandin (SA) und F. H. als Supervisor (SU). Wir haben anschließend die Videoaufzeichnung mehrfach angesehen und diskutiert. Im Unterschied zum beschriebenen Setting der Maschsee-Gruppe hatten wir dabei zeitgleich keine Beobachtergruppe als Resonanzraum zur Verfügung. Uns fehlt diese Rückmeldung, wir wollen sie aber – zeitversetzt – nachholen.

Auszüge aus dem Verbatimprotokoll der Supervisionssitzung

1   SA.: […] Ich hatte dir von der Patientin schon mal erzählt, und zwar ist das wirklich meine alleraller

2   schwierigste Patientin, die ganz oft… wir nicht miteinander reden können, und die sich bei mir

3   regelrecht verfolgt und beschnitten fühlt, egal, was ich tue. Und das Schlimme ist, dass ich ihr Recht

4   gebe, also ich spüre, dass ich das wirklich tue, was sie mir vorwirft. Und ich tue es trotzdem, immer

5   wieder. Und das Schlimmste ist eigentlich, dass sie mich in eine Art Unruhe versetzt, in der ich immer

6   eine Gegenbewegung mache, also ich erlebe das, also ich nenne das Gegenreden. Und in diesem

7   Gegenreden bricht die Kommunikation regelmäßig ab. […] und es spitzte sich wieder zu… und immer

8   mehr, […] bis ich dann irgendwann gesagt habe, wenn alles so dagegenspricht, ob es dann nicht…,

9   also ob sie sich nicht dann auch entscheiden will, was will sie denn jetzt. Will sie weitermachen oder

10 lässt sie es sein? Sie hat sich dann entschieden, sie hört auf. […] das ist eigentlich so seit 1½ Jahren

11 zwischen uns Thema, dass sie immer wieder sagt, sie hört auf, und ich dann sage, wir brauchen dann

12 drei Abschiedsstunden und sie immer aus diesen Abschiedsstunden dann doch nicht Abschiedsstunden

13 macht. Und diesmal haben wir dann gesagt, es ist eine Abschiedsstunde und sie geht. Dann ist sie

14 gegangen und hat mir geschrieben, sie wollte nochmal wiederkommen. Und das ist jetzt die erste

15 Stunde, nachdem sie wieder da ist. Ja?

16 SU.: Wie lang war die Pause dann?

17 SA.: Mhhhhhh, […] also vier Wochen, 4½ Wochen.

---

8   Alle Personen sowie deren persönliche Daten und Kontexte in dieser Falldarstellung sind nach nationalen und internationalen Standards und Vereinbarungen für wissenschaftliche Fachpublikationen von der Autorin und dem Autor anonymisiert worden.

18   SU.: Ja, Ja.

19   SA.: Und sie kam und hat eben erstmal gesagt, dass sie…, oder das kam im Nachhinein, sie hatte gar
20   keine Erwartung an die Stunde und war dann ganz überrascht, was aus dieser Stunde geworden ist.
21   Und sie hat mir dann erzählt, dass sie mich als deutlich entlastet erlebt habe in dieser letzten Sitzung,
22   die wir hatten, so als wenn es mich so entlastet hätte, dass sie geht, dass ich tatsächlich ruhiger,
23   entspannter, irgendwie auf sie reagieren konnte. Dann hat sie mir versucht, nochmal zu erklären, wo
24   ich das immer verbockt hab, ja, und neben dem, dass ich tatsächlich an einer Stelle dachte, sie sagt
25   mir: Mama, du hast alles falsch gemacht, und wo ich wirklich auch zum Teil, whow, dran zu schlucken
26   hatte, und wirklich dachte: Um Himmels Willen, wenn ich das wirklich alles falsch gemacht habe, und
27   dachte für mich: Das ist jetzt gerade mal ganz wichtig, dass ich das einfach stehenlasse. Ja?

28   Aber dann hat sie mir erzählt, eigentlich, erstmals sind wir da so Dingen so ein bisschen
29   nachgekommen, also sie würde 16 Seiten reinbringen und ich ergänze die 17. (Seite). Und sie würde
30   mir Dinge erzählen, genau, ahh, sie habe sich dann meinen Sprachgebrauch angewöhnt, damit ich sie
31   ausreden lasse, hat sie mir erzählt. Und dann hat sie gesagt, sie sagt dann z. B., ich erlebe es so, weil
32   sie dann weiß, dass ich sie dann… das dann zulasse, dass sie das sagt. Und, mich hat aber in der
33   Vergangenheit immer gefuchst, dass ich ja wusste, dass sie zumindest sich dahinter versteckt hat, sie
34   würde es nur meinetwegen sagen, und ich immer dachte, sie soll aber ja fühlen, dass sie es fühlt (so
35   erlebt) und nicht nur sagen. Ne? So, also ich merke, ich bin viel zu ehrgeizig gewesen, viel zu…, ich
36   wollte immer einen Tick mehr als ging.

37   SU.: Das habe ich jetzt noch nicht ganz verstanden. Also, sie hat immer dazu gesagt, ich erlebe…

38   SA (unterbricht): In meinem Erleben, genau.

39   SU: Ich erlebe es so, um sicher zu gehen, dass du sie nicht korrigierst.

40   SA.: Richtig, ja. Weil…, also sag ich, nenn ich jetzt mal, sie würde zu mir sagen, Sie greifen mich an,
41   dann habe ich in der Vergangenheit gesagt: Das war gar nicht meine Absicht, oder wenn ich so in
42   mich hineinspüre, dann spüre ich was ganz anderes. Und sie hat aber dann…, irgendwann habe ich
43   dann gesagt: Hmm, vielleicht ist der Unterschied, Sie erleben es so, aber ich erlebe mich anders. Und
44   dann hat sie das irgendwann so übernommen, ja, hat mir aber gleichzeitig gesagt, ich sage das nur,
45   weil ich weiß, dass Sie das nicht anders hören wollen. Also, sie hat sich trotzdem gegen die
46   Veränderung gewehrt. (SU: Ja.)

47   SA.: So habe ich es wahrgenommen.

48   SU.: Ja, Ja?

49   SA.: Ja.

50   SU.: Ja, also ja. Sie hat damit sichergestellt, aus ihrem Erleben, dass sie das behalten darf.

51   SA.: Richtig, genau. Also das wäre zum Beispiel der erste Punkt, den ich schon überhaupt…, ich glaube
52   wirklich, ich habe ihre Not,… glaube ich, bis heute nicht ganz…, kann ich nicht ganz fühlen und

53 wertschätzen, nenn ich es jetzt mal, dass sie Ihres behalten darf, ne, dass sie das Eigene behalten darf.
54 Das finde ich nämlich so wichtig… Mmhh, so… Und sie hat dann gesagt aber…, und das ist jetzt so z. B.
55 so eine verpasste Gelegenheit, sie hat mir dann, also wie gesagt, ganz viele verpasste
56 Gelegenheiten erzählt, mhhh, zum Beispiel: Sie sagt, sie hat mir… erzählt, genau, wie sie es erlebte.
57 Ich habe gesagt, wie ich es gemeint habe, und für sie hieß es, so war das nicht, und sie fühlte sich
58 dadurch attackiert. Ne? Und wenn ich dann sogar noch gesagt habe, ob sie das kennt, irgendwo aus
59 ihrer Geschichte, dann waren wir genau dabei, dass ich mich rausziehe, und letztlich auf ihre
60 Geschichte ablenke. (SU.: Ja?) Ja. Was ich in der Theorie hier 100 Mal genauso schreiben würde:
61 »Mach es nicht so!«, aber wir haben es immer wieder (SU.: Ja?) so gemacht. Ja.

62 SU.: Ja, aber sie hat deine Perspektive immer so erlebt, als wäre das die stärkere Realität. Wenn du
63 das aus deiner Sicht sagst, dann sticht das sozusagen wie beim Kartenspiel alle anderen Sichtweisen
64 aus.

65 SA.: Mhhh, Mhhh. Das Problem ist aber, dass sie ja soo mächtig, soo kraftvoll auftritt, ah ja genau, ich
66 hab dir das mal erzählt, dass sie wirkt wie Walter im Frauenknast (SA stellt es körperlich nach), also
67 ganz männlich, kommt so schon rein, setzt sich so (mit breit nebeneinander gestellten Beinen) und
68 spielt mit den Oberschenkelmuskeln. So dass du wirklich die pure Aggression dir gegenüber spürst.
69 Und ich glaube, dass mich das so in Panik innerlich versetzt hat, dass ich ganz kontrollierend ihr
70 gegenüber geworden bin.

71 SU.: (spielerisch flüsternd): Wer ist Walter im Frauenknast?

72 SA.: (lacht, SU lacht ebenfalls) Ich zeig dir gleich mal ein Foto. Das ist eine Frau, die eben voll männlich
73 ist und ganz so… aggressiv und mit einer tiefen Stimme. Die hieß eben Walter, wahrscheinlich mit
74 Nachnamen Walter. Ja, genau.

75 SU.: Mhh […].

76 SA.: Ja, aber dadurch, glaube ich, fällt es mir so schwer, diese Schwäche zu sehen, oder zu sehen, dass
77 meins mehr sticht, weil du das hier gerade so sagtest. Ich glaube, du hast Recht, ich kann es aber nicht
78 fühlen. Ich sitze vor ihr wie […] ein Käferchen, das du so an der Wand zerquetschen kannst. Ja, und,
79 aber, vielleicht… ich dachte gerade… Wer ist Walter? Im Frauenknast? Genau darum ging es. Weil
80 (lacht) sie hat nämlich dann erzählt, sie hat zu mir über sich gesagt, hmm, das wäre falsch, was sie
81 jetzt sage, sei falsch. Und dann habe ich damals gesagt, »hier geht es nicht um falsch«, was für sie
82 gleich hieß (plopp), »fort damit«, ja, und sie sagt zu mir, ich hätte – vielleicht habe ich das auch gesagt,
83 ich habe es mir jedenfalls aufgeschrieben: Was meinen Sie mit falsch? Ja? Wenn ich gefragt hätte,
84 was meinen Sie mit falsch, wären wir sicher einen Schritt weitergekommen. Es fehlte mir jeglicher
85 Raum dafür, sondern es war so erdrückend. Und vielleicht stimmt es, was sie sagt, dass in dieser
86 Entlass-Situation auf einmal dieser Raum da war. Und ich so eine Frage überhaupt fragen,
87 formulieren, konnte. Na ja, ein bisschen beschämend (?). […] Und auf jeden Fall konnte ich dann eine
88 Traurigkeit spüren. Vielleicht ist das nämlich auch so was, hmmm… also ganz oft spür ich mit ihr so
89 eine große Traurigkeit für das Verunmöglichte. Also weil ich mich ganz oft so erlebe, ich kann den

90   Kontakt zu ihr nicht herstellen. Und manchmal ist es, glaube ich, sogar so unerträglich für mich, dass
91   ich ihr gegenüber in einen Vorwurf gerate, also wirklich diesen Vorwurf, Sie lassen mir auch keine
92   Chance, Sie lassen nicht zu, dass es sich verbindet. Genau.

93   SU.: Ja, naja, aber es inszeniert sich ja ständig so etwas wie ein missglückendes Attunement. Also die
94   Affektabstimmung auf einer impliziten basalen Weise, dass man sich darüber einigt, worüber man
95   jetzt emotional kommuniziert, das fragmentiert immer oder da passiert immer etwas, dass es nicht
96   zustande kommt. Und das ist quälend, weil man sich nicht einigen kann, sie haben nur mehr: sich
97   behaupten oder sich unterwerfen.

98   SA.: Ja, wir können uns gar nicht absprechen miteinander. Genau. – Pause – Ja, hmm, ja, genau.

99   Und sie hat dann formuliert, und das passt so ein bisschen…, sie hat gesagt, sie hätte in dieser letzten
100   Stunde nicht mehr auf der Anklagebank gesessen. Und eigentlich haben wir beide nicht wirklich
101   entdecken können, wodurch sie sich denn so auf der Anklagebank fühlte. Wobei, wenn ich mir gerade
102   eben selber zugehört habe und ich ihr das sogar vorwerfe innerlich, warum sie es nicht zustande
103   kommen lässt, ist es ja auch eine Anklage gegen sie. Ja, genau.

104   SU.: Ja, es ist so eine Verdoppelung. Was du ja schilderst, ist sozusagen ein compelling enactment,
105   also ein Zwingendes…, eine mächtige Inszenierung, der sich beide nicht entziehen können. (SA.: Mhh,
106   mhh.) Und insofern ist es verständlich, dass du sie als sehr mächtig erlebst. (SA.: Mhh.) Sie drängt dich
107   in eine Rolle, wo du subjektiv wenig oder gar keinen Spielraum hast. Aber die Szene, die gespielt wird,
108   in der ist sie die Unterlegene, oder das Opfer oder diejenige, die nicht verstanden wird. Und es geht
109   immer um diese Doppelung, wer ist mächtig, wer ist das Opfer, wer ist der Täter. (SA.: Jaa?) Und wenn
110   ich das noch sagen darf, was ihr hinbekommen habt, denke ich, dass du, ja, zu einer mütterlichen
111   Person geworden bist, von der sie sich trennen kann, und…, wo sie wiederkommen kann. Also wenn
112   man so… Margaret Mahler, die Wiederannäherungsszene… habt ihr inszeniert. Und dann kann sie
113   kommen und mit einer selbstkritischen, nachdenklichen Mutter sprechen, und ihr was sagen, so wie
114   wenn man als erwachseneres Kind wieder zurückkommt und mit den Eltern darüber redet, wie war
115   das zwischen uns.

116   SA.: Mhh, mhh, ja, ja. Und das tatsächlich. Also, sie ist ja gegangen damals in die Ausbildung, und
117   dann hat die Mutter einen Schlaganfall gekriegt. Und ist seitdem in einem komatösen Zustand, jetzt
118   seit 15 oder 20 Jahren. Ja, … und da gab es kein Zurückkommen. Ja, und mhh… und ich glaube
119   tatsächlich, ich habe das Verlassenwerden die ganze Zeit so stark gespürt mit ihr, und jetzt, als sie
120   wirklich gegangen ist und sie ist zurückgekommen, war ich total erleichtert, ich hatte das Gefühl, sie
121   kommt zu mir. Und vorher kam sie zwar, aber ich wusste nie, zu wem. Also ich fühlte mich überhaupt
122   nicht gemeint von ihr. Ja, und mhh… weil sie hat mir immer den Vorwurf gemacht, sie würde mich
123   nicht kennen, weil ich mich ja nicht zeigen würde. (SU.: Ja, ja, ja.) Aber egal, was ich gezeigt habe, ich
124   wurde nicht sichtbar für sie.

125   SU.: Ja, ob etwas entstanden ist aus einem Gefühl der Fremdbestimmtheit, vielleicht bei beiden, wenn

126 sozusagen die mächtigen Themen aus der Vergangenheit auftauchen, wie Marionetten diese Szene
127 nachspielen, und dann passiert irgendetwas, wo ein Spielraum entsteht, und das mag sein, dass sich
128 das so anfühlt. Dass da ein Moment von spielerischem Abschied und Wiederannäherung war, der das
129 subjektive Gefühl, jetzt sind wir beide gemeint, oder jetzt können wir…, jetzt sind wir authentisch, jetzt
130 können wir uns spüren, wir zwei.

131 SA.: Mhmh. Ja, das…, wo du das gerade sagst, ja, das ist tatsächlich so, dass ich das Gefühl hatte, ich
132 sag mal, ich konnte sie spielen lassen, also…, ich hatte vorher die ganze Zeit das Gefühl, ich muss sie
133 irgendwie halten. Und dadurch kam auch nichts zustande, weil ich tatsächlich da viel zu sehr drauf
134 gehockt habe. Und jetzt ist so was, jetzt ist sie da, und ich kann sagen, okay, ob sie bleibt oder nicht,
135 ist ihre Entscheidung. Ja, jaa, also ich bin tatsächlich freier, genau. Ein bisschen verrückt, ja. Weil, also
136 ich sag mal, also ich habe auch oft dieses Thema… Ich habe das in Worten formuliert mit dem
137 Verlassenwerden und klar, aber ich konnte es nicht fühlen. Es war trotzdem abgewehrt.

138 SU.: Ja, weil in der Deutung ja auch wieder so eine Überlegenheit… ich weiß, was mit dir los ist, die
139 einfach in diese, in diese Szene passt von oben – unten. Und einer wird dann als überlegen erlebt und
140 der andere wird als klein und machtlos erlebt.

141 SA.: Komisch, einerseits, haben wir noch Zeit…? Einerseits, also, in meinem Erleben hat sie mich ja
142 genau in diese Rolle ja hineingedrängt, ne. So, ich sollte so mächtig sein. Und dann hab ich die
143 angenommen und es war,… ja, ja.

144 SU.: Na gut… (SA.: Ja.) Aber kann man es auf eine gute Weise falsch machen? Nicht wahr? Wenn das
145 die Szene ist, die erstmal wiederholt und durchlebt werden muss, um überhaupt irgendwann so etwas
146 wie einen Kontakt oder eine Intimität herzustellen. Eine Offenheit, sich selbst und den anderen zu
147 spüren. Dann geht wahrscheinlich kein Weg dran vorbei, als erstmal, das anzunehmen, ne, sich das
148 anzuziehen, diese Zuschreibungen.

149 SA.: Ja, das Interessante ist, sie hat nachher gesagt, sie war überrascht, wie leicht es war zu gehen.
150 Und vorher hat sie mich ja die ganze Zeit bedroht, dass wenn das hier endet, dann bringt sie sich
151 um. … ich denke, das hat mich eben zusätzlich so unter Druck gesetzt. Ja, und ich musste immer das
152 halten. Und, jetzt ist sie gegangen, und sie hat das überlebt und ich auch. Und ja.

153 SU.: Mhh. Das heißt, sie hat die eigene, gesunde Seite, sag ich mal, unterschätzt, oder nicht
154 wahrgenommen. In ihrer Fantasie war das ja auf Leben und Tod. Sie kann nicht bei dir sein, das ist
155 unerträglich. Aber wenn sie weggeht, kann sie auch nicht leben. Sie schildert ja so ein Dilemma, im
156 Grunde.

157 SA.: Ja, ja, das stimmt, wenn sie bleibt, wird sie erstickt bei mir und beschnitten, wenn sie geht, dann
158 stirbt sie. Ja, genau. Und ich habe gemerkt, wenn ich sie nicht loslasse, können wir nicht miteinander
159 arbeiten. Aber wenn ich sie loslasse, dann stirbt sie, war meine Fantasie.

160 SU.: No, es ist ja vielleicht so was wie der Nabelschnurmoment, no, also wo das Baby zum ersten Mal
161 selbständig atmet, und man weiß auch vorher…, und man vermutet, dass es klappen wird, und es

162   klappt eigentlich immer. Aber es ist trotzdem aufregend.

163   SA.: Ja, ja, genau. Und dann kann man sich aber wieder begegnen... Ne, in der Getrenntheit, dass man
164   sich dann begegnet. Ja, ja ----

165   SU.: Ja, solln ma mal es dabei belassen?

166   [...]

167   SA.: Ja, ja, vielen Dank.

U. M.-A.: Einige ergänzende Anmerkungen zur vorgestellten Behandlung

Das Thema Kampf war für mich bereits im Überweisungskontext spürbar. In einer Klinik, in der ich früher gearbeitet hatte, war der Patientin, als sie sich nach ambulanten Weiterbehandlungsmöglichkeiten erkundigte, mein Name genannt worden. Ich wusste, in der Klinik hatte man von mir das Bild einer strukturierten, unerschrockenen Therapeutin. Die implizite Botschaft der Klinik an die Patientin schien zu sein: Sie brauchen jemanden, der es mit Ihnen aufnehmen kann. Ich fühlte mich schon in der ersten Begegnung durch eine entsprechende Erwartung von Seiten der Patientin unter Druck gesetzt. Sie beeindruckte mich durch ihre Stärke, die ich vor allem körperlich an einem Muskelspiel ihrer Oberschenkel wahrnahm. Es berührte mich, dass sie ihre Bedürftigkeit hinter einer fordernden Unabhängigkeit zu verbergen schien. Die atmosphärische Aggressivität ließ mich in eine innere Distanzierung geraten.

Viele Szenen zwischen uns waren geprägt durch ihr Schweigen, das mir zu sagen schien: Zeigen Sie, was Sie zu bieten haben, und ich werde Sie mit Ihren eigenen Waffen schlagen.

Ich meinerseits rettete mich in Theorien und Regeln, was die Patientin als unempathisch, distanziert und gleichgültig erlebte. Ich fühlte mich angespannt, sie hingegen sah mich als »tiefenentspannt«. Wie sehr sie sich auch von mir verlassen fühlte, drückte sie metaphorisch in einem selbst gemalten Bild aus, das sie mit in die Behandlung brachte: eine halb geöffnete Tür. »Sie schicken mich in einen dunklen Raum, ohne mir zu folgen.«

Trotz unseres gemeinsamen Ringens, den jeweils anderen zu erreichen, gerieten wir häufig ohne Vorwarnung in Sackgassen, die von uns beiden als bedrohlich erlebt wurden. Das Einengende unserer Beziehungsgestaltung fasste die Patientin in die Worte: »Es ist, als würden Sie mich auffordern loszugehen, sich mir dann aber in den Weg stellen.« Umgekehrt erlebte ich ihren Umgang mit mir in ähnlicher Weise.

Nachdem sie wiedergekommen war, gelang in der ersten Sitzung ein guter Kontakt. Bereits in der darauffolgenden Sitzung jedoch begannen wir uns erneut, in den bekannten, quälenden Mustern zu verstricken.

Die Supervision fand nach der dritten Sitzung nach ihrem Wiederkommen statt.

U. M.-A.: Interpretation des Supervisionsprozesse aus der Perspektive der Supervisandin

Mein bewusstes Ziel für die Supervision war es, zu verstehen, was es mir so schwer machte, mich aus der ständigen Wiederholung der Sackgassensituation zu befreien, in der ich mich in Beschlag genommen und in Schach gehalten fühlte. Im Nachhinein fiel mir auf, wie wenig in dieser Fragestellung das Zutun und Erleben der Patientin berücksichtigt wurde.

Ich versuchte, F. deutlich zu machen, dass ich befürchtete, mich nicht aus dieser Situation befreien zu können, so dass er meine Schwierigkeiten nachvollziehen könnte, obwohl mit dem Wiederkommen der Patientin ein guter Schritt im Sinne der Wiederannäherung gelungen war. Ich merkte, wie ich schnell und druckvoll, fast bedrängend sprach, als ob ich F. überzeugen müsste. Für mich bildete sich bereits hier der Belagerungszustand zwischen uns beiden ab: Ich erlebte eine bedrohliche Enge: Einerseits aus meinem Ringen um die Berechtigung meiner Selbstkritik, andererseits aus meiner Sorge, für die Art, wie ich diese Behandlung mitgestaltet hatte, auf die »Anklagebank« gesetzt und verurteilt zu werden. Es irritierte mich, dass F. von mir ein positiveres Bild zu haben schien als ich selbst. Hierdurch fühlte ich mich nicht entlastet, sondern ungehört. Ich geriet in Sorge, er wolle nicht auf mein Anliegen eingehen. Für mich schien er sich über Theorie zu distanzieren, mich aber in meiner Verzweiflung unverstanden und allein zu lassen. Als er die Perspektive der Patientin einführte, indem er formulierte, sie habe »damit, aus ihrem Erleben, sichergestellt, dass sie das behalten darf« (50), erschrak ich über meine fehlende Empathie. So mündete seine hilfreiche Erklärung bei mir zunächst in weitere Zweifel und Beschämung: mich der Patientin durch meine Art des Denkens verweigert zu haben. Ich versuchte, ihm dies zu vermitteln (51–54). Mir wurde klar, dass meine Vorstellung unseres Kontaktes nicht dieselbe war wie die der Patientin. Sie fürchtete, dass meine Sichtweise mehr Gültigkeit (57) hatte als ihre, und ich sie von meiner überzeugen wollte. Die Metapher der Karte, die alle anderen Karten aussticht (63), ließ in mir einen Übergangsraum für die Vorstellung entstehen, von der Patientin als übermächtig erlebt zu werden, obwohl sie mir szenisch so oft ihre Überlegenheit vermittelt hatte.

Als F. meine Metapher »Walther im Frauenknast« aufgegriffen und die Frage gestellt hatte, wer das sei (71), mussten wir gemeinsam lachen. Es wirkte fast wie eine Erleichterung, als wenn wir uns aus dem Quälenden herausbewegten. Ich fühlte mich nicht mehr so allein gelassen. Seine Frage schien mir zu signalisieren, dass ich ihn erreicht hatte. Als würde er mir sagen: »Walter ist eine Metapher, die Du angeführt hast und die es wert ist, gesehen zu werden, wir können damit (weiter-)arbeiten.« Was für mich bedeutete: »Du darfst so bleiben wie du bist, und dein Eigenes behalten.« Ich wurde mit mir selbst empathischer, wodurch es mir gelang, meinen Blickwinkel zu erweitern und mich der Patientin aus einer inneren, kompetenten Position heraus wieder empathisch zuzuwenden. Ich reagierte ruhiger, gelassener, sprach leiser und langsamer und konnte innerlich der gemeinsamen Suchbewegung folgen. Meine entlastend gemeinte Intervention – »hier geht es nicht um falsch« – war für die Patientin bedrohlich, weil sie ihr das Gefühl vermittelt hatte, sie dürfe ihr Eigenes nicht behalten: »Fort damit!« (82) Dabei hatte sie sich mit ihrem Gefühl des Falsch-Seins zeigen wollen. Ich überlegte, dass es im Kontakt mit der Patientin ähnlich hilfreich gewesen wäre, wenn ich gefragt hätte: »Was meinen Sie mit falsch?« (83) Das hätte ihr vielleicht auch die Botschaft vermittelt: »Du darfst so bleiben wie du bist.« Und uns – wie gerade mit F. erlebt – aus der Sackgasse herausgeführt.

Zugleich spürte ich jedoch, wie sehr ich ein Stehen-Lassen ihrer Perspektive als Niederlage erlebt hätte. Schon länger war mir im Kontakt mit der Patientin das Thema Unterwerfung versus Selbstbehauptung spürbar gewesen. Es bildete sich häufig am Rahmen ab, so an der Länge der Stunden, der Frequenz und auch an der Weigerung, sich auf einen festen Termin einzulassen, rational begründet durch ihren Schichtdienst. Zwischen uns beiden hatte auch das wichtige therapeutische Element der Anerkennung eine Färbung von Unterwerfung angenommen. Zudem wagte ich nicht, ihre Sichtweise einfach hinzunehmen, da mich ihre häufigen Suizidandrohungen unter Druck setzten. Statt ihr in ihre Sichtweise zu folgen, die mir scheinbar zu bedrohlich erschien, hatte ich versucht, ihr eine neue, wohlwollendere Sichtweise anzubieten – in ihrem Erleben: aufzudrücken. Ich scheine mich hier in meinem Umgang mit der Patientin ähnlich verhalten zu haben wie ihre Mutter, die nicht merkt, was das Kind braucht, sondern ihrer eigenen ängstlichen Vorstellung folgt. Hier scheint sich der traumatische Aspekt der falschen Spiegelung (Fonagy & Target) durch die Mutter zu wiederholen.

Ich fühlte mich verstanden, als F. im »compelling enactment« (104) das Zwingende unseres Zusammenspiels aufgegriffen hat, bei dem wir beide zugleich Täter und Opfer werden. Hier gelang es mir, auf das Enactment zu schauen statt auf den verbalen Inhalt (die vernichtende Kritik der Patientin an mir). Auch das Erleben der Patientin, auf der »Anklagebank« zu sitzen, wurde für mich verständlich: Mein Ringen um Selbstbehauptung schien unterschwellig eine Strömung zu haben, die ihr vermittelt, »Du bist nicht richtig, wie du bist«, wodurch wir in eine Verklammerung gerieten: Die Patientin musste in der Beziehung zu mir um ihr Eigenes ringen. Oft schien für sie die einzige Möglichkeit, ihr Eigenes zu bewahren und sich der Unterwerfung zu entziehen, darin zu bestehen, die Behandlung zu beenden, was jedoch für sie mit »dem eigenen Sterben« assoziiert war.

Nach der Anerkennung dieser Schwierigkeiten fokussierte F. auf das Gelungene: die Wiederannäherung. Dabei schien er mein Eigenes wahren zu wollen, als er einleitete: »Wenn ich das noch sagen darf...« (110), ganz vorsichtig, dann erst führte er das Positive an, so als hätte er spielerisch gefragt: Stellt das Positive jetzt deine Selbstzweifel zu sehr in Frage oder können wir uns das anschauen?

Hier gelang ein zunehmendes »attunement« zwischen F. und mir. Dabei waren frühere Erfahrungen von Gleichwertigkeit zwischen uns beiden bedeutsam.

Ich war sofort bereit, seine Gedanken aufzugreifen und fortzuführen, obwohl ich dafür meinen ursprünglichen Gedankengang verlassen musste, und stellte die Geschichte der Patientin daneben: die fehlende Möglichkeit der Wiederannäherung durch die schwere Erkrankung der Mutter (116–118). Durch ihr Wiederkommen in die Behandlung konnte die Patientin erfahren, dass es trotz Trennung etwas Bleibendes gab. Wir beide hatten die Trennung überlebt – ich in der Übertragung als Mutter, die sie wieder aufnimmt und ihre Kritik aushält, sie als Tochter, die die Trennung wagt und wieder zu mir zurückkommen kann.

Schließlich betonte F. die Notwendigkeit, die Zuschreibungen der Patientin anzunehmen (148). Dies erschien mir nun möglich. Er fasste an dieser Stelle in Worte, was sich mir szenisch durch seine Frage: »Wer ist Walter im Frauenknast?«, bereits implizit vermittelt hatte. Ich assoziierte mit Loslassen Stehenlassen, ihre Sicht wirklich anerkennen, statt diese sofort verändern zu wollen.

Trotz der Entlastung fühlte ich mich im Kern meines Anliegens von F. noch nicht hinreichend gehört. Ich erzählte ihm zwar davon, dass die Patientin berichtet hatte, dass ihr die Trennung überraschend leichtgefallen war (149). Es war mir aber wichtig zu betonen, wie schwer es uns beiden bis dahin gefallen war, vom jeweils anderen abzulassen. Ich fühlte mich von ihm in unseren Schwierigkeiten zu wenig wahrgenommen und hatte meinen Kampf, ihm das Schwierige, Misslungene deutlich zu machen, noch nicht aufgegeben.

Mit seiner Intervention, die Patientin habe ihre gesunde Seite vielleicht unterschätzt (153), sprach er implizit auch mein mangelndes Vertrauen in meine Kompetenzen an. Ich blickte nun aus einer wohlmeinenden inneren Distanz heraus fast spielerisch auf meine Ängste zurück, die lange mein kontrollierendes und einengendes Verhalten bestimmt hatten. F. griff diese Ängste und ihre (geglückte) Überwindung szenisch als »Nabelschnurmoment« (160) auf.

Im Prozess des gemeinsamen Nachbesprechens der Supervisionssequenz wurde mir deutlich, dass sich vieles aus der Belagerungssituation mit der Patientin zwischen F. und mir abgebildet hatte. Ich wollte mich – wie die Patientin in unserer Therapie – in der Supervision mit meinem Gefühl des Falsch-Seins auseinandersetzen. Dies wurde jedoch von F. als Selbstentwertung wahrgenommen, was ich als seine Weigerung erlebte, mir »in den dunklen Raum« zu folgen. Anders als die Patientin hatte ich den Mut ihm zu folgen, so dass sich eine neue Sichtweise auftun konnte, obwohl F. sich wiederholt über Theorie von meinem Anliegen zu distanzieren schien. Statt der defizitorientierten Frage: »Was mache ich falsch?«, stand nun das Ziel, den Prozess wieder in Gang zu bringen, im Vordergrund.

Als sich der Belagerungszustand: »Sieh mich! Aber urteile nicht vernichtend über mich!«, auflösen konnte, wurde es spielerischer und metaphorischer. Entscheidend war für mich, dass F. das Nicht-Gelingen zwischen der Patientin und mir schrittweise anerkannte. Im Prozess der Supervision konnte ich mein Selbstwert- und therapeutisches Kompetenzerleben zurückgewinnen. Ich hatte jenes Vertrauen, sein zu können, wie ich bin, das der Patientin fehlte.

Rückblickend könnte ich zur Behandlung sagen: Ich arbeitete zu wenig im »Zwischen«, betrachtete zu wenig das Zusammenspiel in unserer Beziehung. Dazu hätte ich etwas wagen müssen: Selbst diese Beziehung zu leben, auch wenn ich nicht sicher war, ob die Patientin dabei mitgehen würde. Stattdessen versuchte ich, sie zum Gegenstand der Betrachtung zu machen und sie zur Selbstreflektion zu ermutigen. Dies wurde von der Patientin jedoch als hoch bedrohlich erlebt. Sie hatte große Angst, von mir auf einen Teilaspekt ihrer selbst festgeschrieben zu werden. »Fragen Sie mich, wie es mir geht, und ich werde antworten ›gut‹.« Ich fühlte mich schachmatt gesetzt, da sie in meinem Erleben die Regeln der Kommunikation aushebelte, blieb jedoch in dem Versuch stecken, zu ihr Kontakt herzustellen, statt sie ein Stück »mitzunehmen«, wie sie ist.

In der Supervision scheint der wesentliche Schritt gelungen zu sein, der in meiner Beziehung zur Patientin noch fehlte: ihr vermitteln zu können, dass ich ihre Angst verstehe; ich wollte sie ändern und ihr das Eigene wegnehmen. Es geht darum, sie spüren zu lassen, dass auch sie so bleiben darf, wie sie ist, denn erst wenn ein Raum der Sicherheit entstanden sein wird, dass sie ihr Eigenes behalten und autonome Schritte wagen darf, wird es ihr leichter fallen, über die eigene Wahrnehmung oder Überzeugung hinaus auch andere Sichtweisen in Erwägung zu ziehen und stehen lassen zu können und selbst zu entscheiden, was davon sie sich aneignen möchte (Souveränität). Hier gewinnt die Wiederannäherungssituation an Bedeutung, in der wir beide das Verlassenwerden, das wir zuvor so sehr gefürchtet hatten, überlebt haben.

F. H.: Interpretion des Supervisionsprozesses aus der Perspektive des Supervisors

Schon zu Beginn unseres Supervisionsgesprächs, als U. von ihrer Verwicklung mit ihrer »allerallerschwierigsten Patientin« erzählte, nahm ich ein inneres Warnsignal wahr, das mich zur Zurückhaltung mahnte. U. schilderte eine innere Notlage, sie fühlte sich von ihrer Patientin regelrecht entmachtet und kontrolliert, und zwar in einem Ausmaß, als hätte diese auch teilweise Macht über ihr Denken und Handeln gewonnen: »… dass ich das wirklich tue, was sie mir vorwirft, und ich tue es trotzdem, immer wieder.« Ich hatte das Bild von »dünnem Eis«, auf dem U. eingebrochen ist. Bei einem unbedachten Zu-Hilfe-Eilen könnte ich selbst einbrechen und mich rasch in der gleichen Notlage wiederfinden wie sie. Ich bremste mich zunächst in meinem Wunsch, sie empathisch spiegelnd zu bestätigen, und signalisierte durch vorsichtiges Nachfragen mein Interesse.

In unserer Supervisionsbeziehung bildete sich also der intersubjektive Belagerungszustand aus der Therapie sowohl auf der sprachlich beschreibenden Ebene, als auch atmosphärisch auf der implizit prozeduralen Ebene ab. In der Supervision reinszenierte sich in unserer Beziehung das Bedrohliche der Belagerungserfahrung aus der von U. berichteten Behandlung. Sicher gab es für meine anfängliche affektive Zurückhaltung gegenüber U. auch Gründe in unserer persönlichen Vorgeschichte. Ich kenne die Fähigkeiten von U., sich auch in Momenten großer Unsicherheit selbst zu regulieren und innerlich wieder aufzurichten, ich entschied mich also, sie nicht unmittelbar aktiv zu unterstützen. Ein weiterer Grund für meine Zurückhaltung war, dass ich zwischen der Patientin und U. eine starr antagonistische »Ich-oder-Du-Beziehung« wahrgenommen hatte, die keinen Raum für mich in einer dritten Position ließ. Ich fürchtete, ein empathisches Eingehen auf U.s Gefühle könnte die Bedeutung einer Parteinahme für U. annehmen, aus U.s »Ich gegen sie« wäre dann ein »Wir gegen die« geworden. Ich habe es selbst mehrfach als Supervisand erlebt, dass der/die SupervisorIn mit mitfühlenden Bemerkungen wie: »Da haben Sie aber wirklich einen schwierigen Patienten«, für mich Partei ergriffen hat. Ich fand es einerseits angenehm, empathisch verstanden zu werden, die damit verbundene Parteinahme war aber nicht hilfreich für ein vertieftes Verständnis meines Patienten, wovon ich mir einen Ausweg aus der Sackgasse erhofft hatte.

Deshalb hielt ich zunächst innerlich Abstand zu U. und wendete mich innerlich ihrer Patientin zu. Ich versuchte, eine plausible Vorstellung von der subjektiven Perspektive der Patientin zu gewinnen, um diese dann U. anbieten zu können. Hinter der aggressiv-herausfordernden und entwertenden Haltung der Patientin meinte ich deren verzweifelte Versuche zu spüren, selbst aus der Position der Unterlegenheit und des Ausgeliefert-Seins herauszukommen. Sie versucht, U. an ihrer Stelle in diese Rolle zu drängen. (Die Analytikerin hat – im Erleben der Patientin – die »besseren Karten« im Spiel, ein Blatt, das immer sticht.) Dass U. mit meiner Sichtweise mitgehen konnte, hat unsere »emotionale Beweglichkeit« augenblicklich erhöht und in eine spielerische Metaphorik geführt – in das Bild von Walter, einer bedrohlich wirkenden Frau, die aber selbst eine Gefangene ist.

Dieses Gefühl, mich jeder Parteinahme in der Verstrickung U's mit ihrer Patientin enthalten zu wollen (eher ein Gefühl als eine Überlegung), bestimmte auch den weiteren Verlauf unseres Supervisionsgespräches, mit Szenen der Öffnung und Annäherung, aber auch mit Versuchen, Abstand zu gewinnen durch Rückzug auf theoretische Positionen, auf Theorien, mit denen wir beide vertraut sind (missglückendes Attunement, compelling enactment, Mahler'sche Wiederannäherungsphase). Ich betonte also eine Gemeinsamkeit mit U.: Unsere (Teil-) Identität als Lehrer, die psychoanalytische Theorie vermitteln. Das war das Angebot an U., aus der inneren Verstrickung mit ihrer Patientin in eine »3. Position« zu wechseln, von der aus wir gemeinsam wie von »außen« auf das therapeutische Paar schauen könnten. Der gemeinsame Blick auf den Beziehungsprozess »von außen« hat es dann erleichtert, das wechselseitige Gefangensein des therapeutischen Paares (und natürlich auch des supervisorischen Paares) metaphorisch begreifbar zu machen und damit von der Ebene der Erklärungen wieder auf die Ebene der Bedeutungen zu wechseln (Coburn)[9]. Zunehmender Spielraum im eigenen Denken und Fühlen wie im wechselseitigen Austausch in der Supervision bedeutete auch ein Wiedererstarken des Souveränitätsgefühls bei beiden Beteiligten, Supervisandin und Supervisor. Das schuf die Grundlage dafür, dass wir uns beide der Patientin und ihrer Not wieder empathisch zuwenden konnten.

Mein Rückzug in theoretische Positionen schwächte oder unterbrach dabei jeweils den empathischen Kontakt zu meiner Supervisandin U. Um diesen Kontakt wiederherzustellen (repair: Lachmann & Beebe, 2013), musste ich versuchen, meine Haltung zu ändern, mich als Supervisor also zunächst selbst affektiv zu regulieren. Meine wertvollste Ressource dabei war die Erfahrung einer langjährigen beruflichen Zusammenarbeit mit U. Die Erfahrung ist die einer gegenseitigen Wertschätzung, die einen respektvollen Umgang mit Verschiedenheit, wie Alter, Geschlecht und Temperament, mit einschließt.

Ich muss gestehen, dass mir diese empathische Wiederannäherung an U. nur teilweise gelang. Ich war beim Ansehen der Videoaufzeichnung unseres Supervisionsgesprächs bestürzt über das Distanziert-Lehrerhafte mancher meiner Interventionen, und erst nachdem wir beide, U. und ich, unsere Supervisionssequenz mehrmals nachbesprochen hatten, erreichte mich U.s Botschaft auch emotional, dass sie sich von mir allein gelassen und nicht gesehen gefühlt hatte. Das verschaffte mir einen inneren Zugang zu eigenen Erfahrungen von Verletzlichkeit und Bedrohtsein meiner beruflichen Identität. Ich meine damit ein Gefühl von Gefangensein in eigenen Überzeugungen, es nicht richtig zu machen, als Analytiker und Supervisor irgendwie »nicht richtig zu sein« und zu riskieren, damit bloßgestellt und beschämt zu werden. Ich musste mir eingestehen, dass all die Erklärungen, die ich mir für meine Haltung in der Supervision gegeben habe, zwar nicht falsch waren, mir aber letztlich dabei halfen, mein mir nicht bewusstes Motiv zu verdecken, nicht selbst in jene Position des »Falschmachens und Falschseins« zu geraten, die die Patientin »erfolgreich« an ihre Therapeutin abgetreten hatte und von der ich nun unbewusst befürchtete, sie könnte an mich »weitergereicht« werden.

---

9 Coburn (2009) unterscheidet in seiner »Komplexitätstheorie« drei Ebenen, auf denen Wirklichkeit erfahren und beschrieben werden kann: die Ebene der Phänomene, die Ebene der Bedeutungen und die Ebene der Erklärungen. In der therapeutischen Beziehung wie in der Supervisionsbeziehung bewirkt ein Wechsel der Ebenen auch einen Wechsel zwischen Distanz und Nähe in der Beziehung.

War es denn dann eine »gute« Supervision, oder war sie zumindest »gut genug« (Winnicott, 1973)? Von U. höre ich, dass sie von der Supervision profitieren konnte, weil sie sich nun von der Patientin nicht mehr einschüchtern lässt und damit in ihrem Eigenen für die Patientin sichtbarer wird, ohne ständig nur für die Patientin »hilfreich sein zu wollen«. Mir hilft es, den Gedanken, der eigentlich für U. und ihren Umgang mit der Patientin bestimmt war, auf mich selbst anzuwenden: »Kann man es denn auf gute Weise falsch machen?« Ich denke, man kann. Das gilt in gleicher Weise für Patienten, ihre Therapeuten und deren Supervisoren. Gerade in der hier beschriebenen Belagerungssituation führt der Weg unausweichlich über eine Verwicklung, in der die Erfahrung eigener Verletzlichkeit, Fehlerhaftigkeit und Beschämung, die die Patientin mitbringt, in der Therapeutin als ihre eigene Erfahrung und Überzeugung auftaucht. U. wollte gar nicht, dass ich als Supervisor sie tröste oder sonst wie entlaste, sie hatte sich gewünscht, dass ich sie in ihrem Gefühl ernst nehme, »etwas mit der Patientin falsch zu machen«. Ich selbst wich der eigenen Verletzlichkeit aus, indem ich mehrfach in eine distanziert-lehrerhafte Position ging. Mich holte das Gefühl der eigenen Fehlerhaftigkeit und Unzulänglichkeit erst im Laufe unserer Nachbesprechungen ein. Entscheidend war, sich zu dieser eigenen Verletzlichkeit zu bekennen und zu einem empathischen Umgang damit zu finden. Selbstempathie war so die Voraussetzung für Empathie mit dem Anderen, für die Empathie des Supervisors mit seiner Supervisandin und für die Empathie der Therapeutin mit ihrer Patientin.

Zusammenfassend war mein Empfinden in der Supervision maßgeblich durch mein gefühltes Dilemma bestimmt, mich U. empathisch annähern zu wollen und gleichzeitig emotionale Nähe zu vermeiden, motiviert von der unbewussten Angst, mich in ähnlicher Weise mit dem »Falschmachen und Falschsein« konfrontiert zu sehen, wie U. durch ihre Patientin. Mein Umgang mit diesem Dilemma war wenig souverän, es war mehr ein »Erhinken« als ein »Erfliegen« (Freud, 1920).[10] Ich denke aber, U. M.-A.s und mein Versuch, das Phänomen des »Belagerungszustandes« möglichst umfangreich zu verstehen und zu beschreiben, rechtfertigt eine solche »unvollkommene« Darstellung.

Von den Ursprüngen der Belagerungserfahrung

Der Vater der Patientin hat die Familie früh verlassen. Er hat sich erlaubt zu gehen, sie durfte sich das nicht erlauben, sie musste bei der Mutter bleiben. Im Gegensatz zum Vater konnte und kann sie sich nicht gestatten zu fliehen, wenn jemand zurückbleibt. Ihr Sich-Opfern bedeutet auszuharren. Der spätere Abschied von der Mutter und –

---

10 »Was man nicht erfliegen kann, muß man erhinken.«

zeitgleich – deren Schlaganfall ist wie eine magische Bestätigung einer grundlegenden impliziten Überzeugung der Patientin, dass ihr eigener Wert und ihr Identitätsgefühl, dass »das unverhandelbare Eigene« an die Opferrolle des Ausharrens gebunden ist. Diesem übergeordneten Narrativ entspricht eine Erfahrung als wiederkehrende Beziehungsszene, in der sie sich gezwungen fühlt, auf engem Raum auszuharren, sie darf sich nicht auf den Anderen zubewegen in Richtung größerer Verbundenheit und Übereinstimmung und sich aber auch nicht von ihm entfernen. Dieses Gefangensein zwingt sie dazu, den Anderen möglichst in Schach zu halten, um nicht selbst in die permanente Opferrolle zu geraten (vom Anderen einseitig fremdidentifiziert zu werden). Das fortgesetzte starke Bedürfnis, vom Anderen reguliert zu werden (in den Affekten ebenso wie im Selbstwerterleben und in der Identität), gibt dem Anderen eine Macht, die als bedrohlich erlebt werden kann: Will er mir das nehmen, was mich entscheidend ausmacht?

Die Erfahrung einer gelingenden psychischen Intimität mit einem anderen Menschen setzt voraus, dass durch die Nähe des Anderen das »unverhandelbar Eigene«, das persönliche Identitätsgefühl nicht gefährdet ist. Mit Blick auf die Lebensgeschichte der Patientin aus der vorgestellten Supervision lassen sich Beziehungserfahrungen beschreiben, die ihre Selbstentwicklung mit geprägt haben und die in ihre »organisierenden Prinzipien« Eingang fanden.

Dabei geht es uns nicht um eine individuumszentrierte diagnostische Einordnung im Sinne eines chronifizierten inneren Konflikts oder einer defizitären Selbststruktur (Identitätskonflikt und Identitätsdiffusion, vgl. Seiffge-Krenke, 2014).

Wir beschreiben eine kontextabhängige Vulnerabilität des Identitätsgefühls, eine Vulnerabilität, die in Beziehungen, die durch das Entstehen psychischer Intimität charakterisiert sind (enge Freundschaft, Partnerschaft, therapeutische Beziehung, Supervisionsbeziehung etc.) zu den beschrieben Belagerungssituationen führen kann.

In der Kindheit erlebte die Patientin vermutlich ein in chronischen Konflikten gefangenes, gespaltenes Elternpaar. Der Aspekt des Sich-unverstanden-Fühlens und des Selbst-nicht-verstehen-Könnens (ICH oder DU) reinszeniert sich in der Therapie. Die familiäre Erfahrung der Patientin wiederholt sie mit ihrer Therapeutin. Bedeutsam erscheint uns dabei, dass diese Spaltung zwischen den Eltern vor allem auch die Bilder betraf, die sich Vater und Mutter jeweils von ihrer Tochter machten, in den Schilderungen der Patientin erscheinen sie absolut gegensätzlich und unvereinbar.

In der Beziehung zur Mutter erfährt die Patientin keine Bestätigung für das Eigene – für den eigenen authentischen Selbstausdruck –, sondern ausschließlich für die Identifizierung mit einer Rolle, in der sie eine Selbstobjektfunktion für ihre Mutter übernimmt (Affektregulierung – Trösten, Vitalisieren; Idealisierung – der Glanz im Auge des Kindes; Bestätigung des Identitätsgefühls – ich zeig dir wer du bist, du bist eine gute Mutter). Diese Form der Beziehung hatte kein Entwicklungspotenzial, d. h. sie erlaubte keine langsame altersgemäße Ablösung. Es blieb nur altruistischer Verzicht und ein Sich-Opfern als Grundlage des eigenen Selbstwertgefühls und der Identität.

Es treffen hier also zwei prägende Erfahrungsbereiche aufeinander, die beide die Entwicklung eines »belastbaren« Identitätsgefühls erschwerten und die sich wohl auch gegenseitig verstärkten. Die exklusive Bindung an die Mutter hat wohl auch verhindert, dass die Patientin sich ausreichend außerfamiliäre Identifizierungsmöglichkeiten eröffnen konnte, um so die unvereinbaren Identifizierungsangebote der Eltern besser integrieren zu können.

Beide Bilder, die die Eltern von ihrer Tochter zeichneten, tragen realitätsüberhöhende und -entstellende narzisstische Züge. In der Unterschätzung der Fähigkeiten und Möglichkeiten der Tochter durch die Mutter wird eine Entwertungshaltung sichtbar, die möglicherweise Teil der eigenen Selbstentwertung der Mutter ist, die ihre Tochter als Selbstobjekt psychisch ungetrennt wahrnahm. Die systematische Überschätzung durch den Vater wurde von der Patientin möglicherweise auch so erlebt, dass er sie damit empathisch verfehlte. Der Vater wird von der Patientin mit manifest grandiosen Zügen und mit einer Neigung zur Selbstüberschätzung geschildert. Gerade in der Situation als Zwölfjährige, in der sie entscheiden musste, ob sie bei Mutter oder Vater leben will, hätte sie einen Vater gebraucht (und sich diesen wohl auch insgeheim gewünscht), der ihrer Überforderung mit dieser Entscheidung hätte sehen können und der sich aktiv darum gekümmert hätte, ihren Wünschen, die sie sich nicht gestatten konnte, zum Durchbruch zu verhelfen – auch gegen ihren eigenen Widerstand.

Der Nabelschnur-Moment

U. M.-A. berichtet über den weiteren Verlauf der Behandlung. In der Stunde nach der Supervision erzählte die Patientin, warum sie wiedergekommen sei. Ich (U.M.-A.) hätte gesagt: »Da muss ein Schlussstrich drunter (unter ihre ständige Bereitschaft, sich zugunsten der Mutter zu opfern), und Sie müssen leben.« Damit hätte ich ihr »erstmals eine Antwort gegeben«, was sie tun soll, die sie sich so lange von mir gewünscht habe (so wie sie sich vom Vater gewünscht hätte, dass er ihr gesagt hätte, was sie tun und bei wem sie leben sollte).

Mir wird deutlich, dass ich in der Übertragungsszene gespürt habe, dass es jetzt »auf Leben und Tod« geht, der vom Supervisor sogenannte »Nabelschnur-Moment«, das Wagnis der Geburt, die zugleich eine Trennung und einen Neubeginn einer Beziehung darstellt. Ich wollte der Patientin sagen: »Wenn ich dich jetzt verlasse, weil wir die Behandlung beenden, ist es wichtig, dass du nach vorne gehst (einen Schlussstrich ziehst unter unsere Verwicklungen) und dein Leben lebst (und dich nicht aus Rache an mir suizidierst).« Hier war sicherlich meine Sorge um erneut aufflammende Suizidalität mit wirksam, der ich diesmal auf konstruktive Weise begegnet bin.

Literatur

Bauriedl, T. (1980): *Beziehungsanalyse. Das dialektisch-emazipatorische Prinzip der Psychoanalyse und seine Konsequenzen für die psychoanalytische Familientherapie.* Frankfurt a. M.: Suhrkamp.

Bauriedl, T. (1994): *Auch ohne Couch. Psychoanalyse als Beziehungstheorie und ihre Anwendungen.* Stuttgart: Verlag Internationale Psychoanalyse.

Beebe, B., & Lachmann, F. (2013): *The Origins of Attachement. Infant Research and Adult Treatment.* London/New York: Routledge.

Benjamin, J. (2007): *Intersubjectivity, Thirdness, and Mutual Recognition Jessica Benjamin, Ph. D.* A talk given at the Institute for Contemporary Psychoanalysis, Los Angeles, CA.

Benjamin, J. (2015): *Intersubjectivity – Why Do we Need Another Person.* Vortrag auf der 27. Arbeitstagung der Münchner Arbeitsgemeinschaft für Psychoanalyse e. V.

Brandchaft, B., Doctors, S., & Sorter, D. (2015): *Emanzipatorische Psychoanalyse. Systeme pathologischer Anpassung – Brandchafts Konzept der Intersubjektivität.* Frankfurt a. M.: Brandes & Apsel.

Clauer, J., & Milch, W. (2021): Der Nutzen des Konzepts der Resonanz für das Verständnis der impliziten Dimension im Supervisionsprozess. In: Maschsee-Gruppe (Hrsg.): *Die implizite Dimension der Resonanz. Vom Begreifen dessen, was wir im psychotherapeutischen Prozess tun. Jahrbuch Selbstpsychologie 3*, S. 74–97.

Coburn, W. J. (2009): Attitudes in psychoanalytic complexity: an alternative to postmodernism in psychoanalysis. In: Frie, R., & Orange, D. (Hrsg.) (2009): *Beyond Postmodernism. New Dimensions in Clinical Theory and Practice.* London / New York: Routledge

Erikson, E. H. (1959): *Identity and the Life Cycle.* Dt.: (1966): *Identität und Lebenszyklus.* Frankfurt a. M.: Suhrkamp.

Freud, S. (1920): *Jenseits des Lustprinzips*, GW XII.

Freud, S. (1921): *Massenpsychologie und Ich-Analyse.* GW XIII.

Ghent, E. (1990): Masochism, Submission, Surrender — Masochism as a Perversion of Surrender. *Contemp. Psychoanal.*, 26,108–136.

Herberth, F., & Maurer, J. (Hrsg.) (1997): *Die Veränderung beginnt im Therapeuten. Anwendungen der Beziehungsanalyse in der psychoanalytischen Theorie und Praxis.* Frankfurt a. M.: Brandes & Apsel.

James, W. (1890): *Priciples of Psychology, Vol I und II.* New York: Holt. Zitiert in: Meares, R. (2000): *Intimacy and Alienation. Memory, Trauma ans Personal Being.* London: Routledge.

Laplanche, J., & Pontalis, J. P. (1973): *Das Vokabular der Psychoanalyse.* Frankfurt a. M.: Suhrkamp.

Meares, R. (1993): *The Metaphor of Play. Disruption and Restauration in the Borderline Experience.* Northvale, NJ: Jason Aronson.

Meares, R. (2000): *Intimacy and Alienation. Memory, Trauma ans Personal Being.* London: Routledge.

Mitchell, S. A. (2003): *Bindung und Beziehung. Auf dem Weg zu einer relationalen Psychoanalyse*. Gießen: Psychosozial.

Orange, D. M., Atwood, G. E., & Stolorow, R. D. (1997): *Working intersubjectively. Contextualism in Psychoanalytic Practice*. Hillsdale, NJ: The Analytic Press. Dt.: (2001): *Intersubjektivität in der Psychoanalyse. Kontextualismus in der psychoanalytischen Praxis*. Frankfurt a. M.: Brandes & Apsel.

Schiller, F. (1799): Die Bürgschaft. In: *Musen-Almanach für das Jahr 1799*. Stuttgart: J. G. Cotta.

Seiffge-Krenke, I. (2014): Identität im Wandel und therapeutische Herausforderungen. *Forum der Psychoanalyse*, 30/1.

Stern, D. N. et al. (The Boston Change Process Study Group) (2012): *Veränderungsprozesse. Ein integratives Paradigma*. Frankfurt a. M.: Brandes & Apsel.

Stern, D. N. (1992): *Die Lebenserfahrung des Säuglings*. Stuttgart: Klett-Cotta.

Stolorow, R. D., Brandchaft, B., & Atwood, G. E. (1996): *Psychoanalytische Behandlung. Ein intersubjektiver Ansatz*. Frankfurt a. M.: Fischer.

Stolorow, R. D., & Atwood, G. E. (2019): *The Power of Phenomenology. Psychoanalytic and Philosophical Perspectives*. London/New York: Routledge.

Trevarthen, C. (1998): The concept and foundations of infant intersubjectivity. In: Braten, S. (1998): *Intersubjective Communication and Emotion in Early Ontogeny*. Cambridge, Cambridge UP.

Winnicott, D. W. (1973): Übergangsobjekte und Übergangsphänomene. In: *Vom Spiel zur Kreativität*. Stuttgart: Klett-Cotta.

Erwin Bartosch
Was ist mir heute –
nach 48 Jahren psychoanalytischer Praxis – wichtig?[1]
Ein Essay

Gudrun fragte mich vor einer Woche, ob ich und andere Ältere – »die Alten« – unseres Kreises, nach dem krankheitsbedingten Ausfall von Rosemarie, ein paar Worte sagen könnten, was uns heute als Psychoanalytiker wichtig ist. Ich sagte zu, obwohl mir klar war, dass ich das nicht mit ein »paar Worten« abtun kann.

Als erstes, wenn ich daran dachte, fiel mir hartnäckig das Wort »Geduld« ein. Eine ganze Menge im Anschluss daran. »Geduld« ist für mich eine wesentliche Fähigkeit des Analytikers/der Analytikerin.[2]

Das Wort »Geduld« erschien mir bald nicht entsprechend und mir fiel das Wort »Langmut« als die bessere Möglichkeit ein. Geduld hat etwas mit Dulden zu tun, was nicht passt; »Langmut« etwas mit »Mut«, was besser passt. Mut wozu? Und man muss ihn lange haben, beibehalten. Mut zu glauben an die eigenen Fähigkeiten als Analytiker und an die Kraft der Strebung des Patienten, die Entwicklungsschritte zu machen, die ihm bisher verwehrt waren, diese Strebungen als Analytiker zu begleiten und ihnen zur Entfaltung zu verhelfen.

Was ist dafür wichtig? Zuerst einmal die Aufmerksamkeit der eigenen Intention gegenüber, die in den ersten Begegnungen mit dem Patienten in uns erfahrbar werden kann. Was will ich, dass *mit* dem Patienten, *aus* dem Patienten wird, wie weit ist das meine, meist von einer Größenphantasie getragene Vorstellung? Und was ist die Intention des Patienten? Nach einer Relativierung meiner Phantasie über die Zukunft des Patienten kann man nach der Schnittmenge dieser beiden Vorstellungen fragen und das als die Arbeit, die einen langen Mut braucht, ansehen.

Was brauchen wir dafür? Zuerst die Psycho-Logik Freuds. Freuds Psychologik ist für die Psychoanalyse der Gegenwart so viel wie die Logik für die Philosophie. Ihre Grundlage, die wir verstanden und erworben haben müssen und die uns im Hinterkopf begleitet. Und dann die Empathie, die wir von Kohut gelernt haben, nicht abtrennbar von seiner Entdeckung der Selbstobjektübertragungen, die uns einen Weg weist, in den Wirrnissen und Zufälligkeiten des analytischen Dialogs hilfreich zu

---

1   Der Vortrag wurde aufgrund der kurzfristigen Absage einer Kollegin verfasst und am 12. Februar 2020 im »Allgemeinen Seminar« des Wiener Kreises für Psychoanalyse und Selbstpsychologie gehalten. Den Themenvorschlag verdanke ich meiner Kollegin Gudrun Prinz.

2   Im Folgenden werde ich, um der besseren Lesbarkeit zu entsprechen, die männliche Form verwenden. Ich bitte, diese für beide Geschlechter mitzudenken.

sein und jedenfalls Fehler zu vermeiden. Wenn wir wissen, in welchem Bedürfnis der Patient besonders empfindlich reagieren kann, werden wir Empathiefehler meiden können. Wenn sie doch passieren, gibt es immer noch den Ausweg über *disruption and repair*. Nach unseren Möglichkeiten können wir die benötigte Beziehung anbieten. Dabei geht es um *selfregulation* und *mutual regulation* (Frank Lachmann) auf dem Hintergrund der Selbstobjektbeziehungen. Der Zweck davon ist das Gefühl von Sicherheit – für beide.

Ich glaube, dass dieses Gefühl von Sicherheit für beide ganz wesentlich in der analytischen Beziehung ist. Aber was ist die Voraussetzung, die Grundlage dafür, dass es hergestellt werden kann? Dazu fällt mir der Begriff »Identität« ein, nicht zuletzt deshalb, weil es Jahresthema in unserem Kreis ist und ich mir im Verlauf dieses Jahres darüber Gedanken gemacht habe.

Wie soll der Patient werden, was ist, was wird seine Identität? Igor Caruso hat in den 1950er Jahren in Abgrenzung zu Freuds: »Wo Es war, soll Ich werden«, formuliert: »Er soll werden, der er ist.« Aber das beantwortet noch nicht die Frage: Wie ist Identität erreichbar, die uns Sicherheit gibt?

Mit Identität meine ich so etwas wie Kern-Identität und nicht jene anderen Identitäten, die wir im Lauf unseres Lebens annehmen wie Vater-Sein, Psychoanalytiker, Großvater und zuletzt Alter-Mann-Sein. Diese würde ich sekundäre Identitäten nennen, die entscheidend für uns und die Gestaltung unserer Beziehungen, auch der analytischen sind, die aber etwas voraussetzen, einen festen Boden, aus dem heraus diese Identitäten wachsen können und Bestand haben. Es ist ein lebenslanger Prozess, der *einer* vielfach sich verzweigenden Wurzel entstammt.

Da ist von Anbeginn viel Zufall oder auch Schicksal dabei, die Geschichte, die Umwelt, aber auch eigene Entscheidung. Moses vor dem brennenden Dornbusch fragt: »Welches ist Dein Name?« Da sprach Gott zu Moses: »Ich bin, der ich bin.«

Das haben weise Männer vor ein paar tausend Jahren geschrieben. Es ist für mich eine Antwort, die nicht in den Bereich der Metaphysik gehört, als würde es um das »Sein an sich«, das »Wesen« Gottes gehen. Die deutsche Philosophie ist damals noch weit weg. Für mich heißt es: Weil ich aus mir heraus weiß, wer ich bin, wirst du, Moses, in der Lage sein, diesem Volk meine Botschaft, meinen Auftrag so zu übermitteln, dass sie dir folgen werden. Freilich wissen wir aus der Geschichte und der Gegenwart, dass so etwas auch übel ausgehen kann. Das ändert nichts am Prinzip der Wirksamkeit von Autorität, die auf einer gesicherten Identität gründet.

Kinder brauchen Märchen, aber auch Eltern, die in ihrer Identität gesichert sind, am besten solche, mit denen man auch verhandeln kann.

Wie kommt es zu solcher Identität?

Wenn ich aus meiner Praxis auf die Straße gehe, dann bin ich nicht mehr Psychoanalytiker, der ich eben vorher noch war, zumindest für die anderen auf der Straße, dann bin ich ein alter Mann, der für den einen oder anderen Autofahrer die Fahrbahn nicht schnell genug überquert. Für mich selbst, obwohl ich weiß, dass ich Analytiker bin, seit bald 50 Jahren, bin ich doch immer noch der kleine Bub von fünf Jahren, der Träume hatte, was er einmal erreichen würde, der wusste, wie er sich durchzuschlagen hat und dem es oft nicht gelang und den man oft nicht mitspielen ließ. Schneider, Schneider, leich ma'd Scher' – wo is' leer. Oft genug nirgendwo.

Charlie Parker: Deine Musik ist deine Erfahrung, wenn du es nicht selbst gelebt hast, kommt es nicht heraus aus deinem Horn.

Identität ist gelebte Erfahrung. Sie beginnt in den frühen Beziehungsformen, *wie* man, als *wer* man angeschaut wird.

Und: »Was ein Mensch in seiner Kindheit aus der Luft seiner Zeit in sein Blut genommen, ist unausscheidbar« (Stefan Zweig, 1941/1948, S. 22).

Es geht immer noch um die Frage der Identität, die des Analytikers, der sie gesicherter haben sollte, und um die des Patienten. Aber bei beiden sind nach meiner Meinung zwei Erlebensbereiche wesentlich für das, was ich mit Identität meine: *Spiritualität* und *die Bewusstheit der eigenen Endlichkeit.*

Die Erfahrung des frühesten Angeschaut-Werdens, Berührt-Werdens, Angesprochen-Werdens ist der Spiegel, der die Möglichkeit grundlegt, sich selbst anzuschauen, in einer frühen Form von Selbstreflexion: Wer bin ich? Das erste Über-sich-Nachdenken, Sich-in-sich-Versenken, Bei-sich-Sein. Es ist Meditieren ebenso wie freies Assoziieren und es wird immer etwas von Poesie an sich haben, Kunst im Sinn von Erhebung des Gegenwärtigen auf eine andere Ebene, weil der Mensch nicht anders kann, als seine aktuelle Welt in jene Welt zu denken, die ihm mehr entspricht. Das ist für mich Spiritualität. Für den Analytiker notwendig, für ihn und seine Arbeit, für den Patienten ein Ziel, das es zu erreichen gilt. Manche verwenden dafür den prosaischen Begriff Selbstreflexion. Erst wenn man eingeübt ist darin, zu sich zu kommen, bei sich zu sein, schweigen zu können, kann Identität sich ausbilden und erlebt werden. Das ist auch die Voraussetzung dafür, dem Anderen begegnen zu können. Freilich ist das von Anfang an ein wechselseitiger Prozess zwischen Begegnung, in der der Andere wahrgenommen wird, und dem Innehalten, um zu sich zu kommen.

Aber Spiritualität hat einen Gegenpol, der für das, was ich mit Identität meine, ebenso wichtig ist. Es ist die Bewusstheit von Endlichkeit.

Eine etwas grenzwertige Formulierung des 84-jährigen Martin Walser (2011, S. 329): »Wenn es den Himmel gäbe, könnten wir nicht daran glauben.«

Identität setzt Bewusstheit der eigenen Geschichte voraus, damit aber auch die Bewusstheit des Endes des eigenen Lebens. An unsere Endlichkeit glauben wir auch immer wieder nicht. Wir wissen zwar um unseren Tod, aber wir können uns nicht vorstellen, tot zu sein. Die Menschen haben viele Formen gefunden, damit umzugehen, problematische und weniger problematische. Jedenfalls muss die Trauer dabei sein. Ohne Trauer gibt es keine Identität.

Die Bearbeitung der Wut, die die unausweichliche Folge früher Traumatisierungen oder negativer Beziehungserfahrungen ist, besonders in ihren meist unbewussten Formen, zum Beispiel Reaktionsbildungen, erstreckt sich üblicherweise über die ganze Dauer der Analyse.

Identität entsteht und erhält sich im Gegenüber, im Miteinander mit anderen Menschen. In gleicher Weise in der analytischen Begegnung. Aber da gibt es einen wesentlichen Unterschied. Es ist, wie Lewis Aron hervorhebt, eine asymmetrische Beziehung. Einer der beiden trägt die Verantwortung dafür, dass diese Beziehung zur Förderung, zum Wachstum der Identität des Anderen beiträgt.

Steven Stern (2017, S. 124f.) hat in seinem Buch *Needed Relationship and Psychoanalytic Healing: A Holistic Relational Perspective on The Therapeutic Process* Howard Bacals Position dargestellt. Es ist die optimale Responsivität, die in der reziproken, aber asymmetrischen Beziehung gelingen soll. Sie basiert auf dem empathischen Verstehen des subjektiven Erlebens in der Beziehung, sodass die »needed relationship« hergestellt werden kann. Dazu bedarf es der Spezifität, der spezifischen, diesem Patienten entsprechenden Beziehung. Vereinfacht ausgedrückt: Unsere Arbeit ist nicht Konfektion, sondern Maßarbeit, L. Sanders »progressive fittedness«. Den Bacal'schen Konzepten, »optimal responsiveness« und »specifity«, möchte ich noch die Authentizität des Analytikers hinzufügen. Ich kann nur glaubhaft und damit wirksam eine »needed relationship« anbieten, wenn ich weiß, wer ich bin, und wenn ich bin, der ich bin.

Es ist die Beziehung, die heilt, Entwicklung ermöglicht. Aber wie wir gesehen haben: Es braucht viel, um diese Beziehung so zu gestalten, dass sie letzten Endes in einen lebenslangen Prozess beim Patienten münden kann – wie auch wir… und an dieser Stelle war ich versucht fortzusetzen: »Wie auch wir vergeben unseren Schuldigern«, eine Fehlleistung, die ich als zu kryptisch nicht so hinschreiben wollte, sodass ich schrieb: Wie auch wir in diesem lebenslangen Prozess stehen. Erst danach wurde mir der Sinn dieser Fehlleistung klar: Erst so ist es vollständig: Der Trauer muss die Vergebung folgen.

Literatur

Stern, S. (2017): Needed Relationship and Psychoanalytic Healing: A Holistic Relational Perspective. New York: Routledge.

Walser, M. (2011): Muttersohn. Reinbek bei Hamburg: Rowohlt.

Zweig, S. (1941): Die Welt von gestern. Erinnerungen eines Europäers. Wien: Bermann-Fischer, 1948 (Frankfurt a. M.: Fischer, 1970, S. 19)

3. Teil
»Wer bin ich?« –
Falldarstellungen und Reflexionen

Rachel Kella

Warum bin ich nicht wie Du?

Zwanghaftes Händewaschen
bei einem zehneinhalb Jahre alten Mädchen[1]

Ich erinnere mich an meine eigene Kindheit, wie ich als großes, dünnes und dunkelhäutiges Mädchen meine Mutter betrachtete, die hellhäutig, klein und rundlich war. In
schmerzlicher Verwunderung fragte ich mich immer wieder, warum ich ihr nicht ähnlicher war, wie es sein konnte, dass ich aus ihrem Körper mit einem so unterschiedlichen
Aussehen geboren wurde. Jede Berührung und Umarmung, die wir teilten, betonte,
um wieviel »dunkler« meine Erscheinung war. Obwohl ich in Wirklichkeit ständig für
mein hübsches, exotisches Aussehen bewundert wurde, trug das wenig dazu bei, diese
Momente der Entfremdung und des Gefühls, nicht zu ihrem Körper zu gehören, zu
beseitigen. Ich erinnere mich an eine zufällige Begegnung mit einer Frau, die meine
Mutter fragte, ob sie meine Mutter oder ein Kindermädchen (meine Betreuerin) sei, und
sich sehr darüber wunderte, wie wenig wir einander ähnelten. Wenn mich Leute fragten, woher meine Eltern stammten, war mir damals nicht klar, dass sie sich nach meiner
ethnischen Herkunft erkundigten. Damals wusste ich noch nichts von Diskriminierung,
was vielleicht zu der Frage führte: War ich »Askenazi« oder »Mizrahi«?[2] Und wenn ja,
wie konnte ich blaue Augen haben? Ich dachte mir eine komische Antwort aus, die auf
einem meiner Lieblingskinderbücher basierte – *Noriko San, Mädchen aus Japan* –, das
von einer Begegnung zwischen einem dunkelhäutigen und dunkeläugigen japanischen
Mädchen und einem blonden, hellhäutigen und blauäugigen schwedischen Mädchen
erzählt: Ich habe gesagt, dass mein Vater Schwede ist und meine Mutter Japanerin.
Es scheint, dass ich diese Geschichte benutzt habe, um den Unterschied zwischen mir
und meiner Mutter zu »korrigieren«, uns gleichzumachen – dunkelhäutig – und so den
Schmerz des empathischen Versagens zu lindern, der in diesem Unterschied steckt. Ich
meine, dass körperliche Unterschiede, wie Hautfarbe, Augen, Dicke, Größe, Gesicht
und andere körperliche Merkmale, die Erfahrung eines empathischen Scheiterns auf
eine sehr konkrete Weise hervorrufen können. Wir haben ein primäres Wissen (sense of

---

1   Diese Fallgeschichte ist eine aktualisierte Version einer Fallpräsentation bei der »37th Annual IAPSP
    Conference in Jerusalem, Israel« im Oktober 2014.

2   Als **Aschkenasim** bezeichnen sich aus Mittel-, Nord- und Osteuropa stammende Juden und ihre
    Nachfahren. Sie bilden die größte ethno-religiöse Gruppe im heutigen Judentum. 1939 waren
    94 Prozent aller Juden aschkenasischer Abstammung, und auch im 21. Jahrhundert machen sie
    etwa 70 Prozent aus. **Mizrachim** ist der in Israel gebräuchliche Name für die aus Asien und Afrika
    und besonders aus dem Nahen Osten stammende jüdische Bevölkerungsgruppe in Israel.

knowledge) über Gleichheit und diskriminierende Unterschiede, das so erlebt wird, als ob die uns umgebende Selbst-Objekt-Matrix die Möglichkeit, sich gleich zu fühlen und dazuzugehören, nicht aufrechterhält; im Gegenteil, sie könnte eine Barriere darstellen, die die notwendige Erfahrung der Verschmelzung behindert.

Ist es möglich, dass dies Auswirkungen auf die enorme Bedeutung hat, die die meisten Menschen ihrem physischen Erscheinungsbild beimessen?

Manchmal stoße ich in meiner Praxis auf ähnliche Erfahrungen. Eine junge Mutter trägt schwere Schuldgefühle wegen der Scham und Fremdheit, die sie gegenüber ihrer geliebten, aber dunkelhäutigen Tochter empfindet. Seit ihrer Geburt hat sie sie mit Enttäuschung angeschaut, als ob dieses dunkelhäutige Kind nicht ihr eigenes wäre. Ich betrachte dieses empathische Scheitern als eine Art Spiegelung. Eine andere junge Frau in der Analyse erinnert sich in einem Traum daran, wie gerne sie mit der braunen Barbie Pocahontas spielte und wie sehr sie blonde Barbies hasste. Als Kind hatte sie auch das dunkle Aussehen ihres mizrachischen Vaters und nicht das blonde Aussehen ihrer Mutter, das sie sich so sehr wünschte, um ihr ähnlich zu sein, um mit ihr als idealisierte elterliche Imago verschmelzen zu können.

Dieses empathische Versagen entwickelt sich durch die grundlegende Erfahrung der physischen Existenz, die den bedrohlichen Charakter eines übermäßigen Urteils annimmt, zuerst das Urteil der Eltern gegenüber dem Kind und dann das des Kindes gegenüber sich selbst. Diese Haltung kann Auswirkungen auf Themen wie Bindung im Adoptionsprozess und die Aufrecherhaltung von Phänomenen des sozialen Rassismus haben.

Diese Erfahrungen, die ich mit manchen meiner Patienten teile, geben Anlass zu Überlegungen über den Unterschied in der Hautfarbe, der eine trennende Kluft zu schaffen scheint, wo eigentlich ein Gefühl der Verbundenheit und der Überwindung von Barrieren hätte entstehen müssen. Es ist schwer, dieses Gefühl zu leben, es ist schwierig und beschämend, es zu offenbaren. Es ist eine Form von innerem Rassismus, bei dem ein Teil des Selbst Abwertung und Diskriminierung erfährt, während der andere sich selbst als herablassend und diskriminierend erlebt – eine besondere Art der vertikalen Spaltung, eine Spaltung zwischen diesen beiden entgegengesetzten Selbsterfahrungen. Anstelle der Assimilation der unterschiedlichen Qualitäten der Eltern, ihrer umwandelnden Verinnerlichung, Integration und damit der Bildung von Gefühlen der Ganzheit im Selbst, des »Dazugehörens« und »Verbunden-Seins« mit der menschlichen Umgebung, entsteht ein Gefühl der Fremdheit, des Nicht-Zugehörens zum Selbst und zum Anderen – eine Spaltung anstelle von Zusammenhalt. Es wird für die Eltern schwieriger, dem Kind genügend spiegelnde und idealisierbare Selbstobjekt-Erfahrungen zu ermöglichen, um den Zusammenhalt des entstehenden Selbst zu unterstützen.

Im Zusammenhang mit solchen Erfahrungen von Identität und Zugehörigkeit möchte ich Ihnen von **Amber** erzählen. Es hatte den gesamten Verlauf einer zweijährigen Behandlung gedauert, davon achtzehn Monate mit zwei Sitzungen pro Woche, um die Ursprünge ihres Leidens zu ergründen und die geistig-körperlichen Elemente zu identifizieren, aus denen sich ihre Erfahrung zusammensetzte, anders zu sein, eine Außenseiterin, und damit minderwertig und wertlos.

Amber, ein hübsches Kind von zehneinhalb Jahren, das älteste von zwei Kindern, kam zu mir, nachdem sie einige Monate lang unter zwanghaftem Händewaschen zu leiden begann. Es hatte einige Zeit gedauert, bis sie und ihre Eltern erkannten, dass ihr Verhalten über das in diesem Alter oft übliche Sauberkeitsbedürfnis hinausging. Es entsprach eher noch der Strenge ihrer Mutter und wurde von den Eltern für ein Kind, das mit so hohen Anforderungen an Ordnung und Sauberkeit konfrontiert ist, als angemessen angesehen. In den Monaten vor der Therapie nahm ihr Händewaschen immer mehr zu und wurde allmählich von einer Abneigung begleitet, irgendetwas Schmutziges anzufassen, auch Teile ihres eigenen Körpers und Substanzen, die von ihm stammen. Essensreste, ein verschmutztes Kleidungsstück oder Polster und natürlich ihr Rotz und das Papiertaschentuch, mit dem sie ihn abwischte – all das veranlasste sie, sich wiederholt die Hände zu waschen. Das führte dazu, dass sie den Gang zur Toilette vermied und ihn bis zur letzten Minute hinauszögerte. Das führte auch zu Wutausbrüchen, die sich gegen ihre Mutter richteten, die Amber aufforderte, jeden Schmutz und jeden Fleck zu entfernen. Ihr Leiden und das ihrer Familie nahm immer mehr zu. Ihre Eltern suchten zunächst den Hausarzt auf, der zu psychiatrischen Medikamenten riet, was sie jedoch ablehnten. Als sie zu mir kamen, äußerten sie die Überzeugung, dass dieses Symptom eine Ursache, einen Grund haben müsse: »Es ist nicht so, dass sie die Grippe hat und nur eine Pille braucht. Irgendetwas ist mit unserem Mädchen passiert.« Obwohl sie noch nie in Therapie waren oder mit dem Beruf des Psychologen zu tun hatten, setzten sie ihr Vertrauen in diesen Bereich und kamen zu mir mit einer vorausschauenden Idealisierung hinsichtlich meiner Fähigkeit, ihnen zu helfen. Meiner Meinung nach hatte diese Idealisierung mit der besonderen Empfehlung zu tun, die sie von jemandem erhalten hatten, den sie sehr schätzten, und auch mit ihrer – und insbesondere der Mutter – rationalen und praktischen Weltsicht: »Wenn sich mein Kind bisher ohne besondere Probleme entwickelt hat, dann muss etwas passiert sein, und ich will wissen, was. Wenn Sie herausfinden können, was es war, dann können wir es lösen.« Mit diesen Worten betonte sie zwar die praktische Vorgehensweise, die in »herausfinden und lösen« zum Ausdruck kommt, aber ich hörte auch den Versuch der Mutter, den Sinn der Gefühle und des Verhaltens ihrer Tochter zu finden. Ich denke, dass diese Haltung ihnen half, die Hoffnung aufrechtzuerhalten und die zunächst unausgesprochene Angst zu zerstreuen, dass sie es mit einer psychischen Krankheit zu tun hatten, dass Amber »durchdreht«.

Ich begann, Amber zweimal pro Woche zu sehen und auch ihre Eltern zu treffen – zunächst wöchentlich und dann je nach Bedarf. Bevor ich auf den Verlauf der

Therapie eingehe, möchte ich einen Teil der Geschichte der Eltern erzählen, die als Grundlage für Ambers Kindheit diente. Diese Geschichte ermöglichte mir einen tiefen Einblick in die Erfahrungen des Kindes mit dem Versagen der Eltern und die Art und Weise, wie es sich mit Fragen der Zugehörigkeit auseinandersetzte.

Ambers Eltern kamen aus unterschiedlichen ethnischen und sozioökonomischen Verhältnissen. Die Mutter, polnischer Abstammung, war ein Einzelkind und wurde von ihrer verwitweten Mutter wie eine Prinzessin aufgezogen. Ihr Vater, der den Holocaust überlebte, kam allein nach Israel, heiratete spät und starb relativ jung an einer unbekannten Herzkrankheit, die vielleicht auf das große Leid zurückzuführen ist, das er in seiner Jugend ertragen musste. Ambers Mutter war damals nicht älter als drei oder vier Jahre. Ihre Mutter, Ambers Großmutter, hatte ihr Waisenkind mit idealisierenden Erzählungen über ihren Vater genährt: seine privilegierte Abstammung aus einer wohlhabenden, gelehrten und angesehenen jüdischen Familie, die fast ausgelöscht wurde, seine außergewöhnliche Intelligenz, seine Leistungen auf dem Gebiet der Wissenschaft. Kein Wunder, dass sie die Entscheidung ihrer Tochter, einen jungen Mann aus einer einfachen irakischen Familie zu heiraten, der über keinerlei formale Bildung verfügte, entschieden ablehnte – obwohl klar war, dass er klug war, außergewöhnlich gut in Mathematik und mit Energie, Ehrgeiz und einem ausgeprägten Sinn für Geschäfte ausgestattet. Diese Eigenschaften hatten ihn sehr erfolgreich gemacht, denn das von ihm eröffnete Geschäft wurde zu einem florierenden Imperium, zumindest für einige Jahre.

Der Vater wurde in einer Familie geboren, die aus dem Irak nach Israel kam und Schwierigkeiten hatte, über die Runden zu kommen. Seine Mutter musste als Haushälterin arbeiten und sein Vater machte sich als Gemüsehändler selbstständig. Der Vater, das jüngste von sechs Kindern, beschrieb, dass er in ärmlichen Verhältnissen, aber mit viel Wärme aufgewachsen ist und eine enge Verbindung zu seinen Geschwistern hatte. Ihr Haus war karg, mit wenig Möbeln, Spielzeug und Schmuck. Die Kinder schliefen alle zusammen und klappten tagsüber ihre Betten zusammen. Trotzdem war das Haus immer sehr sauber und ordentlich, und es gab jeden Tag frisches Essen. Es war ein traditioneller und sehr zionistischer Haushalt, trotz der harschen Aufnahme Israels. Die Ausbildung der Kinder hatte für die Eltern oberste Priorität. Er beschreibt seine Mutter als eine viel beschäftigte Frau, die wenig Zeit hatte, ihre Kinder zu verwöhnen. Er selbst beschreibt sich als freches Kind und Jugendlicher, der die Schule nicht mochte und sich mit dem begnügte, was er ohne Anstrengung erreichen konnte, vor allem in den Naturwissenschaften. Nach einem angenehmen Militärdienst in einer technischen Funktion ging er gegen den Willen seiner Eltern, die eine höhere Ausbildung für ihn wünschten, zur Arbeit. Nachdem er mehrere Jahre lang verschiedene Berufe ausprobiert hatte, beschloss er, auf der Grundlage einer von ihm entwickelten Idee ein eigenes Unternehmen zu gründen. Er fand schnell einen sehr enthusiastischen Mitinvestor, und die beiden bauten nach und nach ein erfolgreiches und rentables

Unternehmen auf, was vor allem auf seine brillanten Ideen und seine sozialen Fähigkeiten zurückzuführen war.

Das Elternpaar wirkte wie die Verbindung zweier Gegensätze: Die Mutter war eine schlanke, kleine und blonde Frau, die einfach, aber sorgfältig gekleidet war und eine reiche Hochsprache benutzte, die ihre große Bildung betonte; der Vater war sehr groß, leicht übergewichtig und hatte eine breite, ausladende Körpersprache. Ich hatte den Eindruck, dass die Mutter sich ihrem Mann insgeheim etwas überlegen fühlte, während sie ihm äußerlich den größten Respekt entgegenbrachte, ihm das Rederecht gab und stolz auf seine Leistungen war.

Bereits bei unserem zweiten Treffen erfahre ich, dass das Auftreten von Ambers Symptomen mit dem Niedergang der geschäftlichen Karriere des Vaters zusammenfiel, so dass er möglicherweise nicht in der Lage war, das von ihm gegründete Unternehmen zu halten. Dieser Niedergang hatte auch zu einer Krise in der Beziehung der Eltern geführt und große Spannungen zwischen ihnen hervorgerufen. Die Mutter hatte ihr Vertrauen in die Fähigkeiten, das Urteilsvermögen und vor allem die Moral ihres Mannes verloren, nachdem er in seinem verzweifelten Versuch, sein Unternehmen zu retten, ganz bestimmte Schritte unternommen hatte. Obwohl sie enttäuscht war, versuchte sie, den Anschein von Kontrolle aufrechtzuerhalten, indem sie ihren Haushalt so akribisch wie früher führte. Beide Eltern durchlebten eine erhebliche Verletzung ihrer Erfahrung von Grandiosität, die ihr bisheriges Leben getragen hatte – auch die Idealisierung des Ehemanns durch die Mutter erfuhr einen großen Bruch.

Zu der Zeit, als die Familie zur Therapie kam, hatte es zwischen Mutter und Tochter erbitterte Auseinandersetzungen gegeben, die alle mit dem Waschzwang zu tun hatten, den die Mutter als störend empfand. Sie hatte mit einer Wut reagiert, wie sie sie als Elternteil noch nie erlebt hatte. Meiner Meinung nach drückte diese Wut die elterliche Anspannung aus, die sie vor ihren Kindern zu verbergen versuchte, und mehr noch ihre tiefe Angst vor der Bedeutung dieses seltsamen und unergründlichen Zwanges. Hinzu kommt, dass Ambers Streitereien mit ihrem Bruder, die früher selten waren, sehr häufig wurden und Amber danach ihrer Mutter Briefe der Reue und Entschuldigung schrieb.

Ambers Eltern erzählten, dass sie sich entschieden hätten, sie zu bekommen, und dass sie ein recht angenehmes Baby war: Sie passte sich schnell an einen geregelten Tagesablauf an, entwickelte sich gut, begann früh zu laufen und zu sprechen, und passte sich recht gut an neue Umgebungen an. Sie wurde nur sehr wenig gestillt, da die Mutter nicht genügend Milch hatte, aber sie gewöhnte sich an die Babynahrung und war gut genährt. Die Mutter verbrachte das erste Jahr mit Amber zu Hause und war gerne bei ihr. Im Alter von einem Jahr ging Amber in eine Kindertagesstätte, und die Mutter nahm ihre Arbeit als hochrangige Beamtin wieder auf. Ambers Toilettentraining verlief mit zweieinhalb Jahren gut, und sie gewöhnte sich an die

Geburt ihres Bruders ohne außergewöhnliche Neidbekundungen. Eine Zeit lang war sie empfindlicher und neigte zum Weinen. Als er heranwuchs, wurde die Beziehung der Geschwister immer mehr eine der einseitigen Bewunderung, wobei Amber ihren kleinen Bruder völlig dominierte. Sie lernte praktisch allein lesen und schreiben, noch bevor sie in die Schule kam. Sie glänzte in der Schule und wurde von ihren Lehrern gelobt. Bis vor Kurzem genoss sie die Gesellschaft mehrerer guter Freunde. Amber wuchs sehr nah und gebunden an ihre Mutter auf und zog es vor, immer bei ihr zu sein. Sie äußerte die Befürchtung, dass ihr Vater wütend auf sie sein könnte, aber das hatte wenig mit seinem tatsächlichen Verhalten zu tun. Der Vater schien sich mehr mit seinem drei Jahre jüngeren Sohn zu beschäftigen, der seiner Mutter sehr ähnelte (mit seiner hellen Erscheinung). Was bedeutet das? Der Vater sieht in diesem siebenjährigen Kind Andeutungen seiner eigenen Fähigkeiten – ein Kind, das weiß, wie man mit sich selbst umgeht, ein Charmeur, der alle kampflos für sich gewinnt.

Als Amber mein Büro betrat, war sie angespannt und ihre dunklen Augen blickten ängstlich. Als ich sie fragte, warum sie zu mir kam, sagte sie, dass sie sich oft die Hände wäscht. Sie wusste nicht, ob das normal ist oder nicht – vielleicht ist sie einfach sehr sauber und ihre Eltern sind zu kritisch. Ich sah mich einem ruhigen und akribisch sauberen Kind gegenüber, das jedes Haar in seinem Pferdeschwanz ordentlich zusammengesteckt hatte und teure Kleidung trug. Ihre Augen und ihre Haut waren dunkel-olivfarben, und sie selbst war dünn und schmallippig. Mir fiel schnell auf, was ihre Eltern beschrieben hatten: Sie war ein sehr intelligentes und ehrgeiziges Kind. Sie sagte, sie sei eine gute Schülerin, aber nicht an der Spitze ihrer Klasse, weil sie nicht überall Einser habe. Sie ist verärgert, weil ihr Lehrer sie diskriminiert; alle anderen Mädchen sind schlauer als sie; sie ist dick und hässlich und hasst ihr Aussehen, und die anderen Mädchen hassen sie. Früher hatte sie zwei besonders gute Freundinnen, aber dieses Jahr haben sich die beiden miteinander angefreundet und sie ist sehr wütend. Sie trifft sich nicht mehr mit ihnen, auch nicht, nachdem sie die eine angerufen und dabei herausgefunden hat, dass sie sich mit der anderen getroffen hat, ohne sie (Amber) einzuladen. Diese soziale Isolation scheint mit der Manifestation ihres Symptoms Hand in Hand zu gehen. Sie streitet sich oft mit ihrer Mutter, die sie für verrückt hält.

»Aber«, erklärt sie, »wenn ich aus dem Bad komme, muss ich mir die Hände waschen. Und dann, wenn ich den Wasserhahn schließe und ihn berühre, muss ich sie noch einmal waschen, also halte ich sie mit dem Handtuch fest, aber wenn Mama kein frisches Handtuch ins Bad gelegt hat, muss ich sie noch einmal waschen, und dann gehe ich raus, und ich bin nicht sicher, ob Mama den Griff abgewischt hat, nachdem Papa auf die Toilette gegangen ist, also wasche ich sie vorsichtshalber noch einmal in der Küche.«

Sie rechnet verzweifelt mit mindestens vier Waschvorgängen für einen Toilettengang. In der Schule hält sie es den ganzen Tag über aus. Wenn sie das Gefühl hat, den Tag nicht zu überstehen, ruft sie ihre Mutter an, um sie abzuholen, und sagt, dass es ihr nicht gut geht. Ihr Kummer ist deutlich sichtbar, und sie äußert Minderwertigkeitsgefühle gegenüber ihren Freunden. Später bemerkt sie, dass sie alle so hübsch und blond und vornehm sind. Sie hat Angst, dass sie von ihrem Waschzwang erfahren und denken könnten, sie sei seltsam und verrückt, eine Außenseiterin. Sie schämt sich sehr und verbringt die meiste Zeit in der Schule mit dem Versuch, ihr zwanghaftes Verhalten zu verbergen. Zu Hause bricht sie oft in Wut aus, weil sie die kleinste Frustration nicht ertragen kann. »Ich verbringe den ganzen Vormittag damit, meine Wut zurückzuhalten, und wenn meine Mutter dann auch noch nervt und anfängt zu schreien, halte ich es einfach nicht mehr aus.«

In den ersten Monaten erzählte mir Amber mehr und mehr, was mit ihr los war. Sie setzte sich hin und begann zu sprechen, als ob man ihr befohlen hätte, kooperativ und fügsam zu sein. Im Gegensatz zu den meisten Kindern in ihrem Alter, die lieber spielen, sitzt sie da und redet wie eine kleine Erwachsene. Ihre Mutter hatte ihr erklärt, dass sie mir alles sagen muss, ohne sich zu schämen, und sie gehorcht. Die Tatsache, dass das Büro voller Spiele und Spielzeug ist, weckt bei ihr keinerlei Interesse oder Reaktion. Als ich erwähne, dass Spielen auch eine Option ist, antwortet sie in dem herablassenden Stolz, der ihre Freunde wahrscheinlich verärgert: »Was Sie hier haben, ist nur für kleine Kinder, ich habe nur gespielt, als ich klein war. Das interessiert mich jetzt nicht, Spielen ist für Babys.«

Ich höre von vielen Auseinandersetzungen mit den Mädchen in ihrer Klasse, von vielen Momenten, in denen sie beleidigende Unterstellungen von Mädchen aufschnappt, die einmal ihre Freundinnen waren: Wenn sie denkt, dass sie über sie gesprochen haben, dass sie gehört hat, wie sie darüber getratscht haben, wie hässlich sie ist, wie hochnäsig und arrogant, darüber, dass sie nie ihre Stifte teilt, wenn sie sie darum bitten. Bei einer solchen Gelegenheit hatte ein Mädchen aus ihrer Klasse sie um ihr Heft gebeten, um ihre Hausaufgaben zu kopieren, und Amber weigerte sich empört, es ihr zu geben. In der folgenden Sitzung erklärte sie wütend: »Ich habe die ganze Arbeit gemacht. Warum sollte ich es ihr überlassen? Sie ist nicht meine Freundin!« Ihre Weigerung zu teilen brachte ihr den Titel »Geizhals« ein und löste eine Kettenreaktion bei den anderen Mädchen aus. Als ich versuchte, auf eine Art und Weise zu reagieren, die ich damals als empathisch empfand, indem ich mich auf die Zurückweisung bezog, die sie erfahren hatte, und auf ihr Bedürfnis, sich selbst und das, was ihr gehört, zu schützen und sogar diejenigen zu bestrafen, die sie verletzt hatten, gelang es nicht, sie zu beruhigen.

Ich fange an zu glauben, dass ihr Symptom von ihrem verzweifelten Versuch erzählt, die minderwertigen Teile ihrer Selbsterfahrung abzuwaschen – ein Bedürfnis, sich ihrer Mutter und ihren Schulkameraden aus Nord-Tel-Aviv zugehörig und mit ihnen vereint zu fühlen, von denen die meisten für Amber schöner und hübscher zu sein schienen; sie fühlte sich in deren Nähe hässlich, dunkel und minderwertig. Das Bedürfnis, sich selbst zusammenzuhalten und den inneren, grandiosen Teil zu retten, war eine Reaktion auf ein massives Versagen in der Selbst-Objekt-Matrix ihrer Umgebung: die Ablehnung, die sie von ihren beiden besten Freunden erfuhr, und eine schwere Spannung zwischen den Eltern – eine unterschwellige Ehekrise. Ambar »roch« die Anzeichen dafür, begriff nicht genau, was vor sich ging, wurde aber angespannt und paranoid.

Ich erfuhr von ihr und aus meinen Gesprächen mit den Eltern, dass die Therapie nicht nur keine Linderung brachte, sondern dass das Kind noch unruhiger geworden war und weitere Symptome auftraten. Sie verlangte ihren eigenen Stuhl an der Essecke und mied alle anderen Stühle; im Wohnzimmer verlangte sie ihren eigenen speziellen Bezug für die Couch, damit sie einen sicheren und schmutzfreien Platz zum Sitzen hatte. Sie wäscht sich immer wieder und verlangt jetzt jedes Mal ein neues Handtuch. In meiner Praxis fühlt sie sich angespannt und unruhig und scheint sich für das, was ihr widerfährt, sehr zu schämen und zu demütigen. Ihre Hoffnung auf eine schnelle Besserung und ein Ende des Händewaschens hat sich zerschlagen.

Ich bin sehr berührt von ihr. Sie wirkt sehr verzweifelt, und ihre Erzählungen kommen mir vor wie eine weitere Form des Händewaschens: sich wiederholend und ohne jeden wirklichen Trost. Ich beginne zu verstehen, dass sie mich als eine autoritäre Figur erlebt, die ihr von ihren Eltern aufgezwungen wurde und die sie mit ihrem Blick durchdringt und bloßstellt. Jedes Gespräch über diese herzzerreißenden Ereignisse in meiner Gegenwart, bevor sie eine idealisierende Übertragung auf mich aufgebaut hat, hinterlässt bei ihr ein Gefühl der Entfremdung. Ich bin immer noch zu fremd für sie, und anstatt eine wohltuende Spiegelung durch ein Selbstobjekt zu erfahren, fühlt sie sich beschämt und gedemütigt, wenn sie ihre Momente des Scheiterns und des Wahnsinns vor mir preisgibt. Anstatt neue Möglichkeiten zu bieten, reaktivieren unsere Sitzungen ihre traumatischen Alltagssituationen. Mir wird klar, dass ich ihr auch in meinem Büro einen sicheren Stuhl zur Verfügung stellen muss – einen, der sie sicher vom Schmutz des Lebens und der emotional überwältigenden Begegnung mit denen, die ihr Leben schmutzig machen, fernhält.

Ich beschließe, das Büro für sie etwas anders einzurichten, und lege einige Brettspiele und Spielkarten an den Rand des niedrigen Tisches, an dem wir während unserer Sitzungen sitzen. Sie sind jetzt viel besser sichtbar und zugänglich und ersetzen die Papiere und Buntstifte, die vorher dort lagen. Für den Fall der Fälle habe ich neue Spielkarten gekauft, damit sie nicht etwas anfassen muss, das bereits von mir oder anderen Kindern angefasst wurde. (Solche Veränderungen sind Teil meines Denkens, dass das Beratungszimmer dem aktuellen Stand der Bedürfnisse des Kindes entsprechen und eine einfühlsame Umgebung sein sollte, keine frustrierende.)

Amber kommt herein und bemerkt sofort die Veränderung: »Oh, du hast Karten gekauft«, sagt sie, »woher wusstest du das?« Sie erzählt mir, dass die Mädchen in ihrer Klasse jetzt in der Pause »Speed« spielen. In ihrem gewohnten Tonfall, in dem sich Wut und Unmut mischen, beginnt sie zu erzählen:

> »Es ist nicht fair, dass nur drei Mädchen Karten mitbringen dürfen und die anderen nicht. Auf diese Weise entscheiden sie, wer mit ihnen spielen darf. Und sie dürfen die ganze Zeit spielen und alle anderen spielen mit ihnen. Und das ist unfair, weil sie das eine Mädchen spielen lassen und das andere nicht. Mich laden sie nie zum Spielen ein, obwohl ich viel besser in Speed bin als sie.«

Ich antworte ihr, dass sie sich nicht sicher genug fühlt, um ihre eigenen Karten mitzubringen, dass sie Angst vor Kritik oder Ablehnung hat. Ihr Blick wird hart, und ich merke, dass meine Worte sie wieder verletzen, anstatt sie zu beruhigen, dass sich sofort eine Barriere zwischen uns gebildet hat, die sich in ihrem Blick und ihrer starren Bewegung zeigt: Sie schützt sich wieder einmal vor mir. Ohne nachzudenken, sage ich: »Hey, lass uns spielen.« Sie sieht mich zögernd an, und ich sage: »Ich weiß, dass du mir gesagt hast, dass du nicht mehr gerne spielst, dass du früher, als du klein warst, gespielt hast, aber jetzt nicht mehr – aber, so seltsam es ist, ich bin erwachsen und spiele immer noch gerne, ich kann nicht anders.« Sie lächelt und fragt: »Welche Spiele spielst du gerne?«, und ich sage: »Speed, Uno, Dame, Monopoly… Alles Mögliche, alles, was du hier siehst.«

Sie zögert immer noch. Ich sehe, wie ihre Augen stumpf werden, nachdem sie schon vor Aufregung geglänzt hatten. Ich frage: »Du warst eine Minute lang aufgeregt, aber dann war es weg, was ist passiert?« Amber antwortet zögernd: »Aber ich bin hierher gekommen, damit du mir beim Waschen helfen kannst, nicht um zu spielen.« Ich atme tief durch und sage:

> »Das stimmt, aber es geht nicht nur um das Händewaschen, sondern auch um all die anderen Dinge, die dich traurig oder wütend machen. In unseren letzten Sitzungen, als wir darüber sprachen, hatte ich das Gefühl, dass es schwer und traurig für dich war und dass du dir nicht sicher warst, ob es hilft – außerdem hilft das Spielen auch.«

Amber griff nach den Speed-Karten. Bei diesem Spiel muss jeder Spieler seine Karten so schnell wie möglich loswerden. Es gibt keine Interaktionen wie das Tauschen von Karten oder das Stellen von Fragen; die Spieler legen ihre Karten einfach nach bestimmten Regeln auf den Tisch. Der Gewinner der Runde darf sich den kleineren Stapel aussuchen, und wer es schafft, alle seine Karten loszuwerden, gewinnt das Spiel – und überlässt seinem Gegner den ganzen Stapel. Wir fangen an zu spielen, und ich habe Gelegenheit, ihre Hände zu betrachten, die sie normalerweise in ihren Ärmeln oder Taschen versteckt: Ihre dunkle Haut ist rot, entzündet und schält sich. Sie schaut auf meine Hände. Sie sind heller und gepflegter, und der Unterschied zwischen unseren Händen ist auf dem Tisch unübersehbar. Nachdem sie möglicherweise meinen Blick bemerkt hat, sagt sie, dass ihre Mutter sie mit viel Handcreme einreibt, aber das hilft nicht. Mir ist klar, dass dieser körperliche Vergleich etwas sehr Bedeutsames hat, aber es dauert eine Weile, bis ich herausfinde, was es ist. Wir spielen eine Runde und dann noch eine und noch eine. Der Raum wird still. Sie spielt eifrig und blitzschnell. Oft gewinnt sie die Runde, aber gelegentlich auch ich, und dann merke ich, wie sie ihre Wut hinunterschluckt.

Auf diese Sitzung folgen Dutzende von Speed-Sitzungen, die im Grunde immer gleich aufgebaut sind: Sie kommt herein, setzt sich hin, nimmt die Speed-Karten, zählt sie, teilt aus und dann spielen wir. Die ersten paar Sitzungen verbrachten wir schweigend. Wir waren so in das Spiel vertieft, dass ich keine Gelegenheit hatte zu sprechen oder zu denken, ohne den schnellen Rhythmus des Spiels zu stören. Noch eine Runde und noch eine, und die Karten wandern von einer Seite zur anderen, von mir zu ihr und wieder zurück. Ich mäßige meine Siege – anfangs, als ich ihre Reaktion darauf bemerke, dass ich gewinne, versuche ich, seltener zu gewinnen, und sie reagiert mit einer verlegenen Zufriedenheit. Hin und wieder spreche ich während des Spiels mit ihr und spiegele ihre Fähigkeiten wider: ihre Beweglichkeit, ihren Ehrgeiz zu gewinnen und die Begeisterung, mit der sie diesen Ehrgeiz verfolgt – kurze Sätze in langen Sequenzen stillen Spiels. Ich ertappe mich dabei, wie ich mit Begeisterung zu spielen beginne und dann, je weiter die Sitzung fortschreitet, allmählich das Gefühl einer endlosen, oft lästigen Wiederholung bekomme. Als ich sie einmal fragte, ob sie zu einem anderen Spiel wechseln wolle, reagierte sie angespannt, als ob ich eine vage, aber starke innere Bewegung gestört hätte.

Wenn ich mich mit ihren Eltern treffe, erfahre ich immer wieder, dass die Spannungen zwischen ihnen zunehmen, dass die Firma des Vaters in finanziellen Schwierigkeiten steckt und dass die Großmutter nun für die Therapie aufkommen wird. Dennoch berichten sie mir, dass Ambers Wutanfälle und Streitereien mit ihrer Mutter und ihrem Bruder deutlich zurückgegangen sind. Die meisten dieser Streitigkeiten beziehen sich auf bestimmte Kleidungsmarken, die Amber von ihrer Mutter gekauft haben möchte, weil sie frustriert ist, wenn diese sich weigert oder zögert. Schließlich besorgt ihre Großmutter ihr alles, was ihre Mutter nicht will. Ich erfahre auch, dass einige der anderen Symptome, die zu Beginn der Therapie auftraten, stark nachgelassen haben, dass aber ihr Händewaschen und ihre übermäßige Sauberkeit immer noch bestehen. In ihrem Zimmer ist ihre Puppensammlung streng geordnet und darf von niemandem berührt werden, aber die Eltern haben schon einige auf dem Boden liegende Kleidungsstücke oder ein verlegtes Handtuch bemerkt – was sie für Zeichen der Vernunft hielten. In der Schule beobachteten sie den Beginn einer Verbesserung ihrer sozialen Beziehungen, auf die Amber mit einer Mischung aus Interesse und Rachegelüsten reagierte: »Sie wollten mich nicht, jetzt sollen sie warten.«

Während einer unserer Spielsitzungen, etwa ein Jahr nach Beginn der Therapie und direkt nach dem Urlaub, sah mich Amber an und sagte: »Jetzt bist du fast so braun wie ich.« Ohne mir darüber im Klaren zu sein, was ich da sage, antwortete ich: »Fast, ich hätte noch brauner werden sollen, damit wir genau die gleiche Farbe hätten.« Und sie sagte: »Das kannst du nicht, weil du weiß bist.« In ihrer Stimme lag der leise Hauch einer Beschwerde. Ich versuchte, die Farbe meiner Haut herunterzuspielen, und fragte erstaunt: »Ich? Weiß?«, und sie antwortete: »Schau« – und streckt ihren Arm aus, um ihre Hand neben meine zu legen. Mir kommt der Gedanke, dass dies wie die Hand eines Kindes neben der Hand seiner Mutter ist, nur dass unsere Hände nicht so ähnlich sind: Meine ist groß und breit, während ihr Arm schmal und hellbraun ist, mit einer zarten Hand und dünnen Fingern. »Siehst du, wie viel schwärzer ich bin? Das ist ekelhaft.« Dann erzählt sie mir, wie langweilig ihr Sommer war und dass sie nichts unternommen haben. Sie hörte, wie ihre Mutter mit ihrer Großmutter telefonierte und etwas über Geld und Papas Firma sagte. Sie erschrak, weil sie plötzlich dachte, dass sie kein Geld mehr hatten. Sie fragte ihren Vater danach und er wurde sehr wütend. Ich erzähle ihr, dass der Blick auf unsere Hände und die Feststellung des Unterschieds sie an ihre Mutter und ihr Gespräch mit ihrer Großmutter über ihren Vater und an die Wut ihres Vaters erinnert habe. Amber sagt, dass es wirklich ähnlich ist, denn sowohl ich als auch ihre Mutter sind weiß und sie sieht aus wie ihr Vater und nicht wie ihre Mutter, »schade«. Wieder spielen wir Speed, noch eine Runde und noch eine. Ich bemerke, dass die Haut an ihren Händen inzwischen ganz normal aussieht. Ich bin voller zärtlicher Gefühle, einer Mischung aus Trauer über ihre Traurigkeit und Erleichterung, dass sich die Dinge öffnen und die Haut ihrer Hände andeutet, dass es Hoffnung gibt.

Es ist nicht leicht, Speed Sitzung für Sitzung zu spielen. Es ist ein monotones, schnelles Spiel, das den Geist verwirrt und keine Zeit zum Verschnaufen oder Nachdenken lässt. Amber findet trotzdem die Zeit, meinen neuen Nagellack oder ein neues Kleidungsstück zu bemerken. Sie streitet sich mit ihrer Mutter um die Erlaubnis, sich die Nägel zu lackieren, und wählt eine ähnliche Farbe wie ich. »Aber sie steht mir nicht«, beschwert sie sich, »denn meine Finger sind zu schwarz und die Haut unter meinen Nägeln ist dunkler als deine.« Sie zeigt sie mir. Ich sage, dass es einem wirklich das Herz bricht, wenn ein Mädchen wie seine Mutter aussehen will, aber am Ende eher wie sein Vater aussieht. »Es ist, als wäre sie nicht meine Mutter«, sagt sie kurz und erzählt mir, dass sie einmal dachte, sie sei adoptiert worden und dass ihre Mutter es ihr nur nie gesagt habe. Dann fügt sie hinzu, dass eines der Mädchen in ihrer Klasse adoptiert wurde, dass es aus Rumänien kam, als es noch sehr klein war. »Sie sieht ihrer Mutter überhaupt nicht ähnlich – sie ist so dick und ihre Mutter ist dünn. Und sie hat keine Freunde.«

Ich sage ihr, dass sie sehr darauf achtet, ob Mütter und Töchter gleich aussehen oder nicht, und dass sie das Gefühl haben muss, dass ein Mädchen wie seine Mutter aussehen sollte, dass dies die richtige Ordnung der Dinge ist. Tränen erscheinen in ihren Augen. Ich denke an sie und mich, an mich und meine Mutter, erinnere mich an Momente der Berührung und der Umarmung, an die Sehnsucht, mit ihr zu verschmelzen, als kleines, hellhäutiges Mädchen wiedergeboren zu werden, an Momente intensiver Liebe, als ich so sein wollte wie sie, als alles Gute an meiner Andersartigkeit für mich wertlos wurde. Ihre Tränen lösen in mir eine tiefe Traurigkeit aus. Ich versuche, ihr zu sagen, dass es schade ist, dass wir nicht so geboren werden können, wie wir gerne wären, aber dass wir immer noch eine andere Art von Gefühlen für uns selbst entwickeln können, und das ist es, was wir zu tun versuchen.

Amber weigert sich, zu unserer nächsten Sitzung zu kommen. Ihre Mutter rief mich in letzter Minute an, um mir mitzuteilen, dass Amber sich gerade daran erinnert hat, dass sie sich mit mir treffen sollte und dass einige ihrer Klassenkameraden ins Einkaufszentrum gehen und sie gebeten haben, sie zu begleiten. Sie weist Amber auf ihre Pflicht hin, zu unseren Sitzungen zu kommen, um ihrer Verantwortung und Verpflichtung nachzukommen. Die Mutter klang verärgert; sie hatten einen nächsten Streit, bei dem Amber hartnäckig darauf bestand, nicht zu kommen. Während ich zuhöre, denke ich an Ambers vorangegangene Sitzung, die vielleicht emotional überwältigend war und das Bedürfnis auslöste, sich von diesem schmerzhaften Kontakt mit ihrer inneren Welt zu erholen. Ich kann auch nicht übersehen, dass der Grund für ihre Weigerung, zu kommen, eine sehr reale Veränderung in ihrem Leben zum Ausdruck bringt: Sie wurde in die Mädchengruppe eingeladen, und zum ersten Mal nahm sie die Einladung an. Dies deutet auf eine Veränderung in ihr hin. Ich wundere mich, dass die Mutter dies nicht sieht, da sie sich der Unterschiede zwischen unseren Reaktionen sehr bewusst ist: ihre zurückhaltende Sachlichkeit und meine offenkundige Emotion. »Es ist kein Wunder, dass sie mich vergessen hat«, sagte ich ihr, und sie bat darum, mich selbst besuchen zu dürfen.

Im Gespräch mit der Mutter stellte sich heraus, dass das Haus in Bezug auf Ambers Bat-Mitzvah sehr angespannt ist. Das Kind hat Angst, dass keiner ihrer Klassenkameraden kommen wird, und weigert sich, eine Klassenparty zu organisieren. Die Eltern sind in sozialer und finanzieller Not: Früher gaben sie rauschende Feste, zu denen sie ihr soziales Umfeld einluden; jetzt haben sie mehr Gläubiger als Freunde, und die Mutter fühlt sich in Ungnade gefallen, nachdem herausgekommen ist, dass ihr Mann möglicherweise unehrlich mit seinem Partner umging und Geld von Familie und Freunden nahm. Ihr selbst ist nicht zum Feiern zumute. Sie bricht in Tränen aus und teilt mir ihre Gefühle offen mit. Sie gibt ihrem Mann die Schuld an der Situation: Amber will eine Party in einem schicken Saal – oder gar nicht, und jede Kleinigkeit führt zu Ausbrüchen. Ich ermutige die Mutter, Wege zu finden, um zu feiern, die ihrer emotionalen und finanziellen Situation angemessener sind, und schlage ihr vor, nicht auf die Feier von Ambers Bat-Mitzvah zu verzichten, da dies letztendlich ihr Gefühl verstärken könnte, eine Außenseiterin zu sein und nicht zu ihrer Peergroup zu gehören, und ihre Gefühle von Minderwertigkeit und Entbehrung verstärken könnte.

Amber kam zu unserer nächsten Sitzung und erzählte mir von ihrem Plan: Sie werden zu Hause feiern und dazu nur ihre Familie und einige Mädchen aus ihrer Klasse einladen, die, mit denen sie ins Einkaufszentrum gegangen war, denn eine von ihnen hatte Amber bereits zu ihrer Bat-Mitzvah eingeladen. Alles ging viel zu schnell: Amber war enttäuscht vom Catering, das wegen seines Preises ausgewählt worden war, aber die Veranstaltung entwickelt sich sehr gut. Die Cousins und Cousinen väterlicherseits bereiten ein Lied vor; aus der Familie ihres Vaters kommen alle, man schiebt die Geldsorgen beiseite und »amüsiert sich«. Während sie mir aufgeregt davon erzählt, ganz anders als ihre übliche präzise und akribische Art, bemerkt sie beiläufig, dass alle sie liebten und dass es Spaß gemacht habe, außer dass es sie störte, ihre Cousins zu sehen, die »alle schwarz und hässlich« waren.

Sie holt die Speed-Karten heraus und unsere Hände rasen wieder über den Tisch. Während wir spielen, betrachtet sie ihre Hände und sagt – teils zu sich selbst, teils zu mir, als würde sie scherzen: »Vielleicht erfinden sie eine Art Seife, damit ich meine Hände waschen kann und sie weiß werden.« Ich sage: »Du willst die Hautfarbe deines Vaters abwaschen.« Sie lächelt und ist von der Idee angetan: »Dann kann ich ein Bad nehmen und meinen ganzen Körper waschen.« Wir spielen mit dem Gedanken an hautverändernde Seife: Ich schlage vor, dass »manche Frauen vielleicht Bräunungsseife mögen, weil sie gerne braun aussehen«, und sie sagt, dass »ein indisches Mädchen sich rot einseifen könnte« usw. usw.

Nachdem die Sitzung mit viel Gelächter und Freude zu Ende gegangen war, wurde es mir klar: Lieber Gott, denke ich mir, die ganze Zeit hat sie versucht, die Hautfarbe des Vaters abzuwaschen. Wie ihre Mutter fühlte sie sich durch die Herkunft des Vaters beschämt. Als die Mutter ihren Stolz auf die Talente und den Erfolg ihres Mannes verlor, versagte die Fähigkeit des Mädchens, sie in ihrer Enttäuschung über ihn zu trösten, ebenso wie ihr Wertgefühl, die Tochter eines mächtigen Vaters zu sein. Ihre körperliche Existenz war so sehr mit ihm verbunden und wurde dann als Schmutz empfunden, den sie dringend abwaschen musste.

Dies war natürlich nicht unser einziges Gesprächsthema; wir sprachen über ihre Großmutter und ihren Bruder, über ihre Wut und den Leistungsdruck und hin und wieder über das, was sie über die Situation zwischen ihren Eltern mitbekommen hatte – immer dann, wenn sie ihre Scham überwinden konnte und es mir mitteilte. Und natürlich über die üblichen Schulangelegenheiten: Lehrer, Freunde und Prüfungen… Unsere Gespräche verliefen in etwa so, wie ich sie hier beschrieben habe, ein fortwährendes Geschwindigkeitsspiel, das gelegentlich eine Tür öffnet, oft, weil ich etwas über die Art und Weise, wie sie spielte, kommentiere oder frage und sie darauf antwortet.

Aus dieser komplexen Therapie wählte ich eine Linie der Therapieentwicklung aus, die mir im Nachhinein zentral und bedeutsam erschien: die Linie, die die Gefühle der Fremdheit und des Unterschieds in der Zugehörigkeit betraf, eine Linie, die durch empathisches Engagement eine Veränderung in Ambers Selbsterfahrung ermöglichte. Der entscheidende Faktor war mein Einfühlungsvermögen in das zugrundeliegende Gefühl der körperlichen Ähnlichkeit, das die Möglichkeit bietet, die Gleichheit zu fühlen, die die notwendige Verschmelzung und die späteren Zwillingserfahrungen ermöglicht. Wenn die körperlichen Unterschiede dieses Grundgefühl stören, wird es als empatihsches Versagen erlebt. Amber hat wahrscheinlich gespürt, dass ich das zutiefst verstanden habe.

Einige Sitzungen später bat mich Amber, ihr dabei zu helfen, sich nicht mehr die Hände zu waschen. Sie sagte, sie wolle es nicht mehr tun, und bot mir an, eine Karte mit Smiley-Aufklebern zu machen (wie kleine Kinder sie haben) und sich selbst einen zu geben, wenn sie es schaffte, ihre Hände nur einmal nach dem Essen oder dem Toilettengang zu waschen. Sie schlug vor, die Karte mitzunehmen, damit wir sehen können, wie sie sich macht. Ich bin begeistert von dieser Entscheidung und teile ihr meine Gedanken mit, dass sie bisher verzweifelt versucht hat, ihre Farbe abzuwaschen, und dass sie jetzt das Gefühl hat, dass sie etwas tun könnte, um dieses Verhalten, das sie so sehr stört, zu ändern, anstatt die Farbe abzuwaschen. Sie bereitet die Tabelle in meinem Büro vor, und im Laufe der nächsten Monate zeigt sie immer größere Fortschritte. Das hat einige Zeit gedauert; wir begannen jede Sitzung auf Ambers saubere und präzise Art: Sie schaut auf die Tabelle, zählt, und ich versuche, sie in ihre Momente des Unterlassens und Überlegens zurückzuversetzen, indem ich versuche zu hören, was sie durchgemacht hat – gefolgt von einer Menge freudiger Geschwindigkeit, die jetzt gelegentlich durch kurze Anfälle von Monopoly ersetzt wird: eine weitere befreiende Erfahrung.

Amber bittet darum, ihre Therapie zu beenden. Sie hat nicht mehr das Bedürfnis zu kommen und möchte ihre Nachmittage mit ihren Freunden verbringen. Wir spielen Speed, reden und verabschieden uns, weil wir spüren, wie viel wir erreicht haben.

Jahre später, vor nicht allzu langer Zeit, traf ich zufällig ihre Mutter. Ich erfuhr, dass Amber zu einer charmanten, talentierten und schönen jungen Frau herangewachsen ist, dass sie einen Freund hat und das Leben genießt. Sie hat nur noch eine besondere Empfindlichkeit gegenüber Sauberkeit und Ordnung. »Sie ist genauso zwanghaft wie ich«, lächelt die Mutter, »nichts weiter.« Ich erinnerte mich an die zwei Seiten dieses Kindes, das sich mit seiner Mutter identifizierte und deren Zwanghaftigkeit es verinnerlicht hatte, indem es verzweifelt versuchte, die Hautfarbe, die es von seinem Vater bekommen hatte und alles wofür diese stand, zu entfernen. Ich dachte darüber nach, wie sie heute in der Lage sein muss, das Wissen um die Vorzüge ihrer Hautfarbe zu bewahren und nicht nur die Erfahrung ihrer Minderwertigkeit.

Aus dem Englischen übersetzt von Andrea Harms

Literatur

Fosshage, L.J. (1992): Self-psychology: The self and it's vicissitudes within a relational matrix. In: *Relational Perspectives in Psychoanalysis*. Hrsg. v. S.C. Warshaw & N.J. Skolnick. Hillsdale, NJ: The Analytic Press, S. 21–43.

Kohut, H. (1973): *Narzissmus. Eine Theorie der psychoanalytischen Behandlung narzisstischer Persönlichkeitsstörungen*. Frankfurt a. M.: Suhrkamp.

Kohut, H. (1979): *Die Heilung des Selbst*. Frankfurt a. M.: Suhrkamp.

Lindgren, A. (1956): *Noriko-San aus Japan*. Hamburg: Oetinger.

Andrea Harms / Martin Goßmann

»Warum bin ich nicht wie Du?«[1] –
Diskussion des Falles von Rahel Kella

In meiner Diskussion von Rahels Fall nehme ich eine entwicklungsbezogene Perspektive ein. Bekanntermaßen ist das aber ein enorm weites Wissensgebiet und so habe ich nur einige Aspekte der kindlichen Entwicklung ausgewählt, die mir im Zusammenhang mit dem gegebenen Fallmaterial interessant zu sein schienen: Z. B. wie wichtig das »Transgenerationale« ist, also was von Generation zu Generation weitergegeben wird und wie es die Sicht eines Kindes auf sich selbst beeinflusst.

Von Beginn an stand ich in ausführlicher Diskussion mit meinem Kollegen Martin Goßmann und es ergaben sich folgende Aspekte:

Seit Freuds folgenschwerem Schwenk weg von der »Verführungstheorie« hin zu der Annahme, dass manche vermeintlichen Erinnerungen in Wirklichkeit verdrängte Wünsche darstellen, hat die Psychoanalyse und die darin enthaltene Entwicklungspsychologie (spätestens seit den Arbeiten von Daniel Stern und anderer Entwicklungsforscher, wie z. B. Beatrice Beebe) eine andere Wende vorgenommen: nehmen wir an, dass die Erfahrung unserer Selbst und unserer Umwelt, insbesondere die erlebte Reaktion unserer Umwelt auf uns, einen wichtigen Einfluss auf unsere Entwicklung haben. Gemäß dieser Sichtweise sind es Erlebnisse und Erfahrungen, die unser Bild unserer Selbst prägen, ist es »lived experience«, die sich in unserer Selbsterfahrung und unserer Umwelterfahrung zum Beispiel in den Repräsentationen des Selbst und den Repräsentationen des Selbst mit dem Anderen zeigen. Wer wir sind und wie wir betrachtet werden, was wir von uns zum Ausdruck bringen und wie das – mit einer impliziten Bewertung – beantwortet wird, sind mit einander verwoben. Gerade diese Verwobenheit war es, die Heinz Kohut zu der Entwicklung der Psychologie des Selbst brachte, in der die Beeinflussung des Selbsterlebens im direkten Zusammenhang mit dem Erleben der Qualität der Antwort der Umgebung darauf ins Zentrum gerückt ist.

Aber was hat all das mit Amber zu tun und mit der »transgenerationalen« Dimension, mit der Dimension, die über das unmittelbar Erlebte hinausgeht? Die sich auf Zeiten bezieht, die vor der Geburt der Betroffenen liegen?

Wer wir sind, wie wir bewertet werden, wie unser So-Sein bewertet wird, das können wir aus den Reaktionen der Umwelt auf uns ablesen. Amber weist uns, das

---

1   Die vorliegende Diskussion ist eine aktualisierte Version der Diskussion einer Fallpräsentation von Rachel Kella bei der »37th Annual IAPSP Conference in Jerusalem, Israel« im Oktober 2014.

ist jedenfalls unserer Hypothese, auf eine weitere Dimension des Selbsterlebens hin: auf das, was Soulé (1990), Bürgin (1993) und Stern (1998) so eindrücklich in ihren Untersuchungen der möglicherweise prägenden Interaktionen zwischen Neugeborenen oder Kleinkindern und ihren Bezugspersonen geschildert haben: Wie sehr diese Interaktionen davon geprägt sein können, welche Annahmen die jungen Eltern über ihre noch zu gebärenden Kinder haben, welche Zuschreibungen sie dabei machen; sei es in der Erwartung, wie das noch zu gebärende oder schon geborene Kind sein soll oder aber eben gerade nicht sein soll. Hier werden Erwartungen kommuniziert, die nicht verbal zum Ausdruck gebracht werden und die gleichzeitig einen Rahmen darstellen, innerhalb dessen das Kind beobachtet und bewertet und daher beantwortet wird.

Aber die Frage ist: Gibt es nicht auch genau das Gegenteil? Gibt es nicht auch die Dimension, dass nicht nur Eltern ihren Kindern gewisse Qualitäten zuschreiben, »for better or for worse«, sondern dass Kinder ihren Eltern Qualitäten zuschreiben? Qualitäten, die dadurch eine besondere Wirkung entfalten, als sich das Kind mit diesen Qualitäten in Verbindung bringt? Mit dem Konzept der Idealisierung und der Zwillings-Selbstobjekt-Erfahrung hat Kohut die Möglichkeiten beschrieben, mit denen wir uns und unseren Bezugspersonen Qualitäten zuschreiben können, an denen wir dann gleichzeitig Teil haben. Ich selbst muss nicht alles wissen und alles schaffen, weil ich ja einen Vater oder eine Mutter habe, die das tun und über die sich dies auch in meinem Leben auswirkt. Was aber, wenn wir annehmen, dass in unserem Vater, in unserer Mutter etwas »steckt«, mit dem ich in gleicher Weise verbunden bin, das aber negativ bewertet wird?

So wird das Selbstbild (Identität) nicht nur anhand der Erfahrungen im eigenen Leben herausgebildet, sondern bezieht sich einerseits auch auf richtige und falsche, förderliche und hinderliche Zuschreibungen, die auf den Erwartungen der Umwelt basieren, wie wir sein sollen oder eben nicht sein sollen; und es fließen andererseits Bewertungen ein, die wir auf der Basis unseres Wissens über und unserer Zuschreibungen auf unsere Vorfahren vornehmen und dann auf uns selbst beziehen. Hier fließen also frühere Ereignisse, Ereignisse vor der zunehmend bewusster erlebten Lebenszeit des Individuums, Ereignisse aus der »Geschichte« in das Narrativ ein, das durch die psychische Verfasstheit der Bezugspersonen gefiltert und dementsprechend mit dieser oder jener affektiven Tönung an die nachkommende Generation übermittelt wird. Auch als Botschaft, »wer« und »wie« man »ist« oder eben auch sein soll oder nicht sein soll. Was aber tun, wenn man nicht so ist, wie man sein sollte? Diese Frage kann sehr existentiell werden. Und es stellt sich für die Entwicklung eine andere Frage: Kann ich mich selbst aus diesen Zuschreibungen entlassen? Muss ich daraus entlassen *werden*? Von wem?

In der Entwicklungspsychologie sehen wir in der Pubertät eine Phase, in der die Lösung aus der Familie mit der zunehmenden Hinwendung zur Peergroup verbunden ist.

Ist dies ein Zeitpunkt, in dem sich die Botschaften, die Werte und Ideale, die Lebensentwürfe, die uns unsere primären Bezugspersonen vermittelt haben, angesichts der aktuelleren Bewertungen und Lebensentwürfen relativiert oder sogar von ihnen abgelöst werden? All dies waren Erwägungen, die im Bemühen angestellt wurden zu verstehen, was Amber über sich vermittelt – auch in ihrem »Symptom« – und auch zu verstehen, was es sein mag, was sie sich wünscht oder für ihre weitere Entwicklung brauchen könnte. Mit diesen Erwägungen im Hintergrund wird die Geschichte dieses Mädchens so wiedergegeben, wie man sie hören oder auch »lesen« kann; im unmittelbaren Text und zwischen den Zeilen.

Ich war sehr berührt, als ich die endgültige Fassung des Papiers zum ersten Mal las. In ihrer Einleitung erzählt uns Rachel etwas sehr Persönliches und wie sie einen Schmerz gelöst hat, der zu ihren eigenen Lebensjahren gehört. Ich zitiere: »Ich erinnere mich, wie ich als großes, dünnes und dunkelhäutiges Mädchen meine Mutter betrachtete, die hellhäutig, klein und mollig war. In schmerzlicher Verwunderung fragte ich mich immer wieder, warum ich ihr nicht ähnlicher war, wie es sein konnte, dass ich in ihrem Körper mit einem so anderen Aussehen geboren wurde.«

Diese Frage stellte sie nicht nur sich selbst, sondern sie wurde auch häufig von anderen gefragt, woher ihre Eltern kamen.

Rachel löste einen Teil ihres Problems, indem sie sich eine Antwort ausdachte: »Ich habe mir eine komische Antwort ausgedacht, die auf einem meiner Lieblingskinderbücher basiert – *Noriko San, Girl of Japan* –, das von einer Begegnung zwischen einem dunkelhäutigen und braunäugigen japanischen Mädchen und einem blonden, hellhäutigen und blauäugigen schwedischen Mädchen erzählt: Ich sagte, dass mein Vater Schwede ist und meine Mutter Japanerin.«

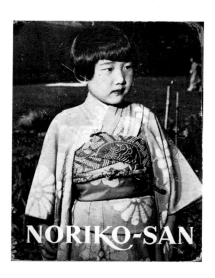

Aber Rachel, wie klein die Welt ist... unglaublich! Noriko San war auch MEIN Lieblingskinderbuch, da, wo ich zu Hause bin, in Österreich! Sofort sah ich mich bei meiner Großmutter sitzen und das Buch durchblättern, die Seiten mit den Fotos berühren, reden, lachen, mich neugierig »an das Fenster des Flugzeugs lehnen und auf diese neue, fremde Welt hinunterschauen«.

Meine Familie glaubt immer noch, dass es der Lektüre von *Noriko San zu* verdanken ist, dass ich Europa mit meinem Mann so leicht verlassen konnte und in den Urwald nach Indonesien ging, um dort sechs Jahre lang zu leben und zu arbeiten.

Einer der Hauptaspekte, die ich selbst aus diesem Buch mitgenommen habe, war die tiefe Erkenntnis, dass man auf der Grundlage *einer* – oder besser: eingebettet *in eine* sichere und liebevolle Beziehung an weit entfernte und fremde Orte auf der anderen Seite der Welt reisen kann – in der Fantasie oder in der Realität, das spielt keine Rolle!

Aber schauen wir uns Amber an: Wer ist Amber? Wer ist Amber in ihrer eigenen Vorstellung, wer ist Amber in der Vorstellung ihrer Mutter und ihres Vaters? Was bedeutet ihre Hautfarbe für sie, was bedeutet sie für ihre Mutter, für ihren Vater, für ihren Bruder, für ihre Altersgenossen. Und warum ist sie wichtig?

Was sagt die Hautfarbe über einen selbst aus? Und wer ist man, wenn man die eigene Hautfarbe tatsächlich abwaschen könnte? Wird man dann mehr man selbst sein als vorher?

Noriko San, die Geschichte über die imaginäre Reise in ein Land mit einer anderen Kultur, einem anderen Lebensstil, wo die Dinge anders *sind* und die Menschen anders *aussehen*, ist die Geschichte über eine Fantasie; eine Fantasie, dass ich ich selbst sein kann und das gleichzeitig auf verschiedene Weise. Nicht verschiedene Menschen, sondern verschiedene »Ichs«.

Winnicott vertrat die Ansicht, dass es für Kinder wichtig ist, zu fantasieren. Anstatt wie Freud davon auszugehen, dass die Anerkennung der Realität die wichtigste Entwicklungsleistung ist, argumentierte Winnicott, dass die Nichtakzeptanz der Realität größere Räume eröffnet und den Horizont erweitert, so dass sich Kreativität entfalten kann. Und Kreativität ist nicht nur ein Hirngespinst: Kreativität kann tatsächlich zu Veränderungen der Realität führen. Die Fantasie ist nicht das Gegenstück zur Realität.

Nein, man kann seine Hautfarbe nicht abwaschen. Aber man kann mit dem Gedanken spielen, auf welche Weise man anders wäre – und sich deshalb auch anders fühlen würde, wenn man seine Farbe ändert.

Damit ändert man etwas an sich, das jeder um einen herum sehen kann und das nicht nur ein wichtiger Aspekt dessen ist, *was* man ist – sondern etwas, das andere als Mittel zur Beurteilung von einem selbst, zur Beurteilung von einem selbst als Person verwenden könnten. Darüber, *wer* man ist. Und die Bewertung dessen, was die Hautfarbe über einen selbst aussagt, kann positiv sein, sie kann aber auch negativ ausfallen.

Offensichtlich ist Amber zu dem Schluss gekommen, dass ihre dunklere Haut etwas Negatives über sie aussagt – aber warum? Warum ist sie nicht stolz darauf, so dunkel wie ihr Vater zu sein? Warum will sie so hell sein wie ihre Mutter? Oder vielleicht wie der Vater ihrer Mutter? Warum spielt die Hautfarbe nicht nur zwischen ihr und Gleichaltrigen eine Rolle, sondern auch innerhalb ihrer Familie?

Hier ist nun eine Einladung: Lassen Sie uns gemeinsam eine Fantasiereise in die Vergangenheit unternehmen, in Ambers eigene Geschichte, zu ihren Vorvätern und Vormüttern, um vielleicht einige Antworten auf meine Fragen zu finden.

Und wir sollten bedenken, was dies nicht nur für Amber, sondern auch für ihre Eltern bedeuten könnte; so dass sich nicht nur Amber fragt, wie sie mit ihren Eltern und deren Geschichte verbunden ist, sondern auch umgekehrt: Wie Amber von ihren Eltern als mit ihrer Vergangenheit verbunden angesehen werden könnte.

Die Familie des Vaters der Mutter stammt aus Polen, und ein wichtiger Faktor im Leben der Familie ist, dass der Vater so früh starb, dass Ambers Mutter keine konkrete Erinnerung an ihn hat (sie war damals drei oder vier Jahre alt). Sie war ein Einzelkind, wurde von ihrer verwitweten Mutter wie eine Prinzessin aufgezogen und mit idealisierenden Erzählungen über ihren Vater genährt. Sie hatte vielleicht nicht das Vergnügen, ihn zu kennen und mit ihm aufzuwachsen – aber sie konnte die Vorstellung haben, dass er wunderbar war und dass es wunderbar gewesen wäre, mit ihm aufzuwachsen.

Wenn dies die einzige Art und Weise war, wie Mutter und Tochter mit der Tatsache seines Verlustes umgingen, müssen wir annehmen, dass die Fantasiebilder starr waren, d. h. keine Veränderung durch die Realität möglich war und dass die beiden nicht genug über den Verlust getrauert haben.

Und hier kommt eine Theorie ins Spiel, die wir intergenerationale oder transgenerationale Übertragung nennen. Etwas, das in der Generation, zu der es gehört, nicht gelöst wurde, wird an die nächste Generation weitergegeben (übertragen) und hinterlässt überall Spuren. Die Literatur befasst sich hauptsächlich mit der Übertragung von Traumata, aber dieser Fall zeigt, wie viele andere wichtige Faktoren übertragen werden: Werte und Ideale, Hoffnungen, Erwartungen, unerfüllte Träume, optimistische oder pessimistische Prognosen, positive oder negative Einschätzungen des eigenen Werts als Mensch und als Sohn oder Tochter unserer Eltern.

Aus generationsübergreifender Sicht gibt es mehrere Möglichkeiten: Ambers Mutter kann sich einen Lebenspartner suchen, der ihr das zurückbringt, was sie verloren hatte. Oder sie könnte ihr zukünftiges Kind mit bestimmten Zuschreibungen ausstatten, die die Möglichkeit eröffnen, bestimmte Eigenschaften des Vaters wiederzuerkennen – so dass das, was verloren ging, in der Generationenkette wiederbelebt wird. Auf diese Weise wäre es nicht für immer verloren und müsste auch nicht betrauert werden.

Diese Perspektive ist zudem eingebettet in die Theorie (die man auch als Beobachtung bezeichnen könnte, vgl. Soule, Bürgin, Stern), dass wir unsere Kinder schon bei der Zeugung und während der Schwangerschaft – also lange vor der Geburt – mit Attributen ausstatten, die sich auf unsere *eigene* Geschichte beziehen. Entweder in einer Weise, die dazu dient, positive Erfahrungen in die Zukunft hinein zu verlängern oder eine Wiederholung negativer Erfahrungen zu verhindern und damit eine bessere Zukunft zu ermöglichen; für uns selbst <u>oder zumindest</u> für unsere Kinder.

Der Vater wurde in eine Familie geboren, die aus dem Irak nach Israel kam und Schwierigkeiten hatte, über die Runden zu kommen. Es war ein traditioneller und sehr zionistischer Haushalt, die Mutter musste als Haushälterin arbeiten und der Vater eröffnete ein Geschäft als Gemüsehändler.

Die Ausbildung der Kinder hatte oberste Priorität. Ambers Vater ging früh arbeiten, entgegen dem Wunsch seiner Eltern, die wollten, dass er eine höhere Ausbildung absolviert. Nachdem er mehrere Jahre lang verschiedene Jobs ausprobiert hatte, beschloss er, auf der Grundlage einer von ihm entwickelten Idee und eines sehr enthusiastischen Co-Investors sein eigenes Unternehmen zu eröffnen. Und er war lange Zeit sehr erfolgreich.

Ambers Eltern stammen nicht nur aus unterschiedlichen ethnischen und sozioökonomischen Verhältnissen, sondern sie scheinen auch zwei Gegensätze zu vereinen.

»Die Mutter war eine schlanke, kleine und blonde Frau, die einfach, aber sorgfältig gekleidet war und die eine gewählte und reiche Sprache benützte, die ihre hohe Bildung betonte; der Vater war sehr groß, leicht übergewichtig und hatte eine breite, ausladende Körpersprache. Ich hatte den Eindruck, dass die Mutter sich ihrem Mann insgeheim etwas überlegen fühlte, während sie ihm nach außen hin den größten Respekt entgegenbrachte, ihm das Wort erteilte und stolz auf seine Leistungen war.«

In Zusammenhang mit dem Erleben des Kindes glaube ich, dass die unausgesprochene Überlegenheit der Mutter in Bezug auf die Herkunft des Vaters ausschlaggebend dafür war, dass Amber eine negative Einstellung zu ihrer dunklen Hautfarbe und allem, was damit zusammenhängt, entwickelt hat.

Warum hat sich die Mutter für diesen Mann entschieden, obwohl Ambers Großmutter die Wahl ihrer Tochter offenkundig nicht gutheißt? Sie wählt einen Mann zu ihrem Ehemann und zukünftigen Vater ihrer Kinder, der kein Ersatz für ihren Vater sein kann – das sieht man schon, wenn man ihn ansieht. Indem sie ihn wählt, so meine Hypothese, ist sie in der Lage, das idealisierte Bild ihres Vaters aufrechtzuerhalten. Vielleicht will sie sogar ihre eigene Mutter davor schützen, ihn mit ihrem verstorbenen Mann zu vergleichen.

Und auf diese Weise wird das Problem an die nächste Generation weitergegeben, wird stillschweigend in die inneren Bilder und Vorstellungen der nächsten Generation eingewoben. Wir können es in den Symptomen von Amber wiederfinden. »Sie ist genauso zwanghaft wie ich«, sagte die Mutter Jahre nach dem Ende der Therapie lächelnd und hatte das Gefühl, dass die früheren Symptome ihrer Tochter jetzt nichts weiter als eine Überempfindlichkeit gegenüber Ordnung und Sauberkeit sind, wie es in ihrem eigenen Leben schon immer der Fall war.

Am Ende der Behandlung schauen Mutter und Tochter noch immer nicht gleich aus, aber sie schätzen die tiefe innere Verbindung.

Werfen wir einen Blick zurück auf die Symptomatik, wie sie sich zu Beginn darstellt.

Es gibt verschiedene Möglichkeiten, über zwanghaftes Verhalten nachzudenken. Nach der bereits 1988 von Noam formulierten, später von Röper erweiterten und von Bartosch sehr viel differenzierteren – auf selbstpsychologischem Denken basierenden – Theorie dienen zwanghaftes Verhalten und zwanghaftes Denken dazu, einen erlebten Verlust auf »magische Weise« auszulöschen, und stellen somit eine depressionsvermeidende Reaktion dar.

Ein trauriger Affekt soll nicht mehr gefühlt oder nicht mehr erlebt werden. Der zwanghafte Charakter, der dem einzelnen Symptom zugrunde liegt, ist also Ausdruck einer chronischen Unsicherheit. Und in Ambers Familienlinie mütterlicherseits ist es bereits die dritte Generation, die in einer unsicheren Welt nach Gewissheit sucht.

Wenn wir das Symptom betrachten, fragen wir nicht nur: Warum *dieses* Symptom?, sondern auch: Warum *jetzt*? Warum hat Amber das Gefühl, dass sie einen Aspekt ihrer selbst (den sie mit dem Vater teilt) gerade jetzt loswerden muss, d. h. zu dem Zeitpunkt, zu dem der Erfolg ihres Vaters schwindet? Gibt es da einen Zusammenhang oder ist es nur ein Zufall? Ich gehe davon aus, dass es einen Zusammenhang gibt. Denn ich denke, dass Amber ihre Hautfarbe loswerden will, weil sie glaubt, dass eine dunklere Haut etwas Negatives über sie aussagt. Und wir gehen davon aus, dass dies nicht nur der Fall ist, weil man es ihr gesagt hat, sondern wir vermuten, dass sie selbst zu dieser Erkenntnis gekommen ist.

Wir kommen zu einer solch komplexen Reihe von miteinander verknüpften Annahmen, wenn wir uns fragen, ob es für Amber möglich gewesen wäre, ihre dunkle Hautfarbe als etwas Positives und als Zeichen dafür zu betrachten, dass sie die Tochter idealisierbarer Eltern und der Spross einer idealisierbaren Familiengeschichte überhaupt ist.

Warum war das bei ihr nicht möglich? Ganz einfach: Weil die Geschichte ihrer Familienlinie traurige, ja dramatische und höchstwahrscheinlich traumatische Aspekte enthielt, die nicht vollständig überwunden worden waren, die aber zu der Erwartung führten, dass sie überwunden werden können, solange die Schritte, die wir im Leben unternehmen, eindeutig in eine andere Richtung gehen und erfolgreich sind. Erfolg ist ein Gegenmittel gegen die unglückliche Vergangenheit. Wir müssen nicht zurückblicken, solange wir eine angenehme Zukunft vor uns haben. Wir müssen den Verlusten, die wir erlitten haben, nicht nachtrauern, solange wir das Gefühl haben, dass wir einen angemessenen Ersatz gefunden haben.

Wenn unsere Strategie jedoch scheitert, weil die Gegenwart und die Zukunft nicht so positiv sind, wie wir sie brauchen, dann müssen wir uns fragen, was wir übersehen haben. Was ist das Kriterium, das uns sagt, dass wir uns von den richtigen Prinzipien getrennt haben?

Für Ambers Großmutter war es von Anfang an klar. Es war und ist ein Fehler, sich von den Werten ihres verstorbenen Mannes zu trennen; den Werten des privilegierten Stammbaums einer wohlhabenden, gelehrten und angesehenen jüdischen Familie, nämlich: seine außergewöhnliche Intelligenz, seine Leistungen auf dem Gebiet der Wissenschaft. Das waren die Kriterien. Aber leider waren diese Kriterien nicht gut genug, um die Familie des Großvaters / ihres Mannes zu retten. Sie sind nicht so zuverlässig, wie sie sein sollten, um für ein gutes Leben und eine gute Zukunft zu sorgen.

Ambers irakischer Vater, der als Gegengewicht zum Dilemma des Vaters der Mutter diente (der so begabt war, aber starb, als Ambers Mutter noch sehr jung war), weil er sich so offensichtlich von diesem polnischen Juden unterschied, konnte seine idealisierte Position nicht halten, als seine Erfolge schwanden. Nun waren genau die Gründe, die anfangs positiv hervorstachen, ein Grund für seine Entidealisierung. Aber es gab etwas, das Amber mit ihm gemeinsam hatte: ihre dunkle Hautfarbe. Und sie wollte diese loswerden, weil sie ihr deutlich zeigte, dass sie mit ihrer dunklen Haut nicht dazugehörte, nicht dazugehören würde und nicht dazugehören konnte und somit zu einem zweitklassigen Leben als zweitklassige Person verdammt war.

Als Kinder- und Jugendlichen-PsychotherapeutInnen haben wir die Angewohnheit, Momente der Entwicklungsherausforderungen als mögliche Gründe für das »Warum jetzt« zu betrachten. Unter diesem Mikroskop könnten wir die Wurzeln ihrer vorpubertären Krise mit einer Ambivalenz zwischen Abhängigkeit und Autonomie in der Beziehung zu ihrer Mutter beschreiben.

Oder befindet sie sich an der Schwelle zur Pubertät? Es wurde gesagt, dass sie ein hübsches Mädchen ist. Könnte es sein, dass sie unsicher oder sogar voller Angst in Bezug auf ihre vorpubertären / vorgeschlechtlichen Körpergefühle ist? Und deshalb nach Unvollkommenheiten in ihrem Äußeren sucht, unsicher darüber, was es bedeutet, attraktiv gefunden zu werden?

Psychodynamische Formulierungen sind von Natur aus Spekulationen. Sie müssen im Laufe der Behandlung durch den Prozess der gemeinsamen Erforschung des komplexen Zusammenspiels all jener Faktoren bestätigt werden, die die Art und Weise bestimmen, wie wir uns selbst erleben und den notwendigen Selbstzusammenhalt und ein positives Selbstbild entwickeln und aufrechterhalten.

Amber zeigte, dass ihr Selbstbild nicht positiv war und dass sie hoffte, die Aspekte loswerden zu können, die bewiesen, dass sie wertlos war. Und sie machte ihre Hautfarbe dafür verantwortlich.

Bei der Entwicklung dieser psychodynamischen Hypothese integrieren wir die Bewertung der Auswirkungen der psychosozialen Phänomene, die mit der Ablehnung, der Ausweisung und dem Zwang, das vertraute Umfeld (kulturell, ethnisch, national) zu verlassen, einhergehen, mitsamt der Bewertung der Zuschreibungen an unsere Kinder sowie an unsere Eltern und unsere Familienlinie im Allgemeinen. Wir glauben also, dass es nicht nur so ist, dass Eltern ihre Kinder mit jenen Eigenschaften ausstatten, die für die Eltern in Bezug auf ihre eigene Biografie von besonderer Bedeutung sind, sondern dass auch das Gegenteil der Fall ist: dass Kinder ihre Eltern mit bestimmten Eigenschaften ausstatten, die für die Entwicklung des Kindes notwendig sind.

Die Selbstobjektdimensionen der Idealisierung und der Gleichheit haben eine wichtige Funktion in der Entwicklung des Kindes, da sie dem Kind ermöglichen, sich als direkt mit dem allmächtigen, allwissenden Elternteil verbunden zu erleben. Konkrete Erfahrungen, die die Gültigkeit dieser Erfahrung in Frage stellen, sind daher für das Kind schwierig, da es die unmittelbare Verbindung zur Quelle der entwicklungsbedingt notwendigen Idealisierung des Elternteils verliert. Es mag nicht der Fall gewesen sein, dass Amber selbst ihren Vater als weniger idealisierbar ansah, als seine beruflichen Erfolge schwanden; die Entidealisierung kann durch implizite oder explizite Abwertung durch andere hervorgerufen werden, insbesondere durch die Ehepartnerin, die ihr Bündnis (oder das Fehlen desselben) mit ihrem Mann kommuniziert.

Zusammenfassend lässt sich sagen: Innerhalb dieses komplexen Zusammenspiels von Faktoren, die ihren Ursprung in der Familiengeschichte haben, den Besonderheiten der Beziehung ihrer Eltern zueinander und zu ihr, d. h. den vielfältigen Aspekten und Quellen von Repräsentationen und deren Selbstobjektdimensionen, habe ich versucht, Ambers Symptome so zu verorten, dass sie weder in Bezug auf den Zeitpunkt des Auftretens noch in Bezug auf die Art und Weise des Symptoms zufällig waren.

Im Hinblick auf das Konferenzthema beleuchtet meine Diskussion einen wichtigen Aspekt der Entwicklung, nämlich die Frage, wie kulturelle und soziale Einstellungen zu sozialem Status, Reichtum und Traditionen, wie sie sich in den östlichen und westlichen Kulturen unterscheiden, die innere Welt eines heranwachsenden Kindes beeinflussen.

Lassen Sie mich nun noch einmal kurz zu *Noriko San* zurückkehren: Ich erinnere mich, wie ich mit meiner Großmutter zusammensaß und das Buch durchblätterte, die Seiten mit den Fotos berührte, redete, lachte, fantasierte und dabei neugierig »am Flugzeugfenster lehnte und hinunterschaute« auf diese neue, fremde Welt… wie ich schon sagte. Und hier ist die Brücke zur Therapie: Eine Therapie, in der ein Beobachter von außen vielleicht zwei Menschen beim Kartenspielen sieht. Aber wo ein innerer Beobachter sehen kann, dass das stundenlange Spielen von Speed dazu diente, eine sichere Basis zu schaffen, und wo er zu schätzen weiß, was es bedeutet, in der Gegenwart und im Zusammenspiel *mit* jemand anderem derjenige zu sein, der man ist.

Eine Therapeutin gefunden zu haben, bei der die Hautfarbe anerkannt werden konnte und kein Grund zur Abwertung war, mit der Amber ihre Tränen über die Frage teilte, ob es nicht die richtige Ordnung der Dinge ist, dass Töchter und Mütter gleich aussehen müssen, mit der sie anfing, mit der Idee einer hautfarbenverändernden Seife herumzuspielen. Das war vielleicht die konkrete Erfahrung, die Amber nutzen konnte, um sich wieder auf Andere einzulassen, ohne befürchten zu müssen, dass bestimmte unbestreitbare Merkmale ausgelöscht werden müssen, bevor solche wichtigen Beziehungen zu Anderen möglich sind: dazuzugehören und geschätzt zu werden als Freundin, als liebenswerter Mensch, als Mitglied der Gruppe. Und als Mitglied einer Familie, in der traurige Aspekte der Vergangenheit anerkannt werden können und nicht durch Verleugnung, affektive Distanzierung (Dissoziation) oder eine konkretistische Anstrengung, zu beweisen, dass die Zukunft anders ist, solange wir genug Einkommen, genug akademische Referenzen, eine schöne Haut haben… was auch immer.

Ich greife das Bild einer Mutter auf, die mit ihrem Kind zusammensitzt, einen Raum zwischen den beiden öffnet (wie wenn man gemeinsam ein Buch liest und auf eine Fantasiereise geht) und dabei die Möglichkeit hat, Affekte zu teilen, zu reden, traurig zu sein und zu lachen über das, was zwischen den beiden gleich und verschieden ist, und sich so zu Hause und zugehörig zu fühlen.

Es ist dieses Zusammenspiel, das den Gefühlen der Individuen sowie den vielfältigen gegenseitigen Einflüssen, die sich auf die Repräsentationen des Selbst und des Selbst mit dem Anderen auswirken, Raum lässt, das die Essenz der Selbstpsychologie und der in eine intersubjektive Perspektive eingebetteten Art des Entwicklungsdenkens ist. Und die Entwicklung und Veränderung zulässt.

Da ich mir sicher bin, dass Entwicklung nie endet und nicht nur Aufgabe von Kindern und Jugendlichen ist, wünsche ich uns allen: Möge das Leben jedem von uns hier und da einen liebevollen Menschen schenken, der sich zu uns setzt…

Literatur

Bürgin, D. (1993): Eltern werden (Anmerkungen zu einer normativen Entwicklungskrise). *Kinderanalyse*, 3. Stuttgart, Klett-Cotta.

Soulé, M. (1990): Das Kind im Kopf. In: J. Stork (Hrsg.): *Neue Wege im Verständnis der allerfrühesten Entwicklung des Kindes*. Stuttgart: frommann-holzboog.

Stern, D. N. (1998): *Die Mutterschaftskonstellation*. Stuttgart: Klett-Cotta.

Karoline Windhager
Insel der Gezeiten. Von Isolation und Verbundenheit

Zum besseren Verständnis meiner nachfolgenden Falldarstellung, bei der ich der Beschreibung des gemeinsamen psychoanalytischen Prozesses den Vorrang vor theoretischen Bezügen gebe, möchte ich mit einer kurzen Einleitung beginnen, in der ich versuchen werde zu skizzieren, welche theoretischen Konzepte und Überlegungen mir im Rahmen meiner psychotherapeutischen Arbeit Halt und Heimat bieten.

Es begann in meiner frühen Jugend, mit Texten von Sigmund Freud, später Alice Miller. Sie brachten etwas in mir zum Klingen, das mich faszinierte und eine tiefe Sehnsucht in mir weckte, vielleicht auch einen Funken Hoffnung. Damals blieb es bei der Sehnsucht – diese Welt schien mir unendlich weit entfernt, unerreichbar. Ein langer, gewundener Weg führte mich schließlich Jahre später nach Wien, weitere Jahre später zu meiner ersten, damals noch »klassischen« Psychoanalyse. Es war wie ein Ankommen. Da war Raum für mich, für mein subjektives Erleben. Ich fühlte mich angenommen, verstanden, gehalten. Mein Weg war damit nicht zu Ende. Er führte mich schließlich zu Heinz Kohut, zu meiner Ausbildung beim Wiener Kreis für Psychoanalyse und Selbstpsychologie (WKPS), zu meiner Lehranalyse. Wieder fühlte ich mich ein Stück besser verstanden, wieder fühlte ich mich weniger alleine. Es war, als würde ich zu Hause ankommen – ich fühlte mich zugehörig, fühlte mich verbunden.

Und dann kam ich während meiner fachspezifischen Ausbildung in Kontakt mit Texten von George Atwood, Robert Stolorow, Bernard Brandchaft, Donna Orange, Chris Jaenicke, u. a. Donna Oranges *Emotionale Verfügbarkeit und Intersubjektivität* (1995) war das erste von vielen Büchern, die ich über die Jahre kennenlernen sollte.

Diese Texte, die Haltung der Autor*innen berührten mich auf ganz besondere Weise. Sie ergaben Sinn für mich. Sie sprachen etwas an, das tief in mir schlummerte, etwas das ich aber selbst nie konkret hätte in Worte fassen können, und das mir auch heute nicht immer explizit zur Verfügung steht. Wie eine Ahnung davon, wie Beziehungen und das Leben wirken. Hier erreichte ich auf meinem Weg, der damals vor langer, langer Zeit mit einem ersten flüchtigen (Ein-)Blick auf psychoanalytisches Denken und Verstehen begonnen hatte, eine weitere bedeutsame Etappe.

Neben diesem Blitzlicht auf meinen »Werdegang« möchte ich noch kurz – wenn auch nur angedeutet – auf die intersubjektive Systemtheorie eingehen, um das klinische Material der Fallgeschichte vor diesem theoretischen Hintergrund verständlich(er) zu machen.

Die intersubjektive Systemtheorie, begründet von Robert Stolorow und George Atwood, versteht menschliche Begegnung als »Überschneidung und Wechselspiel zweier oder mehrerer subjektiver Welten«, »*persönliche Entwicklung einschließ-lich der Pathologie (als) voll und ganz in solche relationalen Systeme eingebettet*« (Orange, Atwood & Stolorow, 2001, S. 7). Das Feld, das durch die interagierenden emotionalen Welten beider Beteiligten gebildet wird, rückt ins Zentrum der analyti-schen Untersuchung. Gehen wir davon aus, dass sich das Erleben von Patient*in und Psychoanalytiker*in miteinander verschränken, stehen wir Psychoanalytiker*innen als Teil des intersubjektiven Feldes nicht beobachtend außerhalb des Feldes. Traditi-onelle psychoanalytische Regeln bzw. Forderungen wie die Objektivität oder Absti-nenz der Psychoanalytikerin/des Psychoanalytikers werden von Jaenicke (2006) zum »Mythos« erklärt. Er betont die Bedeutung der tiefen emotionalen Verbundenheit, die sich im therapeutischen Prozess zwischen zwei Menschen entwickeln kann und spricht davon, wie wichtig es ist, sich als Psychoanalytiker*in von den Patient*innen berühren zu lassen. Sich berühren zu lassen, sich dem »*Risiko der Verbundenheit*« (Jaenicke, 2006) auszusetzen, bedeutet auch, mit den eigenen Erfahrungen und Gefüh-len von Vernichtung, Ausgeliefertsein, Hilflosigkeit, usw. in Berührung zu kommen. Das Einlassen auf die eigene Verletzlichkeit, sie zuzulassen, sie zu spüren, sie anzu-erkennen, sich ihr zu stellen, ermöglicht es, sie zu integrieren. Wir müssen uns selbst verändern, um in unseren Patient*innen Veränderung möglich zu machen. »*Damit der Prozess [...] voranschreiten kann, müssen beide Beteiligten über ihren Schatten springen und sich emotional häuten.*« (Jaenicke, 2010, S. 41). Beide sind also auf-gerufen, sich zu verändern. Die Asymmetrie der Beziehung zwischen Patient*in und Analytiker*in wird dadurch nicht angetastet – die Verantwortung liegt klar bei der/m Behandelnden.

Nimmt man diese Überlegungen ernst, muss beim Versuch, psychoanalytische Prozesse zu verstehen und zu beschreiben, auch das Erleben der Psychoanalytiker*in/ des Psychoanalytikers Raum bekommen. Meine Falldarstellung ist ein Versuch, dem Rechnung zu tragen.

Als mir im Frühling 2021 angeboten wurde, im Rahmen eines Online-Symposiums mit israelischen Kolleg*innen eine Fallgeschichte zu präsentieren, fiel meine Wahl recht schnell auf Kornelia. Diese Entscheidung sollte ich während des Schreibens regelmäßig bereuen. Noch nie zuvor hatte ich mit einer Falldarstellung derart gerun-gen.

Schreiben bedeutet für mich immer, mich auf einen langwierigen, oft mühseligen, dann aber doch meist befriedigenden Prozess einzulassen – auf ein Suchen, Finden, Verwerfen, Kreisen, Annähern, ein Springen von Thema zu Thema, ein Sammeln und Niederschreiben all dessen, was mir durch den Kopf geht, ohne sofort auszusortie-ren. Ich folge dem Fluss meiner Assoziationen, unzensiert, ungebremst, mäandernd. Als würde ich »wahllos« Puzzleteilchen einsammeln, von denen ich nicht weiß, zu welchem Puzzle sie gehören, ob sie passen, wohin sie passen – das Bild formt sich während des Tuns, taucht langsam auf, verändert sich laufend, bis es sich schließlich fügt. Immer finden sich auch Puzzleteilchen, die nicht passen und keinen Platz finden, vielleicht zu einem anderen Puzzle gehören. Dennoch sind sie essentieller Teil des Prozesses. Ohne sie könnte das Bild nicht entstehen.

Ich wusste also, über welchen Fall ich schreiben wollte, hatte die vage Idee, mich auf die Stunden und Entwicklungen der letzten Wochen zu konzentrieren, diese als Ausgangspunkt zu nehmen. Und begann dann doch ganz am Anfang – mit unserer ersten Begegnung vor nunmehr über neun Jahren. Ich arbeitete damals in einer sozial-therapeutischen Einrichtung, in der Jugendliche und junge Erwachsene mit psychischen Erkrankungen eineinhalb Jahre Zeit hatten, an ihrer Stabilisierung und ihrem Wiedereinstieg in eine Ausbildung oder in das Arbeitsleben zu arbeiten. Ich begann mit dem Schreiben also ganz am Anfang und füllte Seite um Seite damit, die Geschichte unserer gemeinsamen Reise zu erzählen. Schritt für Schritt brachte ich Kornelias Zeit in dieser Einrichtung detailliert zu Papier – vom Aufnahmegespräch, das ich mit ihr führte, über ihren Ausstieg nach einem Jahr, ihre Rückkehr fünf Jahre später, um dann erneut vorzeitig abzubrechen, bis zu unserer Begegnung vor zwei Jahren als Psychotherapeutin und Klientin in meiner Praxis. Es fiel mir beim Schreiben lange schwer bzw. war es mir unmöglich, mich auf konkrete Aspekte einzulassen… Ich konnte mein Denken nicht lenken… Da war nichts, das ich festhalten konnte, nichts, an dem ich mich festhalten konnte… Und wenn, dann gelang es immer nur kurz und schon zog es mich wieder weg… Ich schien nichts weiter tun zu können, als diesem langen, gewundenen Weg unserer zeitlichen Abfolge zu folgen.

Warum war mir die zeitliche Abfolge der Ereignisse so unsagbar wichtig? Was war da? Ging es mir darum, einen roten Faden in die Flut an Details und Elemente zu bringen? War es ein Versuch, mich zu organisieren? Wie konnte ich diese große Bedeutung einer »richtigen« zeitlichen Abfolge verstehen? Ging es darum, eine zeitliche Achse zu schaffen, um mich zu orientieren? Aus Angst davor, mich zu verlieren? Aber falls dem so war, warum hatte ich Angst davor, mich zu verlieren? Worin verlieren? Warum gerade bei diesem Fall? Was hatte das zu bedeuten? Diese Fragen verfolgten mich, ließen mir keine Ruhe. Und es fiel mir nicht leicht, klare Antworten auf all diese Fragen zu finden. Ein Bedürfnis nach Ordnung spielte wohl mit eine Rolle. Und es schien mir nicht so sehr um Kornelias, sondern um unsere gemeinsame Chronologie zu gehen. Als wäre sie ein Sicherungsseil, an dem entlang ich mich wie eine Taucherin in die Tiefe sinken lassen konnte, und das beim Aufstieg Orientierung bot. Als wäre die zeitliche Abfolge das Einzige, das mir Halt gab … als hätte ich diesen Halt gebraucht – dringend.

Zurück zum Start. Kornelia kam mit einer langen Geschichte psychischer Probleme im Gepäck in unsere Einrichtung – Halluzinationen, Depression, selbstverletzendes Verhalten, Panikattacken, partielle Lähmungserscheinungen, Ohnmachten… Die Liste der Symptome schien schon zu Beginn unserer Bekanntschaft im Jahr 2012 schier endlos. Damals war sie gerade 18 Jahre alt. Kornelias Liste an Symptomen ging Hand in Hand mit einer Liste an Diagnosen: emotional-instabile Persönlichkeits-störung/Borderline-Typ, Depression, Panikattacken, dissoziative Störung. Für meine Kolleg*innen in der Institution waren Diagnosen von großer Bedeutung, für mich weniger. Ich bin überzeugt davon, dass unsere Beziehung dadurch gestärkt wurde. Für mich war sie nicht »Kornelia mit emotional-instabiler Persönlichkeitsstörung«, ich behandelte sie auch nicht so. Ich sah sie als Kornelia mit K und das spürte sie. Für mich war sie eine junge Frau, die unter emotionalen Ausbrüchen litt, unter unendlich beängstigenden psychotischen Episoden, unter Einsamkeit, tief verankerten Gefühlen von innerer Leere. Ich sah eine junge Frau, die sich nach Freundschaft sehnte, nach Liebe, eine junge Frau, die darum kämpfte, ihren Weg und ihren Platz im Leben zu finden, die darum kämpfte zu verstehen. Kornelia blieb für ein knappes Jahr bei uns.

Fünf Jahre später kehrte Kornelia zurück. Auf den ersten Blick schien sich nicht viel verändert zu haben: die selbe Liste an Diagnosen, die selbe Liste an Symptomen, mehr oder weniger die selbe Liste an Medikamenten. Und doch hatte sich in der Zwischen-zeit viel ereignet: sie hatte wiederholt versucht, eine Arbeit zu finden, die ihr gefiel und die sie über einen längeren Zeitraum halten könnte. Sie hatte im Alter von 20 Jahren geheiratet, nur um ihren Traum von einer eigenen perfekten Familie nach lediglich einem Jahr in Scherben liegen zu sehen. Nach einer schmutzigen Scheidung blieb sie mit Schulden, die ihr Ehemann angehäuft hatte, allein zurück. Da waren Freundschaf-ten, die sie geschlossen und wieder verloren hatte, Enthusiasmus und Enttäuschung.

Wir freuten uns beide darüber, einander wiederzusehen. Für Kornelia war es etwas Besonderes, mich immer noch in der Institution anzutreffen. Ich war die letzte ver-bleibende Trainerin meines alten Teams – uns verband also als einzige eine gemein-same Geschichte. Sie fühlte sich dadurch als etwas Besonderes, es machte unsere Beziehung zu etwas Besonderem. Kontinuität – Kontinuität über Jahre hinweg – bildete und bildet immer noch ein wesentliches Element unserer Beziehung.

Es folgte ein turbulentes Jahr: Erfolge und Misserfolge wechselten einander ab. Freundschaften für's Leben wurden geschlossen und gingen zu Bruch. Eine Liebes-geschichte voller Hoffnung und Träume endete in Gewalt. Immer wieder wurden stabile Phasen von emotionalen Tiefs und psychotischen und dissoziativen Episo-den unterbrochen. Nicht nur einmal wurde ich von Kornelias Kolleg*innen in den Kursraum gerufen, um sie durch Ohnmachten oder Anfälle von partieller Lähmung zu begleiten. Oder man fand sie im Gang liegend, unfähig sich zu bewegen oder zu sprechen, ohne aber das Bewusstsein verloren zu haben. Oder ich wurde geholt, wenn sie im Kursraum mit beiden Fäusten mit voller Kraft auf ihren Kopf einschlug. Diese selbstverletzenden Episoden entzogen sich ihrer Erinnerung. Sie hatte keine Ahnung, was sie hervorrief.

Wieder verließ uns Kornelia vorzeitig. Diesmal mit der Ankündigung, dass wir beide uns wiedersehen würden! Sie war fest entschlossen, bei mir Psychotherapie zu machen.

Sie wusste, dass sie noch einige Monate würde warten müssen, aber das war in Ordnung. Auch für mich war es gut vorstellbar, eines Tages Kornelias Psychotherapeutin zu werden. Ich mochte sie wirklich. Gleichzeitig bezweifelte ich, dass das jemals so sein würde. Aber Kornelia sollte mich eines Besseren belehren. Sie rief mich tatsächlich einige Monate später an und wir vereinbarten ein Erstgespräch im Januar 2019. Zwei Tage vor dem Termin meldete sie sich bei mir. Sie schluchzte herzzerreißend: sie hatte sich schwer selbstverletzt, war von intensiven und sehr konkreten suizidalen Gedanken derart in Angst versetzt worden, dass sie sich selbst in die Psychiatrie hatte einweisen lassen. *»Nun, wenn Sie nicht zu mir in die Praxis kommen können, dann muss ich Sie wohl stattdessen im Spital besuchen!«* Kornelia war überglücklich über meinen Besuch, darüber, dass ich mir solche Umstände machte, um sie zu sehen! Wieder fühlte sie sich als etwas Besonderes! Und zurecht. Irgendwie war sie etwas Besonderes für mich.

Zwei Wochen später kam sie dann in meine Praxis. Unsere »reguläre« psychotherapeutische Reise startete Ende Januar 2019, also vor mehr als zwei Jahren. Wie lässt sich diese Reise beschreiben? Vielleicht mit stürmisch und ruhig gleichermaßen.

Manche Themen tauchten in regelmäßigen Abständen auf und wurden ausführlich besprochen – da war viel, was in Kornelias Kopf und Herz vor sich ging und gesagt werden wollte. Und Kornelia redete gerne und viel. Stille Momente, Schweigen, kamen so gut wie nicht vor.

Da war die Beziehung zu ihrer Mutter, einer Lehrerin, die ihre Familie von Beginn an als Alleinverdienerin versorgt hatte. Kornelia liebte ihre Mutter für ihre fürsorgliche Art, aber hasste sie für die Art und Weise, wie sie Kornelias Leben kontrollierte, ihre Privatsphäre noch heute verletzt. *»Sie behandelt mich, als wäre ich eine Idiotin, sie traut mir wirklich gar nichts zu!«*

Kornelia betete ihren Vater an. Er war derjenige, der sich um die fünf Kinder gekümmert, sie großgezogen hatte. *»Er ist mein allerbester Freund! Ich kann ihm alles erzählen. Und er erzählt mir alles. Wäre er nicht mein Vater, würde ich ihn heiraten!«*

Von ihrer Familie wurde Kornelia das »Sonderlingskind« genannt. Sie war »anders« – sie schien mehr Liebe zu brauchen, mehr Aufmerksamkeit, mehr Unterstützung, mehr Zuspruch, mehr von allem – und schließlich benötigte sie mehr Fürsorge, Mitgefühl und Rücksichtnahme aufgrund ihrer psychischen Probleme. Ihre Eltern kümmerten sich um sie, sorgten sich, versuchten ihr zu helfen, verzweifelten.

Ein weiteres Thema, das von Zeit zu Zeit auftauchte, war die streng vegane Ernährung, mit der Kornelia von klein auf aufgewachsen war. Schon mit fünf Jahren nötigten ihre Eltern sie, sich eindrückliche Filme über Grausamkeit gegen Tiere anzusehen. (*Ich* sage »nötigen«, Kornelia selbst spricht davon, dass ihre Eltern sie »informiert« hätten.) Die Tatsache, dass sie vor ca. zwei Jahren begonnen hatte, tierische Produkte, ja sogar Fleisch zu essen, stürzte sie in heftigste innere Konflikte.

Wir sprachen über Beziehungsmuster, die sich wiederholten und die ihr mehr und mehr bewusst wurden. Über ihre große Angst, sich in Beziehungen zu verlieren, ihre

Tendenz sich mehr und mehr auf den Partner zu konzentrieren, auf seine Bedürfnisse, Wünsche, Ideen, aus Angst verlassen zu werden, aus Angst wieder einmal den unendlichen Schmerz ertragen zu müssen, den Verlust in ihr auslöst. Es schien immer wieder unausweichlich darauf hinauszulaufen, dass sie sich entscheiden musste »entweder er oder ich«. Wir sprachen darüber, wie schier unmöglich es für sie war, Abende allein zu verbringen, ohne sich in den Schlaf weinen zu müssen, ohne darüber zu verzweifeln, dass niemand sie liebte, niemand für sie da war, sich kümmerte und dass sich das nie ändern würde… Wir sprachen über ihre Verzweiflung, ihren Schmerz.

Sie sehnte sich verzweifelt nach einem Kind und verbrachte Stunde um Stunde damit, auf meiner Couch sitzend davon zu träumen, »wie gut mir ein Kind tun würde!« Ein Kind zu haben, würde »alle meine Probleme lösen!« Wieder und wieder erzählte sie davon, welch »perfekte Mutter« sie wäre. Als wollte sie sich selbst, als wollte sie mich davon überzeugen; als versuchte sie das Bild einer glücklichen Zukunft zu malen und aufrecht zu erhalten, einer Zukunft, in der sie das Recht haben würde, glücklich zu sein? Und sie verbrachte Stunde und Stunde damit, auf meiner Couch sitzend bitterlich über die Unmöglichkeit, die Unwahrscheinlichkeit zu weinen, jemals Frieden oder Glück zu finden.

Ihre Liebesgeschichte mit David nahm ebenfalls viel Raum in Anspruch. Er schien der Eine zu sein, der wirklich all ihren Ansprüchen Genüge tat: Er war einige Jahre älter als Kornelia, ein richtiger Erwachsener, ein Mann. Er hatte einen fixen Job, liebte Tiere, war ernsthaft, einfühlsam, vernünftig, hatte eine bezaubernde Mutter und einen noch bezaubernderen Hund – und er war in der Lage und schien auch bereit, mit Kornelias geringer Impulskontrolle, ihren Panikattacken, usw. umzugehen. Natürlich gab es auch Themen, bei denen sie sich uneinig waren, die zu Streitereien führten – aber so ist das Leben. Kornelia begann langsam, aber stetig immer mehr Zeit in Davids Wohnung zu verbringen. Sie fühlte sich dort wohl, genoss es, nicht mehr alleine zu sein. Und sie begann, ihre Wohnung zu vermissen, begann zu vermissen, Zeit mit ihren Freund*innen zu verbringen. Sie begann zu erkennen, dass ihr ganzes Leben, ihr ganzes Sein mehr und mehr um David zu kreisen begann… Ein Muster, das sie nur allzu gut kannte.

Eines Tages, im Sommer 2019, nahm Kornelia wieder einmal auf meiner Couch Platz und erzählte mir mit einer Stimme, die vor Aufregung und Angst vibrierte: »Frau Windhager, ich bin eine multiple Persönlichkeit!«

Zwei Tage zuvor war sie nach einer Panikattacke wie so oft in Ohnmacht gefallen. David war an diesem Abend bei ihr und konnte ihr so über Rays Erscheinen erzählen. Ray war keine Fremde für Kornelia. Sie war allerdings bis zu diesem Zeitpunkt lediglich als Stimme in Kornelias Kopf aufgetaucht – eine hasserfüllte, wütende Stimme, die sie anbrüllte: Kornelia wäre zu nichts zu gebrauchen, wäre eine Versagerin, ein schlechter Mensch – sie hätte allen Grund, sich selbst zu hassen! An diesem Abend vor zwei Tagen war es Ray, die aus der Ohnmacht erwachte. Sie begann, sich mit David zu unterhalten, auch ihm davon zu erzählen, wie schlecht Kornelia wäre, dass er eine bessere Freundin verdienen würde und Kornelia verlassen sollte. Als Kornelia aus der Ohnmacht erwachte, konnte sie sich an nichts davon erinnern. In den nächsten Wochen sollte Ray noch öfter auftauchen – jedes Mal machte sie Kornelia bei David schlecht und versuchte, ihn zu verführen.

Gemeinsam versuchten Kornelia und ich zu verstehen, warum Ray aufgetaucht war, was sie ihr mitteilen wollte. Warum war es ihr so wichtig zu betonen, dass Kornelia ein schlechter Mensch wäre? Und warum sollte Kornelia ein schlechter Mensch sein? Der Versuch, auch nur ein wenig Klarheit zu finden, fiel Kornelia schwer. Manchmal gelang es ihr, den einen oder anderen Hinweis auszusprechen *»Vielleicht hat es ja damit zu tun, dass ich mich nicht mehr vegan ernähre ... vielleicht ...«*, um dann unvermittelt das Thema zu wechseln und mir zum Beispiel davon zu erzählen, dass sie eine Freundin getroffen hatte. Oder *»Ich hab' einen Vaterkomplex ...«* Nie war es möglich, genauer darüber zu sprechen, tiefer einzutauchen. Sie konnte einfach nicht mehr dazu sagen. Oder: *»Warum ist Sex so unglaublich wichtig für mich? Wieso kann ich nicht ohne sein?«* Und wieder blieb es dabei. Schließlich, nach einigen Wochen, verschwand Ray. Mit ihr schienen für Kornelia auch diese Themen zu verschwinden. Nicht aber für mich. Von Zeit zu Zeit verwies ich auf das eine oder andere – öfter als einmal antwortete sie mit einem vorsichtigen *»Ja, das passt irgendwie... Sie könnten recht haben... !«* und erzählte mir übergangslos von ihrem Job oder von Dingen, die sie am Vortag erledigt hatte.

Der Sommer 2019 ging seinem Ende zu und Kornelia kämpfte mit der Entscheidung, ob sie David verlassen sollte oder nicht. Sie liebte ihn immer noch, sie wollte immer noch, dass er der Vater ihrer Kinder würde, sie konnte den Gedanken ohne ihn zu sein nicht ertragen. Aber wie konnte sie bei ihm bleiben, ohne sich selbst zu verlieren, ohne die Chance aufzugeben, so etwas wie eine innere und äußere Ordnung in ihrem Leben zu schaffen? Bei ihm zu bleiben bedeutete, sich selbst aufzugeben, sich zu opfern. *»Ich würde mir die Möglichkeit nehmen zu entdecken, wer ich bin, was ich im Leben erreichen will... Durchaus möglich, dass ich erkennen werde, dass das, was ich wirklich will, ein Leben mit David ist, das Leben einer 1950er Jahre Hausfrau und Mutter. Aber ich muss die Gewissheit haben, dass ich mich für dieses Leben entscheide, weil ich es wirklich will, nicht aus Bequemlichkeit oder Angst oder wegen fehlender Alternativen. Aber wie schaffe ich das, ohne mich so zu fühlen, als müsste ich sterben?«*

Schließlich trennte sich Kornelia von David. Zwei lange Wochen litt sie furchtbar. Sie war davon überzeugt, das Richtige getan zu haben, *»aber warum fühlt es sich an, als würde mich eine Faust langsam, unendlich langsam zermalmen?«* Es fiel mir nicht schwer, nachzuvollziehen, was in ihr vorging. Als Robert, mein erster

»richtiger« Freund, mich nach fünf Jahren verließ, fühlte ich mich wie in meinem Körper gefangen, wie eingefroren, gefühllos, gelähmt, während mein Herz schmerzte, Gedanken und Bilder ohne Unterlass durch meinen Kopf rasten, die ich nicht fassen konnte. Es war, als würde ich sterben. Und natürlich wusste ich, dass ich nicht sterben würde – man stirbt nicht an gebrochenem Herzen –, aber dieses Wissen half nicht. Irgendwann war es vorbei.

Heute kann ich versuchen, mein Erleben, meine Qual aus meiner Geschichte heraus zu verstehen: Als ich eineinhalb Jahre alt war, lieferte mich meine Mutter für ein gutes halbes Jahr bei meinen Großeltern ab. Meine Eltern hatten gute Gründe dafür und waren davon überzeugt, dass es das Beste für alle wäre. Sie wollten mir nichts Böses tun. Sie verstanden nur nicht, was es für ihr kleines Mädchen bedeutete, seine Eltern zu verlieren und bei Großeltern, die wortkarge, verbitterte Menschen waren, wie in einer emotionalen Wüste ausgesetzt zu werden. Ich kann mich an diese endlosen Monate nicht wirklich erinnern. In meiner Psychoanalyse, in Träumen sind nur vage Bilder von einem kleinen Mädchen aufgetaucht, das sich in einem dunklen Zimmer in eine Ecke drückt, wie gelähmt. Grau, alles ist grau. Ein struppiger Hund (der Hund meiner Großeltern) der einzige Trost. Auch an meine Rückkehr nach Hause habe ich keine Erinnerungen. Meine Tante hat mir erzählt, dass ich für lange Zeit kein einziges Wort sprach. Kurz nach meiner Rückkehr kam meine Schwester zur Welt.

Ein paar Jahre später, ich war gerade vier Jahre alt, musste ich für vier Wochen ins Spital – in Quarantäne, weil ich Mumps hatte. Meine Eltern durften mich nur zweimal besuchen. Und sie durften nicht zu mir ins Zimmer, sondern schauten und winkten durch ein kleines Fenster in der Tür, die mich von der Welt trennte, aus der ich erneut ganz plötzlich ausgestoßen worden war. Wieder hatte ich alles verloren, das mir vertraut war, das ich für sicher gehalten hatte… Die Welt, die ich gekannt hatte, die Beziehungen, auf die ich vertraut hatte, zerbrochen.

Wir wissen nicht, was Kornelia als kleines Mädchen durchmachen musste. Sie hat keine bewussten Erinnerungen daran, verletzt, vernachlässigt, verlassen worden zu sein. Aber eine ihrer frühesten Erinnerungen ist die Erinnerung an Timo, ihren allerallerbesten Freund. Timo begleitete sie bis zu ihrer Hochzeit. Danach verschwand er aus ihrem Leben. Erst im Alter von 13 Jahren hatte sie erkannt, dass Timo ein imaginärer Freund, eine Halluzination, war.

Mit Kornelia wusste ich nie (und ich weiß es nach wie vor nicht), womit ich zu rechnen hatte. Ihre Stimmungsschwankungen, ihre Schwierigkeiten damit, ihre Impulse zu kontrollieren, machen sie unberechenbar. So kündigte sie zum Beispiel ihre heißgeliebte Arbeit in einem Tierheim, weil eine ihrer Kolleg*innen versuchte, ihr das Leben schwer zu machen. Öfter als nur einmal nahm sie Platz, machte es sich bequem, richtete sich auf und erzählte mir: *»Ich habe Neuigkeiten: Ich bin lesbisch!«* Oder: *»Ich habe beschlossen, Polizistin zu werden!«* Oder: *»Ich suche mir vielleicht einen Sugar Daddy – das löst zum einen meine finanziellen Schwierigkeiten und ich* *hab' endlich so viel Sex, wie ich brauche!«* Oder: *»Gestern bin ich in diesen großen Sexshop rein und habe gefragt, ob sie nicht vielleicht eine neue Mitarbeiterin brauchen würden. Sie suchen tatsächlich eine Mitarbeiterin. Ich werde mich bewerben!«* Sie bekam den Job und für die nächsten Wochen erklärte sie mir in aller Ausführlichkeit Erfahrungen, die sie mit dem einen oder anderen exotischen Sexspielzeug gemacht hatte, und wie sie dem jeweiligen Mann in ihrem Leben damit große Schmerzen, aber noch größeres Vergnügen bereitete. Manchmal fragte ich mich, ob sie mich schockieren wollte oder abstoßen oder ob sie einfach nur meine Grenzen austestete.

Während unserer gemeinsamen Arbeit gab es immer wieder Momente, in denen ein flüchtiges Gefühl in mir auftauchte, dass irgendetwas nicht stimmte. Übersah ich etwas? War da etwas, das ich nicht sehen konnte, wohl aber spürte – wie eine Unterströmung? Ich konnte es einfach nicht fassen. Diese Gedanken tauchten auf wie schnelle Blitze – kaum aufgeblitzt auch schon wieder verschwunden –, als würden sie in der Flut an Worten, an Informationen untergehen. Ich fühlte mich unwohl, unrund. Ich verspürte den Drang, etwas dagegen zu tun, Kornelias Redefluss, diese Flut einzudämmen, Kornelia damit zu konfrontieren. Ich spürte den Impuls aktiv zu werden, um gemeinsam innehalten zu können. Aber gleichzeitig war ich davon überzeugt, dass es wichtig war, es sein zu lassen, Kornelia sein zu lassen. Zusätzlich beunruhigte mich das vage Gefühl, dass mir – dass uns – die Zeit davon lief.

Beim Schreiben dieser Falldarstellung ist schon viel Zeit in Überlegungen geflossen, warum ich diesmal so sehr darum kämpfen muss, meinen Weg zu finden. Ich habe bereits erzählt, wie dringend mein Bedürfnis war, eine Art von Ordnung herzustellen – eine zeitliche Abfolge, die mir als Sicherungsseil dienen sollte. Ich habe immer noch das Gefühl, im Dunkel zu tappen, meinen Weg ertasten zu müssen. Es gibt soviel, das ich noch nicht weiß… Wieviel weiß Kornelia? Ich taste mich durch die Dunkelheit und sehne mich nach ein wenig Licht. Aber sogar das Licht einer kleinen Kerze scheint für Kornelia oft zu viel zu sein, ihr Licht zu grell. Es macht Kornelia Angst. In den letzten Monaten beginnen Erinnerungen aufzutauchen – die meisten viel zu erschreckend, zu gefährlich, zu beschämend, als dass Kornelia sie in Worte fassen, sie aussprechen könnte. Sie drohen all das zu erschüttern, das sicher schien und wahr, alles, das ein Gefühl von Orientierung und Sicherheit gegeben hatte. Sie lösen Panikattacken aus, tiefste Verzweiflung und Hoffnungslosigkeit, Dissoziation, …

Ich weiß mittlerweile eine ganze Menge über Kornelia und trotzdem habe ich das Gefühl, so gut wie nichts von ihr zu wissen. Es beunruhigt mich, macht mich rastlos. Es ist, als würde all das, was ich weiß, dazu dienen, etwas Anderes, etwas Wesentliches im Verborgenen zu halten. Als würde ich die Geschichte eines Lebens kennen, das über oder um etwas herum gebaut worden ist, aber worauf oder wo herum? Als gäbe es ein Leben, das gesehen werden darf, das erzählt werden, in Worte und Bilder gefasst werden darf und als wäre dahinter, darunter ein Leben, das nicht gedacht, gesagt, betrachtet, gelebt werden darf. Als würde das Durcheinander, das Chaos ihres täglichen Lebens ein Versuch sein, sie von diesem verborgenen Bereich fern zu halten. Und als wäre dieses verbannte Leben dabei durchzubrechen – mit Vehemenz, Wut, Gewalt, Hass, Verzweiflung –, aber auch mit Hoffnung und Optimismus. Mir scheint das einen Teil der Unterströmungen zu sein, die ich während dieser Momente von *»Was ist da los?«* spürte.

Aber zurück zur zeitlichen Abfolge. Sie gibt Sicherheit

Nach einigen Monaten relativen Friedens und Ruhe, in denen wir von Frühling bis Frühsommer 2020 mit eher »normalen« Alltagsturbulenzen und Problemen beschäftigt waren und uns auf Kornelias Wunsch nur jede zweite Woche sahen, begannen sich recht einschneidende Veränderungen abzuzeichnen. Der Herbst nahte. Kornelia war damals in Peter verliebt – sie hatten als beste Freunde begonnen. Aber wie das Leben so spielt…

Als Ray, die zum ersten Mal aufgetaucht war, als Kornelia und David ein Paar gewesen waren, jetzt wiederkam, hatte sich etwas verändert. Eines Nachts im September, Kornelia übernachtete bei Peter, wurde Peter durch Kornelias unruhigen Schlaf aufgeweckt. Dann, plötzlich, begann sie mit ihren Fäusten auf ihren Kopf einzuschlagen. Sie warf sich mit dem Kopf gegen die Wand und schrie dabei: *»Sie will hinaus! Sie will hinaus!«* Kornelia fiel in Ohnmacht. Es war Ray, die aus der Ohnmacht erwachte. Eine rasende und wutentbrannte Ray voll Zorn und Hass. Beängstigend, brüllend, fluchend. Schließlich beruhigte sie sich und verschwand.

Peter war schon immer an Psychologie interessiert gewesen. Als Ray also das nächste Mal auftauchte, versuchte er, sie in ein Gespräch zu verwickeln, versuchte herauszufinden, was sie wollte. Und er erzählte Kornelia im Anschluss, dass sie keine Angst haben müsste, dass Ray ihr nur dabei helfen wollte, sich zu erinnern.

Dann kam Billy – freundlich, lieb, voller Enthusiasmus und voller Lebensfreude, Optimismus und Hoffnung. Anders als Ray erschien Billy in Kornelias Kopf, sprach zu ihr, beruhigte sie, erzählte ihr, dass alles gut werden würde. Für Kornelia war sie wie eine große Schwester. Ich sehe in Billy eher das kleine, noch unverletzte Mädchen, das Kornelia einmal gewesen war. Das unschuldige Kind, für das das Leben, die Welt voller Überraschungen gewesen war, voller Wunder, die geschehen konnten. Das kleine Mädchen, das in einer Weise verletzt werden würde, die wir noch nicht kennen. Das kleine Mädchen, das nicht ausreichend gehalten, gehört, getröstet werden sollte, nachdem es verletzt worden war.

Kornelia gelang es langsam zu akzeptieren, dass Ray versuchte, ihr zu helfen, auch wenn sie mit ihren Methoden nicht unbedingt einverstanden war. Als Ray und Billy begannen, gemeinsam aufzutauchen, sprach Kornelia von sich und den beiden als »Girl Gang«. Sie musste nicht mehr ohnmächtig werden, damit Ray auftauchen konnte und sie lernte, Ray zu rufen, sie einzuladen. *»Wir spazieren durch einen Park ... wir drei ... hohe Bäume um uns herum ... eine Art von Allee, die den Park durchzieht ... eine Seite des Parks ist wie in enorme, dunkle schwarze Wolken getaucht, die sich über den Bäumen auftürmen ... es stürmt, die Bäume drohen im Sturm zu knicken, es schüttet ... wir gehen diese Allee entlang ... Dunkelheit über und hinter uns ... und vor uns blauer Himmel, ohne ein einziges Wölkchen, ... es ist ganz friedlich dort, wie ein Frühlingstag. Mit den beiden zu sein, ist oft wie ein Spaziergang durch diesen Park. Wenn ich den Park verlasse, lasse ich die beiden zurück. Es ist wie nach Hause kommen ... dann bin ich wieder Kornelia.«*

Zu eben dieser Zeit beschloss Kornelia, den Kontakt zu ihren Eltern abzubrechen. Grund dafür waren die vielen belastenden Erinnerungen, die an die Oberfläche kamen. *»Ich muss mich wirklich von meinen Eltern abkapseln!«* Es war eine Entscheidung, die ihr schwer zu schaffen machte und sie dazu bewog, wieder wöchentlich zu mir zu kommen. Sie musste sie wieder und wieder besprechen, immer wieder Für und Wider abwägen, sich dafür entscheiden, dann wieder dagegen. Da waren so viele schmerzhafte Erinnerungen – konkrete Situationen, aber auch vage Bilder, Gefühle: schon seit sie denken kann, von ihrer Mutter kontrolliert zu werden; Erinnerungen an ihre streng vegane Erziehung; daran, mit ihrem um zwei Jahre jüngeren Bruder bis ins Alter von 15 Jahren ein Zimmer teilen zu müssen. Diese Erinnerungen und noch viele mehr sowie die intensiven Gefühle, die mit ihnen einhergingen – Scham, Ärger, Einsamkeit inmitten ihrer großen Familie, die ständige Angst verlassen zu werden, nicht dazu zu gehören, Verzweiflung – quälten sie. *»Billy und Ray helfen mir, mich zu erinnern!«* Dafür war sie ihnen gleichzeitig dankbar und böse.

Langsam beruhigte sich die Lage wieder – es sollte die Ruhe vor dem Sturm sein. Ab dann begannen sich die Ereignisse zu überschlagen… Ich denke, mein Gefühl, dass uns die Zeit davonliefe, kam zum Teil daher, dass ich schon länger ahnte, was uns bevorstehen könnte.

Eines Abends Mitte Dezember kam es zwischen Kornelia und Peter zu einem Streit über den Status ihrer Beziehung. Kornelia war frustriert, enttäuscht, wütend, zutiefst verletzt. Sie packte ihre Sachen und verließ Peters Wohnung. Am nächsten Tag erhielt Peter einen Anruf von Ray. Ray war außer sich: Er müsste unbedingt so schnell wie möglich kommen und helfen! Kornelia hatte mit magic mushrooms experimentiert und nun *»kämpfen Hunderte von Persönlichkeiten gegeneinander darum, aufzutauchen zu dürfen!«* Billy und Ray waren der Panik nahe – sie hatten Angst, die Kontrolle zu verlieren. Als Peter in Kornelias Wohnung kam, war das Schlimmste bereits vorbei. Langsam erholte sich Kornelia wieder. Sie hatte nur sehr vage Erinnerungen daran, was passiert war. Für lange Zeit wurde das Thema Beziehung vermieden.

Eine Woche später wurde Kornelia durch eine Halluzination aus dem Schlaf gerissen, die ihr neu war. Eine große dunkle Gestalt ohne unterscheidbare Gesichtszüge lauerte in einer Ecke ihres Schlafzimmers. Sie versetzte sie in Todesangst. *»Er versucht, mir das Leben auszusaugen!«* Nach dieser furchtbaren Nacht schien sich die Lage erneut ein wenig zu beruhigen.

Zu Silvester 2020 hatte Kornelia eine weitere zutiefst verstörende Halluzination – diesmal nach einer eher bedeutungslosen kleinen Streiterei mit Peter. Sie war gerade dabei, das Abendessen zuzubereiten, als sie von einem Dämon angegriffen wurde. Sie brauchte ein paar Momente, bis sie erkannte, dass es Timo war: ihr alter halluzinierter bester Freund aus Kinder- und Jugendtagen war zurück. Er hatte sich in eine Art rasenden Dämon verwandelt. Er drückte sie gegen die Wand und begann sie zu würgen. *Er* wollte ihr Freund sein! Peter, der ihre Schreie gehört hatte, kam um zu helfen. Er fand sie am Boden liegend, während sie sich den Hals aufkratzte. Kornelia verlor das Bewusstsein. Peters Versuche, sie Mund-zu-Mund zu beatmen waren vergebens: Ihr Hals war derart zugeschnürt, dass es ihm unmöglich war. Schließlich kam Kornelia von selbst wieder zu sich.

Drei Tage später rief mich Kornelia abends an. Sie wirkte erschöpft, aber relativ ruhig. Sie hatte wieder einen Anfall gehabt – und jetzt wollte Peter sie ins Spital bringen. Sie hatte Angst, dort bleiben zu müssen, also war sie strikt dagegen. Was sollten sie tun? Peter, der bei ihr war, bat, mit mir reden zu dürfen. Kornelia untertreibe maßlos! Er hatte gesehen, was passiert war: Er hatte einen lauten Krach gehört, dann hatte er gesehen, wie Kornelia gegen die Glastür gepresst wurde, die Küche und Wohnzimmer trennte. Sie schien gegen einen Angreifer zu kämpfen, stürzte zu Boden. Als sie wieder zu sich kam, gelang es Peter, die Tür zu öffnen. Wieder begann sie zu kämpfen, schrie erneut um Hilfe, wieder verlor sie das Bewusstsein, gewann es nach einigen Minuten wieder. Kämpfen, schreien, ohnmächtig werden, wieder zu sich kommen – wieder und wieder. Peter war mittlerweile ernsthaft in Sorge und rief die Rettung. Als Kornelia davon hörte, war sie sehr klar, dass die Psychiatrie auf keinen Fall infrage käme! Peter bestellte die Rettung wieder ab und sie entschieden, mich um Hilfe zu bitten.

Als Kornelia wieder ans Telefon kam, weinte sie. Es waren Timo und Hailey gewesen. Hailey war eine weitere Persönlichkeit, die aufgetaucht war. Sie hatte die ursprüngliche Rolle von Ray übernommen, nur war sie noch hasserfüllter und bösartiger. Kornelia hatte sich auf einem Felsen liegend wiedergefunden, inmitten eines Meeres aus Blut, in dem Körperteile trieben. Kornelia lag auf diesem Felsen, selbst von Kopf bis Fuß blutüberströmt. Sie blutete aus Wunden, die ihr Timo mit einem Messer zugefügt hatte. Währenddessen kreiste Hailey über Kornelia, tobte und brüllte, und stach mit einem Bajonett von oben auf sie ein. Und dann war da noch Peter, dessen Gesicht schmolz – es war einfach zu viel. Diese Episode hatte sich so real angefühlt. Sie war real gewesen! Aber sie konnte einfach nicht wieder in die Psychiatrie zurück. Nie wieder!

Gemeinsam überlegten wir. Kornelia sollte den Wiener Psychosozialen Notdienst anrufen. Nein, ich wusste nicht, ob sie ins Spital geschickt werden würde. Nein, ich konnte ihr gar nichts versprechen. Aber in einer Krise wie dieser, war es vernünftig und richtig, so zu handeln. Wäre es in Ordnung, wenn sie mich auf dem Laufenden halten würde? Natürlich! Sie rief mich auf dem Weg zum Psychosozialen Notdienst an, rief mich an, nachdem sie mit dem Arzt gesprochen hatte. Er hatte ihr Abilify verschrieben und Temesta als Notfallmedikament. Medikamente, die sie kannte. Dann durfte sie nach Hause fahren. Sie rief mich nochmal an, bevor sie ins Bett ging, versprach, sich am nächsten Tag zu melden. Sie kontaktierte ihre Psychiaterin. Mittlerweile nimmt sie die Medikamente seit einigen Monaten – sie hasst es, aber sie scheinen ein wenig zu helfen.

Nach diesem Ereignis, das Anfang 2021 stattgefunden hatte, bot ich Kornelia an, zweimal die Woche zu kommen (da sie immer noch hochverschuldet war, müsste sie die zweite Stunde nicht bezahlen), und ich bat sie, mich an den Tagen zwischen unseren Stunden regelmäßig anzurufen. Mein Bedürfnis, auf dem Laufenden zu sein, war groß. Ich sehnte mich nach einem Gefühl von Kontinuität. Ich wollte endlich das Gefühl loswerden, hinterher zu hecheln, wollte nicht länger das Gefühl haben, dass uns die Zeit davonliefe. Im ersten Moment fühlte ich mich unwohl, um tägliche Anrufe gebeten zu haben – mir war ihre kontrollierende Mutter eingefallen. Ich erzählte Kornelia von meinem Unbehagen, sie erlebte meine Bitte nicht als Kontrollversuch, sondern als Fürsorge und Anteilnahme. Ganz im Gegenteil also, sie freute sich!

Einige Tage danach wurde mir, wie anfangs erwähnt, angeboten, für ein Online-Symposium eine Falldarstellung zu schreiben. Das Schreiben dieser Arbeit, das Ringen, das es für mich bedeutete, sollte sich als Teil des psychoanalytischen Prozesses erweisen, von dem sie erzählt.

Ich habe die Unterströmungen bereits erwähnt, meine wachsende Irritation, meinen Eindruck, dass ich einen entscheidenden Aspekt unseres Prozesses nicht zu verstehen schien. Ich habe davon gesprochen, dass Kornelia gerne und viel redete und von meiner vagen Idee, dass sie damit etwas Wichtiges verdeckt hielt, Wesentliches vermied, sich zu schützen versuchte. Vieles von dem, das unausgesprochen blieb, war Kornelia wohl gar nicht bewusst, aber nicht alles. Billy, Ray, Hailey und – als neues Gangmitglied – Misty schienen auf jeden Fall um einiges mehr zu wissen. Ich hatte Kornelia gewähren lassen, wollte ihr Raum geben, ihr die Kontrolle überlassen. Ich wollte sie nicht drängen: ohne Zweifel gab es viele Erinnerungen und Gefühle, die Kornelia lieber im Dunkeln hielt.

Aber was war mit mir? Ich habe über meine Schwierigkeiten geschrieben, den Prozess des Schreibens zu beschleunigen, Abkürzungen zu nehmen, über mein dringendes Bedürfnis, mich an die zeitliche Abfolge unserer gemeinsamen Geschichte zu halten. Aus Angst mich zu verlieren. Was, wenn auch ich versuchte, Erinnerungen und Gefühle auf Abstand zu halten? Was, wenn ich die Auseinandersetzung mit den Ereignissen der letzten Wochen hinauszögerte, weil auch ich

Angst hatte? Wenn ich dadurch versuchte, Distanz zu schaffen zwischen mir und all dem, was vor sich ging? Wenn ich wusste, wo es mich hinführen würde, und davor zurückschreckte? Davor zurückschreckte, mich durch die Dunkelheit zu tasten. Aus Angst vor dem, was mich dort erwartete. Mir wurde bewusst, dass mir bis zu diesem Zeitpunkt kein einziges Mal der Gedanke an die Möglichkeit gekommen war, Ray einzuladen in einer meiner Stunden mit Kornelia aufzutauchen. Warum eigentlich? Was versuchte ich zu vermeiden? Es waren Kornelias Stunden ... aber war Ray nicht ein Teil von Kornelia? Ich hatte nie die Notwendigkeit verspürt ... aber warum? Die Zeit war begrenzt und es gab soviel, worüber Kornelia erzählen wollte ... schon richtig, aber ...? Es war, als versuchte ich Schatten zu fangen.

Eines Nachmittags, während eines Spaziergangs mit meinem kleinen Hund, während ich versuchte, mich zu entspannen, ein wenig Abstand vom Schreiben zu bekommen und meinen Kopf freizumachen, fiel mir Robert wieder ein. Der Gedanke an ihn half mir, eine weitere Unterströmung auszumachen – diesmal eine Unterströmung, die sich tief in *mir* ihren Weg bahnte. Mit Robert verbindet mich viel – Grenzerfahrungen, die sich damals tief eingeschrieben haben, und nicht zuletzt Gefühle, die »gut verpackt« sind, Gefühle, denen ich mich selten nähere.

Nach unserer endgültigen Trennung damals vor vielen Jahren, bemühte sich Robert, in Kontakt zu bleiben. Er meldete sich von Zeit zu Zeit, stand unerwartet vor meiner Tür. Er war verändert, war ein anderer geworden. Da ging etwas vor in ihm, das wir beide nicht verstanden. Er war unberechenbar und getrieben bis zum Zusammenbruch. Seine Art zu denken, die Welt, in der er lebte, wahrzunehmen, begann sich immer mehr zu ändern, sich langsam zu verschieben. Seltsame Ideen formten sich in seinem Kopf, er hörte auf zu schlafen. Tagelang, nächtelang irrte er ruhelos durch Wien auf der Suche nach etwas, das er doch nicht finden konnte. Er fühlte sich beobachtet, verfolgt.

Ich wollte ihn so nicht sehen, wollte nicht zusehen müssen, wie sich sein Zustand immer mehr verschlechterte. Aber ich konnte ihn auch nicht einfach sich selbst überlassen, fühlte mich verpflichtet, mich um ihn zu kümmern. Ich war überfordert, überflutet von verstörenden Gefühlen: Schuld, Ärger, Kummer, Wut, Verzweiflung, Sorge, Angst um ihn, Angst um mich... Ich habe keine klare Erinnerung, wann und wie diese Phase zu Ende ging ... eines Tages war Robert fort.

Monate später trafen wir uns wieder... Er hatte einige Zeit auf der Psychiatrie verbracht, war mit paranoider Schizophrenie diagnostiziert. Seine Medikamente beeinträchtigten ihn noch zusätzlich – er war nur mehr ein Schatten seiner selbst, in sich gefangen. Es war so unendlich traurig, ihn so zu sehen ... wann immer ich an den vor Leben sprühenden, kreativen jungen Mann dachte, der er einmal gewesen war, kamen mir die Tränen. Auch heute noch.

Er kämpfte. Wieder und wieder versuchte er, von vorne zu beginnen... Sein Leben in den Griff zu bekommen... Die Medikamente loszuwerden ... neue Ideen, neue Projekte … nächster Aufenthalt auf der Psychiatrie. Über die Jahre verloren wir einander ganz aus den Augen. Er wanderte durch Europa … ab und zu erreichte mich eine Postkarte … dann wieder erzählten mir gemeinsame Freunde, dass sie von ihm gehört hätten. Vor ca. 15 Jahren erhielt ich wieder einmal einen Anruf von einem gemeinsamen Freund: Robert war tot … er war von einem Berg nicht weit von Wien entfernt in den Tod gestürzt. Wir hatten dort früher viele herrliche Tage beim gemeinsamen Klettern verbracht. Niemand weiß, ob es ein Unfall oder Absicht gewesen war. Noch immer ist da tief in mir eine bodenlose Traurigkeit, die zu Robert gehört. Dort tief unten hat er immer noch seinen Platz in meinem Leben. Der Weg zu diesem Platz ist gut verborgen … ich gehe ihn selten.

Kornelias Geschichte ist anders als Roberts, aber dann auch wieder nicht: die Qual, das Grauen, die Verzweiflung, die Scham, der Kampf, das Ringen darum, nicht ganz unterzugehen, die Sehnsucht danach, sich ganz und heil fühlen zu können, zu lieben und geliebt zu werden, bedingungslos … und die Sehnsucht danach, dass der Schmerz endlich aufhören möge, die Sehnsucht danach, all dem Leiden ein Ende zu setzen.

Die Arbeit mit Kornelia erinnert mich insofern an Robert, als sie Erinnerungen und Gefühle in mir zum Schwingen bringt, die manchmal überwältigend scheinen – nicht nur Kummer, auch Angst, Wut, die Erleichterung, die es bringen kann, wenn man sich zurückzieht, Schuld, Liebe… Ich musste erkennen und anerkennen, dass ich so manches aus meiner Praxis ausgesperrt hatte. Wie zum Beispiel Ray: Mir war, wie bereits erwähnt, nie auch nur der Gedanke gekommen, sie eventuell in eine Stunde »einzuladen«. Da war viel, das ich lange nicht Teil des Prozesses hatte werden lassen. Ich musste erkennen, dass ich Kornelia auf Abstand gehalten hatte, um mich nicht mit meinen Gefühlen auseinander setzen zu müssen, sie nicht fühlen zu müssen. Ich war lange vor Erinnerungen daran zurückgeschreckt, Zeugin geworden zu sein für Roberts Ringen darum, die Verbindung zur Welt, die wir einmal geteilt hatten, nicht ganz zu verlieren. Auch vor Erinnerungen an seine wiederholten Niederlagen und letztlich seinen Tod. Und natürlich hatte mein Zurückschrecken vor meinen eigenen Gefühlen Auswirkungen auf Kornelia.

Seit mir all das klar geworden ist, hat sich viel verändert. Misty ist mittlerweile Kornelias »lauteste« Persönlichkeit. *»Sie steht für meine ›gefährlichsten‹ Wünsche, Ängste und Sehnsüchte, die tief, tief vergraben sind und denen ich mich nicht annähern will. Sie will diesen Wünschen, Ängsten und Sehnsüchten eine Stimme geben, damit sie gehört werden dürfen!«*

Ich habe Ray kennengelernt. Ich hatte Kornelia gegenüber meinen Wunsch geäußert, Ray zu treffen und beide waren einverstanden gewesen.

Es gibt jetzt auch die eine oder andere Stunde, in denen Schweigen zugelassen werden kann … Zeit, nachzudenken, hinzuspüren. Kornelia muss nicht mehr ununterbrochen reden, um nicht spüren zu müssen, um zu verhindern, dass Erinnerungen auftauchen.

Kornelia gelingt es also, Schweigen zuzulassen. Und ich bemühe mich, nicht davor zurückzuschrecken, meine eigenen Wunden und Narben anzurühren. Das ermöglicht es mir immer wieder, vorsichtig anzubieten, was in ihr vorgehen könnte, und gemeinsam ein wenig darüber zu reden.

Immer öfter wagt Kornelia es, mir von sich aus zu erzählen, was die Gründe für das Erscheinen von Billy, Ray, Hailey oder Misty sein könnten – ungeachtet ihrer großen Scham, ihrer Ängste.

Und sie wagt es, mit Hilfe von Misty, die inzwischen immer wütender und strafender wird, Peter gelegentlich damit zu konfrontieren, dass sie sich von ihm nicht wertgeschätzt fühlt, dass er sie für selbstverständlich nimmt. Der Gedanke, dass Peter sie dafür verlassen könnte, ängstigt sie zu Tode. Aber sie konfrontiert ihn dennoch und sie überlebt.

Manchmal ruft sie mich an und fleht mich an, ihr zu helfen, all den Schmerz und Kampf zu beenden, fleht mich an, ihr zu sagen, wie sie wenigstens für ein, zwei Tage zur Ruhe kommen könnte, ohne mehr Medikamente nehmen zu müssen. In diesen Momenten kann ich so wenig tun, außer für sie da zu sein und ihr zuzuhören. Ich diesen Momenten spüre ich, dass ich Kornelia mit Worten nicht erreichen kann … dann taucht in mir der Impuls auf leise zu singen, oder auch nur zu summen. Vielleicht könnte ich sie ja damit beruhigen und trösten, wie mit einem Wiegenlied… Aber dieser Trost bleibt uns beiden verwehrt – ich kann einfach nicht singen.

Was ist mein Part in all dem? Was kann ich tun? Der leichte Part besteht darin, zu versuchen, ein Anker zu sein, ein sicherer Hafen; ihr meine Couch als sicheren Ort zu bieten; nicht allzu leicht erschüttert und schockiert zu sein; bei ihr zu sein, sie bei ihren Kämpfen zu begleiten; ihren Überlegungen zuzuhören, zu versuchen zu verstehen; ihr zugetan zu sein, sie zu mögen und sie spüren zu lassen, wie sehr; ihr nah zu sein, sie zu halten und ihre Grenzen zu achten; all ihre Gefühle und Affekte (aus)zuhalten, sie zu containen; mich mit ihr über ihre Siege und Erfolge zu freuen; stolz auf sie zu sein und die Momente tiefster Verzweiflung mit ihr zu teilen; sie darin zu bestärken, dass sie ein Recht auf ihre Gefühle hat; Zeugin zu sein für ihr Leid, für die quälenden Gefühle von Einsamkeit und Selbsthass; geduldig zu sein; zuzuhören – immer und immer wieder; nicht schockiert zu reagieren, sondern standzuhalten; sie nicht zu verurteilen; zur Verfügung zu stehen; ihr verbunden zu sein; mich zu bemühen, meine Hilflosigkeit auszuhalten, die Grenzen dessen, was ich tun kann zu akzeptieren. Das wäre der leichte Part.

Und dann ist da noch der schwierige Part. Der Part, in dem es um mich geht. Darum, mich meinen eigenen Dämonen zu stellen. Beispielsweise dieser altbekannten Ahnung, nein, der altbekannten Überzeugung, dass es nicht gut bleiben kann, gut bleiben darf. Sie rührt wohl daher, die Erfahrung gemacht zu haben, dass meine Welt nicht sicher ist, nicht von Bestand. Das Leben kann für eine Weile gut sein, aber das ist nicht von Dauer! Meine frühen Erfahrungen damit, zu meinen Großeltern verschickt zu werden, ins Spital verbannt zu werden, haben mich auf grausame Weise gelehrt, dass es keine Sicherheit, keine Stabilität gibt. Es hat mich gelehrt, dass es immer eine Katastrophe gibt, die nur darauf wartet zu geschehen. Und dass diese Katastrophe ständig droht, die Welt, in der ich lebe, auf den Kopf zu stellen und zu zerstören. Die Vernichtung lauert irgendwo hinter dem Horizont – sie kann mich jederzeit überrollen, überfallen, meine Welt für immer verändern.

Seit damals hat sich viel verändert, ich habe mich verändert, nicht zuletzt dank vieler Jahre fruchtbarer Psychoanalyse. Aber dennoch, eine gewisse Verwundbarkeit ist geblieben. Mein höchstpersönliches Damoklesschwert ist die Bedrohung, verlassen zu werden, ausgeschlossen zu werden und damit vernichtet.

Mich der Welt von Kornelia zu nähern – der Welt all derer, die schwer verletzt wurden – bedeutet, meine Welt für ihre Welt zu öffnen, bedeutet, unsere beiden Welten einander im psychoanalytischen Prozess berühren zu lassen. Es bedeutet, dass ich zulasse, mit meinen eigenen Wunden und Narben in Berührung zu kommen. Es bedeutet, dass ich es riskieren muss, meine eigenen Erfahrungen von Vernichtung und Auslöschung, die in Worten, Bildern oder auch nur Emotionen in mir eingeschrieben sind, zu wecken. Das ist ein schmerzhafter Prozess, der nicht leichtfällt. Aber es ist wichtig sie zuzulassen, sie zum Schwingen zu bringen, sie zu integrieren, um hilfreich sein zu können, um Veränderung zu ermöglichen. Das ist es, was ich zu Kornelias langsamer und schmerzhafter Arbeit beitragen kann, sich dem zu nähern, was wir in der Selbstpsychologie »kohärentes Selbst« nennen.

Literatur

Jaenicke, C. (2006): *Das Risiko der Verbundenheit – Intersubjektivitätstheorie in der Praxis.* Stuttgart: Klett-Cotta.

Jaenicke, C. (2010): *Veränderung in der Psychoanalyse. Selbstreflexionen des Analytikers in der therapeutischen Beziehung.* Stuttgart: Klett-Cotta.

Orange, D. M., Atwood, G. E., & Stolorow, R. D. (2001[1997]): *Intersubjektivität in der Psychoanalyse. Kontextualismus in der psychoanalytischen Praxis.* Frankfurt a. M.: Brandes & Apsel.

Orange, D. M. (2004[1995]): *Emotionales Verständnis und Intersubjektivität. Beiträge zu einer psychoanalytischen Epistemologie.* Frankfurt a. M.: Brandes & Apsel.

Camilla Chwojka
»Ich bin anders«[1]

Im April 2014 kontaktiert mich eine Mutter über Empfehlung einer Psychologin und bittet um ein Erstgespräch wegen ihrer neunjährigen Tochter (sie wird im Oktober zehn Jahre alt). Ihr Dilemma derzeit sei nur, dass sie einen sechsmonatigen Sohn hat und den mitnehmen müsste, da sie ihn noch nicht allein lassen könne und nicht weiß, ob ihr Ehemann Termine hat und mitkommen kann. Ich bestärke sie darin, den Sohn jedenfalls mitzunehmen und mich auf die versammelte Mannschaft, egal in welcher Konstellation, zu freuen. Wir machen also für die darauffolgende Woche einen Termin aus, den sie pünktlich wie vereinbart mit ihrem Sohn und Mann wahrnimmt.

Es läutet und die Eingangsstufen zu meiner Haustüre kommen eine brünette, junge Frau in einem Frühlingskleidchen mit dem Baby auf dem Arm und ein sportlich und jugendlich gekleideter Mann, der mich an einen typischen WU-Studenten erinnerte (adrette Frisur, Sneakers, Poloshirt und leichter Pullover über die Schultern geschwungen), herauf. Die weiteren Stufen zum Praxisraum legte ich meine klischeehaften Gedanken ab, und als wir uns gesetzt hatten und das Baby zufrieden auf seiner Decke lag, begann die Mutter zu erzählen.

Mit ihrer Zwillingsschwester kam Anna im Oktober 2004 acht Wochen vor dem errechneten Geburtstermin auf die Welt. Es war insgesamt eine aufregende Zeit, die schon vor der Geburt mit der ärztlichen Mitteilung, »sie bekommen Zwillinge«, begann. Die Schwangerschaft war unauffällig, »es war halt eine Zwillingsschwangerschaft«, so die Mutter, und die Geburt war eher aufregend, da sie früher als geplant war und mit einem Kaiserschnitt gemacht werden musste. Es entsprach halt nicht ihrer Wunschvorstellung, so die Mutter. Aber mit Blick auf das schlafende Baby meinte sie, dass sie mit ihm für alle vergangenen Strapazen entschädigt wurde.

Die frühkindliche Entwicklung der Zwillinge erfolgte verzögert, und es gab verschiedene Therapien zur Unterstützung der beiden Mädchen und Beratung für die Eltern. Auch mit viel Hilfe und Unterstützung ihrer Eltern und Schwiegereltern wurde die Anfangszeit gut gemeistert, so die Mutter seufzend.

Im Kindergarten waren beide Mädchen noch Integrationskinder, da sie dadurch eine Betreuungsperson mehr in der Gruppe hatten und in der Volksschule (sie waren dort auch in derselben Klasse) war der Integrationsstatus nicht mehr nötig, da sie gut aufgeholt und altersentsprechend entwickelt waren.

---

[1] Alle Personen sowie deren persönliche Daten und Kontexte in dieser Falldarstellung sind nach nationalen und internationalen Standards und Vereinbarungen für wissenschaftliche Fachpublikationen von der Autorin anonymisiert worden.

Die Mutter selbst hat eine Ausbildung als Kindergartenpädagogin gemacht, ist derzeit in Karenz und möchte danach wieder arbeiten gehen. Der Vater ist in Ausbildung zum Lebens- und Sozialberater, wird aber die Ausbildung nicht abschließen, weil er nun schon länger für ein pharmazeutisches Unternehmen arbeitet.

Beide denken, dass Anna psychotherapeutische Hilfe braucht, da sie beide sehen, dass sie Schwierigkeiten hat, Freunde zu finden, sich nicht wohl fühle und sehr oft weint und sie beide keine Erklärung dafür haben und auch Anna eigentlich nicht sagen kann, warum sie oft traurig ist und weinen muss.

Ich lerne Anna eine Woche später im Beisein ihrer Mutter und ihres kleinen Bruders kennen. Es kommt ein altersentsprechend großes Mädchen mit vielen langen, dunkelbraunen und naturgewellten Haaren. Anna trägt ihre Haare offen, verwendet aber Spangen, damit sie nicht ins Gesicht hängen, denn das stört so beim Schreiben und Querflöte spielen und auch beim Sport findet sie das sei sehr unpraktisch, erfahre ich im Laufe unseres Gesprächs. Zudem erzählt sie, dass sie in die 3. Klasse der ortsansässigen Volksschule geht und gemeinsam mit ihrer Schwester die gleiche Klasse besucht. Sie möchte eigentlich keine langen Haare haben, aber die Mama besteht darauf. Sie hat aber schon ausgehandelt, spätestens vor dem Schulanfang in der Mittelschule nächstes Jahr die Haare bis zur Schulter abschneiden zu dürfen.

Sie plant über ein ganzes Jahr hinweg, denke ich und bin von ihrer Zielstrebigkeit beeindruckt.

Die Mutter grinst verlegen und meint, dass ein Mädchen doch längere Haare haben sollte, damit man auch gut erkennen kann, dass es ein Mädchen ist, wenn sie schon keine Kleider oder Röcke tragen mag.

Mit meiner Bemerkung: »Vielleicht mag man sich wohlfühlen in seiner Haut«, fühlt sich Anna sichtlich bestätigt und ergänzt begeistert: »Ich darf hier doch alles sagen, haben mir Mama und Papa gesagt, also fange ich gleich damit an, warum Zeit verschwenden. Außerdem sagst du ja nix weiter von dem, was wir sprechen, wenn wir allein sind, und darauf freue ich mich schon, denn ich habe viele Fragen und mich nervt sehr viel und dann muss ich weinen und eigentlich weiß ich nicht wirklich, warum das so ist. Ich weiß nur, dass ich Gedanken habe, die ich nicht mit Mama und Papa reden will und dann kann ich die ja mit dir reden, oder?«

Die Mutter grinst wieder und erklärt, dass sie das so mit Anna besprochen haben und sie es daraufhin nicht erwarten konnte, die Camilla kennenzulernen.

Ich finde Anna nun großartig. Wir haben uns gerade erst kennengelernt und sie nimmt mich sofort in ihre Gedanken- und Problemwelt mit hinein. Ein bisschen stutzig oder irritiert war ich von ihrer pragmatischen Art und dem klaren Aussprechen der Dinge, denn das kannte ich bisher nicht von Kindern, die im Beisein eines Elternteils bei mir zum Erstgespräch waren, aber vermutlich hat mich gerade das so herzlich mitgerissen und neugierig gemacht.

Ich bestätige Annas Therapieverständnis und wir freuten uns beiderseits auf unsere gemeinsamen Stunden.

Anna kam immer wöchentlich gleich nach der Schule zu mir. Sie war pünktlich und wusste sich zu benehmen. Brachte sie etwas zum Essen mit, fragte sie, ob sie denn auch essen dürfe, bevor sie ein Menü aus ihrer Schultasche zauberte. Sie sprach nicht mit vollem Mund und entschuldigte sich, sollte mal ein Brösel auf dem Boden gelandet sein, um es auch gleich wieder in aller Eile zu entfernen.

Die Stunden waren anfänglich davon gefüllt, dass sie über die Ungleichheit mit ihrer Zwillingschwester erzählte. Anna war die Erstgeborene. Zwar nur um drei Minuten, aber auf die besteht sie und somit ist sie die Älteste aller Kinder. Unfair ist trotzdem, dass ihre Schwester es immer gut hatte und ihr selbst ging es schlecht. Sie musste viel mehr für die Schule lernen und arbeiten, während ihre Schwester nur kurz vor den Hausübungen saß und wenig lernen musste. Außerdem war sie die Hübsche, die unterschiedliche Frisuren mit ihren Haaren machte und Kleider und Röcke trug und sie selbst nur diese Spangen nahm und viel lieber in Jeans und T-Shirts unterwegs war. Selbst zur Taufe ihres Bruders möchte sie keinen Rock anziehen und das auch nicht weiter mit den Eltern diskutieren müssen, weil es doch okay ist, andere Kleidung zu tragen. »Geschmäcker sind halt verschieden«, so Annas pragmatischer Zugang.

»Ich bin anders – die verstehen das nicht.« Das war der Satz nach ungefähr einem dreiviertel Jahr gemeinsamer Psychotherapie, der mir Gänsehaut bescherte und nach dem ich mich wie ein unreifes, kleines Schulmädchen fühlte. Wie konnte sie das meinen? – Sie ist anders… wie anders? Anders im Denken? Sie kleidet sich anders, sie benimmt sich anders, sie fühlt anders… Meint sie auch mich, wenn sie sagt: »Die verstehen das nicht?« – Kann ich Anna verstehen? Warum poppen in meinem Kopf so viele Fragen gleichzeitig auf? Wem stelle ich diese Fragen? Der Satz: »Ich bin anders«, löste in mir nicht nur viele Fragen aus, sondern machte mich auch entspannt – ich war irgendwie erleichtert.

Anna hatte ein Tempo in ihren Überlegungen, bei denen ich schwer mithalten konnte. Sie war so klar, und endgültig und erst nach vielem Nachfragen und um Verständnis ringend, kam ich zu der Vorstellung, dass sie schon sehr lange mit sich und ihren Gedanken unterwegs war und sehr viel mit sich selbst ausmachen musste.

Ich empfand große Traurigkeit, und das war es auch, was Anna immer wieder zum Weinen brachte: das Alleinsein mit sich und das Unverständnis des Umfeldes für ihre Bedürfnisse und Wünsche aus einem gesellschaftlichen Stigma heraus.

Für Anna war die Schulzeit, also die Stunden in der Schule, eine Qual. Nach der Volksschule fiel die Entscheidung im Weiteren für die Mittelschule. Sozial war es seit der ersten Klasse schwierig und sie fand keine Freundin an ihrer Seite. Weder Buben noch Mädchen wollten Anna dabeihaben, und es gab nur sehr vereinzelt Freunde, die mit ihr den Schulweg geteilt haben. Geburtstagsjausen kannte sie nur mit den Freunden ihrer Schwester. Sie selbst konnte niemanden beisteuern.

Anna war nun in der neuen Klasse der Mittelschule und ab sofort nicht mehr mit ihrer Schwester zusammen. Ihre Haare waren jetzt schulterlang und immer noch mit Spangen aus dem Gesicht seitlich fixiert.

Die Leistungen waren gut, aber das konnte sie nur mit sehr viel Unterstützung und Mitarbeit der Eltern schaffen. Dadurch war sie einerseits genervt, andererseits war es für sie die einzig gemeinsame Zeit mit ihren Eltern, bei der sie sich nicht aufgrund ihres Seins rechtfertigen musste. Damit meinte sie, das Sein, so wie sie halt ist. Ging es nicht um die Schule, musste sie diskutieren und rechtfertigen, was sie anzieht, wie sie sich in ihren Bewegungen und ihrer Sprache verhält, welches Fahrrad sie fahren möchte, da ihre Auswahl auf ein Bubenmountainbike gefallen ist, und ob sie Skateboard fahren darf. »Ich mache halt mehr Bubensachen als meine Schwester«, so ihr wiederum pragmatischer Zugang zu sich selbst.

Es war in der ersten Klasse Mittelschule als Anna das erste Mal meinte, dass sie viel lieber ein Bub sein würde – eigentlich kurz bevor bei ihr bereits mit elf Jahren die Menstruation eingesetzt hatte. Das hat sie sehr gestört und für sie wurde die Regelblutung durchgängig als nervig und unpassend empfunden. Auch die wachsende Brust hat sie immer mehr gestört und am liebsten hätte sie ihren Oberkörper versteckt.

Das meinte sie also mit dem Satz »ich bin anders« Oder ist da noch etwas Anderes anders? Kann in diesen jungen Jahren bereits für sie klar sein, dass sie kein Mädchen sein will? Ist das eine Trotzreaktion? Vielleicht will sie kein Zwilling sein? Ist das genetisch festgelegt? Was hat das mit der Erziehung zu tun? Vermutlich ist die Schule schuld… Warum denke ich an Schuld? Bin ich zu nah bei den elterlichen Fragen? Kann ich da mitgehen? Kann ich ihre aufkommenden Fragen beatworten? Einerseits löste Anna mit ihrem Wunsch in mir eine Fragenlawine los und andererseits war ich tiefenentspannt und hatte das Gefühl – ja, jetzt ist sie stimmig, und ja, das war's, was mir Erleichterung machte, als sie den Satz »Ich bin anders« sagte. Das meinte sie also damals damit.

Anna hat die Diagnose Kyphose.

Unter Kyphose versteht man die natürliche, nach hinten gebogene Krümmung der Wirbelsäule im Bereich der Brustwirbelsäule. Krümmt sich die Wirbelsäule im Brustbereich übermäßig nach hinten, bildet sich das typische Erscheinungsbild eines runden Rückens. Vom 12. bis zum 14. Lebensjahr hat sie ein Korsett tragen müssen. Sie trug es auch während der Unterrichtszeit und nahm es nur zum Schlafen ab. Sie sollte also eine versteckende Fehlhaltung vermeiden. Mit dem Tragen des extra angepassten Korsetts war ein Verstecken definitiv nicht möglich.

Das war für Anna mitunter die schwierigste Zeit. Diese zwei Jahre, während sie ihre Rüstung, so wie sie das Korsett nannte, trug, waren von Gedanken begleitet, dass es für sie einfacher wäre, nicht mehr hier zu sein, als hier zu sein und sich nicht wohlfühlen zu können. »Du hast doch mal gesagt, ich soll mich wohlfühlen in meiner Haut«, war der Beginn der gemeinsamen Überlegungen, was Anna denn brauchen würde, um sich in ihrer Haut wohlzufühlen.

Wir waren nun fünf Jahre gemeinsam unterwegs und sehr vertraut miteinander. Sie wusste, dass ich, auch weil ich in der Zwischenzeit einige Elterngespräche hatte, Inhalte für mich behalten konnte, und so war sie wieder sehr klar in ihren Überlegungen, was es für sie brauchen würde: »Ich bin anders. Ich möchte einen anderen Körper und einen neuen Namen. Elias möchte ich heißen und ein Junge möchte ich sein.« So ihre kurzen und pragmatischen Sätze. Sie war immer noch praktisch und lösungsorientiert. Gleichzeitig strahlte sie eine unbeirrbare Sicherheit aus. Sie meinte, dass sie sich so sicher ist, weil es sich richtig anfühlt und alles, was sie bisher fühlen sollte, nicht gepasst hat.

Anna machte mich fast sprachlos. Ich konnte sie aufgrund unseres langen gemeinsamen Weges gut verstehen, aber vor allem wegen ihrer sehr direkten und offenen Art, Überlegungen und Gefühle auszusprechen, gelang es mir sehr gut, nachzuempfinden und mitzufühlen, in welcher Verzweiflung und in welchem Unverständnis sie feststeckte.

Sie haderte mit ihrem Körper und ihren nicht dazu passenden Gedanken und Empfindungen. Sie haderte mit dem Missverstanden-Fühlen durch ihr direktes Umfeld und vor allem mit der Angst, ihr Innenleben frei nach außen zu tragen.

Sie fühlte nichts an sich und an ihrem Körper, was sie glücklich machte.

Ich hatte regelmäßige Elterngespräche. Anfänglich ging es darum, wie die Eltern für Anna Wege bereiten können, dass sie durch das Nicht-angenommen-Sein in ihrer Peergroup unbeschadet vorangehen kann. Sie überlegten, wie sie die Freunde von Annas Schwestern dazu bewegen könnten, auch Annas Freunde zu sein.

Nach und nach wuchs auch in ihnen der Gedanke, dass Anna mit ihrem Körper und ihrem Sein gar nicht zurechtkam, und das öffnete für beide Elternteile eine komplett neue Welt. Sie waren zu Beginn sehr verzweifelt. Vor allem die Mutter weinte sehr um ihr als Tochter geborenes Kind und wollte es nicht »hergeben«.

Auch wenn man, als sie ein Kind war, keine Worte dafür gehabt habe, sei Anna schon früh irgendwie anders gewesen. Sie hat mit ca. drei Jahren das letzte Mal ein Kleid angehabt und, seit sie selbst bestimmen durfte, nur mehr burschikose Kleidung tragen wollen. »Vielleicht war das der Fehler«, meinte die Mama. An Spielzeug hat es durch ihre Schwester doch auch Puppen zu Hause gegeben, Anna wiederum hat jedoch Bubensachen bevorzugt. Die Eltern versuchten, einen Schuldigen auszumachen, der Anna so gemacht hat, wie sie ist.

Die Mutter lehnte es auch ab, darüber nachzudenken, was wäre, würde Anna wirklich ihr Geschlecht wechseln, und verwendete die Trumpfkarte einer Erziehungsberechtigten, die des Alters. Um die Veränderung, in der sich Anna zu der Zeit dieses Gesprächs schon befand, so weit wie möglich hinauszuzögern, wollte sie die erforderlichen Unterschriften verweigern. Der Vater war im Konflikt, das Beste für seine Tochter zu wollen und gleichzeitig seine Frau nicht allein in ihren Überlegungen und Handlungen zu lassen.

Diese regelmäßigen Elterngespräche waren für mich eine große Herausforderung. Die Verschwiegenheit einzuhalten ist deshalb eine schwierige Aufgabe, weil Anna viel Ärger gegenüber ihren Eltern und deren Unverständnis hatte und ich, je länger sie mir gegenübersaßen, auch Ärger in mir hochkommen spürte. Dieses Unverständnis der eigenen Tochter gegenüber, dieses Nicht-Wahrnehmen ihrer Gefühlslage, das Nicht-sehen-Wollen, wie es Anna wirklich geht; und hoppla… vielleicht können sie das nicht als Eltern, vielleicht würden sie wollen, vielleicht sind sie einfach überfordert mit der neuen und unbekannten Situation, vielleicht passt das noch nicht in ihr Denken hinein. Ich konnte mit Anna mitgehen und mitwachsen, aber wie weit hat Anna ihre Eltern mitgenommen oder wie weit haben sie sich mitnehmen lassen? Ich musste aufpassen, die Eltern in diesen Gesprächen nicht zu überfordern und sie langsam mit auf den Weg nehmen, den Anna und ich bereits gegangen sind.

Es war nicht nur Annas Überzeugung und Beharrlichkeit, vermutlich auch meine Gelassenheit und Ruhe in den Transgender-Fragen, die es den Eltern leichter gemacht haben, ihrer Tochter mehr Gehör und Raum für Gespräche zu ermöglichen. Zudem sahen sie nahezu täglich, wie schlecht es ihrer Tochter ging, und Anna, bestärkt durch unsere Gespräche, hielt ihre Verzweiflung nicht mehr zurück oder versteckte sie, sondern sprach sie offen aus und machte sie ihren Eltern gegenüber zum Thema.

Die Familie ist während der letzten beiden Jahre unserer Therapiestunden, also in den Jahren 2018 und 2019, zusehends aneinander gewachsen und hat eine andere Form der Beziehung miteinander gefunden. Eine aufmerksamere, offenere Beziehung, die nicht durch Klischees oder gesellschaftlich konnotierte Gedanken geprägt war. Jeder darf sein, wie er ist, und muss nicht einem Ideal entsprechen, ohne es zu wollen.

Die Oberstufe hat Anna zunächst in einer höheren Schule begonnen, war jedoch alsbald unglücklich und hat in die BAfEP gewechselt, wo auch die Schwester in die Parallelklasse geht. Die Entscheidung war richtig für sie und das wertschätzende Umfeld bietet bis heute einen guten Rahmen für die weitere Persönlichkeitsentwicklung.

Anna kam ab dem Frühjahr 2019 nur mehr monatlich zu mir. Einerseits, weil sie schulisch sehr ausgefüllt war, und andererseits, weil sie für sich Klarheit hatte, den eingeschlagenen Weg der Geschlechtsumwandlung mit der Unterstützung ihrer Familie keinesfalls und nicht um alles in der Welt verändern zu wollen.

Das Thema Trans, so wie sie es nannte, wurde jede Stunde thematisiert. Anna holte sich viele Informationen aus dem Internet, schaute youtube-Videos, besuchte Beratungsstellen und schrieb Emails mit anderen Jugendlichen, die schon weiter als sie in der Veränderung waren. Die Vernetzung wurde in den unterschiedlichen Gruppen hergestellt, in denen sie auf Empfehlung der Beratungsstellen unterwegs und betreut war. Sie wusste mittlerweile genau um den Ablauf der Veränderung, ihre rechtliche Situation und die genaue Vorgehensweise der medizinischen Eingriffe Bescheid.

Nach den Weihnachtsferien 2019, also im Jänner 2020, ich hatte Anna drei Wochen nicht gesehen, hatten wir einen Abschlusstermin ausgemacht. Es war ein ausgemachter Abschluss, aber mit einem offenen Ende und der Möglichkeit, jederzeit wiederkommen zu dürfen.

Es läutete, wie immer pünktlich und ich sah Anna die Stiegen heraufkommen, hatte aber plötzlich das Gefühl, dass ein Junge die Stiegen hinaufstieg. Ein Junge mit einer Baseballkappe auf dem Kopf, modischen Sneakers an den Füßen, einen Rucksack geschultert und mit einem breiten Grinsen im Gesicht.

Wir gingen die Stufen weiter in den ersten Stock in das Therapiezimmer hinein und Anna setzte sich und nahm dabei die Kappe ab. Zum Vorschein kam eine undercut Frisur mit einer Palme. Ich kannte diese Frisur von Schülern meiner Klasse. Bei diesem Haarschnitt werden die Seitenhaare sehr kurz rasiert und die langen Haare der Kopfoberseite zu einem Pferdeschwanz gebunden. Es ist ein traditioneller Männerhaarschnitt, der an japanische Sumo-Ringer erinnert.

Ich war vom äußeren Erscheinungsbild beeindruckt. Anna saß im Sessel, die Beine legere und breit von sich gestreckt und die Arme hingen locker über die Seitenlehnen hinab. In den ersten Minuten vermied ich es, Anna mit ihrem Namen anzusprechen. Es passte für mich nicht mehr. Sie war augenscheinlich keine Anna mehr. Sie war anders.

Sie begann von ihren Weihnachtsferien zu erzählen, von den vielen Familienbesuchen zu den Feiertagen und von den Geschenken, die sie bekommen hat.

Und dann war Anna wieder pragmatisch, kurz und sehr klar, als sie sagte: »Ich habe beschlossen, jetzt Elias zu sein. Macht es dir etwas aus, mich auch so zu nennen?«

Es machte mir natürlich gar nichts aus. Ich spürte Erleichterung, war sehr berührt und den Tränen nahe. Er hat's geschafft, dachte ich, und Elias sagte: »Weißt du, ich wollte nicht mehr länger Anna genannt werden. Ich weiß, dass es für Mama schwierig ist, aber zu Sylvester hat sie mich umarmt und sich mit mir gefreut, dass ich glücklich bin und es mir gut geht.«

Es war unsere letzte gemeinsame Stunde.

Ich traf die Familie zu Beginn der heurigen Sommerferien in meinem Sportverein. Elias kam freudestrahlend auf mich zu und erzählte, dass er sich im Frühjahr 2020 in der Schule als Transgender geoutet hat und dort als Junge mit dem Namen Elias zur

Schule gehen kann. Er wurde von allen gut angenommen und es haben sich Freundschaften gebildet. Alle haben sich schnell umgestellt und er hat auch das Zeugnis »richtig« ausgestellt bekommen, da noch vor dem Schulende der Name und der Eintrag in das Geburtenregister geändert wurden.

Als nächstes sei die Hormonbehandlung geplant.

Ein ausführliches ärztliches Aufklärungsgespräch hat im Herbst 2020 stattgefunden.

Er erwartet sich vor allem Einfluss auf die Körperproportionen, auf die Muskulatur, eine tiefere Stimme, das Ausbleiben der Menstruation und vielleicht später mal auch einen Bart.

Im Frühjahr begannen auch die Voruntersuchungen für die hoffentlich baldige und so ersehnte Masektomie, denn die Brust ist jeden Tag ein Horror. Das ist auch der Grund, warum er seit dem Frühjahr 2021 einen Binder trägt.

Er hoffe, unter fremden Menschen als Junge gesehen zu werden, und freue sich schon auf alles, was jetzt kommt. Vor der OP sei er noch beunruhigt, aber das wäre doch jeder vor einer OP. Die Zukunft werde auf jeden Fall besser als die ersten 16 Jahre, weil dieses Jahr auch schon ein besseres Jahr war. Sie wird halt anders.

Christa Paulinz

Kommentar zur Falldarstellung »Ich bin anders« von Camilla Chwojka

Mein Kommentar gliedert sich in drei Teile: Im ersten Teil nehme ich Bezug darauf, wie ich den therapeutischen Prozess wahrgenommen habe. Da mit diesem therapeutischen Prozess die Thematik der Geschlechtsidentität verbunden ist, ergänze ich meinen Kommentar um Anmerkungen zu Themen der Geschlechtsidentität und sexuellen Orientierung im historischen (Teil 2) und gegenwärtigen (Teil 3) Verständnis innerhalb psychoanalytischer Theorien.

Teil 1

Die Analytikerin teilt diesen Fall mit uns, sie nimmt uns mit: in ihr Denken über und ihr Erleben eines therapeutischen Prozesses, in dem das »Mitnehmen« eine zentrale Rolle spielt, um das Begreifen einer Entwicklung zu ermöglichen. Sie fragt sich, ob Anna ihre Eltern ausreichend in ihre Vorstellungswelt »mitnimmt« und ob ihr selbst das gelingt.

Die Therapie, von der wir hören, erstreckt sich über etwa fünf Jahre, und es vollziehen sich bedeutende Veränderungsprozesse: Anna wird mehr und mehr die, besser: der, der sie/er dem Wesen nach ist. Das verweist auf Fragen der Identität und Identitätsentwicklung, auf Prüfen und Anerkennen dessen, was einen selbst ausmacht: durch sich selbst wie durch Andere, auf Erleben von Zugehörigkeit. Die Anderen sind Eltern, Geschwister, Peers, alle Personen aus Annas Umfeld.

Wir erfahren, wie die Eltern ringen, die Entwicklung ihrer Tochter anzuerkennen, ihre Vorstellung von ihrem Kind dem Wesen ihres Kindes zu nähern und anzugleichen.

Wie diese therapeutische Erfahrung die Psychoanalytikerin verändert hat, wird an manchen Stellen sichtbar. Durchgängig klar ist jedenfalls ihre Haltung: Sie hört die Not ihrer Patientin, eine Not ausgedrückt im Satz »Ich bin anders«. Wie anders?, fragt sich die Analytikerin: Anders als die Zwillingsschwester? Anders als alle anderen Kinder, Menschen? Anders, hervorgerufen durch die Problematik des Stützapparates? Anders als Resultat der Entwicklungsverzögerung – oder ganz anders »anders«?

In der Atmosphäre, die von Anfang an geprägt ist vom haltgebenden und verständnisbereiten Umgang der Analytikerin mit den Lebensbedingungen der Familie, entsteht zwischen Anna und Camilla spontan ein Gefühl bewundernder Anerkennung, von Patientin zur Therapeutin, von der Therapeutin zur Patientin. Diese bewundernde Anerkennung unterstützt den Prozess, innerhalb dessen sich ein immer tiefer gehendes Verstehen (empathisches Eintauchen der Analytikerin) und Verstanden-Werden (Annas Nutzen entwicklungsfördernder Selbstobjekterfahrungen) entfalten kann, das wohl bei Klientin wie Therapeutin eine Art von Erleben von Wirkmächtigkeit zulässt.

Es zeigt sich, wie sehr Annas Erleben von »anders sein« sie von Menschen in ihrem Lebensumfeld trennt – bedrohlich – und zunehmend auch von den Eltern, insbesondere der Mutter. Was ist es also, was Anna braucht, um das Trennende in ihrem Erleben aufzuheben? Was muss in diesem Kontext verstanden werden?

»Wie und auf welche Weise entwickeln Individuen eine Erfahrung der Zugehörigkeit, oder wie gelangen sie zu der Erfahrung, sich beziehungsmäßig ›zu Hause zu fühlen‹?« (Kottler & Togashi, 2015, S. 169. Übers.: C. P.)

Anna – so am Beginn der Psychotherapie – ist im Begriff, ihr beziehungsmäßiges »feeling at home« gänzlich zu verlieren – ein heikler Moment, in dem es nicht viel Zeit zu verlieren gibt. Vielleicht stammt daher Annas entschlossener Einstieg in die Therapie, gleichsam ein unmittelbares Etablieren von »feeling at home in der Therapie«, um nicht in die drohende Verzweiflung zu versinken, die ja auch schon die Eltern packt. Die Analytikerin heißt Anna willkommen in der Suche nach diesem Erleben.

Dieses »sich zu Hause fühlen« meint »die extrem feine und fragile subjektive Erfahrung, nach dem sich jedes menschliche Wesen sehnt, in unterschiedlichen Intensitäten und abhängig von den Beziehungskontexten« (Kottler & Togashi, 2015, S. 170. Übers.: C. P.)

Annas Entwurf von sich selbst definiert sich über die Idee – besser: ihre Wahrnehmung – des »Ich bin anders«. Es ist kein lustvolles »Ich bin anders«, sondern eines, das Anna als Notwendigkeit erlebt, in Abgrenzung zu dem, wie sie gesehen wird, was ihr Umfeld von ihr erwartet, vielleicht, was sie gelegentlich selbst von sich erwartet.

»Feeling at home« erfasst, was Emily fehlt: »Feeling at home requires individuals to be involved in a ›human‹ world, in relationship with other humans.« (Kottler & Togashi, 2015, S. 170)

Dass menschliche Beziehungen immer auch das Risiko der Verletzung enthalten (Jaenicke, 2008, zit. n. Kottler & Togashi, 2015, S. 170), die eigene Vulnerabilität konfrontiert wird mit dem Unerwarteten, Unerträglichen, Unüberbrückbaren in Beziehungen (Kottler & Togashi, 2015, S. 170), weiß Anna nur zu genau.

Anna sagt uns nicht nur, dass sie »anders« ist, sie lädt auch – zunehmend enttäuschter und resignierter – dazu ein, sie in ihrem Anderssein zu begreifen. Sie wird zurückgewiesen, nicht gesehen, und wenn doch, soll sie eine andere Andere sein. Die Umstände der familiären Entwicklung gehen mehrheitlich in eine Richtung, in der sich Anna so erlebt: benutzt, gedrängt, gezogen, um anderen zu entsprechen. Es gibt keine haltgebenden Freundschaften, nicht einmal eine Erinnerung daran.

Die Schwester bleibt ihr emotional blass. Die deutlichen, wohl auch verwirrenden Vorstellungen von sich selbst geraten in deutlichen Widerspruch zu denen ihrer Eltern; schmerzlich, zornig enttäuscht sind alle Beteiligten.

Eingangs vermeintlich im Schutz des therapeutischen Geheimnisses, vor allem aber im Schutz der Authentizität ihrer Analytikerin entwickelt sich Emily vom »Ich bin anders« zum »Ich bin ich«.

Menschliche Entwicklung passiert innerhalb eines Beziehungskontextes, so sind wir überzeugt. Erfahrungen aus prägenden Beziehungen bestimmen unser Selbsterleben. Brandchaft (2010) lehrt uns, wie Anpassung und deren Folgen im Kontext von Entwicklung zu verstehen ist. Am Beginn der Psychotherapie erscheint Annas Ringen um ihr »So-Sein« im »Anders-Sein« nur um den Preis der gelingenden Beziehung zu ihren Eltern möglich zu sein.

Die Bedeutung der Grundsätzlichkeit kindlicher Abhängigkeit von bedeutenden Pflegepersonen für (förderliche) Entwicklung findet ihren Ausdruck in der Behandlung: Die Analytikerin arbeitet in einer Variante des Verständnisses des »Child centered family therapy treatments« nach Anna Ornstein (Ornstein & Rass, 2014), die uns vor Augen führt, dass therapeutisch unterstütztes gegenseitiges Verstehen das entstehende und entstandene Leiden aller verkürzen kann und damit Brüche oder Arretierungen in der Entwicklung des Kindes eindämmt, im besten Fall verhindert.

Alle, die therapeutische Arbeit mit Kindern und Jugendlichen und deren familiären Umfeld kennen, wissen um die Herausforderungen, die diese Arbeit beinhaltet. Nicht immer kann diese heikle Verständigungsarbeit gelingen. Die Therapeutin schreibt von Spannungsgefühlen auf Seiten der Eltern, deren Engagement nicht zu ihrem Vorstellungsbild von »guten Eltern« führt, von auftauchenden Schuldzuweisungen verschiedenster Art. Selbst die Therapeutin nimmt erstaunt wahr, dass sie denkt, die Schule wäre schuld.

Was für eine Verführung! Wäre der / die / das Schuldige gefunden, könnte man sich darauf vielleicht sogar einigen, könnte man mit Hilfe dieser Identifizierung jedes weitere mühselige Hinterfragen und Verstehen-Wollen oder Nicht-verstehen-Wollen einstellen.

Nicht so in dieser Psychotherapie. Offenbar gelingt es der Therapeutin, das wahrgenommene Erleben ihrer Patientin in Worte zu fassen und es den Eltern näherzubringen, so dass sie – auf ihre je unterschiedliche Weise – ihre Möglichkeiten entwickeln, ihr Kind mehr und mehr so zu sehen, wie es ist.

Die Thematik der Geschlechtsidentität steht nun klar im Raum. Bemerkenswert ist, dass sie eingebettet ist in Annas erworbener Fähigkeit, sich »gehört zu machen«, und in der elterlichen Fähigkeit, ihr Kind zu hören mit seinen Anliegen und Bedürfnissen. Die Entwicklungsarretierung kann sich lösen, manchmal langsam, gelegentlich holprig, aber konsequent von einem »Ich bin anders« in ein »Ich bin ich«. Bemerkenswert ist, dass die Entwicklung hin zu Elias konsequent passiert, und in einer Begegnung mit der Therapeutin plötzlich ganz klar sichtbar ist, so wie es sich erlebt, wenn wir ein uns vertrautes Kind nach einem Unterbrechungszeitraum wiedersehen: Oh, bist Du groß geworden… Oh, bist Du Elias geworden…!

Die eigentliche therapeutische Hilfe liegt meinem Verständnis nach deutlich VOR dem Transprozess. Anna erfährt in ihrer Psychotherapie, wie sich »feeling at home« anfühlt. Sie macht sich ihr »zu Hause« mit Hilfe ihrer Analytikerin verfügbar, sie richtet sich in ihrem Leben ein. Den Transprozess selbst leitet sie in der Folge geschickt ein und betreibt ihn.

»Ich bin anders« – als ihr denkt –, möchte ich ergänzen. Mit Hilfe ihrer Therapeutin versteht Anna, wer sie eigentlich ist, wo und – vor allem – wie sie sich »zu Hause fühlen« kann. Die Zuversicht, mit der sich Elias den vor ihm liegenden Anstrengungen zuwendet, beleuchtet umso mehr die Kräfte, die im Verlauf dieser Psychotherapie in entwicklungsfördernde Bewegung kommen konnten.

Überlegungen zur Historie der Sexualität in der Psychoanalyse – Teil 2

Zur Frage, wie sich Psychoanalyse in ihren Strebungen, Strömungen, Richtungen und Theoriegebäuden mit Themen der Sexualität auseinandersetzt, sind historische Überlegungen unumgänglich, schon allein, um wandelnde kulturelle, moralische oder andere Einflüsse auf die Wissenschaft der Psychoanalyse sichtbar werden zu lassen.

Von Beginn an bestimmend sind den Diskussionen um Themen der Sexualität das Kontroverse, sind Tabu und Irritation inhärent, sodass im Ringen um eine Sprache für Erleben und Bedeutung von Sexualität das entsprechende Vokabular trotz aller Entwicklung bis heute mangelhaft bleibt (Herzog, 2019). Vielleicht ist es aus dieser Perspektive heraus zu verstehen, warum Verständnis- und Erklärungsbilder anderer Disziplinen (etwa Medizin) und Regelwerke (etwa Moraltheorien) benutzt werden, um Sexualität fassbar zu machen.

Die Selbstverständlichkeit, mit der wir uns als Menschen einerseits als sexuelle Wesen begreifen, scheint andererseits im Problematisieren von Sexualität nicht selten erschüttert zu werden. »Dabei müssen wir bedenken, dass der Begriff ›Sexualität‹ erstmals am Ende des 19. Jahrhunderts verwendet wurde, d. h. wir benutzen diesen Begriff nicht für ein unveränderliches Konzept, sondern ein geschichtlich verankertes Phänomen.« (Lemma & Lynch, 2019, S. 10)

Themen der Sexualität waren demnach bis zu diesem Zeitraum in anderen Begriffen und Kontextualisierungen aufgehoben. Im Zusammenhang mit der Begriffsbestimmung von Sexualität verstehen wir heute diese »Wahrheit über uns selbst« (Foucault, 1976, 1984a, 1984b, zit. n. Lemma & Lynch, 2019, S. 10) »niemals / als / ein statisches innerliches Narrativ, sondern ergibt / sie / sich immer aus dem dynamischen Zusammenwirken mit sozialen Prozessen.« (Lemma & Lynch, 2019, S. 10)

Die jeweilig geltenden gesellschaftlichen Normen bilden diesem Verständnis nach die Grundlage dessen, was als normale Sexualität angesehen wird. Über die Jahrhunderte und Kulturen hinweg sind jedenfalls sehr unterschiedliche Umgangsweisen auszumachen.

Abgesehen davon, dass Normierungsprozesse zwangsläufig dem individuellen (sexuellen) Erleben entgegenstehen, es verfälschen, unterdrücken, stören oder zerstören können, und damit in der Folge weitere Problematiken anstoßen, ist es das Wesen der Sexualität selbst, das sich jeglicher Kontrolle entziehen möchte.

Gilt es zu begreifen, dass es »einen radikalen Antagonismus gibt zwischen menschlicher Sexualität und der Aufgabe, daraus einen Sinn zu machen?« (Kohon,1999, S. 21, zit. n. Lemma & Lynch, 2019, S. 11)

Im bisherigen psychoanalytischen Diskurs hat diese daraus entstehende Spannung dazu geführt, dass die Suche nach Erklärungsmodellen zu sexuellem Verhalten und sexueller Identität mit Anleihen aus Moraltheorien verknüpft wurde. Verschärft wurden (und werden) die daraus resultierenden Schwierigkeiten durch die Unvereinbarkeit von Bedingungen für Psychoanalytiker*innen als Expert*innen zu Themen der Sexualität. Gefangen in Theorien, die dem Erleben ihrer Patient*innen oder dem eigenen nicht entsprechen, eingebettet in berufliche und gesamtgesellschaftliche Normvorstellungen mit den damit verbundenen »Bestrafungen« rangen Psychoanalytiker*innen über die gesamte Geschichte der bisherigen Psychoanalyse hinweg unter phasenweise tief feindlicher Atmosphäre innerhalb der psychoanalytischen Communities und darüber hinaus um ein adäquates Verständnis von Sexualität in all ihren Dimensionen. Vorstellungen von Heterosexualität und Geschlechterdichotomie dominieren die Auseinandersetzungen. Sie schreiben sich fest in Pathologisierungen (Herzog, 2019).

Die wissenschaftliche Disziplin hat erhebliche Probleme, Erklärungsmodelle zu entwickeln, ohne zu moralisieren. Eher ist das Gegenteil der Fall: Es gab zahlreiche Versuche, Sexualität und Moral zu verbinden. So wies beispielsweise das psychoanalytische Manual (DSM) Homosexualität bis 1973 als seelische Erkrankung aus (Herzog, 2019).

Wie sind diese Erfahrungen im Kontext von Transgender zu denken? Bedauernswerterweise legte sich die Verwirrung und Feindlichkeit, mit der Themen der (Homo-) Sexualität in psychoanalytischen Theorien beantwortet werden / wurden, lange Zeit auch auf die Diskussion um Transgenderanliegen. »Wie ein roter Faden zieht sich durch die Historie der Auseinandersetzung mit der Thematik die Frage, ob es sich bei Transsexualität um ein pathogenes Phänomen handelt.« (Heyder, 2018, S. 67)

Transsexualität wurde unterschiedlichsten Diagnosen zugeordnet, von Psychosen, Neurosen, zur homosexuellen Panikreaktion und vielem anderen mehr. Rauchfleisch (2019) ergänzt zum zunehmenden Interesse an der Thematik und der historischen Betrachtung:

»Hinzu kommt, dass ich mich seit 48 Jahren in Forschung und Praxis mit transidenten Menschen beschäftige und in dieser Zeit tiefgreifende Veränderungen in der fachlichen, aber auch in meiner persönlichen Einschätzung der Transidentität erlebt habe. Es ist ein Weg, der sich durch eine zunehmende *Entpathologisierung* auszeichnet.« (Rauchfleisch, 2019, S. 12)

Rauchfleisch verweist am Beispiel der Entpathologisierung der Transsexualität auf eine allgemeine Entwicklung innerhalb der Psychoanalyse, in der normative Vorstellungen von Sexualität, Liebe und Identität ihre Kraft verlieren. Bemerkenswert ist sein Hinweis auf seine eigene wissenschaftliche und persönliche Entwicklung, die in dieser Deutlichkeit, wenn überhaupt, nur wenigen gelingt. Diese profunde wissenschaftliche Haltung zur Vorläufigkeit unseres Wissens – mit dem gleichzeitigen Ertragen dessen, was wir unseren Patient*innen nicht zur Verfügung stellten –, impliziert den dauernden Auftrag, wechselnde soziale Bedingungen zu erfassen, ohne den Blick auf das individuelle Erleben unserer Patient*innen zu verlieren.

Zum Abschluss dieses Teils erinnere ich daran, wie Annas Analytikerin mit dem Thema der Geschlechtsidentität umgeht: Sie hilft ihrer Patientin, die Eltern dahin »mitzunehmen«. Beide, Anna und – wie ich weiß – auch ihre Therapeutin, sind längst im Zeitalter der Technik-Kultur gelandet. Eine Vielzahl von Informationen, über die Anna im Kontext Transgender verfügt, stammt aus dem Internet, und die Analytikerin nimmt sie gelassen auf.

Ist auch das Internet ein Ort geworden, in dem eine Art von emotionalem »feeling at home« möglich ist? Im Zeitalter der Technik-Kultur müssen wir das Erleben von Sexualität wie auch Identität und Liebe ohnehin neu denken. Die Unmittelbarkeit, mit der sexuelle Stimuli förmlich unbegrenzt verfügbar sind, virtuelle Communities entstehen, wo im Schutz von Anonymität und Verantwortungsfreiheit Innenwelten geteilt werden, sind Veränderungen in bisher gänzlich ungewohntem Tempo; dies ist eine Tatsache, die im Kontext von Transgender eine maßgebliche Rolle spielt, aber auch bisher ungeahnte Möglichkeiten der Gestaltung sich auftun. (Ich selbst erinnere eine Transgender-Patientin, die via Internet ihren eigenen Trans-Prozess einleitete – inklusive der – illegal – gelieferten Hormonpräparate.) So werden uns in den Therapien vor neue Fragen gestellt. Anna und ihre Analytikerin beantworten diese jedenfalls mit großer Zuversicht.

Teil 3

Im Teil 3 setze ich mich mit einigen Überlegungen und Erkenntnissen zum Thema Transsexualität im Kontext der Fallgeschichte auseinander.

Mit zunehmender Entpathologisierung von Transsexualität geht eine neue Auseinandersetzung mit dem Thema einher. Das lässt sich auch an der Suche nach adäquater Begrifflichkeit und dem damit vertieft verstehenden Umgang ablesen.

Der Begriff »Transsexualität« weicht dem der »Transidentität«. Bei Betroffenen geht es nicht um die sexuelle Ausrichtung oder die Art, wie sie ihre Sexualität leben, sondern um ihre Identität.

> »Er trifft am besten das, worum es Trans*menschen geht: nämlich die Bezeichnung für eine Variante der Identitätsentwicklung, die selbst nichts mit psychischer Gesundheit oder Krankheit zu tun hat. Als neutraler Begriff findet sich auch die Bezeichnung ›Trans*geschlechtlichkeit‹.« (Rauchfleisch, 2019, S. 53)

Die häufig im Umgang mit Transmenschen entstehende Irritation zeigt nicht nur, wie die individuelle Reaktion der Therapeut*innen den Blick auf die Bedürfnisse der Patient*innen vernebelt, sondern auch, wie sich unterschiedliche Bereiche vermischen: »Für die Beschäftigung mit Trans*menschen ist es wichtig; dass die Identität und die sexuelle Orientierung zwei voneinander unabhängige Dimensionen darstellen.« (Rauchfleisch, 2019, S. 20)

Wie ist mit Transmenschen umzugehen bei deren Bedürfnissen nach Anpassungsveränderungen? Die rechtlichen Regelungen im deutschsprachigen Raum zeigen ein inkohärentes Bild, jedoch folgen die Empfehlungen und Gesetze vermehrt dem Weg der Entpathologisierung, auch was Überlegungen zu jugendlichen Transmenschen betrifft.

Von Anna lernen wir, dass ihre im Internet geteilten Wünsche und Pläne das familiäre und rechtliche Verstehen zum Teil längst überholt haben. Anna ist – wie wohl das Schicksal der meisten Transmenschen zeigt – verschiedensten Zuschreibungen ausgesetzt, die zumeist aus dominierenden gesellschaftlichen Bildern der Geschlechterbinarität und deren Konsequenzen stammen.

Das Ringen um das Begreifen der eigenen Identität – in Annas / Elias Fall der Transidentität – stellt einen herausfordernden Prozess dar, das mit der Hoffnung auf ein »feeling at home« verbunden ist. Winnicott (1994) beschreibt das in dem berührenden Bild, dass »das Wohnen der Psyche im Körper einen Entwicklungsschritt darstellt, eine Errungenschaft, die keineswegs allen Menschen zu Teil wird« (Winnicott, 1994, S. 178).

Alessandra Lemma (2014) spricht von einem

> »Riss in der Kohärenz der Identität [...] einer seit Geburt bestehenden Inkongruenz zwischen *dem Körper, den man hat,* und *dem Körper, der man ist.* Von den primären Bezugspersonen sei die frühe Erfahrung von mangelnder Übereinstimmung nicht ausreichend gespiegelt worden, sodass sie in der Selbstwahrnehmung des Kindes nicht oder mangelhaft auftauchen kann.« (Lemma, 2014, S. 84)

Annas Analytikerin vermittelt uns die Qualen der Sehnsucht ihrer/s Patienti/en nach dem richtigen Körper. Die Kleidung, nach der sich Anna sehnt, der Haarschnitt, ihre Bewegungsabläufe sind Hinweise darauf, wie sie sein möchte. Daraus resultieren

Irritation und Zurückweisung, die sie ihrerseits immer mehr mit Irritation und Zurückweisung beantwortet, die sich erst im Verlauf der Therapie lösen können.

Annas wie andere Erfahrungen führen letztlich zu dem Schluss, den Rauchfleisch (2019) neben anderen durchgängig vertritt: Transgeschlechtlichkeit ist eine Variante im Bereich der Normen, die ebenso wie diese alle Anteile von Gesundheit bis hin zur Krankheit enthält. Daher ist der individuelle Zugang in jedem einzelnen Fall unabdinglich. Transgeschlechtlichkeit per se bedarf keiner Behandlung. Es sind Themen, die ein »feeling at home« in Beziehungen unmöglich machen oder behindern, die therapeutische Antwort benötigen.

Das ist es, was wir jedenfalls aus der Darstellung des Falles lernen: die Bedeutung, Anna / Elias als diesen einen Menschen zu sehen und diesem zu begegnen – und nicht in Schemata zu denken und zu arbeiten.

Eines habe ich jedenfalls nicht gespürt: dass diese Psychotherapie die Analytikerin dauerhaft mit bestimmenden eigenen Ängsten konfrontiert hätte oder ihre Patientin dem Prozess nicht vertraut hätte.

Literatur

Brandchaft, B., Doctors, S., & Sorter, D. (2010): *Toward an Emancipatory Psychoanalyses. Brandchaft´s Intersubjective Vision*. New York/London: Routledge. Dt.: *Emanzipatorische Psychoanalyse. Systeme pathologischer Anpassung – Brandchafts Konzept der Intersubjektivität*. Frankfurt a. M.: Brandes & Apsel.

Guignard, F. (2016): Psychische Entwicklung in einer digitalen Welt. In: Lemma, A., & Caparotta, L.: *Psychoanalyse im Cyberspace? Psychotherapie im digitalen Zeitalter*. Frankfurt a. M.: Brandes & Apsel.

Herzog, D. (2019): Die sexuelle Revolution und ihre Folgen für die Psychoanalyse in der 2. Hälfte des 20. Jahrhunderts. Eine Geschichte der Homophobie angesichts des Traums von Liebe. In: Lemma, A., & Caparotta, L.: *Psychoanalyse im Cyberspace? Psychotherapie im digitalen Zeitalter*. Frankfurt a. M.: Brandes & Apsel.

Heyder, A. (2018): Der zerbrochene Spiegel – werde, der du bist? Zur Verschränkung von Körpererleben, Spiegelung und Identitätsentwicklung am Beispiel Transsexualität. In: Wahl, P: *Wer bin ich und wen ich liebe. Identität – Liebe – Sexualität*. Göttingen: Vandenhoeck & Ruprecht.

Lemma, A. (2014): Der Körper, den man hat, und der Körper, der man ist. Warum es für Transsexuelle wichtig ist, gesehen zu werden. In: Mauss-Hanke, A. (Hrsg.): *Internationale Psychoanalyse* (Bd. 9: Moderne Pathologien, 76–88). Gießen: Psychosozial.

Lemma, A., & Lynch, P. (2019): Einleitung. In: Lemma, A., & Lynch, P: *Psychoanalyse der Sexualitäten – Sexualitäten der Psychoanalyse*. Frankfurt a. M.: Brandes & Apsel.

Ornstein, A., & Rass, E. (2014): *Kindzentrierte psychodynamische Familientherapie. Eine Einführung*. Gießen: Psychosozial.

Rauchfleisch, U. (2019): *Transsexualismus – Genderdysphorie – Geschlechtsinkongruenz – Transidentität. Der schwierige Weg der Entpathologisierung*. Göttingen: Vandenhoeck & Ruprecht.

Rauchfleisch, U. (2019): *Sexuelle Identitäten im therapeutischen Prozess. Zur Bedeutung von Orientierungen und Gender*. Stuttgart: Kohlhammer.

Togashi, K., & Kottler, A. (2015): *Kohut's Twinship Across Cultures. The Psychology of Being Human*. East Sussex/New York: Routledge.

Winnicott, D. W. (1994): *Die menschliche Natur*. Stuttgart: Klett Cotta.

4. Teil
Wie verschränkt sich individuelles Erleben mit Politik?

Anna Ornstein
Wie kann eine Demokratie sterben?[1]

In den Jahren unmittelbar nach dem Zweiten Weltkrieg erlebte eine Gruppe europäischer Einwanderer, die als Mitglieder der Frankfurter Schule bekannt wurden
– Philosophen, Sozialwissenschaftler und Psychoanalytiker – ein Déjà-vu in Bezug auf einige Aspekte der politischen Entwicklungen in ihrer neuen Heimat, den
Vereinigten Staaten. Theodor Adorno stellte 1950 mit ihnen auf der Grundlage von
Interviews mit amerikanischen Rassisten und Personen, die antidemokratische und
paranoide Gefühle zum Ausdruck brachten, unter dem Titel *The Authoritarian Personality* (dt.: *Studien zum autoritären Charakter*, 1959/1973) eine Sammlung von Aufsätzen zusammen. Hierin konstruierten sie das psychologische Profil einer potenziell
faschistischen Persönlichkeit und sagten für die Vereinigten Staaten eine Situation
voraus, in der eine große Anzahl von Menschen für die psychologischen Manipu-
lationen einer solchen Person, eines potenziellen Führers, empfänglich sein würde.
Ihre düsteren Vorhersagen traten damals jedoch nicht ein. Die McCarthy-Gefahr kam
und ging, auch die Nixon-Ära kam und ging; beide blieben nicht ohne Opfer, aber
die Redefreiheit wurde wiederhergestellt und die liberale Demokratie schien letztlich
die Oberhand zu behalten. Heute erleben wir anhand der aktuellen Ereignisse ein
neues Interesse am Denken von Theodor W. Adorno, Erich Fromm, Wilhelm Reich
und anderen Psychoanalytikern und Sozialwissenschaftlern jener Zeit. Im Dezember
2016, einen Monat nach den Präsidentschaftswahlen, veröffentlichte der *New Yorker*
(Ross, 2016) einen Artikel mit dem Titel »*The Frankfurt School Knew Trump Was
Coming*« – »*Die Frankfurter Schule sah Trump kommen*« (M. G.).

Adorno war besonders vorausschauend. Er meinte, die größte Gefahr für die ame-
rikanische Demokratie gehe von den Massenmedien aus: Das waren damals Film,
Radio und Fernsehen. Schon in den 1940er Jahren betrachtete er das amerikanische
Leben als eine Art Reality-Show – und tatsächlich wurde 2016 der Star einer Reality-
Show zum Präsidenten der Vereinigten Staaten gewählt.

Obwohl er kein Psychoanalytiker war, nutzte Adorno die damals anerkannte psy-
choanalytische Theorie dazu, die emotionalen Kräfte zu ergründen, die verschiedene
Gesellschaften zu verschiedenen Zeiten unter ihre Herrschaft gebracht hatten. Sein
Aufsatz »Freudian Theory and the Pattern of Fascist Propaganda« (*The Essential*

---

1   Dieser Text ist im Original im *BPSI-Bulletin* Spring/Summer 2018, S. 20–27 unter dem Titel *How Can
    a Democracy Die? A Psychoanalyst's Reflections on Current American Political Events* erschienen
    und die Boston Psychoanalytic Society and Institute (www.bpsi.org) hat uns freundlicherweise die
    Veröffentlichung in der deutschen Übersetzung gestattet.

Frankfurt School Reader, 1982) wurde ursprünglich 1948 veröffentlicht und ist seitdem in mehreren amerikanischen Fachzeitschriften wieder aufgelegt worden. Der Aufsatz war auch Gegenstand einer Roundtable-Diskussion im Herbst 2017 an der bereits 1919 gegründeten New School for Social Research, an der auch Fromm und Reich gelehrt haben. Anhand zweier bahnbrechender Schriften Freuds, die sich mit Gruppen und der Zivilisation als Ganzer befassten (Freud, 1922/1974; 1930/1974), war Adorno zu dem Schluss gekommen, dass Freud das Wesen und den Aufstieg faschistischer Massenbewegungen aus rein *psychologischer* Sicht klar vorausgesehen hatte, auch wenn er sich nicht mit den *sozialen* Bedingungen befasste. Adorno meinte, dass Freud seine Vorhersage mit der Erkenntnis der Schwäche des Individuums und seiner Tendenz begründete, »sich unhinterfragt mächtigen äußeren, kollektiven Wirkmächten zu unterwerfen« (Adorno, 1982, S. 120).[2] Fromm (1941) machte eine ähnliche Beobachtung, als er schrieb, dass moderne Gesellschaften Zuflucht vor den durch die neuen Technologien geschaffenen Unsicherheiten nehmen, indem sie sich totalitären Regimen – wie z. B. dem Nationalsozialismus – zuwenden.

Adorno lieferte eine erschreckende Beschreibung *der Beziehung* zwischen faschistischer Propaganda und dem Charakter des Führers, den Freud seiner Meinung nach aus dem Bild des »Urvaters der Horde« abgeleitet hatte (Freud, 1921/1974; Adorno, 1982, S. 124). Freuds Konstruktion des Führerbildes, schrieb Adorno, passe

»zum Bild Hitlers nicht weniger als zu den Idealisierungen, als die sich die amerikanischen Demagogen zu stilisieren versuchen. Um narzisstische Identifikation mit ihm zu ermöglichen, muss der Führer selbst absolut narzisstisch erscheinen und aus dieser Erkenntnis leitet Freud das Bild des ›ursprünglichen Anführers der Horde‹[3] ab, das genauso gut auf Hitler zutreffen würde.« (Adorno, 1982, S. 126, dt. M. G.)[4]

---

2   »While Freud did not concern himself with the social changes, it may be said that he developed within the monadological confines of the individual the traces of its profound crisis and willingness to yield unquestionably to powerful, outside agencies.«

3   Hier nimmt Adorno Bezug auf Freuds Aussage: »Wir haben bereits bei der Erörterung der künstlichen Massen, Kirche und Armee, gehört, ihre Voraussetzung sei, daß alle von einem, dem Führer, in gleicher Weise geliebt werden. Nun vergessen wir aber nicht, daß die Gleichheitsforderung der Masse nur für die Einzelnen derselben, nicht für den Führer gilt. Alle Einzelnen sollen einander gleich sein, aber alle wollen sie von einem beherrscht werden. Viele Gleiche, die sich mit einander identifizieren können, und ein einziger ihnen allen Überlegener, das ist die Situation, die wir in der lebensfähigen Masse verwirklicht finden. Getrauen wir uns also, die Aussage Trotters, der Mensch sein ein Herdentier, dahin zu korrigieren, er sei vielmehr ein Hordentier, ein Einzelwesen einer von einem Oberhaupt angeführten Horde.« (Freud, 1921/1974, S. 113)

4   »His description fit the picture of Hitler no less than idealizations into which the American demagogues try to style themselves. In order to allow narcissistic identification, the leader has to appear himself as absolutely narcissistic, and it is from this insight of that Freud derives the portrait of ›primal father of the horde‹ which might as well be Hitler's.«

[...] »Selbst die verblüffende Unterlegenheit des faschistischen Führers, seine Ähnlichkeit mit Laienschauspielern und asozialen Psychopathen, wird so in Freuds Theorie vorweggenommen. [...] Eines der grundlegenden Mittel der personalisierten faschistischen Propaganda ist das Konzept des ›großen kleinen Mannes‹, einer Person, die sowohl Allmacht als auch die Idee suggeriert, dass er nur einer von den Leuten ist, ein einfacher, rotblütiger Amerikaner, unbefleckt von materiellem oder geistigem Reichtum. Das Bild des Anführers und seine Anziehungskraft auf ein Segment der amerikanischen Gesellschaft befriedigt einen doppelten Wunsch der Anhänger: sich der Autorität zu unterwerfen und selbst die Autorität zu sein.« (Adorno, 1982, S. 127, dt. M. G.) [5]

Als ob diese Beschreibung nicht in Bezug auf den aktuellen amerikanischen Führer schon den Nagel auf den Kopf treffen würde, vervollständigten Adornos weitere Kommentare das psychologische Profil des Faschisten. Er schrieb:

»Die Neigung, auf denen da unten herumzutrampeln, die sich so verhängnisvoll in der Verfolgung schwacher und hilfloser Minderheiten manifestiert, ist ebenso unverhohlen wie der Hass gegen die da draußen.« (S. 128, dt. M. G.) [6]

Obwohl Fromm der psychoanalytischen Theorie Freuds durchaus kritisch gegenüberstand, wandte auch er sie zur Erklärung von Faschismus und Kommunismus an; seine Beschreibung des »sozialen Charakters« war eine direkte Übertragung von Freuds Theorie der Charakterbildung auf den sozialen Bereich. Freuds Libidotheorie bot Fromm eine Erklärung für die Energie (»Sexualenergie«), die Gruppen zur Erreichung ihrer Ziele einsetzen. Er glaubte, dass die irrationalen Elemente in politischen Gruppen mit dem »sozialen Unbewussten« erklärt werden können:

»Freud hat [...] erkannt [...], daß [...] das Charakterstudium ›sich mit den Kräften befaßt, die den Menschen motivieren‹, daß die Art und Weise, wie jemand handelt, fühlt und denkt, weitgehend durch die Besonderheit seines Charakters bestimmt ist und daß sie nicht nur das Resultat rationaler Reaktionen auf bestimmte Situationen ist.« (Fromm, 1981, S. 86, Zitat: Freud durch Fromm)

Fromm äußerte sich kritisch gegenüber den praktizierenden Psychoanalytikern, indem er feststellte, dass sich nur sehr wenige Psychoanalytiker zu ernsthaften politischen, philosophischen oder religiösen Belangen äußerten, die über die in der städtischen Mittelschicht üblicherweise angesprochenen hinausgingen. Er schrieb, dass sich die Anhänger der Psychoanalyse aus dem einen oder anderen Grund den

---

5   »Even the fascist leader's startling symptoms of inferiority, his resemblance to ham actors and asocial psychopaths, is thus anticipated by Freud's theory. [...] one of the basic devices of personalized fascist propaganda is the concept of the ›great little man‹, a person who suggests both omnipotence and the idea that he is just one of the folks, a plain, redblooded American, untainted by material or spiritual wealth. Psychological ambivalence helps to work the miracle. The leader image gratifies the follower's twofold wish to submit to authority and to be the authority himself.«

6   »The tendency to tread on those below, which manifests itself so disastrously in the persecution of weak and helpless minorities, is as outspoken as the hatred against those outside.«

ernsthaften politischen und religiösen Problemen nicht zuwandten. Statt die Bedingungen der Gesellschaft in Frage zu stellen, passten sie sich ihr an; die Psychoanalytiker repräsentierten weitgehend die städtische Mittelschicht und übten – bis auf wenige Ausnahmen – keine Gesellschaftskritik.

Heinz Kohut, auch er Flüchtling des Zweiten Weltkriegs, benutzte seine eigene Theorie, um politische Bewegungen und ihre Auswirkungen auf das individuelle Seelenleben zu erklären: die psychoanalytische Selbstpsychologie. Ich fand seine Theorie besonders hilfreich für mein Verständnis der Psychologie von Tätern: seine Erklärung der Gruppenbildung, seine Einsichten in psychologische Phänomene wie Mut und auch das Bedürfnis nach Rache, das sich in Zeiten von Krieg und Terrorismus manifestiert. Unter seinen psychoanalytischen Konzepten fand ich besonders das Konzept des Selbstobjekts hilfreich, das die Trennung zwischen dem Äußeren und dem Inneren aufhebt, und die Konzeptualisierung von Werten und Idealen. Wegen seiner Relevanz für individuelle moralische Werte werde ich mich hier nur auf das Konzept der Ideale konzentrieren.

In *Formen und Transformationen des Narzissmus* beschrieb Kohut (1975) Ideale als eine psychische Struktur, in der der ursprüngliche infantile »*Narzissmus durch ein geliebtes Objekt hindurchgegangen ist, bevor er wieder verinnerlicht wurde, und somit die narzisstische Anlage selbst auf eine neue Entwicklungsstufe der Idealisierung gehoben wurde, [und] erklärt die einzigartige emotionale Bedeutung unserer Normen, Werte und Ideale* [kursiv., A. O.]« (S. 249).

»Unsere Ideale«, schreibt Kohut, »sind unsere inneren Führer; wir lieben sie und sehnen uns danach, sie zu erreichen« (S. 251). Es ist die hervorgehobene Position, die die Ideale im mentalen, geistig-psychischen Leben einnehmen, die erklärt, warum sowohl sozial nützliche als auch sozial destruktive Verhaltensweisen mit der gleichen großen Leidenschaft und dem gleichen Engagement verfolgt werden. In dieser Position funktionieren Ideale wie »Leuchtfeuer am Himmel«, die uns bei der Verfolgung unserer Ziele leiten. Da Ideale das Produkt der Transformation des Narzissmus von seinen infantilen zu seinen reiferen Formen sind, erfüllt uns das Erreichen unserer Ideale mit Stolz; sie sind die Grundlage unseres Selbstwertgefühls. Andererseits erzeugt das Scheitern, unsere Ideale zu erreichen oder ihnen wenigstens nahezukommen, tiefe Scham, ein anhaltendes Gefühl der Unzulänglichkeit.

Bei manchen Menschen können die Werte eines charismatischen und idealisierten Führers ihre eigenen individuellen Werte und ihr Moralempfinden völlig untergraben. Ich finde dies eine schlüssige Erklärung dafür, dass die Planer und Ausführenden des Holocausts keine Schuldgefühle empfanden; vielmehr waren sie stolz darauf, dass es ihnen gelang, ihren Idealen gerecht zu werden und Europa *judenfrei* zu machen.

Sobald Ideale durch ständige Propaganda von einer großen Anzahl von Menschen geteilt werden, geben sie Gruppen Zusammenhalt und verleihen ihnen die Fähigkeit, im Namen eines charismatischen Führers zu handeln. Diese theoretischen Erwägungen könnten eine Erklärung dafür liefern, dass Selbstmordattentäter und Widerstandskämpfer die gleiche psychologische Konstitution haben.

Beide ideologisch motivierten Gruppen und die in ihrem Namen handelnden Einzeltäter sind eher bereit, sich dem Tod zu stellen, als ihre Ideale zu verraten; beide bewahren ihre Ideale in einer erhabenen Position in ihre Psyche, einer idealisierten Position, und die Erfüllung dieser Ideale macht die einen zu Helden und die anderen zu Terroristen.

In den Vereinigten Staaten schwankt das Interesse an der Beziehung zwischen der Psychoanalyse und politischen Ereignissen, je nachdem, ob sich das Land durch äußere Kräfte und/oder unerwartete politische Umwälzungen bedroht sieht: Vietnam, der Irakkrieg, der Terroranschlag auf das World Trade Center. Als Reaktion auf Letzteres bemerkten Neil Altman, Jessica Benjamin, Ted Jacobs und Paul Wachtel in einer Diskussionsrunde mit der Moderatorin Amanda Hirsch Geffner zu dem Thema »Is Politics the Last Taboo in Psychoanalysis?« (Ist Politik das letzte Tabu in der Psychoanalyse?, M. G.), dass die Politik

> »unser Leben, das Leben unserer Patienten und unser Leben in der gemeinsamen Sitzung durchdrungen hat. Die emotionalen Reaktionen (Angst, Traurigkeit, Aufregung) über Belange, die über die unmittelbare, familiär-soziale Sphäre hinausreichen, laufen heiß und finden mit vielen unserer persönlicheren Sorgen Resonanz – und verstärken sie in diesem Prozess« (Altman et al., 2004, S. 6, dt. M. G.).

Das Interesse am Politischen wurde jedoch in der Psychotherapie schnell wieder außen vor gehalten, es sei denn, der Analytiker oder der Patient waren persönlich in diese Ereignisse verwickelt. In jüngerer Zeit sind jetzt angesichts der aktuellen Ereignisse soziale Fragen – vor allem rassische – in psychoanalytischen Sitzungen wieder häufiger zum Thema geworden.

Die Art und Weise, wie die tägliche Praxis eines Analytikers durch das Politische beeinflusst werden kann, wird am besten durch die Erfahrungen unserer Kollegen in Ländern veranschaulicht, in denen Krieg oder Terrorismus ein alltägliches Ereignis sind wie in Israel. Aber auch dort schaffen es Analytiker, wie Iddan (2014) berichtet, immer noch, die Bedeutung der Art und Weise zu leugnen, in der ihr Leben von diesen bedrohlichen Ereignissen eigentlich betroffen ist. Ich glaube, dass wir alle die Leugnung als grundsätzliche Möglichkeit nutzen, um psychisch stabil und funktionsfähig zu bleiben; die Nutzung dieser Möglichkeit kommt dann verstärkt zum Einsatz, wenn wir unter repressiven Regimen leben.

Der Schritt in die Dunkelheit:
Wie sind Aufklärung und Demokratie in Deutschland gestorben?

Da unser Interesse der Bedrohung gilt, die die trumpsche Regierungsweise für die amerikanische Demokratie dargestellt hat, werde ich im Folgenden das Deutschland der 1930er Jahre mit den aktuellen politischen Ereignissen in den Vereinigten Staaten zum Vergleich gegenüberstellen.

Politische Themen, die zunächst historisch und/oder geographisch weit entfernt erscheinen, können mit der Zeit näher kommen und persönlicher werden. Ich werde als Überlebende des Holocaust häufiger in öffentliche und private Schulen oder Universitätsvorlesungen eingeladen, um dort von meiner persönlichen Erfahrung zu berichten und den Schülern und Studenten die Möglichkeit zu geben, ihr historisches Wissen durch persönliche Erfahrungen zu bereichern. Neben vielen Fragen, die die Studenten natürlich haben, wenn sie versuchen, meine Erfahrung in der Zeit des Nationalsozialismus im Europa des 20. Jahrhunderts zu verstehen, taucht eine besondere Frage fast immer auf: »Dr. Ornstein, könnte das, was Ihnen dort passiert ist, hier auch passieren?«

In der Vergangenheit habe ich mit meiner Antwort nicht gezögert. Ja, würde ich 'sagen, es gibt weiterhin Diskriminierung und Vorurteile, und die amerikanischen Rassengesetze sind noch lange nach dem Bürgerkrieg in Kraft geblieben; die Verfassung schützte nicht alle Bürger in gleichem Maß. Aber ich wies die Schüler und Studenten darauf hin, dass wir ein multiethnisches, multireligiöses Land sind; dass wir mit der Verfassung ein Dokument haben, das die demokratischen Prinzipien schützt, auf deren Basis dieses Land gegründet wurde und regiert wird; auf das man sich berufen kann; keine Partei und keine Person kann so mächtig werden, dass Einzelpersonen unterdrückt oder Menschen aufgrund ihrer ethnischen Zugehörigkeit und/oder Religion systematisch diskriminiert oder verfolgt werden.

Aber als mir diese Frage nach der Wahl 2016 gestellt wurde, war ich nicht mehr so schnell mit meinen beruhigenden Antworten. Jetzt musste ich nachdenken: Was weiß ich über das allmähliche Verschwinden von Demokratien? Aufgewachsen in einem feudalen System im Vorkriegs-Ungarn, habe ich unter zwei autokratischen und repressiven Regimen (dem Dritten Reich und kurzzeitig dem kommunistischen Ungarn) gelebt; so dass ich, als ich hierher nach Amerika kam, am Anfang manchmal nicht glauben mochte, dass man hier sagen konnte, was man dachte, ohne z. B. die Angst haben zu müssen, dafür verhaftet zu werden und ins Gefängnis zu kommen.

Trotz der düsteren Vorhersagen der europäischen Intellektuellen der dreißiger und vierziger Jahre sind, wenn man die Situation der Vereinigten Staaten heute und Deutschlands in den dreißiger Jahren vergleicht, die Unterschiede viel größer als die Gemeinsamkeiten. Die beiden Länder unterscheiden sich in wichtigen Aspekten; sie unterscheiden sich in ihrer Geschichte und in ihren politischen und sozialen

Verhältnissen. Dennoch bleibt die Frage, ob unser amerikanisches Regierungssystem – insbesondere die in die amerikanische Demokratie eingebauten »Checks and Balances« – unter der gegenwärtigen Regierung solchen Ereignissen wie denen damals in Deutschland widerstehen kann oder nicht.

Was in Deutschland zwischen den beiden Weltkriegen geschah, war ein »perfekter Sturm«.[7] Nachdem Deutschland den Ersten Weltkrieg verloren hatte, wurde ihm ein Friedensvertrag mit extrem strengen Bedingungen vorgelegt: Die neue Regierung musste große Summen an Reparationszahlungen leisten, Deutschland und seine Verbündeten verloren ausgedehnte Territorien, und sie wurden zur Demilitarisierung gezwungen – alles zutiefst demütigende Forderungen. Der perfekte Sturm wurde durch die steigende Arbeitslosigkeit, den Zusammenbruch der europäischen Wirtschaft im Jahre 1929 und die darauf folgende weltweite Depression komplettiert. Selbst wenn man bedenkt, dass die wirtschaftlich angeschlagene Situation im Rust Belt der Vereinigten Staaten zu einem großen Teil für den Ausgang der Wahl 2016 mit verantwortlich ist, ist dies weit entfernt von den wirtschaftlichen Bedingungen, die nach dem Ersten Weltkrieg in Deutschland und in ganz Europa herrschten. Die kurzlebige Demokratie der Weimarer Republik (1919–1933) war der wachsenden Popularität der ultranationalistischen Bewegung der NSDAP nicht gewachsen: Deutschland war wirtschaftlich und emotional bereit, einen Größenwahnsinnigen zu umarmen, der versprach, Deutschlands Überlegenheit in der Welt wiederherzustellen. Alles, was Hitler brauchte, war ein Sündenbock, eine Gruppe von Menschen, die für das militärische Debakel im Ersten Weltkrieg und den folgenden wirtschaftlichen Zusammenbruch in der ganzen Welt verantwortlich gemacht werden konnte. Die Juden waren die perfekte Wahl: Obwohl sie weniger als 1 Prozent der deutschen Bevölkerung ausmachten, waren sie eine sichtbare Minderheit, die wichtige Positionen an den Universitäten innehatte und sich in den Wissenschaften, der Literatur und der Finanzwelt hervortat.

Im späten 19. und frühen 20. Jahrhundert war Amerika in der Rassengesetzgebung weltweit führend. Tatsächlich nutzten die Nazis amerikanische Rassengesetze, um ihre eigenen auszubauen. Wenn man die amerikanischen Rassengesetze aber in den größeren Kontext der langfristigeren amerikanischen Geschichte stellt, wird deutlich, dass dies nicht die Richtung war, die dieses Land im 20. Jahrhundert eingeschlagen hatte. Nach dem Sieg über Nazi-Deutschland schlug die amerikanische Regierung einen liberaleren und progressiveren Ton an, und die Verfechter einer weißen Vorherrschaft traten in den Schatten. Das 20. Jahrhundert erlebte eine starke Bürgerrechtsbewegung; Schwule und Lesben erlangten Legitimität, als das Land zu den Prinzipien zurückkehrte, auf denen es gegründet wurde, den Prinzipien der

---

7   Der Begriff »perfekter Sturm« ist eine wörtliche Übersetzung des englischen Ausdrucks »perfect storm« und bezeichnet eine maximale Naturkatastrophe, bei der einzelne Faktoren in Summe zu dem Jahrhundertereignis führen – ein Begriff, der mittlerweile in die Alltagssprache übernommen wurde (Anm. d. Ü.).

Gleichheit der Menschen. Noch bis zum Januar 2017, hat sich die Bundesregierung den endemischen Rassismus und der Diskriminierung aufgrund von ethnischer Zugehörigkeit und Religion entgegengestellt und ihn aktiv bekämpft. Mit vielen Hindernissen auf dem Weg und mit viel Mühe sind bei der Integration der öffentlichen Schulen, bei der Sicherung des Wahlrechts und der Menschenrechte Fortschritte erzielt worden. Die liberale Demokratie schien in der zweiten Hälfte des 20. Jahrhunderts insgesamt eine glänzende Zukunft zu haben: Im Jahr 1989 fiel die Sowjetunion, die in Osteuropa Terror verbreitet hatte, auseinander, und Demokratien begannen, relativ stabile Regierungen zu etablieren. Außerhalb Europas fiel die Apartheid in Südafrika; sogar der Frieden im Nahen Osten schien mit den Osloer Verträgen möglich.

Aber wo stehen wir heute? Die Europäische Union, die den dauerhaften Frieden in Europa sichern sollte, ist ins Wanken geraten, weil ihre tragende Säule, Deutschland, Schwierigkeiten hat, ihren rechten Flügel in Schach zu halten. Und hier in Amerika machen wir uns Sorgen, ob wir in der Lage sein werden, an den beiden grundlegendsten Säulen unserer Demokratie festzuhalten: einer freien Presse und einem unabhängigen Justizsystem. Die aktuellen einwanderungsfeindlichen Erlasse haben eine starke rassistische Untermauerung: Rassismus ist weiterhin sehr präsent im sozialen und politischen Leben in Amerika. Die Art und Weise, wie derzeit tief verwurzelte rassistische Einstellungen die Diskussion um die Einwanderung anheizen, unterscheidet sich nicht von der Art und Weise, in der Hitler damals den jahrhundertealten Antisemitismus nutzte, um die Verabschiedung antijüdischer Gesetze sicherzustellen. Sündenböcke in einer relativ gut funktionierenden Demokratie zu suchen, ist besonders gefährlich. In diesem Land sind die Sündenböcke nicht die Juden, sondern Muslime und Einwanderer.

Sobald Diskriminierung staatlich sanktioniert wird (ob offen, wie in Deutschland, oder durch Andeutungen von Autoritätspersonen, wie in den Vereinigten Staaten), entfacht dies die Leidenschaften und bei öffentlichen Versammlungen kann leicht Gewalt ausbrechen. Unabhängig davon, ob diese Gewalt politisch motiviert ist oder persönlicher Rache entspringt, sollte in dieser politischen Atmosphäre die leichte Verfügbarkeit von Waffen für alle ein besonderer Grund zur Sorge sein. James Gilligan, eine der angesehensten Autoritäten in Sachen Gewalt, hält Donald Trump als Präsidenten für in diesem Zusammenhang extrem gefährlich. Er stützt sich dabei auf Trumps öffentliche Äußerungen, mit »zahlreichen Gewaltandrohungen, Aufforderungen zur Gewalt durch andere und Prahlereien mit Gewalt, die er bekennt, selber begangen zu haben« (Gilligan, 2017, S. 172–173, dt. M. G.).

Wie bei Hitler versuchten Viele, Trump nach dem ersten Schock angesichts seiner Wahl zum Präsidenten und seiner Art, das Amt auszufüllen, als unwirksame Marionette abzutun, bis er seine Fähigkeit unter Beweis stellte, sich auf eine loyale politische Basis zu stützen und seine Partei dazu zu verführen, viele seiner undemokratischen und zerstörerischen Ideen mitzutragen. Wir müssen die besorgniserregende

Tatsache zur Kenntnis nehmen, dass in den ersten anderthalb Jahren seiner Amts-
führung die Normalisierung und die allmähliche Akzeptanz von antidemokratischem
Verhalten seitens der Administration Fahrt aufnahm. Ich denke dabei an die Aufhe-
bung von Vorschriften zum Schutz der Umwelt, die Aufhebung von Vorschriften zum
Schutz der Verbraucher im Bankenwesen und, in jüngster Zeit, die Ablösung lokaler
Nachrichtensendungen durch einen zentral gesteuerten Nachrichtensender, Sinclair.

Obwohl ich glaube, dass das, was in Europa während des Zweiten Weltkriegs und
in den zwölf Jahren der Tyrannei in Nazi-Deutschland passiert ist, in diesem Land
niemals passieren könnte, bedeutet das nicht, dass wir uns keine Sorgen machen müssen. Es gibt gute Gründe, warum viele Menschen den Vergleich zwischen Deutschland in den 1930er Jahren und der aktuellen Situation in den Vereinigten Staaten
anstellen. Deutschlands Abrutschen in eine populäre Umarmung des Autoritarismus,
die in einer Tyrannei endete, bietet einen Rahmen, um zu verstehen, wie liberale
Demokratien in einer relativ kurzen Zeitspanne völlig zerstört werden können. In
diesem Land könnte die Verharmlosung, die Akzeptanz und das Abtun falscher Aussagen und provokativen Verhaltens durch Autoritätspersonen der erste Schritt zur
Zerstörung der moralischen Werte – und damit der demokratischen Lebensweise –
sein, die den meisten Amerikanern am Herzen liegen.

Die Beziehung zwischen dem Individuum und seinem politischen und sozialen Umfeld

Es gibt erhebliche Unterschiede zwischen den verschiedenen sozialen und politischen
Umständen, unter denen die Menschen leben. Aufgrund der Unterschiede in der individuellen Psychologie und der großen Unterschiede in den sozialen und politischen
Situationen, die zu verschiedenen Zeiten in verschiedenen Ländern vorliegen, können wir keine allgemeinen Aussagen darüber anstellen, wie potenziell traumatische
historische, politische und soziale Ereignisse ein Individuum beeinflussen können.

Der Einfluss des Politischen und des Sozialen auf die Psyche des Individuums hängt
von vielen Faktoren ab. Sie kann auch von der Geschwindigkeit beeinflusst werden,
mit der eine politische und/oder soziale Veränderung eintritt: Wie viel Zeit hat man für
die Entwicklung von Abwehrmechanismen, von psychologischen Schutzmaßnahmen
gegen das zu erwartende, potenziell traumatische Ereignis? Politische Veränderungen sind dann besonders gefährlich, wenn sie langsam, schrittweise erfolgen. Dies
mag einer der Gründe für die Warnung einiger Psychiater (Lee, 2017, S. xvii-xviii)
sein; sie warnten davor, dass es dadurch, dass Trump als Präsident der Vereinigten
Staaten »innerhalb der breiten Konturen und Interaktionen der Präsidentschaft agiert,
eine Tendenz gibt, das, was er tut, als Teil unseres demokratischen Prozesses zu betrachten – also als das politisch und sogar ethisch Normale. Auf diese Weise wird ein

gefährlicher Präsident normalisiert, und die bösartige Normalität wird zum bestimmenden Faktor unseres Regierens« (dt. M. G.).

Eine weitere Frage, die sich stellt, ist: Beeinflusst das politische und soziale Umfeld das mentale Leben in gleichem Maße wie andere Aspekte unserer emotionalen Umgebung? Ich glaube, dass das Ausmaß, in dem sich politische und soziale Themen auf das individuelle mentale Leben auswirken, davon abhängt, wie stark diese Themen in den Alltag des Einzelnen eingreifen. Ich bin vielleicht kurz bestürzt, wenn ich lese, dass LGBTQ-Personen in Russland verfolgt werden, und ich reagiere definitiv erschüttert, wenn ich über Völkermord irgendwo auf der Welt lese. Bei diesen beiden Themen werden sich meine Gedanken jedoch bald wieder auf die Dinge richten, die mich und meine Familie direkter betreffen.

Aber wie wird das Politische tatsächlich zu einem Aspekt des Seelenlebens? Mit der Einführung der postfreudianischen psychoanalytischen Theorien erkennen wir, dass es eine komplexe und mächtige Verflechtung von Geschichte, Gesellschaft und Psyche gibt. Mit anderen Worten: Ethnizität, Religion, Rasse und Kultur in all ihren unterschiedlichen Dimensionen sind wichtige Aspekte des bewussten und unbewussten Seelenlebens eines Menschen; sie sind wesentliche Gestalter seiner Identität. Hirsch Geffner (2004) hat es gut ausgedrückt:

> »In gewisser Weise erben wir unsere politischen Dispositionen, wir werden in sie hineingeboren. [...] Sie haften untrennbar an den Strängen unserer frühesten Erinnerungen und sind als Teil unserer grundlegendsten Organisationsprinzipien intersubjektiv und interpersonell konstruiert. Sie sind tief verwurzelt (man hat fast das Gefühl, dass sie ›fest verdrahtet‹ sind); sie sind hartnäckig, wenn auch nicht völlig unempfindlich gegenüber den Kräften der Veränderung.« (S. 66, dt. M. G.)

Es wäre jedoch ein Fehler zu glauben, dass das, was Kinder erben, die nächste Generation ohne Veränderung und Modifikation beeinflusst. Zum Beispiel können die Kinder rassistischer Eltern die lautstärksten Verfechter der Rassengleichheit werden. Wichtig scheint zu sein, dass diese emotional tief verankerten Einstellungen sowohl positive als auch katastrophale Auswirkungen auf die politische und soziale Orientierung eines Erwachsenen haben können. Die auffälligsten Beispiele dafür finden sich in den Gebieten in Amerika, in denen die Bevölkerung regelmäßig gegen ihre eigenen Interessen stimmt. Als Soziologin verbrachte Arlie Russell Hochschild (2016) fünf Jahre im erzkonservativen Bayou Country im Bundesstaat Louisiana, um dieses rätselhafte Phänomen zu verstehen. Sie fand ihre Antwort in dem, was sie die »tiefe Geschichte« (deep story) der hart arbeitenden, von Krankheit und Armut geplagten Bevölkerung dieser Region nennt: »Eine tiefe Geschichte ist eine Gefühlt-als-ob-Geschichte – es ist eine Geschichte, die die Gefühle in der Sprache der Symbole erzählen. Sie lässt Werturteile verschwinden. Sie lässt Fakten verschwinden. Sie erzählt uns, wie sich die Dinge *anfühlen*« (S. 135, kursiv A. O.), erklärt Hochschild und behauptet: »Ich glaube nicht, dass wir die Politik von irgendjemandem, ob rechts

oder links, ohne sie verstehen. Denn wir alle haben tiefe Geschichten« (S. 135, dt.
M. G.).

Sobald sich die »tiefen Geschichten« verfestigt haben, ist es das rassische, religiöse und kulturelle Erbe der Identität der Einzelnen, das zu bestimmen scheint, wie sie
mit ihrer sich ständig verändernden politischen und sozialen Umgebung interagieren
und sich zu ihr verhalten. Die Tragödie dabei ist, dass für viele der Einfluss der »tiefen Geschichte« auf ihre Wahlentscheidungen die Realität ihres täglichen Lebens
völlig negiert. Im Fall der Wähler in Louisiana wird von ihrem Bewusstsein abge-
spalten, wie die Ölindustrie, die sie unterstützen, ihre Gesundheit, ihren wirtschaftlichen Status und die Zukunft ihrer Kinder beeinträchtigt.

Gibt es Anlass zur Hoffnung?

In unserem gegenwärtigen politischen Klima setze ich meine Hoffnung auf die Pro-
testmärsche, auf Aktionen des »zivilen Ungehorsams« und auf Bundesrichter, die
noch nicht von der aktuellen Regierung ersetzt wurden. Aber meine größte Hoffnung liegt in unseren jungen Menschen; es ist ihre klare Vision von der Richtung,
die dieses Land einschlagen muss, die unsere Demokratie vor dem abgestumpften,
amoralischen Verhalten vieler unserer politischen Führer retten könnte.

Die Frage ist, ob dieser »Widerstand« ausreicht, um ein Gegengewicht zur Zusammenarbeit des Kongresses mit den zerstörerischen Bemühungen der Exekutive
zu schaffen. Die Gefahr, so glaube ich, ist das allmähliche und stetige »Einknicken«
der gewählten Beamten, die aus Angst vor dem Verlust ihrer Positionen dem Führer
zu folgen scheinen, egal wie zerstörerisch seine Politik für unsere Demokratie sein
mag.

Übersetzt von Martin Goßmann, Berlin

Literatur

Adorno, T. (1950): *The Authoritarian Personality.* New York: Harper & Row.

Adorno, T. (1973): *Studien zum Autoritären Charakter.* Frankfurt a. M.: Suhrkamp.

Adorno, T. (1982): Freudian Theory and the Pattern of Fascist Propaganda. In: Arato, A.,
& Gehardt E. (Hrsg.): *The Essential Frankfurt School Reader* (S. 118–138). New York:
Continuum Publishing.

Altman, M., Benjamin, J., Jacobs, T., & Wachtel, P. (2004): Is Politics the Last Taboo in Psychoanalysis? *Psychoanalytic Perspectives*, 2(1), 5–36.

Freud, S. (1921/1974): *Massenpsychologie und Ich-Analyse.* In: Freud Studienausgabe, Bd. IX, S. 61–134 (insbesondere Kapitel IX »Der Herdentrieb«, S. 109–113). Frankfurt a. M.: S. Fischer.

Freud, S. (1930/1974): *Das Unbehagen in der Kultur.* In: Freud Studienausgabe, Bd. IX, S. 191–270. Frankfurt a. M.: S. Fischer.

Fromm, E. (1941): *Escape from Freedom.* New York: Farrar & Rinehart. Dt.: (1966): *Die Furcht vor der Freiheit.* Hamburg: Europäische Verlagsanstalt.

Fromm, E. (1981): *Jenseits der Illusion. Meine Begegnung mit Marx und Freud.* In: Erich Fromm Gesamtausgabe, Bd. 9, Stuttgart: DVA.

Gilligan, J. (2017): The Issue is Dangerousness, not Mental Illness. In: Lee, B. (Hrsg.): *The Dangerous Case of Donald Trump.* New York: St. Martin's Press.

Hirsch Geffner, A. (2004): Political Identity: A Personal Postscript. *Psychoanalytic Perspectives,* 2(1), 65–73.

Hochschild, A. R. (2016): *Strangers in Their Own Land: Anger and Mourning in the American Heartland.* The New Press, New York. Dt.: *Fremd im eigenen Land.* Frankfurt a. M. 2017.

Iddan, E. (2014): When the External Conflict Quietly Invades the Intimacy of the Therapeutic Dyad: Reflections on Conducting Therapy Within the Context of Political Upheaval. *Psychoanalytic Inquiry,* 34(7), 723–730.

Kohut, H. (1966): *Forms and Transformations of Narcissism.* JAPA, 14: 243–272. Dtsch.: (1975): Formen und Umformungen des Narzißmus. In: Kohut, H: *Die Zukunft der Psychoanalyse* (S. 140–172). Frankfurt a. M.: Suhrkamp.

Lee, B. (2017): *The Dangerous Case of Donald Trump.* New York: St. Martin's Press.

Ross, A. (2016): The Frankfurt School knew Trump was coming. *The New Yorker,* 5. Dezember 2016.

Petra Purkarthofer

Narzissmus, Wut und Paranoia und ihre Bedeutung für Dynamiken des Autoritären

Sozialwissenschaftliche und selbstpsychologische Erklärungsversuche der anhaltenden Unterstützung für rechtspopulistische Politik

Der Artikel versucht, das Erstarken des Rechtspopulismus sowie die anhaltende breite Unterstützung für diese Entwicklungen in der Bevölkerung, vor allem auch in der Mitte der Gesellschaft, näher zu erklären. Besonderes Interesse gilt dem Umstand, dass grobe Verstöße gegen demokratiepolitische Grundsätze, nachweislich falsche Äußerungen rechtspopulistischer Politiker*innen sowie ein offener rassistischer Diskurs und hasserfüllte, gewaltvolle Rhetorik der Wähler*innenunterstützung anscheinend keinen Abbruch tun. In einem ersten Schritt wird das politische Phänomen umrissen. Im Anschluss daran werden sozialwissenschaftliche Erklärungsversuche vorgestellt, die unter anderem die Bedeutung von sozioökonomischer Verunsicherung, Gefühlen der Unübersichtlichkeit und des Kontrollverlusts, autoritären Aggressionen sowie unbefriedigender sozialer Beziehungen aufzeigen. Der letzte Teil des Aufsatzes versucht, über den Begriff der narzisstischen Wut von Heinz Kohut Überlegungen zum psychodynamischen Geschehen anzustellen und eine psychoanalytische Debatte zum Thema anzustoßen.

Gesellschaftspolitische Relevanz des Themas

Der Zuspruch zu rechtspopulistischen Parteien in der Wähler*innengunst in Europa und deren Wahl in die Volksvertretung sowie Regierung (vgl. Fidesz in Ungarn oder PiS in Polen) oder Regierungsbeteiligung (vgl. ÖVP-FPÖ Koalition von 2000 bis 2005 und 2017 bis 2019 in Österreich) beschäftigen bereits seit einigen Jahren die Sozialwissenschaften. Der Umgang mit rechtspopulistischen Parteien ist für die Gesellschaft insgesamt eine demokratiepolitische Herausforderung. Die anfängliche Strategie vieler politischer Mitstreiter*innen, rechtspopulistische Parteien auszuschließen oder zu marginalisieren, aber deren Inhalte zu übernehmen, tat dem Wähler*innenzustrom und ihrem politischen Aufschwung keinen Abbruch, sondern gab rechtspopulistischen Themen vermehrt Gewicht und führte zu einem Rechtsruck wichtiger Zentrumsparteien (vgl. exemplarisch Butterwegge et al., 2002; Mudde, 2019; Hadj-Abdou, Bale & Gedde, 2021). Auch sind ähnliche Entwicklungen in anderen Weltregionen zu beobachten, womit die Auseinandersetzung mit dem Anwachsen rechtspopulistischer und rechtsextremer Tendenzen auch eine globale Dimension aufweist. Rechtsextreme Übergriffe und Gewalt haben sich laut einem UN-Bericht zwischen 2015 und 2020 verdreifacht (CTED, 2020). Obwohl der Großteil der Gewaltakte in westlichen Staaten stattfand – Christchurch (März 2019), El Paso (August 2019), Halle (Oktober 2019) und Hanau (Februar 2020), um nur einige der bekanntesten Anschläge rechtsextremen Terrors zu nennen) –, sind rechtspopulistische Tendenzen in der Politik auch global zu beobachten (z. B. die Wahl von Jair Bolsonaro in Brasilien, Recep Tayyip Erdogan in der Türkei oder Rodrigo Duterte auf den Philippinen) (vgl. Destradi & Plagemann, 2019). In den USA überstieg im Zeitraum 2010 bis 2017 die Anzahl des »Racially and Ethnically Motivated Terrorism« (REMT) Anschläge von islamistischen Terrorgruppen (CTED, 2020, S. 4). UN Generalsekretär António Guterres bezeichnete den Terror der White Supremacists als »grave and growing danger«[1]. Die Breite des Phänomens sowie seine regionale Disparität zeugen auch davon, dass wir es mit ähnlichen, aber dennoch auch sehr unterschiedlichen Entwicklungen zu tun haben. Heitmeyer (2018, S. 87) plädiert daher im Kontext der aktuellen politischen Entwicklungen von Autoritarismen im Plural zu sprechen.

Aktuell sind Protestbewegungen gegen staatliche Maßnahmen zur Bekämpfung von SARS-CoV-2 stark von rechtsextremen Ideologien und Narrativen einer Weltverschwörung beeinflusst und rechtsextreme Gruppierungen spielen in der Organisation der Proteste (u. a. auf Telegram) eine wichtige Rolle (vgl. exemplarisch Blume, 2021). In unsicheren Zeiten wird die Sehnsucht nach Heilsversprechen sowie schlichten Erklärungen und einfachen Lösungen größer. Die Pandemie hat in bestimmten Bevölkerungsgruppen das Verständnis für wissenschaftliche Forschungsprozesse und den gesellschaftspolitischen Dialog zur Bildung der öffentlichen Meinung nicht verbessert, sondern im Gegenteil der Verweigerung einer Diskussion, in der Argumente gegeneinander abgewogen werden sowie der Irrationalität und der Verteidigung der eigenen Meinung als Glaubenssatz Vorschub geleistet. Die Infragestellung wissenschaftlicher und staatlicher Autoritäten weist in Österreich in der Zeit der Pandemie hohe Werte auf. Im Rahmen des Austrian Corona Panel Project (ACPP) stimmten 59 Prozent der Befragten ganz, eher oder zum Teil der Aussage zu, »Wir sollten uns mehr auf den gesunden Menschenverstand und weniger auf wissenschaftliche Studien verlassen«[2]. Rechten Untergangs-

---

1 How far-right extremism is becoming a global threat. Economist, 1. März 2021. Online unter: https://www.economist.com/international/2021/03/01/how-far-right-extremism-is-becoming-a-global-threat [Stand 31. Oktober 2021].

2 Eberl, J.-M., Greussing, E., Huber, R. A., & Mede, N. G. (2021): Wissenschaftsbezogener Populismus: Eine österreichische Bestandsaufnahme (9. Juli 2021). Online unter: https://viecer.univie.ac.at/corona-blog/corona-blog-beitraege/blog124/ [Stand 31. Oktober 2021].

szenarien ist gemeinsam, dass sie ihre Aktivitäten als Kampf gegen »böse Agenten/ Eliten/*deep state*« darstellen (Blume, 2021). Verschwörungsmythen erhalten regen Zuspruch und es besteht die berechtigte Sorge, dass sich die Wut mit der Pandemie verschärft und Radikalisierung und extremistische Taten weiter zunehmen. Auch aus diesem Grund sind Untersuchungen, warum rechtspopulistische Parteien nach wie vor Unterstützung und Zulauf erhalten und rechtsextreme Gewalttaten zunehmen, von anhaltendem Interesse.

Mudde (2019) und Wodak (2016 & 2018) weisen auf die Bedeutung von rechtspopulistischen Parteien hin, um rechte Botschaften im politischen Mainstream zu verankern und rechtspopulistische Rhetorik zu normalisieren. Rechtspopulistische Parteien wurden einerseits durch Wahlerfolge und Repräsentation im Parlament oder gar Regierungsbeteiligung im Mainstream aufgenommen, andererseits gewannen ihre politischen Positionen durch Übernahme rechtspopulistischer Agenden (wie Law-and-Order-Politik oder restriktive Migrations- und Integrationspolitik auf Kosten sozioökonomischer Themen) durch Parteien des Zentrums an Gewicht. Immer häufiger werden nicht nur Themen, sondern auch politische Forderungen und Maßnahmen rechtspopulistischer Parteien von ehemals im Zentrum angesiedelten Parteien übernommen (vgl. die restriktive migrations- und integrationspolitische Agenda der türkisen ÖVP unter Sebastian Kurz; Hadj-Abdou & Ruedin, 2021). Zu beobachten ist nicht nur eine Radikalisierung der Parteien der Mitte, sondern auch ein Rechtsruck in der Mitte der Bevölkerung. Umfragen zeigen, dass große Teile der Bevölkerung zunehmend autoritäre, nativistische und rechtspopulistische Einstellungen teilen (exemplarisch Zick, Küpper & Krause, 2016; Heitmeyer, 2018, Decker et al., 2018; Zick & Krott, 2021). Damit verschwimmen die Grenzen zwischen Zentrum und Rechtspopulismus: »Rather, the difference is primarily a matter of *degree* rather than *kind*.« (Mudde, 2019, H. i. O.)[3] Die Übernahme rechtspopulistischer Positionen normalisiert aber nicht nur die Einstellungen und Forderungen der Rechtspopulist*innen, sondern untergräbt, wie jüngste Ereignisse beispielsweise in den USA zeigen, die Institutionen der liberalen Demokratie. Die Erstürmung des Kapitols in Washington am 6. Januar 2021 und die symbolische Inbesitznahme durch das erstmalige Hissen der Konföderiertenflagge im Kapitol geben nicht nur Anlass zur Sorge, sondern eröffnen auch Debatten und Untersuchungen zur politischen Verantwortlichkeit von Donald Trump, zu diesem Zeitpunkt noch Präsident der Vereinigten Staaten sowie der Republikanischen Partei (vgl. exemplarisch Habermann, 2021; Mystal, 2021 u.

---

3 In Österreich haben diese Entwicklungen schon in den 1990er Jahren begonnen. Mit der Übernahme der FPÖ-Parteiführung durch Jörg Haider im Jahr 1986 setzte ein Prozess der Normalisierung rechtspopulistischer Politik ein, der in der Regierungsbeteiligung der FPÖ im Jahr 2000 seinen Höhepunkt fand. Die Entwicklungen dieser Jahre, die Klaus Ottomeyer (2000) in seinem Buch *Die Haider-Show* beschreibt, muten höchst aktuell an.

Wehner, 2021)[4]. In diesem Kontext gibt es auch Hinweise auf die rasche Radikalisierung von bisher unauffälligen Bürger*innen[5].

Es muss jedoch erwähnt werden, dass durch die Pandemie den Rechtsparteien ihre Themen verloren gingen. Migration und Flüchtlinge standen in den Medien häufig nicht an oberster Stelle. Dies ist der Grund, warum Parteien wie die AfD und die FPÖ nun verstärkt um die Wähler*innengunst unter Impfgegner*innen und Kritiker*innen der Regierungsmaßnahmen gegen Sars-CoV-2 werben. Trotz steigender Mitgliederzahlen und Wähler*innenstimmen für die AfD in Deutschland, die bis 2018 den Einzug in alle Landtage schaffte, finden Decker et al. (2016, S. 87 u. S. 110), dass die Anzahl jener, die ein geschlossenes rechtsextremes Weltbild vertreten, von 9,7 Prozent 2002 auf 6 Prozent 2018 zurückgegangen sind. Dennoch ist eine beunruhigende Ausbreitung rechtsextremer Einstellungen auch in der Mitte der Gesellschaft zu beobachten.

Der Aufsatz möchte sozialwissenschaftliche und selbstpsychologische Ansätze vorstellen, die dem Verständnis des Phänomens dienen können. Es geht darum, ermöglichende Bedingungen für diese Entwicklungen zu identifizieren. Rechtspopulistisch zu wählen ist jedoch eine politische Entscheidung und die Verantwortung der Bürger*innen für ihre Wahl soll ihnen nicht genommen bzw. entschuldigt und das Phänomen daher auch nicht pathologisiert werden. Wie gezeigt werden wird, gibt es keinen Automatismus, der von ökonomischer Krisenbetroffenheit zur Wahl rechtspopulistischer Parteien oder Übernahme rechtsextremer Positionen führt. Umso entscheidender erscheint die Frage, wer für diese Form der Politik zu gewinnen ist. Der Fokus auf gesellschaftliche und subjektive Bedingungen, der strukturelle Rahmenbedingungen und psychodynamische Überlegungen zusammenführen will, bietet hierfür vielleicht einige Ansatzpunkte.

---

4   Ähnliche Entwicklungen finden sich auch in Europa: Im Rahmen einer von Querdenken 711 organisierten Demonstration wurde von einem Teil der Demonstrant*innen im August 2020 versucht, den Reichstag in Deutschland zu stürmen, wobei von Beteiligten die Reichskriegsflagge geschwenkt wurde. Hentschel zitiert eine Teilnehmerin, die in einer Rede die Idee zum Stürmen des Reichstags aufbringt: »Wir gehen da drauf und holen uns heute, hier und jetzt unser Hausrecht.« (zit. n. Hentschel 2021, S. 76) Dies zeigt auch wie kurz der Weg vom Ruf »Wir sind das Volk« zur Okkupation demokratischer Einrichtungen ist.

5   Illustrative Beispiele einer Unternehmerin und einer Lehrerin, die am Sturm des Kapitols teilnahmen, finden sich in »How far-right extremism is becoming a global threat«, *Economist*, 1. März 2021, oder »A Teacher Marched to Capitol. When She Got Home the Fight Began«, *New York Times*, 10. April 2021. Dies verweist auf die zunehmende Bedeutung der virtuellen Gemeinschaft und sozialer Medien im Prozess der Radikalisierung, die individuell und »von zu Hause aus« vor sich gehen kann.

Rechtspopulismus – Versuch einer Definition[6]

Rechtspopulismus ist ein Begriff, der eingeführt wurde, um Parteien und Bewegungen zu benennen, die zwischen konservativen und christdemokratischen Mitte-Rechts-Parteien und der extremen Rechten angesiedelt werden (Decker, 2018). Eine Differenzierung zwischen Rechtspopulismus und Rechtsextremismus kann insofern vorgenommen werden, als rechtspopulistische Parteien sich für eine Umgestaltung bzw. Neuordnung der Demokratie einsetzen, wohingegen rechtsextreme Gruppierungen ihre autoritäre Haltung offen zur Schau tragen und die liberale Demokratie verächtlich machen (Mudde, 2007; Minkenberg, 2018). Offener Rassismus und Antisemitismus, Verschwörungskampagnen, Autoritarismus und antidemokratische Einstellungen, Befürwortung von Gewalt in der Politik und die Gründung von Milizen/Bürgerwehren sind Kennzeichen des Rechtsextremismus. Nationalismus/Nativismus, Überhöhung der eigenen Kultur, Propagieren von Ungleichheitsideologien, Befürwortung starker Führungspersönlichkeiten, Angriffe auf den demokratischen Rechtsstaat und Gleichstellungsgrundsätze, antiaufklärerische und antiuniversalistische Positionen, Fremden- und Migrationsfeindlichkeit, zunehmender Stellenwert und Berufung auf Werte der »christlich-abendländlichen« Kultur, Feindbild Islam sowie Law-and-Order-Politik sind wiederum Charakteristika, die rechtsextreme Strömungen häufig mit rechtspopulistischen Parteien teilen. Das bisher Gesagte macht deutlich, dass auch hier die Grenzen zwischen Rechtspopulismus und -extremismus nicht so leicht auszumachen sind (Minkenberg, 2018, S. 343; Mudde, 2019). Sozialwissenschaftliche Untersuchungen belegen, dass rechtsextreme Einstellungen auch in der Mitte der Gesellschaft anzutreffen sind und somit die Grenzen zunehmend verschwimmen (Zick, 2017, S. 132). Auch gibt es in Deutschland Kritik an der Einführung des Begriffs »Rechtspopulismus« statt des bisher verwendeten »Rechtsradikalismus«, »ausgerechnet zu einem Zeitpunkt, zu dem eine Partei klassischen Themen der extremen Rechten, wie völkisch-nationalistischen Positionen, Antisemitismus und NS-Verharmlosung, eine breite Plattform bietet«[7] (Decker, 2018, S. 27). Heitmeyer (2018, S. 118) spricht daher mit Bezug auf die AfD auch von »autoritärem Nationalradikalismus«. Minkenberg (2018, S. 344) kritisiert, dass die Autor*innen, die den Begriff Rechtspopulismus verwenden, häufig nicht ausführen, welchen analytischen Mehrwert die »Umetikettierung« als rechtspopulistisch

---

6 Angaben und Ausführungen zur Beschreibung des Phänomens überschneiden sich häufig. Daher werden nicht an allen Stellen umfassende Quellenangaben hinzugefügt. Die zentralen Quellen, die für diesen Abschnitt Verwendung fanden, sind: Wodak, 2016 u. 2018; König, 2017; Zick, 2017; Minkenberg, 2018, Heitmeyer, 2018; Decker, 2018; Demirović, 2018; Baumann, 2018; Mudde, 2019; Salzborn, 2019 und Adorno, 2019.

7 Gemeint ist hier die AfD, die 2017 nach Bildung einer großen Koalition zur größten Oppositionspartei im Bundestag wurde.

anzubieten hat. Minkenberg (2018, S. 349) will daher zwischen Populismus als politischem Stil und der inhärenten Ideologie unterschieden wissen: »Eine Partei oder ein Politiker kann programmatisch radikal sein, und je nach Umständen mal mehr oder weniger populistisch.«

Jene Parteien und Bewegungen, die als rechtspopulistisch bezeichnet werden, teilen (ultra-)nationalistische Positionen sowie eine anti-staatliche oder gegen das Establishment gerichtete Protesthaltung (Minkenberg, 2018, S. 341). Eliten hätten das einfache Volk verraten. Der Volksbegriff feiert somit seine Wiederkehr auf der politischen Bühne. Die Zugehörigkeit zum Volk wird in der Regel nativistisch argumentiert. Menschen besäßen vermeintlich natürliche, unveränderliche Wesensmerkmale, die sie als Angehörige eines Volkes identifizierten. Kulturelle Differenzen werden als unvereinbar dargestellt und Unterschiede zwischen sozialen Gruppen rassistisch, ethnisch oder religiös begründet. Das Volk wird weniger als »demos«, denn als »ethnos« definiert (Minkenberg, 2018, S. 346). Die Überhöhung der eigenen Werte und Kultur mündet somit in einen (häufig auch völkischen) Nationalismus und Chauvinismus, der das Ideal nationaler Homogenität reinstalliert. Identität wird damit wieder zum Fetisch (Weiß, 2019, S. 81).

Dem Volk gegenüber bzw. an seiner Seite steht der narzisstische Anführer. Ihm wird nicht nur Grandioses zugetraut, sondern er steht auch über Gesetz und Wahrheit. Er verkörpert die Sehnsucht des Volkes nach dem starken Mann, der in Zeiten der Unübersichtlichkeit und Unsicherheit den Weg weist. Er bedient Ängste und Vorurteile, die er selbst zuvor geschürt hat. Seine Doppelnatur besteht zugleich darin, dass er ohnmächtig und allmächtig zugleich ist (König, 2017, S. 17). Auch er wurde oder präsentiert sich als verachtet und verfolgt, aber habe sich erfolgreich zur Wehr gesetzt und triumphiere über das alte Establishment. Er wird ob seiner Rücksichtslosigkeit und Vulgarität verehrt, seine hasserfüllte und gewaltvolle Rhetorik bedient die Wut seiner Anhänger*innen. Er ist damit so mächtig geworden, dass er auch (Natur-)Gesetze und sogar die Realität bezwingt: »Ich bin so mächtig, dass ich sogar die Wirklichkeit mit ihren Fakten außer Kraft setzen und einen postfaktischen Raum schaffen kann, eine Realität, in der nur meine Realität gilt und sonst nichts.« (König, 2017, S. 17) Paradigmatisch für dieses Zitat von König aus dem Jahr 2017 steht Donald Trumps Haltung zum Wahlergebnis der US-amerikanischen Präsidentschaftswahl 2020. Donald Trump verkörpert für manche seiner Anhänger*innen den Heilsbringer, womit die Züge religiösen Wahns hervortreten, die hier implizit angelegt sind. Narzisstische Führungsfiguren und ihre nationalistische Agenda helfen, »individuelle *Ohnmachts*gefühle durch eine aggressive Gemeinschaftsrhetorik in kollektive *Macht*gefühle und politische Machtphantasien umzuwandeln« (Heitmeyer, 2018, S. 193, H. i. O.). Autoritäres (partei-)politisches Angebot und autoritäre Folgebereitschaft ergänzen einander und entfalten ihre Wirkmächtigkeit durch ihr Zusammenspiel (Heitmeyer, 2018, S. 197f.). Das eine ist aber auf das andere angewiesen. Ein parteipolitisches Angebot kann ohne autoritäre Folgebereitschaft nicht seine Wirkung entfalten und die Untersuchungsreihe von 2002 bis 2011 »Deutsche Zustände« belegt, dass der Rechtsruck in der deutschen Gesellschaft dem Wahlerfolg der rechtsradikalen AfD vorausging (Heitmeyer, 2018)[8].

Die Führungsfigur bedient die Sehnsucht nach einer starken Autorität, nach klaren Verhältnissen sowie Disziplin und Ordnung. Damit einher geht der Wunsch nach einfachen Lösungen, die über ein manichäisches Denken und schablonenhafte Freund-Feind-Schemata bedient werden. Ungleichheitsideologien greifen Platz, wohingegen Universalismus und Kosmopolitismus abgelehnt werden. Rechtspopulistische Parteien und Bewegungen positionieren sich antiaufklärerisch, antiliberal[9] und antipluralistisch. Erzählungen des Niedergangs schüren die Angst vor Katastrophen (Adorno, 2019; König, 2017; Salzborn, 2019) und befeuern damit den Glauben an Verschwörungsmythen. Schuldige für die aktuellen Krisen sind schnell ausgemacht und können auch häufig nach Belieben eingesetzt und ausgetauscht werden: Migrant*innen, Jüd*innen, Muslim*innen, Mexikaner*innen, Finanzkapitalisten, Homosexuelle, Feministinnen, die liberale Presse etc. sind häufige Feindbilder, auf die die Bedrohung projiziert wird. Dies soll helfen, Verunsicherung zu bannen und Angst zu binden. Salzborn weist in seinen Publikationen darauf hin, dass Verschwörungsdenken ein zentrales Element rechtsextremen Gedankenguts ist[10]. Hierdurch werden soziale Probleme vielfach de-thematisiert. Ökonomische Problemlagen und Klassenkonflikte zwischen Oben und Unten werden in einen Innen-Außen-Gegensatz gebracht (Dörre zit.n. Heitmeyer, 2018, S. 111). Die Elite betreibe Verrat an der eigenen Bevölkerung. Der »Kampf gegen Geflüchtete, Aslybewerber_innen, Muslime, Roma oder einzelne Nationalitäten kann dann als Kampf gegen Herrschaft umgedeutet werden« (Demirović, 2018, S. 38). Die Gefahren durch »die Anderen« lauern aber auch im Innen, wo progressive Kräfte, die der eigenen Ideologie entgegenstehen, rasch als Bedrohung für die überkommene Ordnung der Dinge und Normalität ausgemacht

---

8   Hentschel (2021, S. 67) spricht für die Demonstrationen gegen die aktuellen Coronamaßnahmen von der »Bereitschaft, sich affizieren zu lassen«.

9   Hier zeigt sich aber auch der Eklektizismus des Populismus. Wenn es den eigenen Anliegen dient, wird im Bestreben um Ausgrenzung muslimischer Migrant*innen gerne auf liberale Argumente zurückgegriffen.

10 Die Tatsache, dass Verschwörungsdenken auch außerhalb bekannter rechtsextremer Gruppierungen Platz greift, sollte nach Salzborn nicht verharmlost werden und zeugt von einer Verschiebung gesellschaftlicher Diskurse nach »Rechtsaußen«: »Denn der Glaube an antiaufklärerische Weltverschwörungen wird nicht allein dadurch rechtsextrem, dass er von rechtsextremen Organisationen vertreten wird, sondern er ist es wie gezeigt wurde seiner Struktur nach und kann eben nicht dadurch demokratisiert werden, dass er von (vormaligen) Demokrat(inn)en vertreten wird, sondern ganz im Gegenteil radikalisieren sich diejenigen, die rechtsextreme Positionen übernehmen, ihrerseits nach rechts.« (Salzborn, 2019, S. 161)

sind. Personen, die von der Norm abweichen, haben mit Hass und Strafandrohung zu rechnen.

Rechtspopulisten stilisieren sich häufig selbst zum Opfer. Linke sogenannte Gutmenschen würden ihre freie Meinungsäußerung einschränken, wodurch rassistische, entmenschlichende oder ausschließende Aussagen als Meinung geadelt werden und die Gewalt, Diskriminierung, Ausgrenzung und Entwertung bestimmter sozialer Gruppen, die in den getätigten Aussagen zum Ausdruck kommen, gerät somit aus dem Blick. Alles gilt als zu akzeptierende Meinung, die zur bloßen Befindlichkeit verkommt, losgelöst von der Anforderung nach inhaltlicher Auseinandersetzung sowie Argumenten und Belegen. »›Posttruth‹-Politik, ›fake news‹ oder ›alternative Fakten‹ höhlen Ansprüche auf Objektivität aus, Fakten-, Objektivitäts- und Wahrheitswidrigkeit verlieren ihre Bedeutung als Argument, alles gilt als zu akzeptierende Meinung.« (Demirović, 2018, S. 33f.) Ihr Opfernarrativ vollführt somit eine Täter-Opfer-Umkehr: »Tatsächliche oder phantasierte Ausgrenzungen, Benachteiligungen, Entwertungen, Enttäuschungen, Beschämungen, Demütigungen und Ohnmachtserfahrungen« (Auchter, 2016, S. 872) führen zu einer Täter-Opfer-Umkehr, die die Benachteiligung des »kleinen Mannes« zum Thema hat und bemüht ist, eine vermeintliche Berechtigung für die Wut des »gemeinen Volkes« zu finden. In diesem Klima verschärfen sich nicht nur antisemitische, rassistische, sexistische oder homophobe Einstellungen, sondern auch rechtsextreme Gewalttaten nehmen zu.

Zu beobachten ist eine Zunahme antisemitischer Aussagen und häufige Verharmlosung nationalsozialistischer Verbrechen. Daten, die von der Israelitischen Kultusgemeinde und dem Forum gegen Antisemitismus für Österreich erhoben werden, zeigen eine Zunahme antisemitischer Vorfälle um 9,5 Prozent von 2017 bis 2019. Von 70 erfassten Übergriffen 2010 ist die Zahl auf 550 im Jahr 2019 gestiegen.[11] Bei Vertreter*innen, aber auch Anhänger*innen rechtspopulistischer Parteien finden wir oft einen ausgeprägten sekundären Antisemitismus. Dieser wendet sich gegen die Opfer und »diejenigen, die Erinnerung anmahnen, wie gegen das Erinnern selbst« (Weiß, 2019, S. 80).

Das Misstrauen rechtspopulistischer Politik richtet sich nicht nur gegen Regierung und Eliten, sondern auch gegen Wissenschaft und Presse. Fakt und Meinung scheinen nicht voneinander unterscheidbar und Tatsachen werden irrelevant. Emotionen sind wichtiger als Fakten. Eine antiaufklärerische Haltung macht sich breit, die sich gegen Fakten immunisiert. Dies führt jedoch unweigerlich zu einem Realitätsverlust, der paranoide Zweifel an der Realität weiter schürt. Argwohn und Zweifel finden ihren Ausdruck im Angriff auf Institutionen der liberalen Demokratie sowie auf Wis-

---

11 550 antisemitische Vorfälle wurden 2019 gemeldet. *Wiener Zeitung*, 20. Mai 2020. Online unter: https://www.wienerzeitung.at/nachrichten/politik/oesterreich/2062020-Antisemitismusbericht-550-Vorfaelle-im-vergangenen-Jahr-gemeldet.html [Stand 25. September 2021].

senschaft und Presse, gepaart mit Anti-Intellektualismus. Die wiederholten Attacken auf die Unabhängigkeit der Justiz durch die PiS in Polen und die Fidesz in Ungarn (Kovács & Scheppele, 2021) oder Viktor Orbáns Umbau der Akademie der Wissenschaften in Ungarn[12] sowie die Vertreibung der CEU aus Budapest (Simon, 2017) sind hierfür illustrative Beispiele. Ziel ist es, diese Institutionen unter autoritäre Kontrolle zu bringen. Es verwundert nicht, dass dafür eine Einladung an China ergeht, in Budapest eine Universität zu bauen (Mayer, 2021).

Beobachtet werden kann auch das politische Spiel, in dem auf Behauptungen, Dementis und darauf wieder erneute Behauptungen folgen, die die Grenzen des Sagbaren ständig verschieben und eine »schamlose Normalisierung« rassistischer, antisemitischer und hasserfüllter Aussagen im politischen Diskurs betreiben (Wodak, 2018).

> »Strategisch konzipierte Provokationen, nachträgliche Relativierungen und Entschuldigungen (an nicht betroffene Adressaten) folgen aufeinander und verändern die gesellschaftlichen Wahrnehmungsgewohnheiten, Plausbilitäten und Relevanzkriterien.« (Demirović, 2018, S. 37)[13]

Wichtig ist zu erkennen, dass dieses Spiel nicht, wie häufig dargestellt, auf unabsichtlichen Entgleisungen beruht, sondern politisches Kalkül besitzt (vgl. auch Weiß, 2019, S. 83). Auch Adorno (2019, S. 35f.) spricht 1967 in seinem Vortrag über Rechtsradikalismus davon, dass Anspielungen ausreichend sind (in Untersuchungen wird häufig von Umwegkommunikation gespochen; Decker, 2018), um antisemitische Einstellungen zu bedienen und Ressentiments zu wecken, und er hebt den kumulativen Effekt dieser Strategie hervor. Dies macht auch deutlich, dass hier Affekte mobilisiert werden sollen. Digitalisierung und soziale Medien leisten diesen Entwicklungen Vorschub, da in Foren und über gezielte Algorithmen, Einstellungen und Ressentiments noch treffsicherer manipuliert werden können. Es ist auch immer wieder der Versuch zu beobachten, dass bestimmte Symbole und Worte monopolisiert werden (vgl. auch Adorno, 2019, S. 48). So bezogen sich die meisten Slogans von Donald Trump sowohl im Wahlkampf als auch während seiner Präsidentschaft auf Amerika: »Make America great again.«, »America First« etc. Im Gegenzug dazu versuchte Trump wiederholt, kritische Stimmen und politische Proteste als »un-american« zu diffamieren (vgl. seine Kritik an Vertreter*innen der Critical Race Theory oder der Black-Lives-Matter-Bewegung.)[14].

---

12 Ungarn gängelt Wissenschaften. *Wiener Zeitung*, 12. Februar 2019. Online unter: https://www.wienerzeitung.at/nachrichten/politik/europa/1017438-Ungarn-gaengelt-Wissenschaften.html [Stand 31. Oktober 2021].

13 Auch die aktuellen Demonstrationen gegen die Sars-CoV-2-Maßnahmen sorgen für eine Normalisierung zuvor »verlachter Ideologien« und Verschwörungsmythen (Hentschel, 2021).

14 vgl. exemplarisch Trump's War on Critical Race Theory. Online unter: https://www.wnycstudios.org/podcasts/otm/episodes/trump-admins-war-critical-race-theory [Stand 31. Oktober 2021].

Rechtspopulismus ist zudem ein vergeschlechtlichtes Phänomen. Nicht nur sind in Umfragen geschlechtsspezifische Unterschiede in den Einstellungen und der Folgebereitschaft zu beobachten[15]. Die rechtspopulistische Agenda folgt konservativen Geschlechtervorstellungen und untergräbt beständig erworbene Frauen- und LGBTIQ-Rechte sowie die Finanzierung frauen- und gleichstellungspolitischer Einrichtungen (vgl. Kritik des Österreichischen Frauenrings an den Kürzungen der ÖVP-FPÖ-Regierung unter Sebastian Kurz[16]). Dies widerspricht der häufig vorgebrachten Kritik an Frauenunterdrückung in anderen Weltregionen, besonders islamischen Ländern. Nicht nur, dass die FPÖ häufig Potentaten Freundschaftsbesuche abstattete (vgl. Besuche Haiders bei Muammar al-Ghaddafi und Saddam Hussein oder den Kooperationsvertrag der FPÖ mit der Partei Einiges Russland 2016), sondern dient der Projektion und Verleugnung der Frauenunterdrückung im eigenen Land[17]. Eine ähnliche Dynamik ist mit Bezug auf die aktuelle Zunahme antisemitischer Übergriffe zu beobachten. Auch hier wird von Rechtspopulist*innen der Antisemitismus ausschließlich bei muslimischen Bürger*innen geortet, eine Denkfigur, die über Projektion den eigenen Antisemitismus zu leugnen sucht. Vergeschlechtlichte Verhältnisse sowie Subjektivierungsweisen bilden somit aber auch die Grundlage für den Aufschwung rechtspopulistischer Parteien: »Die Geschlechterideologie bzw. geschlechtsspezifischen Anrufungen rechtspopulistischer Akteure sind daher nicht als zufälliges, sondern als ein funktionales Element rechtspopulistischer Mobilisierung zu betrachten.« (Sauer, 2017, S. 5f.) Vielfach dient die gesellschaftlich anerkannte Zweigeschlechtlichkeit, die meist als »natürlich« gelesen wird (»dass es ›natürlicher‹ Weise ein jeweils ›anderes‹ geben muss«), als erste Folie, auf der sich »die Vorstellung einer ›prinzipiellen Ungleichheit der Menschen‹ und daraus sich ergebende Unter- und Überordnungen legitimieren« (Sauer, 2017, S. 13).

Die aktuellen Demonstrationen gegen die Corona-Maßnahmen sind nicht nur wesentlich von rechtsextremen Aktivist*innen und Organisationen mitorganisiert, sondern diese tauchen auch auf den Demonstrationen mit entsprechenden Fahnen und Bannern auf. Viele Teilnehmer*innen (die vielleicht sogar bisher noch kaum auf Demonstrationen waren) sprechen positiv auf Verschwörungsmythen an. Sie

---

15 vgl. exemplarisch die Ergebnisse bei der Nationalratswahl 2017, wo 29 Prozent der Männer, aber nur 22 Prozent der Frauen die FPÖ wählten, bei der Nationalratswahl 2019 der Stimmenanteil jeweils bei 21 Prozent beziehungsweise 11 Prozent und bei der Präsidentschaftswahl 2016 56 Prozent der Männer aber nur 38 Prozent der Frauen Norbert Hofer ihre Stimme gaben (SORA, 2016, 2017 u. 2019).

16 Offener Brief an die Österreichische Bundesregierung, Dienstag, 17. Juli 2018. Online unter: https:// www.frauenring.at/offener-brief-oesterreichische-bundesregierung [Stand 31. Oktober 2021].

17 Hier sei an die 17 Femizide erinnert, die in Österreich im Zeitraum Januar bis Juli 2021 verübt wurden. Vgl. online: https://www.aoef.at/images/04a_zahlen-und-daten/Frauenmorde_2021_Liste-AOEF.pdf [Stand 11. August 2021].

beschwören ihre Einheit (meist homogen gedacht). Über die Forderung »All Lives Matter« werden die Polizeigewalt gegen BIPoC (Black, Indigenous and People of Color) und somit auch rassistische Klassenverhältnisse de-thematisiert und die Black-Lives-Matter-Bewegung scheint gerade durch das Fehlen einer Führungsfigur suspekt (vgl. Hentschel 2021). Teilnehmer*innen der Demonstrationen gegen die Corona-Maßnahmen stilisieren sich gerne zu mutigen Kämpfer*innen für die Freiheit und ihren Protest zu einem gefahrvollen Unterfangen (Hentschel, 2021). Sie vergleichen sich gerne mit den Opfern nationalsozialistischer Verfolgung. Das ist eine gravierende Verharmlosung der Verfolgung, Ausgrenzung und Entrechtung jüdischer Bürger*innen im Nationalsozialismus, der nationalsozialistischen Herrschaft an sich sowie des Holocaust. Ebenso zu beobachten ist eine Zunahme von Verschwörungsdenken. Da Antisemitismus und Verschwörungsmythen eng zusammenhängen, ist eine Beobachtung der Szene diesbezüglich geboten.[18]

Endzeitphantasien und eine Metaphorik, die einerseits Ängste schürt, aber auch die eigene Kraft als machtvoll imaginiert und Vergeltung für tatsächliche oder phantasierte Kränkungen und Leiden verspricht, tauchen in Gesprächen mit Demonstrant*innen häufig auf (vgl. Hentschel, 2021). »Imaginiert wird dabei eine Kraft, die nicht kontrollierbar sein wird, in jedem Fall aber explosiv, befreiend und zerstörerisch.«[19] (Hentschel, 2021, S. 75) Hentschel findet in ihren Interviews mit Teilnehmer*innen der Demonstrationen häufig Beschreibungen, die religiöse Versatzstücke verwenden. Erhofft wird ein kathartisches Moment in der Zukunft, das in seiner Beschreibung Ähnlichkeiten mit dem »jüngsten Gericht« hat, und beeinflusst ist von Bewegungen wie u. a. QAnon, wo vom Lesen der Zeichen die Rede ist, dem das Erwachen im Sinne einer Offenbarung folge (vgl. Hentschel, 2021).

Autoritäre und rechtspopulistische Einstellungen in der Mitte der Gesellschaft

Oliver Decker (2018) beschäftigt sich im Einführungsbeitrag zum Sammelband *Flucht ins Autoritäre* mit dem »Mitte«-Begriff. Er identifiziert zwei mögliche Bedeutungen. Die Mitte als soziale Lage meint die Positionierung auf einer vertikalen Achse zwischen oben und unten. Die zweite Bedeutung nimmt Bezug auf das politische Spektrum und verortet die Mitte auf einer horizontalen Achse. Diese Vorstel-

---

18 Bei einer repräsentativen Umfrage in Österreich stimmten 28 Prozent der Befragten dem antisemitischen Verschwörungsnarrativ zu, »eine mächtige, einflussreiche Elite (z. B. Soros, Rothschild, Zuckerberg, …) nutze die Corona-Pandemie, um ihren Reichtum und politischen Einfluss weiter auszubauen« (Ifes, 2021, S. 47).

19 Diese Metaphorik erinnert an faschistische Bedrohungs- und Gewaltphantasien, die nach Klaus Theweleit (1995) unbewusste prä-ödipale Ängste und Wünsche ansprechen.

lung geht zurück auf die Französische Revolution und versteht die Mitte als »Ort der Mäßigung« zwischen radikaleren Kräften. In diesem Sinne wird die Mitte häufig als »Schutzraum der Demokratie« oder »Träger der normativen Ordnung« gesehen (Decker, 2018, S. 20f.). Die Mitte war in Deutschland (und auch Österreich) nach den Verbrechen des Holocaust und dem aggressiven Expansionskrieg nach 1945 der erwünschte Ort, der den eigenen Anteil an und Verantwortung für diese Verbrechen vergessen machen sollte (ebd., S. 23). Vergessen werden sollte damit auch die Mitte als »Wählerreservoir der Nationalsozialisten« (Winkler zit. n. Decker, 2018, S. 21). Adorno (2019, S. 9) machte in seinem Vortrag »Aspekte des neuen Rechtsradikalismus« 1967 darauf aufmerksam, dass die »gesellschaftlichen Voraussetzungen des Faschismus nach wie vor bestehen«. Die Tatsache, dass »keine wirkliche Auflösung der Identifikation mit dem Regime [...] stattgefunden« hat und die damit zusammenhängenden Folgen, spricht Adorno (2019, S. 17) in diesem Vortrag ebenfalls an. Dies ist ein Tatbestand, der für Österreich noch zutreffender ist. Die lange Verleugnung und Zurückweisung der Verantwortung für Nationalsozialismus als Ideologie und System sowie den Zweiten Weltkrieg und den Holocaust durch den propagierten Opfermythos verhinderte in Österreich lange Zeit die Auseinandersetzung mit der Beteiligung an diesem Regime und seinen Verbrechen sowie den Diskontinuitäten und Kontinuitäten nach 1945 (Serloth, 2016). Barbara Serloth (2016) belegt in ihrer Studie ausführlich den Fortbestand eines manifesten und latenten Antisemitismus in der Zweiten Republik. Volker Weiß (2019, S. 66) schreibt in seinem Nachwort zu Adornos Vortrag in Bezug auf latente Ressentiments: »Die Erkenntnisse belegen früh, dass der Faschismus zum Überleben auf keine Partei angewiesen ist und dass eine solche sich vielmehr beizeiten unter Rückgriff auf die so tradierten ›nicht-öffentlichen‹ Ressentiments formieren kann.« Und so hebt er desweiteren hervor, dass es die Zunahme rechtsradikaler Tendenzen erforderlich mache, uns wieder intensiver mit der »Struktur faschistischer Agitation und ihren sozialpsychologischen Grundlagen zu beschäftigen« (Weiß, 2019, S. 86)[20]. Decker (2018, S. 24) hebt als zentrales Anliegen seiner Studien hervor: »Wir wollten die Schmach öffentlich machen, dass die demokratisch verfasste Gesellschaft nicht von den Rändern bedroht wird, sondern mitten aus ihrem scheinbar stabilen Zentrum.« Dieses Zitat stammt aus dem Jahr 2018. Hier soll keineswegs die Zunahme rechtsextremen Terrors in den letzten Jahren und ihre Bedrohung für die Demokratie verharmlost werden. Das Anliegen des vorliegenden Aufsatzes ist es allerdings, dem allgemeinen Rechtsruck in der Mitte der Gesellschaft nachzuforschen.

Verschiedene Untersuchungen in Deutschland haben sich mit der Zunahme autoritärer, rechtspopulistischer und rechtsextremer Einstellungen in der Mitte der Gesell-

---

20 Decker (2018: 26) weist zurecht darauf hin, dass für die Erklärung der sozialpsychologischen Faktoren der Mitte-Begriff weniger erhellend ist.

schaft beschäftigt. Eine Studie der Friedrich-Ebert-Stiftung, die in Kooperation mit einem Forschungsteam der Universität Bielefeld durchgeführt wurde, führte repräsentative Befragungen zwischen 2002 und 2014 in Deutschland durch, die von Zick, Küpper und Krause (2016) unter dem Titel *Gespaltene Mitte – Feindselige Zustände* veröffentlicht wurde. Das empirische Langzeitprojekt »Gruppenbezogene Menschenfeindlichkeit« fasste seine Ergebnisse aus den Jahren 2002 bis 2011 in einer zehnbändigen Reihe *Deutsche Zustände* zusammen. Die anfängliche These dieses Projektes, die davon ausging, dass »das Zusammenwirken von autoritärem Kapitalismus, sozialer Desintegration und Demokratieentleerung einem rabiaten Rechtspopulismus Vorschub leistet« (Heitmeyer 2018: 23), greift Wilhelm Heitmeyer (2018) in seinem Buch *Autoritäre Versuchungen* auf, um zu zeigen, dass diese Entwicklung nun tatsächlich stattgefunden hat und sich auch empirisch belegen lässt. Seit 2002 erhebt eine Forschungsgruppe um Oliver Decker rechtsextreme Einstellungen in der deutschen Bevölkerung, die unter der Bezeichnung Leipziger Autoritarismus-Studie publiziert werden (vgl. Decker et al., 2018). Auch wenn sich die Fragestellungen, Operationalisierungen und verwendeten Fragebögen und Tests unterscheiden[21], so ist die Erkenntnis, dass autoritäre, rechtspopulistische und/oder rechtsextreme Einstellungen in der »Mitte der Gesellschaft« anzutreffen sind, ein entscheidendes Ergebnis, das diese Studien teilen.

Heitmeyer (2018) identifiziert drei Themenkomplexe für rechtspopulistische Einstellungen: Law-and-Order-Politik (Strafen), fremdenfeindliche Einstellungen und sekundärer Antisemitismus. Hierfür zeigen sich erschreckende Zahlen, die eine breite Zustimmung für diese Einstellungen aufweisen:

> »80 Prozent sprachen sich 2002 für ein härteres Vorgehen gegen Außenseiter und Unruhestifter aus, 88 Prozent für härtere Strafen. 55 Prozent äußerten die Ansicht, dass zu viele Ausländer in Deutschland lebten; 40 Prozent sahen Ausländer als Belastung für das soziale Netz und ca. 52 Prozent nahmen an, dass Juden materielle Vorteile aus der Zeit des Dritten Reiches zu ziehen versuchten« (Heitmeyer, 2018, S. 205).

Die hohen Prozentzahlen zeigen an, dass diese Einstellungen eben nicht nur von Randgruppen der Gesellschaft vertreten werden.

Die Einforderung von Etabliertenvorrechten sowie Fremdenfeindlichkeit nahm nach Heitmeyer (2018, S. 102) besonders in höheren Einkommensgruppen nach der

---

21 So fragt die Studie von Zick, Küpper und Krause nach rechtspopulistischen Orientierungen, die sie über folgende Dimensionen erfasst: nationaler Chauvinismus und Anti-EU-Haltung, feindliche Vorurteile gegenüber Anderen und Fremden, Law-and-Order-Autoritarismus, Demokratiemisstrauen und Elitenkritik sowie kollektive Wut (Zick, 2017, S. 124). Die Leipzigter Autoritarismus-Studie operationalisiert rechtsextreme Einstellungen über die Dimensionen Befürwortung rechtsautoritärer Diktatur, Chauvinismus, Ausländerfeindlichkeit, Antisemitismus, Sozialdarwinismus und Verharmlosung des Nationalsozialismus (Decker et al., 2018, S. 66).

Finanzkrise zu. Eine Studie von Zick und Krött (2021) belegt die Zunahme beider in einer aktuellen Untersuchung. Auch belegen sowohl die Leipziger Autoritarismus-Studie (Decker et al., 2018) als auch die Studie von Zick und Krött (2021), dass eine Mehrheit der Befragten universelle Freiheitsrechte sowie die Idee der Demokratie befürwortet (93,3 Prozent bei Decker et al., 2018, S. 111), jedoch in konkreten Fragestellungen Rechte für bestimmte soziale Gruppen einschränken möchte. Lediglich 47,3 Prozent sind der Meinung, dass Freiheitsrechte für alle »gleichermaßen und voraussetzungslos« gelten sollten (Decker et al., 2018, S. 111). Mit dem aktuellen Zustand der Demokratie sind nur 53,2 Prozent zufrieden (ebd.). Ergebnisse für 2018 belegen auch, dass Muslimfeindschaft weiter zugenommen hat: 44 Prozent der Befragten stimmten der Aussage zu, »Muslimen sollte die Zuwanderung nach Deutschland untersagt werden« (Decker et al., 2018, S. 101). 55,8 Prozent fühlten sich »durch die vielen Muslime [...] wie ein Fremder im eigenen Land« (ebd.). Für die Dekade zwischen 2006 und 2016 erhoben Decker et al. (2018, S. 107), »dass zwar nicht die rechtsextreme Einstellung, aber die Gewaltbereitschaft und -akzeptanz in der Bevölkerung angestiegen war«. Jeder Sechste (13,9 Prozent) gab 2018 an, bereit zu sein, selbst Gewalt zur Durchsetzung seiner Interessen anzuwenden (ebd.).[22] Die Anzahl jener Personen, die ein geschlossenes rechtsextremes Weltbild vertritt, ist weiter leicht zurückgegangen (2018: 6 Prozent), dennoch fanden sich auch 2018 hohe Werte für die Zustimmung zu einzelnen rechtsextremen Aussagen (Decker et al., 2018, S. 109ff.): 35,7 Prozent stimmten der Aussage zu, dass Migrant*innen den Sozialstaat ausnutzten. Die Ausländerfeindlichkeit ist weiter auf 24,1 Prozent gestiegen, die Überhöhung der eigenen Gruppe auf 19 Prozent. Der Anteil der Personen mit einem geschlossenen Antisemitismus war 2018 weiter auf 4,4 Prozent gesunken (2002: 9,3 Prozent). Hier ist allerdings Vorsicht geboten, da die Zustimmungswerte zu Aussagen mit Umwegkommunikation und somit latentem Antisemitismus nach wie vor hoch sind und die Zunahme antisemitischer Übergriffe hier ebenso eine negative Entwicklung anzeigt. Negative Einstellungen gegenüber Muslim*innen, Sinti und Roma sowie Asylbewerber*innen haben ebenfalls zugenommen (ebd., S. 112). Zusammenfassend heben die Autor*innen der Leipziger Autoritarismus-Studie hervor:

---

22 Die Zunahme der Gewaltbereitschaft und tatsächlicher Gewaltakte rechtsextremen Terrors steht auch mit der Zunahme einer gewaltvollen Rhetorik in Zusammenhang. Rechtsradikale Parteien verschieben die Grenzen des Sagbaren immer weiter nach rechts. So führt Björn Höcke, Landesvorsitzender der AfD in Thüringen, in seinem Buch zum Thema »Remigrationsprojekt« aus, man werde hierbei »nicht um eine Politik der ›wohltemperierten Grausamkeit‹ herumkommen. Existenzbedrohende Krisen erfordern außergewöhnliches Handeln.« (zit. nach Funke 2019). Vielfach wurde darauf hingewiesen, wie die Verrohung der Sprache mit der Zunahme antisemitischer Übergriffe und rechtsextremer Gewalttaten in Zusammenhang steht.

»Die bundesdeutsche Gesellschaft ist von rechtsextremen Einstellungen durchzogen. [...] Die hohe Bereitschaft, andere abzuwerten, ist manifest nachweisbar; hinzu kommt, dass sich ein großer Teil an Befragten nicht eindeutig zur gleichberechtigten Position aller Menschen in der Gesellschaft bekennt [...] In der Ambivalenz gegenüber demokratischen Normen [...] wird zudem ein Bedrohungspotenzial für die Demokratie sichtbar.« (Decker et al., 2018, S. 113)

In diesen kursorischen und nur zur Illustration ausgewählten Angaben zeigt sich, dass die Demokratie als abstrakte Idee große Unterstützung findet, jedoch die Unterstützung für Ungleichheitsideologien zugenommen hat und es auch hohe Zustimmungswerte zu Aussagen gibt, bestimmten sozialen Gruppen Rechte vorzuenthalten. Hier scheint es wichtig, mit Adorno (2019) hervorzuheben, dass selbst bei Einhaltung der demokratischen Spielregeln, die politische Form unvereinbar ist mit den vertretenen Inhalten. Diese Studien sind besorgniserregend und es drängt sich die Frage auf, wie die Zunahme rechtspopulistischer und rechtsextremer Einstellungen in der Gesellschaft erklärt werden kann.

Die Ökonomisierung aller Lebensbereiche und ihre Folgen

Viele sozialwissenschaftliche Arbeiten verweisen auf die durch die Moderne erzeugten Ambivalenzen, durch die Eindeutigkeiten verloren gehen. In unserer globalen vernetzten Welt haben diese Entwicklungen weiter zugenommen. Subjektive Gefühle des Kontrollverlusts, der Orientierungs- und Machtlosigkeit machen sich breit, die wiederum Zweifel an der Gültigkeit zentraler Kernnomen unserer Gesellschaften schüren (vgl. Baumann, 2018; Decker et al., 2018; Heitmeyer, 2018). Die gesellschaftlichen Verhältnisse erfordern von den Individuen ein hohes Maß an Ambivalenz- und Ambiguitätstoleranz (Aushalten von widersprüchlichen Anforderungen sowie von unklaren und mehrdeutigen Situationen). Heitmeyer (2018, S. 97) belegt in seiner Studie signifikante Zusammenhänge zwischen anomischen Einstellungen[23] und autoritären Aggressionen in den Ergebnissen zwischen 2009 und 2011, die auch alle Einkommensgruppen betreffen. Die Langzeitstudie Gruppenbezogene Menschenfeindlichkeit (GMF) lieferte überdies für die Jahre 2002 bis 2011 empirische Belege, dass Ängste zugenommen haben. Dies erklärt jedoch auch, warum politische Akteure, die einfache Lösungen sowie die »(Wieder-)Erlangung der Kontrolle« versprechen, großen Zulauf erfahren (Heitmeyer, 2018, S. 81). Konformität, Anpassung und Unterwerfung werden für das Versprechen, für Übersichtlichkeit, Ordnung und Kontrolle zu sorgen und vermeintlich Sicherheit zu bringen, in Kauf genommen.

---

23 Aussagen zu Orientierungslosigkeit und Unübersichtlichkeit: 62 Prozent stimmten 2010 der Aussage zu, »niemand wisse mehr, wo er eigentlich stehe«.

Butterwegge (2008), Nachtwey (2016), Demirović (2018) und Heitmeyer (2018), um nur einige Autoren zu nennen, identifizieren den Marktradikalismus und die Folgen neoliberaler Politik als wesentliche Ursache für die Verunsicherung und Zunahme radikaler Tendenzen in den europäischen Gesellschaften. Das seit den 1970er Jahren verfolgte neoliberale Paradigma stellte die monetäre und Fiskalpolitik ins Zentrum, die Ausgaben und Staatsschulden bekämpfte, um Inflation zu vermindern oder vorzubeugen und den Wert der Investitionen zu schützen. Dementsprechend stiegen die Bedeutung und der Einfluss der Notenbanken, der Finanz- und Wirtschaftsministerien. Die Politik war geprägt von Ausgabenkürzungen, Abbau von Subventionen sowie Privatisierung staatlicher Unternehmen oder Beteiligungen. Ziel ist auch, bisher öffentliche Sektoren wie Infrastruktur, Energie, Bildung oder Gesundheit zunehmend für private Investitionen zu öffnen. Die Liberalisierung der Handelspolitik sollte Handelsbeschränkungen abbauen und Exporte fördern. Die Transnationalisierung von Produktion und Handel führte zu einem vermehrten Standortwettbewerb zwischen den Nationalstaaten um die Gunst der Unternehmen und Industrie. Die damit einhergehende Deregulierung und Flexibilisierung der Arbeitsmärkte führten zu einer massiven Verschlechterung der Arbeitsbedingungen und zunehmendem Druck auf das Lohnniveau. Gleichzeitig sank der Einfluss der Gewerkschaften und Betriebsräte.

Neoliberale Politik verschärfte nicht nur Einkommens- und Eigentumsunterschiede, sondern führte auch zu einer Reorganisation der Arbeit sowie der betrieblichen Kräftekonstellationen. Selbst in den USA, wo die Interessensvertretungen der Arbeiterschaft im Gegensatz zu Europa historisch weniger stark organisiert waren, fiel der Anteil gewerkschaftlich organisierter Arbeiter*innen 2013 unter 11,3 Prozent, wohingegen dieser Anteil 1953 bei 35 Prozent lag (McCartin, 2014, S. 5f.). In der Privatwirtschaft sind sogar weniger als 7 Prozent gewerkschaftlich organisiert (ebd.). Es mobilisiert sich jedoch auch Widerstand gegen die prekären Arbeitsbedingungen. Ein illustratives Beispiel in den USA ist der Kampf der Angestellten in Fastfood-Ketten für einen Mindestlohn von 15 Dollar pro Stunde (»Fight for 15«) und die Forderung, Gründe für Entlassungen zu nennen oder Dienstpläne rechtzeitig bekannt zu geben (McGeehan, 2019). Das soziale Versprechen der Umverteilung wird sukzessive abgebaut und bisher vom Staat zur Verfügung gestellte Leistungen zum Beispiel im Bereich von Bildung und Gesundheit zunehmend kommodifiziert. Wohlfahrtsstaatliche Leistungen werden vermehrt marktförmig organisiert und verstärken eine Politik der Verwaltung und Kontrolle der Armen wie am Beispiel der aktivierenden Arbeitsmarktpolitik gezeigt werden kann (Hartz-IV-Gesetzgebung in Deutschland, für Österreich vgl. Atzmüller, 2009). Diese Studien belegen die Markt-, Profit- und Effizienzorientierung staatlicher Maßnahmen.

Die Schere zwischen arm und reich hat in Europa zugenommen. Das Realeinkommen ist in Deutschland nach einer Langzeitstudie des DIW zwar zwischen 1990 und 2016 um durchschnittlich 18 Prozent gestiegen. Diese positive Entwicklung ist jedoch nicht gleich verteilt. Das Einkommen des obersten Zehntels ist um 35 Prozent gestiegen, wohingegen die 10 Prozent der Bevölkerung mit dem geringsten Einkommen, einen Verlust um 8 Prozent hinnehmen mussten.[24] Das reale Haushaltseinkommen der unteren 40 Prozent in Deutschland ist (nach einer Verbesserung um das Jahr 2000) bis 2012 auf den Wert von 1991 zurückgefallen (Heitmeyer, 2018, S. 153).[25] Ungefähr ein Viertel der Beschäftigten in Deutschland arbeiten im Niedriglohnsektor (Grabka & Schröder, 2019). Die Nettorealverdienste sind im Gegensatz zur Arbeitsproduktivität gefallen, die im Zeitraum von 1991 bis 2010 auf 120,6 Prozent gestiegen ist (Heitmeyer, 2018, S. 152). Dies zeigt, dass die Löhne von der Arbeitsproduktivität entkoppelt wurden. Besonders betroffen sind die Reinigungs- und Sicherheitsbranche sowie Paketzusteller und der Pflegebereich. Diese Geringverdiener sowie Arbeitslose, alte Menschen und Alleinerzieherinnen leben vielfach an der Armutsgrenze. Die Rechtspopulist*innen rekrutieren aus allen sozialen Schichten[26], aber ein überproportionaler Anteil der Arbeiter*innen wählen die AfD (vgl. für Deutschland Sablowski & Thien, 2018). Ebenso stellen Personen mit niedrigem Einkommen und Bildungsabschluss einen überproportionalen Anteil (ebd., S. 59). Dies entspricht auch den Zahlen in Österreich, die wir in Bezug auf die Wähler*innenschaft der FPÖ kennen. In Österreich wählten 85 Prozent der Arbeiter*innen bei den Präsidentschaftswahlen Norbert Hofer (SORA, 2016) und auch bei den Nationalratswahlen 2017 und 2019 war die FPÖ stimmenstärkste Partei bei den Arbeiter*innen: 59 Prozent beziehungsweise 48 Prozent der Arbeiter*innen wählten die FPÖ (SORA, 2017 u. 2019)[27]. Sablwoski & Thien identifizieren die Tatsache der Hinwendung der Arbeiter*innen zur AfD als Ausdruck eines fehlenden Angebots von Seiten der Linken. Sie führen vor allem den Strukturwandel, die Deindustrialisierung und den Konkurrenzdruck als wesentliche Herausforderungen und Ursachen der Rechtswende unter den Arbeiter*innen an. Sablowski & Thien (2018), aber auch die Untersuchungen

---

24 Realeinkommen wächst weiter – vor allem für Gutverdiener. *Die Zeit Online*, 7. Mai 2019. Online unter: https://www.zeit.de/wirtschaft/2019-05/diw-berlin-realeinkommen-lohnentwicklung-deutschland?utm_referrer=https%3A%2F%2Fduckduckgo.com [Stand 31. Oktober 2021].

25 Auch in Österreich sind die Reallöhne der mittleren Einkommen laut dem Sozialbericht 2015/2016 seit 2000 stagniert, niedrige Einkommen mussten real Verluste hinnehmen. Die Reallöhne der unteren Hälfte sind gesunken, die der oberen Hälfte haben zugenommen (Sozialministerium, 2017).

26 Die AfD Sympathisant*innen setzen sich im Jahr 2016 folgendermaßen zusammen: 46 Prozent Angestellte, 34 Prozent Arbeiter*innen, 14 Prozent Selbständige und 6 Prozent Beamte (Brenke & Kritikos zit. n. Sablowski & Thien, 2018, S. 59).

27 Nur 19 Prozent (2017) bzw. 23 Prozent (2019) der Arbeiter*innen wählten die SPÖ. Unter den Angestellten wählten 2017 26 Prozent und 2019 12 Prozent die FPÖ. Auch in Österreich spielt der Bildungsabschluss eine Rolle und es ist ein Männerüberhang unter den Wähler*innen der FPÖ zu verzeichnen (SORA, 2017 u. 2019).

von Heitmeyer (2018) und Decker et al. (2018) belegen, dass Personen, die die AfD wählen oder sich selbst rechts einordnen, am häufigsten Bedrohungsgefühle, Betroffenheit durch ökonomische Krisen, Misstrauen und Ohnmacht bezüglich politischer Gestaltungsmöglichkeiten ausdrückten und Personen, die von ökonomischen Krisen besonders betroffen waren, häufiger rechtspopulistisch affine Einstellungen äußerten. Der Zuspruch der Arbeiter*innen zu rechtspopulistischen Parteien überrascht, als die AfD, ähnlich wie die FPÖ in Österreich, auch eine wirtschaftsliberale Programmatik vertritt, die sie gerne mit rechtspopulistischen bzw. national-konservativen Positionen und Wohlfahrtchauvinismus kombiniert. Die erfolgreichen Wahlergebnisse sind Folge gezielter Bemühungen rechtspopulistischer Bewegungen, die »das gemeine Volk« oder den »kleinen Mann« ansprechen möchten, sich gegen die Eliten wenden und sich somit als Kämpfer für die Rechte der Arbeiter*innenklasse inszenieren (vgl. u. a. auch König, 2017, S. 22). Die Rechtspopulisten haben jedoch die soziale Frage zwischen oben und unten umgedeutet in ein innen versus außen. Somit verschieben sie den politischen Fokus von der sozialen Frage ins Kulturelle und Nationale (vgl. auch König, 2017).

Zum Teil hat die Abwanderung der Arbeiterschaft zu rechtspopulistischen Parteien die Sozialdemokratie selbst verschuldet. Gerhard Schröder hat beispielsweise unter sozialdemokratischer Regierungsführung neoliberale Maßnahmen wie die Agenda 2010 und die Hartz-IV-Gesetzgebung durchgesetzt und infolge der neoliberalen Diktion, die Anliegen seiner Kernwählerschaft und Fragen der Umverteilung vernachlässigt. Dies macht deutlich, dass die Propagierung von Deregulierung, Flexibilisierung und Eigenverantwortung, die immer gleichen neoliberalen Credos sind, die als Lösungsansätze angeboten werden, die jedoch die Ursachen für viele der gegenwärtigen Krisen sind. Auch Zentrumsparteien bedienen sich heute des Populismus, um den Bestand und die Fortsetzung bestehender neoliberaler Politik zu sichern und neue Wähler*innen zu rekrutieren (Hadj-Abdou & Ruedin, 2021). Die Zunahme rechtspopulistischer und rechtsextremer Einstellungen in der Mitte der Gesellschaft bietet dafür einen Anreiz.

Viele dieser Entwicklungen wurden als alternativlos beschrieben und so mit dem Argument ökonomischer Sachzwänge einer politischen Diskussion entzogen. Diese Entpolitisierung führte auch dazu, dass die Auswirkungen auf individueller Ebene vielfach als persönliches Versagen erlebt wurden. Hinzu kommt, dass die neoliberale Ideologie eine Ausdehnung ökonomischer Prinzipien auf alle Lebensbereiche propagiert, wodurch kapitalistische Prinzipien wie Nützlichkeit, Verwertbarkeit und Effizienz in alle gesellschaftlichen Bereiche eindringen (Heitmeyer, 2018, S. 90). Heitmeyer (2018) verweist auch auf Signalereignisse wie Finanz- und Klimakrise, Terroranschläge, Bürgerkriege und folgende Flüchtlingsbewegungen, die Verunsicherungen weiter anheizten. Aus heutiger Sicht könnten wir die Schwächung des Multilateralismus, die multipolare Neuordnung der internationalen Beziehungen sowie die Pandemie hinzufügen.

Die Zahlen und Untersuchungen belegen, dass Aufstiegsversprechen auch in Europa kaum mehr Gültigkeit besitzen (Nachtwey, 2016; Butterwegge, 2008; Demirović, 2018). Das Leitbild und Versprechen von sozialer Mobilität ist jedoch nach wie vor vorhanden, was allerdings dazu führt, dass die Bürger*innen die zunehmenden Herausforderungen und Unwägbarkeiten individuell zu meistern suchen und sich besonders im Mittelstand und Kleinbürgertum Abstiegsängste breit machen. Immer häufiger stellt sich in der Mittelschicht die Frage, ob die Kinder den erworbenen Wohlstand der Eltern bewahren werden können. Dieser wirtschaftliche Druck und Abstiegsängste machen auch die politischen Positionen des Mittelstandes verständlicher, der beispielsweise einer Reform des Bildungssystems ablehnend gegenübersteht, um eigene Bildungsvorteile zu erhalten (König, 2017). Das bisher Gesagte verdeutlicht den Widerspruch zwischen formaler Rechtsgleichheit und den sozialen Unterschieden. »Wirtschaftsliberale gewährleisten zwar die Rechtsgleichheit aller Individuen, verweigern ihnen jedoch die materiellen Mittel, welche nötig sind, um in deren Genuss zu kommen.« (Butterwegge, 2008, S. 218) All dies verursacht auch ein Gefühl, dass die Rahmenbedingungen die Entfaltung des eigenen Potentials beschneiden. Dies hat massive Folgen, wie auch Volker Weiß (2019, S. 72) im Nachwort zum Vortrag von Adorno anmerkt: »Das Wissen, dass man mehr sein könnte, aber nicht ist, treibt die Menschen noch immer zu Akten des kollektiven Narzissmus.«

Neoliberale Ideologie und die Entwertung der anderen

Marktradikalismus baut auf unternehmerischem Universalismus, Wettbewerb und ökonomistischen Werthaltungen auf, die die Sorge um das Leben der Markt- und Profitlogik unterordnet. Obwohl für die neoliberale Verwertungslogik ethnische Herkunft oder Religion kaum eine Rolle spielen (es sei denn, um über erhöhten Konkurrenzdruck Löhne zu drücken und Arbeitsrechte zu untergraben), heben sowohl Butterwegge (2008) als auch Heitmeyer (2018) hervor, wie die grundlegenden neoliberalen Prinzipien von Effizienz, Verwertbarkeit und Nützlichkeit Ungleichheitsideologien Vorschub leisten. »Wegen des prononcierten Antiegalitarismus im Neoliberalismus verschwimmt die Grenze zum Sozialdarwinismus, einem konstitutiven Bestandteil von Faschismus, Nationalsozialismus und Rechtsextremismus.« (Butterwegge, 2008, S. 217) Heitmeyer schreibt: »[…] das heißt, ökonomistische Einstellungen fördern die Verbreitung von Ideologien der Ungleichwertigkeit. Sie wiederum bilden, sobald autoritäre politische Angebote ins Spiel kommen, den Nährboden für weitere Radikalisierungen.« (Heitmeyer, 2018, S. 202f.) Neoliberale Politik wird auch zunehmend autoritär-populistisch verfolgt und durchgesetzt (vgl. auch Demirović, 2018). Die rechtspopulistische Orientierung in der Mitte der Gesellschaft erlaubt Zentrumsparteien weiter nach rechts zu rücken.

Die Untersuchungen zeigen auch, dass »Zweifel an der Gültigkeit von Kernnormen der Gesellschaft« (Heitmeyer, 2018, S. 98) stärker werden: Um die 75 Prozent der Befragten stimmten 2009 und 2010 der Aussage zu: »Die Bedrohung des Lebensstandards verringert die Solidarität mit Schwachen«; um die 57 Prozent stimmten der Aussage zu: »Bemühungen um Gerechtigkeit sind in diesen Zeiten nicht mehr erfolgreich« (Heitmeyer, 2018, S. 99). Der Aussage »Menschen, die wenig nützlich sind, kann sich keine Gesellschaft leisten.« stimmten 2007 33,3 Prozent der Befragten zu (Heitmeyer, 2018, S. 130). Diese Aussage zeigt besonders deutlich, wie ökonomistische Einstellungen der Entwertung menschlichen Lebens sowie der Entsolidarisierung Vorschub leisten. Die Umfragewerte zeigen, dass die Tendenzen der Entsolidarisierung sich besonders ausgeprägt in den oberen Einkommensgruppen zeigen (Heitmeyer, 2018, S. 99ff. u. 136). Ökonomistische Einstellungen[28] wiederum finden sich vor allem in den unteren sozialen Lagen: 63,1 Prozent stimmen zu: »Die sozial Schwachen müssen lernen, sich selbst zu helfen.« Die Aussage, »Jeder hat heute die Möglichkeit, etwas aus sich zu machen«, wird von 68,2 Prozent der Befragten geteilt (Heitmeyer, 2018, S. 135).

In dieser Befragung 2007 gab auch die Hälfte der Befragten an, »es gebe Dinge, die wichtiger sind als die Beziehung zu anderen« (Heitmeyer, 2018, S. 132). Korrelationen zwischen ökonomistischen Einstellungen und Menschenfeindlichkeit finden sich vor allem mit Bezug auf Gruppen, denen eine geringe Nützlichkeit zugeschrieben wird wie Langzeitarbeitslosen, Obdachlosen, Behinderten oder Fremden (Heitmeyer, 2018, S. 132). Besonders bei unteren und mittleren Lagen findet sich das Bemühen, sich entwertend nach unten hin abzugrenzen (Heitmeyer, 2018, S. 133). Dies betrifft vor allem die Abwertung von Gruppen, die als ökonomische Konkurrenz wahrgenommen werden (Fremdenfeindlichkeit und Islamfeindlichkeit). Die ökonomische Unsicherheit wird allerdings nicht mit strukturellen Ursachen in Verbindung gebracht, sondern mit kultureller Differenz (Heitmeyer, 2018, S. 141). Rechtspopulistische Proteste sehen jedoch nicht, dass sie durch ihre »rassistische[n] Entsolidarisierungspraktiken [...] gerade zu jener Konkurrenz auf dem Arbeitsmarkt beitragen, die sie mit ihren Protesten glauben, verhindern zu können.« (Demirović, 2018, S. 41) Ökonomistische Einstellungen sind in ärmeren Schichten ausgeprägter (Heitmeyer, 2018, S. 130), dennoch sprechen sich Personen mit geringerem Einkommen wesentlich häufiger für eine bessere Unterstützung von Arbeitslosen oder Obdachlosen aus (Heitmeyer, 2018, S. 101). Dies hat vielleicht mit der sozialräumlichen Nähe und dem Bewusstsein um eine mögliche eigene Betroffenheit zu tun. Entsolidarisierung zeigt sich in wohlhabenderen Einkommensgruppen, wo wir eine Abwertung der öko-

---

28 »Moralisches Verhalten ist ein Luxus, den wir uns nicht mehr erlauben können.«, »Wir können uns in dieser Gesellschaft nicht zu viel Nachsicht leisten.«, »Menschliche Fehler können wir uns nicht mehr leisten.« »Menschen, die wenig nützlich sind, kann sich keine Gesellschaft leisten.« (Heitmeyer 2018: 130)

nomisch Schwächeren als »Teil eines elitären Selbstverständnisses« finden (Heitmeyer, 2018, S. 136).

Zahlen aus dem Jahr 2011 belegen, dass sich Rassismus, Sexismus, Islamfeindlichkeit, Abwertungen von Sinti und Roma, Asylsuchenden, Homosexuellen, Obdachlosen, Menschen mit Behinderung bei Personen mit rechtspopulistischen Einstellungen weitaus häufiger finden (meist fast doppelt so hohe Prozentsätze) (Heitmeyer, 2018, S. 213). So sprachen sich beispielsweise 2011 56,7 Prozent der rechtspopulistisch eingestellten Personen dafür aus, eine Zuwanderung von Muslim*innen zu verhindern (nicht-rechtspopulistisch eingestellte Personen stimmten zu 17,5 Prozent dieser Aussage zu) (Heitmeyer, 2018, S. 215). Diese Ergebnisse sind wenig überraschend, es scheint aber an dieser Stelle notwendig zu sein darauf hinzuweisen, dass Rassismus, Antisemitismus, Muslim- und Fremdenfeindlichkeit auch in allen anderen Bevölkerungsschichten manifest und latent vorhanden sind. Zudem spielen, wie auch die Black-Lives-Matter-Bewegung aufgezeigt hat, nicht nur die Einstellungen in der Bevölkerung eine Rolle, sondern materialisieren sich Ungleichheitsideologien in unseren politischen Institutionen und manifestieren sich beispielsweise in systemischem Rassismus.

»Unternehmer seiner selbst«: Die Auswirkungen neoliberaler Regierungstechniken auf das Individuum

Michel Foucault hat bereits in den 1970er Jahren darauf hingewiesen, dass der Neoliberalismus danach strebt, die ökonomische Form des Marktes zu verallgemeinern. Foucault konstatierte in seinen Gouvernementalitätsstudien und Werken zu Biopolitik eine neue Form des Regierens, die vor allem über die biopolitische Kontrolle der Bevölkerung gesteuert wird (Bröckling, Krasmann & Lemke, 2015). Die gouvernementalen Regierungstechniken arbeiten weniger mit Zwang, sondern über Subjektivierungsweisen. Im Gegensatz zur Zeit des Ursprungs der Psychoanalyse, wo nach Sigmund Freud vor allem Verbote (»Du sollst nicht…«), dem Ausleben der Triebhaftigkeit entgegenstanden und die Ausprägung des Über-Ichs bestimmten, sind es heute viel häufiger Gebote (»Du sollst …«), die eine Disziplinierung und Selbstoptimierung der Subjekte erwirkt. Zwang wird in diesem Prozess internalisiert und ist als solcher nicht mehr bewusst. Die Abnahme der demokratischen Kontrolle wirtschaftlicher Vorgänge erfolgt zeitgleich mit einer Zunahme der Kontrolle über viele gesellschaftliche Bereiche sowie psychisches Erleben (vgl. auch Butterwegge, 2008, S. 207). Viele Autor*innen haben sich bereits mit den Auswirkungen dieser Subjektivierungsweisen beschäftigt (vgl. exemplarisch Bröckling, Krasemann & Lemke, 2015; Bruder-Bezzel, Bruder & Münch, 2016; Mixa et al., 2016). Die Frage, wie werden Individuen vergesellschaftet und welche Auswirkungen hat dies auf psychische

Strukturen und unser Erleben, liegt aufgrund dieser Entwicklungen damit mehr denn je an der Schnittstelle zwischen gesellschaftlichen Verhältnissen und Psychodynamik.

Krise liberaler Demokratie?

Die zuvor ausgeführten Entwicklungen führen zu einer Aushöhlung demokratischer Prozesse und Institutionen. Postdemokratie (Crouch, 2008) meint, dass demokratische Institutionen zwar formal intakt bleiben, ihr Einfluss auf die Politikgestaltung sinkt, weil Politiker*innen entsprechend den Zwängen des Marktes entscheiden müssen. Neoliberale Prinzipien greifen auch im demokratischen Prozess Platz. Wahlkämpfe verkommen zu Medienspektakel. Die politische Kommunikation folgt Marketingstrategien und Umfragewerten, die Medienkompetenz der Politiker*innen wird wichtiger als deren Sachkompetenz. Wahlentscheidend sind häufiger Personen als politische Inhalte, was populistischen Bewegungen mit ihrer Tendenz der Identifikation mit einer Führungspersönlichkeit ein willkommenes Einfallstor bietet (Minkenberg, 2018). Die oben bereits angesprochene Entpolitisierung und Atomisierung der Gesellschaft bringt besonders für den demokratischen Prozess negative Auswirkungen hervor. Die ökonomischen Sachzwänge, auf die häufig Bezug genommen wird, erleben viele Bürger*innen als Kapitulation und Entziehung ihrer Gestaltungsmöglichkeiten. Resignation und Misstrauen gegenüber Politiker*innen wächst dadurch. Personen, die sich dem rechten Spektrum zuordnen, erleben ökonomische Bedrohung überdurchschnittlich ausgeprägt. Es ist auch diese Gruppe, die den Politiker*innen in hohem Maß misstraut und sich gleichzeitig politisch ohnmächtig fühlt (Heitmeyer, 2018, S. 191f.). Strukturelle Probleme werden nicht als solche gesehen, sondern als individuelles Versagen der politischen Eliten und deren fehlender Problemlösungsfähigkeit zugeschrieben (Heitmeyer, 2018, S. 186, vgl. auch Demirović, 2018)[29]. Ökonomische Probleme, die ihre Wurzeln in den kapitalistischen Herrschaftsverhältnissen haben, wirken sich negativ auf das Vertrauen und Leben der Demokratie aus. Nicht nur China, sondern auch ein Blick in die koloniale Vergangenheit sollten uns zeigen, dass Kapitalismus auch ohne Demokratie sehr gut funktionieren kann. Freedom House Index und EU Democracy Index stellen eine Abnahme von politischen Rechten fest (Heitmeyer, 2018, S. 177). Das Paradox rechtsradikaler Bewegungen, wie es Adorno schon 1967 formuliert, ist auch, dass Menschen das Gefühl haben, »nun gerade mit dieser Bewegung, die die Freiheit abschaffen will, gleichsam wieder in den Besitz der Freiheit, der freien Entscheidungsmöglichkeit, [...] zu gelangen«

---

29 Für 2009 zeigten die Zahlen sogar ein häufigeres Vorkommen von rechtspopulistischen Orientierungen und Misstrauen gegenüber den Eliten sowie Entfremdungsgefühle in den abstiegsbedrohten mittleren Lagen (Heitmeyer, 2018, S. 200).

(Adorno, 2019, S. 40) Diese Entwicklungen können wir heute Mitten in Europa beobachten, wo mit dem Versprechen der Rückgewinnung der Kontrolle und im Namen der Freiheit, Freiheitsrechte abgeschafft werden. Auch der Widerspruch zwischen abstrakter Zustimmung zu universellen Rechten und der gleichzeitigen Befürwortung, bestimmten sozialen Gruppen diese Rechte vorzuenthalten (abgeschafft werden sollen ja immer die Freiheitsrechte der »Anderen«), spielt hier wieder eine entscheidende Rolle.

Medien sind in ihrer Funktion, die sie für die Bildung der öffentlichen Meinung übernehmen, ein wichtiger Bestandteil einer funktionierenden Demokratie. Der ökonomische Druck der auch auf Medien lastet, erschwert jedoch die seriöse Recherche und Qualität der zur Verfügung gestellten Informationen. Auch erleben wir heute besorgniserregende Einschränkungen der Medienfreiheit in Polen (Henley, 2021) und Ungarn (Kahlweit, 2020). Die bereits erwähnten sozialen Medien tragen wesentlich dazu bei, den öffentlichen Diskurs zu fragmentieren, die Qualität und Verlässlichkeit von Quellen zu untergraben, Hass im Netz zu verbreiten sowie über Algorithmen oder Trolle Themen zu setzen und Wahlen zu beeinflussen. Politische Botschaften werden für Instagram-Storys verkürzt und auch qualitätsvolle Debatten über politische Themen sind über Social Media nur sehr eingeschränkt möglich (exemplarisch Weinmann, 2021).

Auswirkungen auf soziale Beziehungen

Die Ökonomisierung aller Lebensbereiche wirkt sich auch auf unsere sozialen Beziehungen aus. Die Sehnsucht nach befriedigenden sozialen Beziehungen und intakten Gemeinschaften, die Unterstützung und Sicherheit bieten, zeigt sich ebenfalls in den erwähnten Studien. Heitmeyer (2018) operationalisiert Vergemeinschaftung über Fragen zu sozialer Zugehörigkeit und Unterstützung. Laut 70 Prozent der Befragten sei »es zunehmend schwieriger geworden […], soziale Beziehungen zu knüpfen, die stabile Unterstützung und emotionale Anerkennung sichern« (Heitmeyer, 2018, S. 154). Diese enorm hohe Zahl an Menschen, die die Schwierigkeit beklagen, zufriedenstellende soziale Beziehungen herzustellen, sollte alarmierend sein. Sie zeigt die Auswirkung von »Ökonomisierung, Kommerzialisierung und Monetarisierung zwischenmenschlicher Beziehungen« (Butterwegge, 2008, S. 204) und belegt, dass sich diese Entwicklungen aus sozialpsychologischer und psychoanalytischer Sicht negativ auf unser Beziehungserleben auswirken und/oder auf zunehmende Störungen[30] unserer Beziehungsfähigkeit hinweisen.

---

30 Hier im allgemeineren Sinne und nicht nur ausschließlich pathologisch verstanden.

Die Bedeutung des »autoritären Charakters«

Wie bereits eingangs ausgeführt, sind ökonomische Ursachen für rechtspopulistische Radikalisierungstendenzen in der Gesellschaft vorhanden, bieten jedoch keine hinreichende Erklärung (vgl. auch Weiß, 2019). Nicht alle Personen, die von ökonomischen Krisen, Orientierungslosigkeit oder politischer Unzufriedenheit betroffen sind, wenden sich rechtspopulistischen Bewegungen zu. »Es gibt keinen nachweisbaren Automatismus, der von Anerkennungsverletzungen direkt zu einer gesteigerten Empfänglichkeit für autoritäre Versuchungen führt.« (Heitmeyer, 2018, S. 155) Wer also springt auf rechtspopulistische Angebote an? Warum neigen manche Menschen zu autoritären Aggressionen? Es war die Kritische Theorie, die sich im Rahmen ihrer sozialwissenschaftlichen Forschung auch empirisch mit dem Zusammenhang von Kapitalismus, Vergesellschaftung und Persönlichkeitsstrukturen beschäftigte. Ihre groß angelegten Projekte zur Vorurteilsforschung lieferten viele Erkenntnisse. Diese Forschung versuchte ein Instrumentarium zu entwickeln, um die Anfälligkeit für faschistische Ideologien zu identifizieren und zu messen. Die bereits zuvor von Erich Fromm, Max Horkheimer und Theodor W. Adorno entwickelten Ausführungen zum autoritären Charakter untersuchten die wechselseitige Bedingtheit von kapitalistischer Vergesellschaftung und psychischen Bedürfnissen in der bürgerlichen Gesellschaft.

Heitmeyer (2018, S. 83) meint, dass durch liberalere Erziehungsmethoden das Konzept des autoritären Charakters an Bedeutung verloren habe und das Problem der »Ich-Schwäche« demnach nicht mehr so relevant sei. Auch andere Autoren konstatieren gesellschaftliche Veränderungen, die sich auf das Konzept des autoritären Charakters auswirken, wie das Aufweichen der rigiden Sexualmoral, die Abnahme der Zentralität des Vaters bzw. patriarchaler Autorität sowie des ödipalen Konflikts (Breuer, 1992, S. 26). Entscheidend ist an dieser Stelle darauf hinzuweisen, dass Autoritäten und Autoritätsverhältnisse nach wie vor bestehen, allerdings eine Umformung erfolgt ist. Äußere Autoritäten werden internalisiert und spielen für das innerpsychische Erleben eine immer größere Rolle. Innere Diktate, deren wir uns oft genug nicht bewusst sind, lösen äußerliche Zwänge ab. Über das unbewusste Wirken kapitalistischer Vergesellschaftung wusste die Kritische Theorie schon viel zu sagen und versuchte aufzuzeigen, wie unsere Art zu erfahren und zu erleben bereits von gesellschaftlichen Verhältnissen geprägt ist.

Konzepte des Autoritarismus (Heitmeyer, 2018) oder des autoritären Syndroms[31] (Decker, Schuler & Brähler, 2018) finden sich in den aktuellen Studien daher nach wie vor, um autoritäre Reaktionen auf Entsicherung, Kontroll- und Machtverlust

---

31 Dieses Syndrom wird über Fragen nach autoritären Aggressionen, autoritärer Unterwürfigkeit und Konventionalismus operationalisiert.

in Zeiten schnellen sozialen Wandels und den Wunsch nach Wiederherstellung der Kontrolle zu erfassen. Heitmeyer (2018, S. 86f.) identifiziert drei verschiedene Formen des Autoritarismus: den unterwürfigen Autoritarismus, dessen Wurzel nach wie vor gewaltsame (patriarchale) Erziehungsmethoden sind, den anomischen Autoritarismus, der über fehlende Orientierung, Vernachlässigung und Verwahrlosung gekennzeichnet ist, und der selbstbewusste Autoritarismus, der sich im Wunsch nach aggressiver Durchsetzung der eigenen Kontrolle, roher Bürgerlichkeit sowie Machtbereitschaft zeigt.

Gerade in krisenhaften Zeiten (und unser Erleben ist konfrontiert mit dem Gefühl anhaltender Krisenhaftigkeit von der Finanzkrise, Klimakrise, Reproduktionskrise, Coronakrise, etc.) sind Menschen anfällig für extremistische Angebote und ist es entscheidend, gesellschaftliche Entwicklungen zu reflektieren und demokratiepolitisch bedenkliche Tendenzen aufzuzeigen und zu verstehen. Die Studien zeigten, dass neben der Betroffenheit durch ökonomische Krisen und anomischen Einstellungen, kollektive Wut und unbefriedigende Sozialbeziehungen eine große Rolle spielen. Einige mögliche Reaktionen und Mechanismen sind nach Heitmeyer (2018, S. 104ff.) Immunisierung (Akzeptanz und Anpassung an die kapitalistischen Anforderungen), Aufspaltung der Realität (Umlenken von Gefühlen individuellen Versagens auf das Ganze, auf das politische System, auf die Verantwortung des Establishments etc.), Selbstaufwertung durch Abwertung bestimmter sozialer Gruppen, kollektive Schuldzuweisungen (Establishment, »Schmarotzer«, Flüchtlinge, etc.), Vertrauensentzug (Rückzug, Apathie), Aufkündigung von Solidaritätsnormen (Forderung von Etabliertenvorrechten, »wir zuerst«) sowie autoritäre Forderungen nach Ordnung und Kontrolle.

Ein selbstpsychologischer Blick

Die Zusammenführung von sozialwissenschaftlichen und psychoanalytischen Befunden ist nicht ohne Probleme. Psychoanalyse und Sozialwissenschaften sind nicht ineinander überführbar. Gesellschaftliche und individualpsychologische Prozesse besitzen ihre Eigengesetzlichkeiten und stehen dennoch miteinander in Zusammenhang. Die Phänomenologie am Beginn des Aufsatzes verdeutlichte Narzissmus, Wut und Paranoia als wesentliche Elemente rechtspopulistischer Bewegungen. Im Folgenden wird untersucht, wie Überlegungen der Selbstpsychologie, im Speziellen Heinz Kohuts Ausführungen zu Narzissmus und Wut, zu einem psychoanalytischen Verständnis dieser Entwicklungen beitragen können. Grundlegende Fragen, die in der Auseinandersetzung mit dem Thema aufgetaucht sind und im Folgenden mit Bezug auf die Selbstpsychologie diskutiert werden sollen, sind: Wer spricht auf rechtspopulistische Angebote an und wie kann dies psychoanalytisch erklärt werden? Woher kommt die Wut? Welche psychoanalytischen Erklärungen finden sich für die Entwertung »der Anderen«? In welchem Zusammenhang stehen Kränkbarkeit, Scham und Wut mit Narzissmus? Und was macht für Paranoia und Angst besonders empfänglich?

Die bisher diskutierten Befunde weisen auf Selbstüberhöhung und Entwertung bestimmter sozialer Gruppen, um Angst aufgrund von Kontrollverlust abzuwehren, sowie auf einen Mangel an oder Verlust von bedeutungsvollen und stützenden sozialen Beziehungen hin. Die Studien verweisen auf einen signifikanten Zusammenhang zwischen Bindungs- und Orientierungslosigkeit und der Unterstützung für autoritäre Überzeugungen. Nach Zick (2017, S. 130) neigen nur 2 Prozent der Gesamtbevölkerung zu kollektiver Wut, Personen mit rechtspopulistischer Orientierung hingegen zu 40 Prozent. Gefühle des individuellen Versagens (aufgrund der Entpolitisierung struktureller Ursachen und des Fortbestehens des Aufstiegsversprechens) sowie soziale Probleme untergraben das Selbstwertgefühl. Unerträgliche Scham- und Schuldgefühle führen zu Überlegungen, die die Ursachen im Außen suchen, womit die Anfälligkeit für einfache Lösungen, für Projektionen auf Sündenböcke sowie für Verschwörungsdenken erhöht wird (Heitmeyer, 2018, S. 107).

Die Konjunktur nativistischer Identitäten hängt nach Ottomeyer (2020, S. 360) mit einer »realen Identitätskrise« zusammen, die mit Selbstgefühl, Selbstwertgefühl und Selbstwirksamkeit (Effektanz) in Zusammenhang steht und über die Auseinandersetzung mit diesen verstanden werden kann. Ein erster Punkt, der hier näher ausgeführt wird, ist die Regulation des Selbstgefühls, die bei Heinz Kohut einen zentralen Stellenwert einnimmt und auch bei Untersuchungen zu Fremdenfeindlichkeit und Fundamentalismus bei Auchter eine entscheidende Rolle spielt: »In einem gelingenden Entwicklungsverlauf kommt es durch die liebevolle Resonanz der wichtigen Bezugspersonen zur Entfaltung eines gesunden Selbstgefühls und Selbstwertgefühls, einem ›gesunden Narzissmus‹.« (Auchter, 2016, S. 859) Daher interessiert uns die Entwicklung des Selbstgefühls im Kontext der narzisstischen Entwicklungslinie. Aufgegriffen werden soll hier aber auch die abschließend festgestellte Unsicherheit in den sozialen Beziehungen. Die Selbstpsychologie bietet hier mit den Erkenntnissen Heinz Kohuts und seinem Fokus auf die bezogene Individuation gute Anknüpfungspunkte. Mit dem Selbstobjekt und seinen Funktionen tritt die Bedeutung der Bezogenheit und die Beziehungsinteraktionen zwischen Kind und Bezugspersonen verstärkt in den Mittelpunkt psychoanalytischer Überlegungen. Hier geht es um Beziehung zum oder Ablehnung des Anderen im Kontext der Entwicklung des Selbstgefühls und der Affektregulation.

Narzissmus, Selbstgefühl und Selbstregulation

Narzissmus ist nach Heinz Kohut eine eigene Entwicklungslinie und für die Aufrechterhaltung eines kohärenten Selbstgefühls notwendig (Lachmann, 1999, S. 10 u. 2004, S. 27)[32]. Nach Heinz Kohut sind für die Entwicklung des Selbstgefühls altersadäquate Selbstobjekte unverzichtbar. Diese Selbstobjekte prägen das Selbsterleben und übernehmen wichtige Funktionen. Idealisierte Elternimagines werden als Teil des Selbst erlebt und sind für Erfahrungen der Selbstregulation, wie zum Beispiel beruhigt zu werden oder sich mit einem als allmächtig erlebten Selbstobjekt eins zu fühlen, entscheidend. Werden die Selbstobjekte zu früh oder zu schnell ent-idealisiert und wird das Individuum vom Selbstobjekt traumatisch enttäuscht, so behindert dies »in großem Ausmaß die Entwicklung der Fähigkeit [...], ein narzißtisches Gleichgewicht der Psyche zu erhalten« (Kohut, 1973b, S. 66). Nur eine schrittweise Verinnerlichung der Erfahrung der Regulation ermöglicht die Entwicklung eines stabilen Selbstgefühls. Gelingt dies nicht, so stagniert die Entwicklung an dieser Stelle und die Transformation archaischer in reife narzisstische Entwicklungsbedürfnisse scheitert. Die fehlende Struktur erfordert, dass das »narzißtische Gleichgewicht nur durch das Interesse, die Reaktionen und die Billigung der gegenwärtigen (d. h. jetzt wirksamen) Reinkarnation des traumatisch verlorenen Selbst-Objektes aufrechterhalten werden kann« (Kohut, 1973b, S. 77).

Eine weitere Funktion der Selbstobjekte ist, das Kind in seinen altersadäquaten narzisstischen Ansprüchen auf Grandiosität zu spiegeln. Archaische Formen des Narzissmus brauchen ein Größenselbst. Dies erfordert, »daß es [das Kind, Anm. v. P. P.] Vollkommenheit und Macht in das Selbst verlegt – hier das Größenselbst genannt – und sich verächtlich von einer Außenwelt abwendet, der alle Unvollkommenheiten zugeschrieben werden« (ebd., S. 130). Wenn das narzisstische Bedürfnis nach Exhibitionismus und Grandiosität in den entsprechenden Entwicklungsphasen keine angemessene Reaktion durch die Selbstobjekte erfährt, dann ist es auch nicht möglich, das Selbst später als integrale Quelle der eigenen Aktionen zu empfinden (Selbstwirksamkeit, Effektanz) (Kohut & Wolf, 1980, S. 161).

Wenn also narzisstische Entwicklungsbedürfnisse nicht erfüllt bzw. frustriert werden oder zu früh bzw. zu schnell in die eigene Verantwortung übernommen werden, bestehen nach Kohut zeitlebens das Bedürfnis nach Verschmelzung mit einem allmächtigen Objekt und Größenphantasien bezüglich des eigenen Selbst fort. Diese werden benötigt, um fehlende psychische Strukturen zu kompensieren und das Selbstgefühl zu stabilisieren. Die unzureichende Erfüllung dieser Entwicklungsbedürfnisse bedeutet eine Kränkung. Im schlimmsten Fall geht sie mit Beschämung,

---

32 Dieses Verständnis steht im Gegensatz zum Narzissmusbegriff bei Otto Kernberg, der Narzissmus als aggressives Verhalten in der Abwehr gegen Abhängigkeit sowie Unfähigkeit zur Objektliebe versteht (Lachmann 2004: 27).

Verächtlichmachung und Entwertung einher. Nach Heinz Kohut (1973a) reagieren Individuen auf tatsächliche oder erwartete Kränkungen mit Flucht (Scham) oder Kampf (narzisstische Wut). Scham und Wut identifiziert Kohut (1973a, S. 226f.) somit als die »grundlegenden Manifestationen des gestörten narzißtischen Gleichgewichts«. Kohut (1973a) weist auch darauf hin, dass bei diesen psychischen Prozessen weniger Schuldgefühle und das Aufdecken unbewusster Inhalte im Spiel sind, sondern vielmehr die Beschämung (durch die Entblößung eines Defekts) und der Kontrollverlust verleugnet werden. Die unzureichende Responsivität auf diese Entwicklungsbedürfnisse führt zu einer fehlenden narzisstischen Besetzung des Selbst, aber auch des Körpers, die grundlegend für verschiedene psychische Störungen und deren Ausprägungen ist. Kohut stellt sich hier ein Kontinuum vor, das von reifen Reaktionen auf und der gesellschaftlichen Funktion von Scham und Ärger (vgl. Schneiderbauer 1999) über leicht kränkbare und unversöhnliche narzisstische Persönlichkeitsstörungen, den starren Hass des Paranoikers, der Fragmentierung des Selbst in der Psychose bis zur Leere und Leblosigkeit bei suizidalen Patient*innen reicht (Kohut, 1973a, S. 234). Dieses Kontinuum hängt mit dem Zeitpunkt der Verletzungen zusammen und reicht vom fehlenden Aufbau psychischer Strukturen bis zu leichter Kränkbarkeit.

Hiermit wird die Bedeutung von idealisierenden und spiegelnden Funktionen der Selbstobjekte deutlich:

»Nur auf diese Weise [Befriedigung narzisstischer Entwicklungsbedürfnisse, Anm. v. P. P.] werden wir die Fähigkeit erwerben [...] archaische Grandiosität und Exhibitionismus in realistische Selbstachtung und ein maßvolles, doch freudiges Selbstgefühl umzuformen. Dann erst wird es uns auch möglich sein, unsere Sehnsucht nach Verschmelzung mit dem allmächtigen Selbst-Objekt aufzugeben, und sie durch die sozial nützliche, adaptive und beglückende Fähigkeit zu ersetzen, uns zu begeistern, große Menschen als Vorbilder bewundern zu können und zu versuchen, unser Leben, unsere Taten und unsere Persönlichkeit den bewunderten Gestalten nachzubilden.« (Kohut, 1973a, S. 210)

Kohut (1973a) führt aus, wie das Kind auf eine Verletzung mit Wut reagiert, weil die eigene Grandiosität infrage gestellt wird und das allmächtige Selbstobjekt die Verletzung zugelassen hat. Scham und Wut hängen mit Exhibitionismus und Grandiosität zusammen sowie der Vorstellung, das Selbstobjekt zu beherrschen, da dies ja als Teil des Selbst erlebt wird. Die Mobilisierung narzisstischer Wut ist in diesem Sinne auch das Bemühen, die Kontrolle über eine narzisstisch erlebte Welt wiederherzustellen.

»Die intensivsten Schamgefühle und die gewalttätigsten Formen narzißtischer Wut kommen in jenen Individuen auf, für die das Gefühl der absoluten Kontrolle über eine archaische Umgebung unverzichtbar ist, weil die Erhaltung des Selbstwertgefühls – und des Selbst an sich – von der bedingungslosen Verfügbarkeit des zustimmend-spiegelnden oder des Verschmelzung zulassenden Selbstobjektes abhängig ist.« (Kohut 1973a: Seite)

Da diese Bedingungen häufig nicht gegeben sind, ziehen sich narzisstische Menschen zurück, um die fragile Selbstkohäsion nicht zu gefährden, leben isoliert und richten sich in Phantasien von eigener Stärke und Überlegenheit ein. Kränkungen, Enttäuschungen und Scham führen zu Wut und Rückzug. Bedürfnisse nach Bindung und Exploration werden beeinträchtigt und bleiben unerfüllt (Lachmann 2004). Den realen Beziehungen wird somit die Bedeutung entzogen (Bartosch, 2004). Um Bedrohungen des Selbstgefühls fernzuhalten, müssen nach Kohut (1973b) erniedrigende und verletzende Erlebnisse verleugnet werden. Dies gelingt, indem sich das Selbst in Größenphantasien ergeht, die ihm ein Gefühl der Stärke und Vollkommenheit vermitteln. Dies macht aber auch deutlich, dass die Verschmelzungs- und Größenphantasien nicht nur das narzisstische Gleichgewicht wiederherstellen helfen, sondern existentiell notwendig sind, weil sie als Ersatz für die fehlende psychische Struktur das Selbst vor der Fragmentierung bewahren.

Wut ist somit nach dem Verständnis der Selbstpsychologie im Gegensatz zur klassischen Psychoanalyse immer reaktiv[33]. Narzisstische Wut folgt auf eine Bedrohung und dient dem Zweck, das Selbst zu schützen. »Aggressive Reaktionen haben die Funktion, eine wahrgenommene Gefahr für das Selbst abzuwenden und ein Gefühl des Stolzes und der Selbstachtung wiederherzustellen.« (Lachmann, 2004, S. 75) Narzisstische Wut dient somit auch der Selbstregulation, indem sie Fragmentierung und ein Gefühl der Hilflosigkeit abwendet. Um erwarteten Übergriffen oder befürchteten Beleidigungen zuvorzukommen, wird häufig selbst aktiv zum Angriff übergegangen (Kohut 1973a). Lachmann (1999, S. 13) unterscheidet zwischen Selbstbehauptung und reaktiven Aggressionen, wobei letztere durch die fehlende emotionale Responsivität von Bezugspersonen vorherrschend werden (Lachmann, 2004, S. 34). Louis Sander war einer der ersten, der erkannte, »dass Selbstregulation im Säuglings- und Kleinkindalter nur durch angemessene gemeinsame Regulation zwischen Kind und Bezugsperson erworben werden kann« (Lachmann, 2004, S. 54). Mit diesem Verständnis treten die Umwelt und der Kontext ins Zentrum der Aufmerksamkeit und die Aggression wird in ein intersubjektives Geschehen eingebettet.

Dies zeigt auch, dass nicht nur physische Gewalt (die seit den Untersuchungen zum autoritären Charakter vielleicht abgenommen haben, wobei wir wissen, dass physische Gewalt nach wie vor ausgeübt wird[34]), sondern auch andere Formen der Gewalt in der Erziehung schwerwiegende Schädigungen der Entwicklung des Selbst-

---

33 Bartosch (1999: 25) weist kritisch darauf hin, dass die Konzeptualisierung der Aggression als Todestrieb in der klassischen Psychoanalyse somit keiner weiteren Erklärung bedarf. Als Teil der angeborenen menschlichen Konstitution erfordert sie keine theoretische Begründung.

34 In einer repräsentativen Umfrage erhebt das Kinderschutzzentrum *die möwe* Einstellungen zu Gewalt an Kindern in der österreichischen Bevölkerung. In der aktuellen Befragung 2020 stimmt nur die Hälfte der Befragten einer gewaltfreien Erziehung als wünschenswerte Form der Erziehung zu und nur 70 Prozent der Befragten erkannten psychische Gewalt (wie das Anschweigen oder

gefühls nach sich ziehen.[35] Auch Kränkungen, Entwertungen, Hohn und Beschämung sind Ursprung großen psychischen Leids. Aufgrund seiner Abhängigkeit vom Selbstobjekt muss das Kind die Sichtweise der Bezugsperson übernehmen, um die Bindung zu erhalten. Brandchaft (2015) spricht von einem zur Struktur gewordenen Entwicklungskonflikt. Werden Affektzustände oder phasenspezifische Bedürfnisse des Kindes von den Bezugspersonen zurückgewiesen oder nicht beantwortet, so bleiben dem Kind drei Möglichkeiten, um die notwendige Bindung aufrechtzuerhalten: Es kann rebellieren, um sich zu schützen. Dies führt allerdings zur Isolation und äußeren Entfremdung. Oder es passt sich an, gibt seine eigenen Strebungen auf und unterwirft sich, um den Preis einer innerlichen Entfremdung. Der dritte Ausweg ist das Verharren in der chronischen Ambivalenz zwischen diesen beiden Polen. Wenig responsive Bindungssysteme frustrieren die Initiative des Kindes und verursachen eine Beziehungstraumatisierung, die eine Umformung der Selbstobjektbeziehung in »unbewusste und depersonalisierte Prinzipien« nach sich zieht, die »den fortgesetzten Einfluss der Bindungen an frühe Objekte widerspiegeln« und »die Qualität dieser archaischen Bindungen behält« (Brandchaft, 2015, S. 239). Dies verhindert, das eigene Erleben zu reflektieren, und das Selbst bleibt von »geborgter Kohäsion« abhängig (ebd., S. 233).

Narzissmus, Wut und Paranoia und ihre Bedeutung für gesellschaftliche Verhältnisse

Die fehlende Responsivität der Bezugspersonen für die Entwicklungsbedürfnisse des Kindes behindert die Entwicklung psychischer Strukturen sowie der Affektintegration. Somit bleiben das Interesse und die Billigung eines Selbstobjekts und Größenphantasien notwendig, um das Selbstgefühl aufrecht zu erhalten. Dies macht einerseits anfällig für autoritäre Angebote, andererseits werden über Größenphantasien, die Unvollkommenheiten im Außen, im Gegenüber verortet. Übermäßige Schamgefühle und narzisstische Wut verweisen auf ein gestörtes Selbstgefühl. Die erlebten Kränkungen

---

Lächerlich-Machen von Kindern) überhaupt als Gewalt. Online unter: https://www.die-moewe.at/de/pressemeldung/aktuelle-studie-gewalt [Stand 20. September 2021].

35 Auch die Dominanz des familialen Systems und der darin herrschenden patriarchalen Autorität werden als wesentliches Element des damaligen Erziehungsstils hervorgehoben. Breuer (1992, S. 26) formuliert die Veränderungen im Erziehungsstil aus psychoanalytischer Sicht folgendermaßen: »Wo früher einer Überstimulierung der Kinder durch übergroße elterliche Nähe das Hauptproblem war, dominieren heute soziale Bedingungen, die nach Kohut ›entweder die Schaffung einer unterstimulierenden, einsamen Umgebung für das Kind fördern und/oder das Kind ohne die Möglichkeit wirksamer Erleichterung dem pathogenen Einfluß eines an Selbst-Pathologie leidenden Elternteils aussetzen‹.«

und Verletzungen vermitteln ein Gefühl der Unzulänglichkeit. Die Zurückweisung oder Entwertung des eigenen Erlebens begründen ein unsicheres Selbstwertgefühl, das über Größenphantasien und die Entwertung der Anderen kompensiert oder ganz verleugnet werden kann. Die reaktive Aggression hat mit frühen Traumatisierungen und mit aktuell tatsächlichen oder phantasierten Kränkungen zu tun. Lachmann (2004, S. 22) spricht von »der Neigung, unsere schmerzhaften und konfliktgeladenen Affekt-zustände anderen zuzuschreiben«. Dies ermöglicht, dass der Ärger über tatsächlich erlebte (frühe) Kränkungen sich nicht gegen die Verursacher oder strukturelle Zusam-menhänge richtet, sondern gegen als »die Anderen« etikettierte Gruppen.

Das Erleben der unmittelbaren Umgebung als narzisstische Verlängerung des Selbst und die Phantasie, diese zu beherrschen, bedeuten, wenig Verständnis für das Erleben Anderer aufzubringen. Die Notwendigkeit, ein Gefühl absoluter Kontrolle über die narzisstisch erlebte Umwelt aufrechtzuerhalten, um Angst und Fragmentierung fern-zuhalten, macht Gefühle von Hilflosigkeit und Kontrollverlust besonders bedrohlich. »Aversivität ist mit den Affekten von Furcht, Bedrängnis und Ärger verbunden. Sie ist leicht aktivierbar in Umständen, in denen die Effektivität einer Person gefährdet ist.« (Lachmann, 1999, S. 14) Effektivität könnte wohl auch mit Selbstwirksamkeit übersetzt werden, womit ein Zusammenhang mit anomischen Einstellungen, dem Gefühl der Unübersichtlichkeit und Orientierungslosigkeit hergestellt werden kann. Dies macht aber auch deutlich, dass die Wut vor allem nach Kränkungen und Entwer-tungen mobilisiert wird, nicht aber um Freiheit oder eigene Prinzipien bzw. Ideale zu verteidigen, was sich auch mit den von Heitmeyer (2018), Zick (2017) und Decker et al. (2018) erhobenen Daten deckt. Kohut (1973a, S. 228) schreibt:

> »Der Wunsch, eine passive Erfahrung in eine aktive zu verwandeln, der Mechanismus der Identifika-tion mit dem Angreifer, die sadistische Spannungen, die sich in jenen Individuen erhalten haben, die als Kinder von ihren Eltern sadistisch behandelt wurden – all diese Faktoren tragen dazu bei, die Be-reitschaft des zu Schamreaktionen neigenden Individuums zu erklären, sich in einer potentiell Scham erweckenden Situation eines einfachen Mittels zu bedienen: dem anderen aktiv (oft vorwegnehmend) jene narzißstische Kränkung zuzufügen, die zu erleiden man selbst am meisten befürchtet.«

Die Wut dient also auch dem Versuch, sich aus einer erleidenden, als ohnmäch-tig erlebten Situation in eine aktive und agierende Position zu bringen. Autoritäre Aggression und die Entwertung der Anderen sind also in diesem Sinne psychisch funktional. Auch Auchter (2016) konstatiert in seinem Artikel zu Fremdenfeindlich-keit und Fundamentalismus, dass die Funktionalität des autoritären Angebots, Refle-xion und Veränderung im Wege steht: »Für die Betroffenen ist ihre Störung nicht ein Problem, sondern die Lösung eines Problems.« (Auchter 2016: 873)

Die Definition von narzisstischer Wut kann als »Prototyp zerstörerischer Aggressi-on« gelesen werden (Ornstein & Ornstein, 1997, S. 299), wohingegen Selbstbehaup-tung vorzugsweise reife Formen der Aggression bezeichnet (ebd.). Narzisstische Wut zeichnet sich durch ihre Unversöhnlichkeit aus. »Der Rachedurst, das Bedürfnis, ein Unrecht zu korrigieren, eine Beleidigung auszumerzen, mit welchen Mitteln auch immer, und ein tief verwurzelter unerbittlicher Zwang bei der Verfolgung dieser Ziele […]« ist hier charakteristisch (Kohut, 1973a, S. 227). Die Opponent*innen dürfen auf keine Nachsicht oder Empathie hoffen. Nach der narzisstischen Kränkung versucht die »exzessive Beschäftigung« mit dem Vorfall oder der Situation, »die Realität des Vorfalls mit magischen Mitteln auszulöschen.« (Kohut, 1973a, S. 231) Hier zeigt sich eine Verleugnung der Realität, die mit magischen Mitteln bzw. über die obsessive Beschäftigung mit den Kränkungen das Erlebte ungeschehen machen möchte. Es bietet sich somit ein Anknüpfungspunkt für die Immunisierung gegenüber Fakten und wissenschaftlichen Erkenntnissen, denn hier ist »das ›Postfaktische‹ bereits angelegt. Sprache dient nicht mehr der Verständigung und Erkenntnis, sondern […] wird eindimensional auf Beschwörung und Befehl ausgerichtet.« (Milbradt, 2020, S. 62) Die Tatsache, dass den realen Beziehungen in diesen psychischen Konstellationen die Bedeutung entzogen wird und sich narzisstische Persönlichkeiten isolieren, weil die Realität so wenig ihren Ansprüchen genügt, trägt weiter zum Realitätsverlust bei. »Schwere narzißtische Verletzungen die in der Kindheit erlitten und in einem Kontext unerträglicher Hilflosigkeit erfahren wurden, können daher in einer Persönlichkeit für immer die Disposition zu einer chronischen paranoiden Charakterformation bilden.« (Wolf, 1998, S. 108) Die paranoide Abwehr ist geprägt von Feindseligkeit und Misstrauen und wendet sich gegen gefährliche und eindringende Selbstobjekte, die auf sichere Distanz gehalten werden sollen (Wolf, 1998, S. 101). Die Sehnsucht nach Schutz und Übersichtlichkeit bietet ein Einfallstor für autoritäre Ideen. Das Verschwimmen zwischen realer und virtueller Welt trägt auch dazu bei, den Bezug zum Realen zu verlieren bzw. auch herkömmliche Vorstellungen vom Realen ins Wanken zu bringen.

Die narzisstische Wut besteht auf der Vollkommenheit des idealisierten Selbstobjekts und des grandiosen Selbst. Die eingesetzte Wut bei gereiften Persönlichkeiten ist nicht grenzenlos. Sobald sie ihr Ziel erreicht hat, lässt sie nach oder erkennt auch Niederlagen ein. Der narzisstisch Kränkbare aber sieht den Anderen, den Feind

> »als Fehler in einer narzißtisch wahrgenommenen Realität – er ist für ihn ein widerspenstiger Teil seines erweiterten Selbst (expanded self). Er glaubt daher, daß er das Recht habe, volle Kontrolle über ihn auszuüben, und seine bloße Unabhängigkeit, ja schon sein Anderssein, stellt eine Beleidigung für ihn dar.« (Kohut, 1973a, S. 233)

Dieses Zitat erläutert besonders deutlich, die Schwierigkeit Andere als Andere wahrzunehmen sowie die fehlende Akzeptanz für Differenz.

Diese Ausführungen zeigen auch, dass hier sowohl die Beziehung zum Selbst als auch die Beziehung zu anderen gestört ist. Das Fehlen tieferer Bindungen spiele nach Breuer (1992) neoliberalen Anforderungen in die Hände. Menschen, die an die eigene Grandiosität glauben, beuten sich in prekarisierten Arbeitsverhältnissen selbst aus, weil sie der narzisstischen Zufuhr notwendig bedürfen, um ihr Selbstgefühl und ihre Kohäsion aufrechtzuerhalten. Selbstoptimierende Subjektivierungsweisen, die häufig über die Illusion der Selbstverwirklichung angetrieben werden (Lorey, 2006), verknüpfen »ein zwanghaftes Perfektionsstreben mit einer ausgeprägten Realitäts-tüchtigkeit, minutiöser Umwelterfassung und Überkontrolliertheit« (Breuer, 1992, S. 9). Nach Breuer (1992, S. 21) ist dieser Typus vom autoritären Typus zu differen-zieren, weil er angepasster ist und versucht innerhalb der Ordnung erfolgreich zu sein statt gegen sie zu arbeiten. Dennoch

> »verkörpert er doch gleichsam nur die domestizierte Ausgabe derselben. Hinter ihrer sozialen An-passungsfähigkeit steht die ›Asozialität des Größen-Selbst‹ (Kohut), hinter ihrem Realismus ein zutiefst irreales Verhältnis zur Welt, das nur eine hochgradig selektive Erfahrung zulässt.« (ebd.)

Auch wenn die Form der Verarbeitung verschieden ist, liegt dennoch beiden eine Störung im narzisstischen Gleichgewicht zugrunde. Breuer (1992, S. 18) sieht in den von Kohut formulierten Selbst(objektbeziehungs)störungen

> »die narzißmustheoretische Begründung für die Entstehung des autoritären Charakters [...], der nach Fromm, Adorno und anderen durch ein externalisiertes Über-Ich, Ich-Schwäche und bedin-gungslose Anpassungsbereitschaft gekennzeichnet ist.«

Diese Definition des autoritären Charakters basiert auf den Annahmen der Triebthe-orie. Nach Kohut würden wir wohl eher die Tendenz zur Fragmentierung des Selbst-gefühls, das Bedürfnis nach Verschmelzung und Größenphantasien, die Notwen-digkeit der Kontrolle des Selbstobjektmilieus und ein Beziehungserleben, dem die Bedeutung entzogen wurde, als jene Merkmale identifizieren, die für Autoritarismen empfänglich machen. Es ist entscheidend, in Erinnerung zu rufen, dass 70 Prozent der Teilnehmer*innen einer Befragung angaben, dass »es zunehmend schwieriger geworden sei, soziale Beziehungen zu knüpfen, die stabile Unterstützung und emoti-onale Anerkennung sichern« (Heitmeyer, 2018, S. 154). Die Tatsache, dass narzis-tisches Erleben wenig mit den realen Beziehungen zu tun hat, verweist auf mögliche psychische Ursachen für unbefriedigende soziale Beziehungen. Psychische Faktoren stehen hier in einer Wechselwirkung mit sozioökonomischen Entwicklungen und kapitalistischer Vergesellschaftung.

Schlussbemerkungen

Die Fragen, wer auf autoritäre Angebote anspricht und wie die anhaltende Unterstützung rechtspopulistischer Politikangebote erklärt werden kann, ist in diesem Rahmen nicht abschließend zu beantworten. Deutlich wurde jedoch, dass neben sozioökonomischen und gesellschaftlichen Prozessen auch psychodynamische für ein umfassenderes Verständnis berücksichtigt werden müssen. Gesellschaftliche Verhältnisse sind immer nur im Kontext zeithistorischer Entwicklungen zu verstehen. Allgemein ist auch die Frage, was die Konjunktur rechter Ideologien ausgelöst hat, noch nicht ausreichend geklärt, litten doch auch andere Generationen unter Entbehrungen, fehlender Anerkennung, gewaltvollen Erziehungsmethoden oder verarmten Beziehungsangeboten. Es gibt daher auch keinen Automatismus, der von einem gestörten Selbstgefühl oder unzureichender Affektintegration zu rechtspopulistischen Einstellungen führt. Dennoch ist nicht zu übersehen, dass Gefühle der Krisenhaftigkeit, ökonomische Unsicherheit, der Zwang zur Selbstoptimierung, die Reduktion des Individuums auf seine ökonomische Verwertbarkeit und Austauschbarkeit eine ängstliche Grundbefindlichkeit erzeugen (Baumann, 2018; Ottomeyer, 2020), die durch eine fehlende Kohärenz des Selbstgefühls begünstigt werden kann.

Hier schließt sich der Kreis zum Befund Heitmeyers: Seine Feststellung, dass ein autoritäres Angebot auf eine entsprechende Folgebereitschaft treffen muss, um sich politisch zu verankern, findet sich in ähnlicher Weise bei Kohut. Dieser warnt vor dem Zusammentreffen von bestimmten psychischen Konstellationen mit politischen Organisationsformen:

> »Die menschliche Aggression ist dann am gefährlichsten, wenn sie an die zwei großen absolutistischen psychologischen Konstellationen geknüpft ist: das grandiose Selbst und das archaische allmächtige Objekt [...] Der grauenhaftesten Zerstörungsgewalt des Menschen begegnet man nicht in Form wilden, regressiven und primitiven Verhaltens, sondern in Form ordnungsgemäßer organisierter Handlungen, bei denen die zerstörerische Aggression des Täters mit der absolutistischen Überzeugung von seiner eigenen Größe und mit seiner Hingabe an archaische allmächtige Figuren verschmolzen ist.« (Kohut 1973a: 225)

Auch Breuer verweist unter Bezug auf Kohut auf demokratiepolitisch gefährliche Entwicklungen, wenn eine messianische Persönlichkeit auf ein breites Potential von Individuen stößt, die in der Beziehung zu ihren Selbst-Objekten tief gestört sind und nur über ein unvollkommen idealisiertes Über-Ich verfügen. Was dann aufeinandertrifft, ergibt eine hochexplosive Mischung: »ein Führer, für den die Welt nur ein Betätigungsfeld archaischer Größenphantasien ist; und eine Gefolgschaft, die über keinerlei psychische Widerstandsfähigkeit verfügt [...]« (Breuer, 1992, S. 20). Gesellschaftspolitisch stellt sich daher die Frage, wie wir auf diese Befunde reagieren können. Geboten scheint eine öffentliche Debatte, die sozioökonomische Problemlagen, die systemisch begründete Krisen und ihre strukturellen Ursachen analysiert und Projektionen von Ängsten und Wut auf bestimmte soziale Gruppen entlarvt und bewusst macht. Diese Diskussionen müssen die Auswirkungen der Ökonomisierung aller Lebensbereiche auf unser Erleben und psychische Prozesse näher bestimmen. In Österreich muss sich diese Debatte auch mit dem Nachwirken des Nationalsozialismus, Antisemitismus(-theorien) und Vergangenheitspolitik auseinandersetzen. Wünschenswert ist ebenfalls ein stärkeres Bewusstsein für psychische Gesundheit, die den Wert der Finanzierung von Psychotherapie als öffentliche Gesundheitsleistung sowie Investitionen in Säuglings-, Kinder- und Jugendlichen-Therapie anerkennt. Eine kollektiv geteilte Abwehr, wie am Beispiel der Klimakrise ersichtlich, hilft nur kurzfristig, Ängste abzuwehren und die Realität zu verleugnen, verhindert jedoch letztlich Verantwortung für die Entwicklung unserer gesellschaftlichen Verhältnisse zu übernehmen. »Wie die Dinge weitergehen und die Verantwortung dafür, wie sie weitergehen, das ist in letzter Instanz an uns.« (Adorno, 2019, S. 55)

Literatur

Adorno, T. (2019): *Aspekte des neuen Rechtsradikalismus*. Berlin: Suhrkamp, 2. Aufl.

Adorno, T. (2013 [1950]): *Studien zum autoritären Charakter*. Frankfurt a. M.: Suhrkamp, 8. Aufl.

Atzmüller, R. (2009): Die Entwicklung der Arbeitsmarktpolitik in Österreich. *Kurswechsel*, 4, 24–34.

Auchter, T. (2016): Das Selbst und das Fremde. Zur Psychoanalyse von Fremdenfeindlichkeit und Fundamentalismus. *Psyche – Z Psychoanal*, 70, 856–880.

Bartosch, Erwin (1999): Aggressionstheorie und psychoanalytische Technik. In: Bartosch, E., Hinterhofer, H., & Pellegrini, E. (Hrsg.): Aspekte einer neuen Psychoanalyse. Wien: Verlag Neue Psychoanalyse, 21–36.

Bartosch, E. (2004): *Vorlesungen zur Selbstpsychologie*. Wien: Verlag Neue Psychoanalyse.

Baumann, Z. (2018): *Die Angst vor den anderen. Ein Essay über Migration und Panikmache*. Berlin: Suhrkamp, 5. Aufl.

Bayer, L., & Tamma, P. (2020): Demise of Hungary's media exposes Brussels' weakness. *Politico*, 3. August 2020. Online unter: https://www.politico.eu/article/brussels-looks-on-powerless-at-hungarian-media-demise-viktor-orban [Stand 31. Oktober 2021].

Blume, M. (2021): Die libertäre Verschwörungsmythologie des Geldes. *Die Zeit*, 17. April 2021. Online unter: https://www.zeit.de/gesellschaft/zeitgeschehen/2021–04/querdenken-verschwoerer-mythologie-bargeld-antisemitismus-michael-blume?utm_referrer=https%3A%2F%2Funivie.ac.at%2F [Stand 17. April 2021].

Brandchaft, B., Doctors, S., & Sorter, D. (2015): *Emanzipatorische Psychoanalyse. Systeme pathologischer Anpassung – Brandchafts Konzept der Intersubjektivität*. Frankfurt a. M.: Brandes & Apsel.

Breuer, S. (1992): Sozialpsychologische Implikationen der Narzißsmustheorie. Psyche – Z Psychoanal, 46(1), 1–31.

Bröckling, U., Krasmann, S., & Lemke, T. (2015): *Gouvernementalität der Gegenwart*. Frankfurt a. M.: Suhrkamp, 7. Aufl.

Bruder-Bezzel, A., /Bruder, K.-J., & Münch, K. (Hrsg.) (2016): *Neoliberale Identitäten. Der Einfluss der Ökonomisierung auf die Psyche*. Gießen: Psychosozial.

Butterwegge, C. et al. (2002): *Themen der Rechten – Themen der Mitte. Zuwanderung, demografischer Wandel und Nationalbewusstsein*. Opladen: Leske + Budrich.

Butterwegge, C. (2008): Marktradikalismus und Rechtsextremismus. In: Butterwegge, C., Lösch, B., & Ptak, R. (Hrsg.): *Neoliberalismus: Analysen und Alternativen*. Wiesbaden: Verlag für Sozialwissenschaften, S. 203–224.

Crouch, C. (2008): *Postdemokratie*. Frankfurt a. M.: Suhrkamp.

CTED (2020): *Trend Alter. Member States Concerned by the Growing and Increasingly Transnational Threat of Extreme Right Wing Terrorism*. Online unter: https://www.un.org/sc/ctc/wp-content/uploads/2020/04/CTED_Trends_Alert_Extreme_Right-Wing_Terrorism.pdf [Stand 12. April 2021].

Decker, O. (2018): Flucht ins Autoritäre. In: Decker, O., & Brähler, E. (Hrsg.): *Flucht ins Autoritäre. Rechtsextreme Dynamiken in der Mitte der Gesellschaft*. Gießen: Psychosozial, S. 15–63.

Decker, O. et al. (2018): Die Leipziger Autoritarismus-Studie 2018: Methode, Ergebnisse und Langzeitverlauf. In: Decker, O., & Brähler, E. (Hrsg.): *Flucht ins Autoritäre. Rechtsextreme Dynamiken in der Mitte der Gesellschaft*. Gießen: Psychosozial, S. 65–115.

Decker, O., Schuler, J., & Brähler, E. (2018): Das autoritäre Syndrom heute. In: Decker, O., & Brähler, E. (Hrsg.): *Flucht ins Autoritäre. Rechtsextreme Dynamiken in der Mitte der Gesellschaft*. Gießen: Psychosozial, S. 117–156.

Demirović, A. (2018): Autoritärer Populismus als neoliberale Krisenbewältigungsstrategie. *Prokla*, 48(190), 27–42.

Destradi, S., & Plagemann, J. (2019): Populism and International Relations: (Un)predictability, personalisation, and the reinforcement of existing trends in world politics. *Review of International Studies*, 45(5), 711–730.

Funke, H. (2019): Höcke will den Bürgerkrieg. *Die Zeit*, 24. Oktober 2019. Online unter: https://www.zeit.de/politik/deutschland/2019-10/rechtsextremismus-bjoern-hoecke-afd-fluegel-rechte-gewalt-faschismus [Stand 31. Oktober 2021].

Grabka, M., & Schröder, C. (2019): Der Niedriglohnsektor in Deutschland ist größer als bislang angenommen. *DIW Wochenbericht*, 14, 249–257. Online unter: http://www.diw.de/de/diw_01.c.618203.de/publikationen/wochenberichte/2019_14/der_niedriglohnsektor_in_deutschland_ist_groesser_als_bislang_angenommen.html [Stand 25. September 2021].

Habermann, M. (2021): Trump's Speech Helped Set Violence at the Capitol in Motion. *New York Times*, 7. Januar 2021. Online unter: https://www.nytimes.com/2021/01/06/us/politics/trump-speech-capitol.html?action=click&module=RelatedLinks&pgtype=Article [Stand 8. Januar 2021].

Hadj-Abdou, L., Bale, T., & Gedde, A. P. (2021): Centre-right parties and immigration in an era of politicisation. *Journal for Ethnic and Migration Studies*. Online unter: https://doi.org/10.1080/1369183X.2020.1853901

Hadj-Abdou, L., & Ruedin, D. (2021): The Austrian People's Party: an anti-immigrant right party? *Journal for Ethnic and Migration Studies*. Online unter: https://doi.org/10.1080/1369183X.2020.1853904

Heitmeyer, W. (2018): *Autoritäre Versuchungen*. Berlin: Suhrkamp, 3. Aufl.

Henley, J. (2021): Polish government's media bill is latest move to silence its critics. *The Guardian*, 11. August 2021. Online unter: https://www.theguardian.com/world/2021/aug/11/polish-government-media-bill-latest-move-silence-critics [Stand 31. Oktober 2021].

Hentschel, Christine (2021): »Das große Erwachen«: Affekt und Narrativ in der Bewegung gegen die Corona-Maßnahmen. In: Leviathan, 49 (1), 62–85.

IFES (2021): *Antisemitismus 2020. Ergebnisse der österreichrepräsentativen Erhebung. Studie im Auftrag des österreichischen Parlaments*. Wien. Online unter: https://www.antisemitismus2020.at/wp-content/uploads/antisemitismus_2020_bericht_oesterreichweite_ergebnisse.pdf [Stand 20. September 2021].

Kahlweit, C. (2020): Die Vertreibung der Pressefreiheit. *Süddeutsche Zeitung*, 27. August 2020. Online unter: https://www.sueddeutsche.de/medien/ungarn-pressefreiheit-fidesz-orban-index-1.5012500 [Stand 31. Oktober 2021].

König, H. (2017): Statt einer Einleitung. Populismus und Extremismus in Europa. Sondierungen der Lage und Erklärungsversuche. In: Brömmel, W., König, H., & Sicking, M. (Hrsg.): *Populismus und Extremismus in Europa*. Bielefeld: transcript, S. 11–42.

Kohut, H. (1973a): Überlegungen zum Narzißmus und zur narzißtischen Wut. In: *Die Zukunft der Psychoanalyse. Gesammelte Werke, Bd. 3*. Gießen: Psychosozial, S. 205–251.

Kohut, H. (1973b): *Narzissmus. Gesammelte Werke, Bd. 4*. Gießen: Psychosozial.

Kohut, H., & Wolf, E. (1980): Die Störungen des Selbst und ihre Behandlung. In: Peters, H. (Hrsg.): *Die Psychologie des 20. Jahrhunderts. Bd. X*. Zürich: Kindler, S. 667–682.

Kovács, K., & Scheppele, K. L. (2021): Rechtsstaat unter Druck. Ungarn, Polen und die Rolle der EU. *Aus Politik und Zeitgeschichte*, 37. Online unter: https://www.bpb.de/apuz/herrschaft-des-rechts-2021/340009/rechtsstaat-unter-druck-ungarn-polen-und-die-rolle-der-eu [Stand 31. Oktober 2021].

Lachmann, F. (1999): Aggression: Reaktiv und transformiert. In: Bartosch, E., Hinterhofer, H., & Pellegrini, E. (Hrsg.): *Aspekte einer neuen Psychoanalyse*. Wien: Verlag Neue Psychoanalyse, S. 9–20.

Lachmann, F. (2004): *Aggression verstehen und verändern. Psychotherapeutischer Umgang mit destruktiven Selbstzuständen*. Stuttgart: Klett-Cotta.

Lorey, I. (2006): Gouvernementalität und Selbst-Prekarisierung. Zur Normalisierung von KulturproduzentInnen. Online unter: http://eipcp.net/transversal/1106/lorey/de [Stand 31. Oktober 2021].

Mayer, G. (2021): Ungarn will China eine Elite-Uni mitten in der EU bauen lassen. *Der Standard*, 19. April 2021. Online unter: https://www.derstandard.at/story/2000125933115/ ungarn-will-china-eine-elite-uni-mitten-in-der-eu [Stand 31. Oktober 2021].

McCartin, J. (2014): *Sanierung des bröckelnden Tarifsystems? Gewerkschaften und Arbeitsbeziehungen in den Vereinigten Staaten von Amerika*. Friedrich Ebert Stiftung. http:// library.fes.de/pdf-files/id/11078.pdf [Stand 25. September 2021].

McGeehan, Patrick (2019): After Winning a 15$ Minimum Wage, Fast Food Workers Now Battle Unfair Firings. *New York Times*, 12. Februar 2019. Online unter: https://www.nytimes. com/2019/02/12/nyregion/fast-food-worker-firings.html [Stand 14. Februar 2020].

Milbradt, B. (2020): Was begreift der Begriff »Autoritarismus«? Elemente einer Soziologie autoritärer Verhältnisse. In: Henkelmann, K. et al. (Hrsg.): *Konformistische Rebellen. Zur Aktualität des autoritären Charakters*. Berlin: Verbrecher, S. 53–71.

Minkenberg, M. (2018): Was ist Rechtspopulismus. *PVS*, 59, 337–352.

Mixa, E., Pritz, S. M., Tumeltshammer, M., & Greco, M. (Hrsg.) (2016): *UnWohlGefühle. Eine Kulturanalyse gegenwärtiger Befindlichkeiten*. Bielefeld: transcript.

Mudde, C. (2019): Twelve Theses on the Fourth Wave. In: ders.: *The far right today*. Abgerufen über ProQuest E-book am 19. Januar 2021.

Mystal, E. (2021): The Confederacy Finally Stormed the Capitol. *The Nation*, 6. Januar 2021. Online unter: https://www.thenation.com/article/politics/capitol-protest-trump/ [Stand 11. Januar 2021].

Nachtwey, O. (2016): *Die Abstiegsgesellschaft. Über das Aufbegehren in der regressiven Moderne*. Berlin: Suhrkamp.

Ornstein, P., & Ornstein, A. (1997): Selbstbehauptung, Ärger, Wut und zerstörerische Aggression: Perspektiven des Behandlungsprozesses. *Psyche – Z Psychoanal*, 51(4), 289–310.

Ottomeyer, K. (2000): *Die Haider-Show. Zur Psychopolitik der FPÖ*. Klagenfurt: Drava.

Ottomeyer, K. (2020): Autoritarismus im Kapitalismus und Neoliberalismus. In: Henkelmann, K. et al. (Hrsg.): *Konformistische Rebellen. Zur Aktualität des autoritären Charakters*. Berlin: Verbrecher, S. 349–367.

Sablowski, T., & Thien, H.-G. (2018): Die AfD, die ArbeiterInnenklasse und die Linke – kein Problem? *Prokla*, 48(1), 55–71.

Salzborn, S. (2019): Antisemitismus und Verschwörungsdenken im Rechtsextremismus. In: ders. (Hrsg.): *Antisemitismus seit 9/11: Ereignisse, Debatten, Kontroversen*. Baden-Baden: Nomos, S. 151–164.

Salzborn, S. (2020): Zur Politischen Psychologie des Antisemitismus. In: Henkelmann, K. et al. (Hg.): *Konformistische Rebellen. Zur Aktualität des autoritären Charakters*. Berlin: Verbrecher, S. 107–123.

Sauer, B. (2017): Gesellschaftstheoretische Überlegungen zum europäischen Rechtspopulismus. Zum Erklärungspotential der Kategorie Geschlecht. *PVS*, 58(1), 1–20.

Schneiderbauer, E. (1999): Zwischen Integration und Desintegration: Die Bedeutung des Schameffekts. In: Bartosch, E., Hinterhofer, H., & Pellegrini, E. (Hrsg.): *Aspekte einer neuen Psychoanalyse*. Wien: Verlag Neue Psychoanalyse, S. 119–131.

Serloth, B. (2016): *Von Opfern, Tätern und jenen dazwischen*. Wien/Berlin: Mandelbaum.

Simon, K. (2017): *Lex CEU – Orban hat der Wissenschaft den Krieg erklärt*. Heinrich Böll Stiftung. Online unter: https://www.boell.de/de/2017/04/12/lex-ceu-orban-hat-der-wissen schaft-den-krieg-erklaert [Stand 31. Oktober 2021].

SORA (2016): *Wahlanalyse Wiederholung Stichwahl Bundespräsidentschaft 2016*. Online unter: https://www.sora.at/fileadmin/downloads/wahlen/2016_BP-Wiederholung_Wahlana lyse.pdf [Stand 31. Oktober 2021].

SORA (2017): *Wahlanalyse Nationalratswahl 2017*. Online unter: https://www.sora.at/file admin/downloads/wahlen/2017_NRW_Wahlanalyse.pdf [Stand 31. Oktober 2021].

SORA (2019): *Wahlanalyse Nationalratswahl 2019*. Online unter: https://www.sora.at/file admin/downloads/wahlen/2019_NRW_Grafiken-Wahltagsbefragung.pdf [Stand 31. Okto ber 2021].

Sozialministerium (2017): *Sozialbericht. Sozialpolitische Entwicklungen und Maßnahmen 2015–2016.*

Theweleit, K. (1995): *Männerphantasien. Bd. 1 u. 2*. München: dtv.

Wehner, P. (2021): Republicans Own This Insurrection. *The Atlantic*, 7. Januar 2021. On line unter: https://www.theatlantic.com/ideas/archive/2021/01/republicans-own-insurrec tion/617583/ [Stand 11. Januar 2021].

Weinmann, L. (2021): »Es ist absurd ein Spiel mitzuspielen, dessen Regeln wir nicht ken nen.« Ingrid Brodnig im Interview. *Süddeutsche Zeitung*, 21. September 2021. Online unter: https://www.sueddeutsche.de/politik/instagram-facebook-wahlkampf-politik-parteien- social-media-ingrid-brodnig-datenanalyse-algorithmus-bundestagswahl-1.5410300 [Stand 31. Oktober 2021].

Weiß, V. (2019): Nachwort. In: Adorno, T.: *Aspekte des neuen Rechtsradikalismus*. Berlin: Suhrkamp, 2. Aufl., S. 59–87.

Wodak, R. (2016): *Politik mit der Angst. Zur Wirkung rechtspopulistischer Diskurse*. Wien/ Hamburg: Edition Konturen.

Wodak, R. (2018): Vom Rand in die Mitte – »Schamlose Normalisierung«. *PVS*, 59, S. 323–335.

Wolf, E. (1998): *Theorie und Praxis der psychoanalytischen Selbstpsychologie*. Frankfurt a. M.: Suhrkamp.

Zick, A., Küpper, B., & Krause, D. (Hrsg.) (2016): *Gespaltene Mitte – Feinselige Zustände: Rechtsextreme Einstellungen in Deutschland*. Friedrich-Ebert-Stiftung von Ralf Melzer, Bonn.

Zick, A. (2017): Zwischen Elitenkritik und Menschenfeindlichkeit. In: Brömmel, W., König, H., & Sicking, M. (Hrsg.): *Populismus und Extremismus in Europa*. Bielefeld: transcript, S. 119–147.

Zick, A., & Krott, N. (2021): *Einstellungen zur Integration in der deutschen Bevölkerung von 2014 bis 2020. Studienbericht der vierten Erhebung im Projekt ZuGleich – Zugehö rigkeit und Gleichwertigkeit*. Online unter: https://www.stiftung-mercator.de/content/up loads/2021/08/ZuGleich_Studienbericht_2021_AndreasZick.pdf [Stand 29. August 2021].

5. Teil
Wenn die Selbstkohärenz gefährdet ist …

Eleonore Schneiderbauer

Die Rolle der Scham bei der Identitätsfindung

Einleitung

Identität formiert sich an der Schnittstelle zwischen einem einzigartigen Individuum und den Anpassungserwartungen der Umwelt an dieses. Der Prozess der Identitätsbildung ist immer ein dialektischer, wo Abgrenzung vs. Bezogenheit, Eigenes vs. Fremdes, Autonomie vs. Abhängigkeit kämpfen. Es geht somit auch um Selbstentwicklung in der Auseinandersetzung zwischen Autonomie und Anpassung. Im günstigsten Fall entwickelt sich in dem Prozess eine dynamische Balance zwischen beiden Seiten. In ungünstigeren Fällen treten mehr oder weniger heftige Störungen in der Selbstentwicklung und Identitätsfindung auf.

Das Finden der eigenen Identität ist ein mühsamer Weg. Jedoch: eine Entwicklung des Selbst ohne Auseinandersetzung mit anderen ist nicht möglich, Fremdes muss auch ins Eigene übernommen werden – Autonomie ist ohne Anerkennung durch andere nicht denkbar.

Das achtstufige Phasenmodell Eriksons (Erikson, 1973), der den Begriff »Identität« ins psychoanalytische Denken eingeführt hat, systematisiert die Entwicklung von der Geburt bis zur Adoleszenz und mit ihr die kritischen und störanfälligen Bereiche.

Es ist in der psychoanalytischen Literatur bekannt, welchen Einfluss die frühe Bindung auf die Selbstentwicklung des Kindes hat. Ich möchte im ersten Teil meiner Arbeit darauf eingehen. Im zweiten Teil beschreibe ich Schamentstehung, -problematik und -bewältigung. Im dritten Teil weise ich auf Probleme bei der Identitätsentwicklung, die im Zusammenhang mit Schamverarbeitung auftreten, hin.

1. Von der frühen Bindungskommunikation zur Mentalisierung

Nach der Geburt eines Kindes ist die Herstellung einer sicheren Bindungsbeziehung eine überaus wichtige Aufgabe für die Eltern. Eine sichere Bindung, Folge gelungener Mutter-Kind-Interaktionen[1], ist für die Selbstentwicklung und Selbstregulation des Kindes von grundlegender Bedeutung.

Was geschieht bei dieser Bindungskommunikation?

---

1   Die Bezeichnung »Mutter« steht in diesem Text auch stellvertretend für »Vater« bzw. »Bezugsperson«.

1.1 Spiegelung und Affektregulation

Die frühe Kommunikation zwischen Mutter und Säugling erfolgt mittels wechselseitiger emotionaler Blickkontakte. Nach Bowlby (1969)[2] spielt der Blick beim Aufbau einer Bindung an die Mutter eine zentrale Rolle.

Winnicott (1971) nach Tiedemann (2013, S. 34):

> »In der individuellen emotionalen Entwicklung ist das Gesicht der Mutter der Vorläufer des Spiegels. [...] Was erblickt das Kind, das der Mutter ins Gesicht schaut? Ich vermute im Allgemeinen das, was es in sich selbst erblickt. Mit anderen Worten: Die Mutter schaut das Kind an, und wie sie schaut, hängt davon ab, was sie selbst erblickt.«

Die psychobiologisch abgestimmte Mutter *deutet* den Affektausdruck ihres Babys *und* spiegelt diesen auf eine Art und Weise, dass das Kind ihn als seinen eigenen wahrnehmen kann. Wir sprechen von einem *markierten* Affekt der Mutter, der von dem ihr eigenen Affekt zu unterscheiden ist. Wenn die Mutter den Affekt des Babys spiegelt, übertreibt sie diesen wie bei einem Als-ob-Spiel. So kann sie z. B. den Kummer des Säuglings markiert spiegeln und gleichzeitig vermitteln, dass sie halten, beruhigen und den schmerzhaften oder unangenehmen Affekt des Kindes verringern kann. Sie zeigt damit, dass sie den Affekt wahrgenommen und verstanden hat, und dass sie in der Lage ist, ihn zu bewältigen. Sie reguliert auf diese Weise den Affekt des Babys, das Kind kann sich anerkannt und gehalten fühlen – Voraussetzung für eine sichere Bindung und ein gutes Selbstwertgefühl.

Die Mutter moduliert nicht nur die unangenehmen Affekte des Säuglings, sondern auch zu starke freudige Erregung. Kommt es zu Fehlabstimmungen oder Unterbrechungen der Kommunikation, nimmt die empathische Mutter die Kommunikation wieder auf, Baby und Mutter stimmen sich erneut aufeinander ab.

In dieser Dyade erfolgt Regulation wechselseitig, intersubjektiv. Sequenzen von Abstimmung, Nichtabstimmung und Wiederabstimmung führen zur Bildung eines stabilen Kernselbst, (Ur-)Vertrauen kann sich entwickeln.

J. und A. Schore (2010, S. 159):

> »Je mehr die Mutter in diesem dialogischen Prozess ihr Aktivitätsniveau in Zeiten des engagierten Miteinanders an das des Babys anpasst, desto besser erlaubt sie ihm, sich in Zeiten der Unterbrechung zu erholen und je kontingenter sie auf seine Signale zur Wiederaufnahme reagiert, umso synchronisierter sind ihre beider Interaktionen.«

---

2   Die Bindungstheorie Bowlbys entwickelte sich in den letzten 25 Jahren mithilfe von Ergebnissen aus den Bereichen Entwicklungsforschung und Neurobiologie zur Regulationstheorie.

Je besser die beiden aufeinander abgestimmt sind, desto leichter ist eine Wiederaufnahme nach Fehlabstimmungen oder Unterbrechungen möglich. Gleichermaßen beschreiben J. und A. Schore (2010, S. 158) wie sich die affektive Bindungskommunikation auf die Reifung der Hirnsysteme, die für die Affekt- und Selbstregulation von Bedeutung sind, auswirkt: »Bindungserfahrungen prägen die frühe Organisation der rechten Hemisphäre, dem neurobiologischen Kern des menschlichen Unbewußten.«

Die frühen dyadischen Interaktionen werden in der rechten Hirnhemisphäre verarbeitet, wo alles Nonverbale, Prosodische, also Klang der Stimme, Sprachmelodie und -rhythmus Niederschlag findet und implizites Beziehungswissen generiert wird. In den ersten zwei Lebensjahren ist die rechte Hemisphäre die größere, sie entwickelt sich schneller.[3]

Mithilfe der markierten Spiegelung reguliert die Mutter den Affekt ihres Kindes, das Kind internalisiert die affektive Situation und bildet eine sekundäre Repräsentanz. Damit hat das Kind später die Möglichkeit affektiv besetzte mentale Inhalte nach Außen zu bringen (externalisieren) und seine Affekte selbst zu regulieren.

Aus der interpsychischen Affektregulation entwickelt sich auf diese Weise eine intrapsychische, Selbstregulation und Mentalisierung werden möglich.

1.2 Fehlabstimmungen bei der Bindungskommunikation

1) Spiegelung ohne Markierung
Wird nicht markiert, was geschehen kann, wenn die Mutter mit den Affekten des Kindes überfordert ist bzw. wenn sie selbst Schwierigkeiten mit der Emotionsregulation hat (Fonagy & Target, 2002), bezieht das Kind den unmarkierten Gefühlsausdruck nicht auf das eigene Erleben, sondern auf das Außen. Das Kind erlebt seine eigenen Gefühle als gefährlich und destruktiv, es kommt zu keiner Milderung des negativen Affekts (Containment), sondern zur Traumatisierung. Die Bildung sekundärer Repräsentanzen ist nicht möglich.

Wenn sich die primäre emotionale Verfassung des Kindes nicht in Form von sekundären Repräsentanzen abbilden kann, führt dies zu Defiziten in der Selbstwahrnehmung, Selbstentwicklung und Affektkontrolle. Das Erlebte, die innere Realität bleibt namenlos (Fonagy et al., 2004, S. 421), das Selbst leer und im Kind entsteht das Verlangen nach Bedeutung und die Bereitschaft auch Reflexionen des Anderen aufzunehmen, die im Erleben des Kindes keine Entsprechung haben.

---

3 Die Neurowissenschaft kann nach Schore belegen, dass Intuition, Kreativität und Einsicht rechtshemisphärische Funktionen sind. Auch visueller Input gelangt in die rechte Hemisphäre. Menschliche Gefühle sind im impliziten Gedächtnis durch bildhafte Szenen metarepräsentiert. Sie beruhen auf frühen Interaktionserfahrungen.

2) Markierte, inkongruente Spiegelung

Wenn die Mutter das Kind nicht richtig versteht, seinen Affektausdruck also falsch *deutet,* entwertet die Mutter das Ausdrucksverhalten ihres Kindes. Das Selbst des Kindes kann überwältigt werden und Angst entwickeln. Möglicherweise stellt das Kind sein eigenes Ausdrucksverhalten zurück und ahmt nur noch nach. Die primäre emotionale Verfassung wird in der sekundären Repräsentation verzerrt dargestellt – nach Winnicott ein »falsches Selbst« generiert. Fonagy und Target (2002, S. 857):

> »Ein Selbst, dessen Wesen nicht anerkannt worden ist, ist ein leeres Selbst. Die Leere spiegelt die Aktivierung sekundärer Repräsentationen, denen die entsprechenden Verbindungen zur affektiven Aktivierung innerhalb des Selbst abgehen. *Emotionale Erfahrungen bleiben bedeutungslos* [Hervorh. d. A.].«

1.3 Bindung

Das Ergebnis einer ausreichend gelungenen frühen Bindungskommunikation ist eine sichere Bindung und Vertrauen in die Bezugspersonen.

Mit fortschreitender Entwicklung des Babys nimmt auch sein Interesse am Umfeld zu. Damit einher geht gesteigertes Explorationsverhalten, was körperliche und psychische Entwicklung fördert. Die Art der Bindung wirkt sich auf das Explorationsverhalten und damit auf die weitere körperliche und mentale Entwicklung aus. Wechseln sich bei einem sicher gebundenen Kind Explorations- und Bindungsverhalten ab, sind die Voraussetzungen für die Entwicklung von Eigenständigkeit und Autonomie sehr gute. Nur Kinder, die sich sicher fühlen, trauen sich Dinge zu und beginnen die Umwelt zu erkunden.

Unsicher (vermeidend oder ambivalent) gebundene Kinder zeigen kaum Bindungsverhalten, ihr Explorationsverhalten ist eingeschränkt.

Desorganisiertes Bindungsverhalten weist auf traumatisierende und/oder hochgradig inkonsistente Beziehungserfahrungen hin.

Stammen unsicher gebundene Kinder aus Hochrisikogruppen, zeigen sie häufig große Schwierigkeiten in Sozialkontakten und der Impulskontrolle.

1.4 Mentalisierung

Mentalisierung bedeutet, das eigene und das Verhalten anderer Menschen durch Zuschreibung mentaler Zustände zu interpretieren, anders ausgedrückt, eigenes Verhalten sowie Handlungen anderer Menschen als Resultat zugrundeliegender psychischer Zustände zu verstehen, sich vorstellen zu können, welche geistigen, mentalen, also gedanklichen Gründe für das Verhalten eines Menschen vorliegen könnten. Eine fehlangepasste Bindung erschwert die Entwicklung dieser Fähigkeit.

Gelungene Bindungskommunikation und eine ausreichend sichere Bindung ermöglichen die Bildung sekundärer Repräsentanzen und Innen und Außen kann in einen Zusammenhang gebracht, reflektiert werden.

2. Scham, Schamverarbeitung und Schamabwehr

Im zweiten Lebensjahr wird im Umgang mit dem Kind Gewicht auf die Sozialisierung gelegt. Erwünschtes Verhalten soll gefördert werden, unerwünschtes unterbunden.

Damit einher geht eine Rollenveränderung der Eltern. Sie sind von nun an nicht nur Sorgende, sondern stellen auch Forderungen an ihr Kind. Um es in die Gesellschaft einzugliedern, wird kulturelle und moralische Anpassung verlangt.

Im Verlauf der kulturellen und moralischen Erziehung eines Kindes spielen die pädagogischen Instrumente Scham und Verachtung eine wichtige Rolle.

Es ist notwendig, dass Eltern ihre Kinder an Regeln und Normen heranführen, Erwartungen formulieren, Ziele stecken (Marks, 2007, S. 53). Das Kind lernt wie man miteinander umgeht. Ab ca. zweieinhalb Jahren kann ein Kind erkennen, was »gut« oder »böse« ist und weiß, wann es eine Regel oder Norm verletzt hat. Wird das Kind einfühlsam auf sein Fehlverhalten aufmerksam gemacht, schämt es sich zwar, kann sein Verhalten aber auch reflektieren und korrigieren. Scham ist also nötig, um soziale Erfahrungen und Eingliederung zu ermöglichen. Bei Beschämung jedoch geschieht etwas anderes. In ihr ist eine Abwertung enthalten, der Mensch wird zum Ding, zur Sache, er wird entwertet und entwürdigt. Dies kann erfolgen durch Aussagen wie »du bist …«, »wer bist du denn schon«, durch Schläge, Gesichtsausdrücke, die Ekel oder Verachtung zeigen, durch Kontaktabbruch (Schweigen). Nicht die vom Kind gesetzte Handlung wird kritisiert, sondern das Kind in seiner Gesamtheit. Das Kind fühlt sich liebensunwert – das schrecklichste Gefühl überhaupt –, möglicherweise auch ausgestoßen. Solche Schamsituationen können existenziell bedrohlich erlebt und auch traumatisch verarbeitet werden.

2.1 Scham

Scham gehört nach Tomkins (nach A. Schore, 1994) zu den sekundären Emotionen, die nicht von Geburt an sichtbar sind, sondern erst in der zweiten Hälfte des zweiten Lebensjahres möglich werden, da sie, genauso wie etwa Schuld, Stolz, Bedauern, Mitgefühl, Sympathie und Neid Reflexionsfähigkeit voraussetzen.

Der Blick spielt bei Scham eine wichtige Rolle. Ist das Kind in einem Zustand erhöhter freudig-lustvoller Aktiviertheit (erhöhtes Arousal), aber die Mutter vermittelt in der Interaktion mit ihrem Gesichtsausdruck Missfallen, erfährt das Kind anstelle der erwarteten Bezogenheit Fremdheit und es schämt sich. Es wird in seinem aktivierten Zustand blockiert, sein Arousal fällt rapide ab. Tomkins sieht in diesem steilen Arousalabfall das biologische Korrelat der Scham. Es kommt zu einem abrupten Wechsel von sympathischer zu parasympathischer neuronaler Aktivität (A. Schore, 1994).

Scham tritt immer in sozialen Situationen auf und ist für das Selbstwertgefühl ein sehr bedeutsamer Affekt. Die Schamsituation enthält stets eine Bewertung, einen Vergleich mit einer Norm oder einem Ideal. Wird Abwertung statt der erwarteten Anerkennung erlebt, hat dies Scham zur Folge.

Nach F. J. Broucek (nach Tiedemann, 2013) entspringt Scham aus Erfahrungen interpersoneller Wirkungslosigkeit. Der objektivierende Blick – Gegenstück zum liebenden, anerkennenden – macht den Menschen zur Sache, zu einem Gegenstand. Der objektivierende Blick des Anderen wird als Verachtung interpretiert, der Mensch erlebt sich als getrennt von anderen, d. h. erlebtes Getrenntsein statt der erwarteten intersubjektiven Bezogenheit. Die Entwicklung eines gesunden Selbstwertgefühls und einer stabilen Identität benötigt aber die Anerkennung der eigenen Person durch andere.

Die phänomenologischen Schamreaktionen sind uns wohlbekannt: Erröten, Senken des Blickes, des Kopfes, die Körperhaltung ist auf Verkleinern, Verschwinden aus dem Blick des Anderen ausgerichtet. Verstummen, Sprachlosigkeit, Stottern können weitere qualvolle Reaktionen sein.

2.2 Schamverarbeitung

Das Ausmaß und die Art der Schamverarbeitung sind ausschlaggeben dafür, ob die Schamverarbeitung gelingt und zu vermehrter Selbstbewusstheit und Selbststärkung oder zu Desintegration führt.

Mentalisierte Scham
G. H. Seidlers (1995) »Alteritätstheorie«[4] stellt ein dreistufiges Modell von Bewusstheit, Rückbezüglichkeit und Verinnerlichung vor. Das unten angeführte Beispiel zeigt eine gelungene Schambewältigung, die zu einer Stärkung des Selbst und zu mehr Wissen über sich und andere führt:

1. Die intendierte Idealität = die »wunschhafte Ausrichtung auf ein intendiertes Ziel« bedeutet, dass das gemeinsame Teilen eines affektiven Zustandes die intensivste Form von Bezogenheit darstellt. Der Mensch ist zu diesem Zeitpunkt auf ein außerhalb des Selbst liegendes Ziel orientiert, er ist nicht »bei sich« (z. B. bei starker Verliebtheit). Die neuronale Aktivität, das Arousal, ist hoch.

---

4   Definition von Alterität: Identität stiftende Verschiedenheit zweier aufeinander bezogener, sich bedrängender Identitäten.

2. Ist die Realität nun anders als die vorgestellte Idealität, wird ein überraschender Bruch erlebt, das Arousal sinkt abrupt, statt Bezogenheit entsteht Fremdheit. Wir sehen uns plötzlich »mit dem Blick des Anderen«, fühlen uns kritisiert, abgewertet – wobei es keine Rolle spielt, ob dies real oder nur eingebildet geschieht. Dies ist der Moment, wo wir eine selbstbeobachtende Position einnehmen und im eigentlichen Schamerleben mit all seinen Schamphänomenen versinken. In dieser Phase des »Ganz-bei-sich-seins« ist die Selbstwahrnehmung in einem Ausmaß gesteigert, dass kognitive Prozesse stark gehemmt werden und zum Verlust von Geistesgegenwart führen.

3. Die ursprüngliche Besetzung des Zieles ist verlorengegangen. Wir können darüber mit Sehnsucht, Trauer, Verzweiflung, Wut oder Verwerfung des Anderen reagieren. Durch das Schamgefühl entsteht jedoch eine innige Beziehung zum Selbst. Mit dem »Blick des Anderen« taucht ein anderer Aspekt unseres Seins auf, den wir mittels Reflexion und Mentalisierung in unser Selbst integrieren und damit eine Selbststärkung erfahren können.

Das dreistufige Modell nach G. H. Seidler ist ein Beispiel für *gelungene Scham-Mentalisierung*. Der Affekt wurde erkannt, benannt, angemessen ausgedrückt (sei es auch nur in Gedanken) und somit reguliert – und Affektregulierung bildet die Basis für Mentalisierung. E. Schneiderbauer (1999):

> »Der Schamaffekt ist ein Schnittstellenaffekt, der ›vertraut‹ und ›nicht-vertraut‹, ›ich‹ und ›fremd‹ unterscheidet und so eine Grenze zwischen innerer und äußerer Welt bildet. An der Schnittstelle zwischen Ich und Selbst wird Selbstbewusstheit konstituiert. Selbstbewusstheit ist so zu verstehen, dass ein Subjekt sich selbst als Objekt betrachten kann, also zur Reflexion fähig ist.«

Ein positiver Effekt von Scham ist auch die Sensibilisierung für die Meinung und Gefühle anderer. Scham mag zwar die Sicherheit im Inneren und Zwischenmenschlichen verletzen, wird sie jedoch gut verarbeitet, führt sie zu mehr Bewusstheit über das Selbst und das Andere, was entwicklungspsychologisch gesehen zu neuer Identitätsbildung führen, und so wiederum eine gute Basis für Sozialisation und Integration bilden kann.

Nicht-mentalisierte Scham
Sind nicht regulierte Affekte überbordend, ist es nicht möglich sie zu reflektieren und zu mentalisieren. Dies ist der Fall bei traumatischen Erlebnissen. Fonagy et al. (2004) bezeichnen die nicht-mentalisierte Scham als ich-destruktive Scham, die als Zerstörung des Selbst erlebt wird und eine Schlüsselrolle in ihren Untersuchungen über die Gewalt in der Adoleszenz und im Erwachsenenalter spielt. Am Ende der Scham liegt die Gefahr der Vernichtung. Das ungespiegelte Selbst fragmentiert.

Ich habe im Abschnitt über Fehlabstimmungen bei der Bindungskommunikation beschrieben, wie es zu einem »leeren Selbst« bzw. »fremden Selbst« kommt. Gilligan, 1977 nach Fonagy et al., 2004, S. 429: »[…] so wie Kälte das Fehlen von Wärme anzeigt, ist das Merkmal eines charakteristisch nach Liebe hungernden Selbst die Scham.«

2.3 Schamabwehr

Angst vor Beschämung kann zu Rückzug, Abkapselung und in der Folge zu Einsamkeit führen. Das schamassoziierte Gefühl der Wertlosigkeit bringt Verlustängste mit sich und erschwert, sich einer Gruppe zugehörig zu fühlen. Fehlende Zugehörigkeit zu einer Gruppe und Zurückweisung durch andere Menschen sind nach J. Bauer (2007) die stärksten und wichtigsten Aggressionsauslöser. Neurobiologische Untersuchungen haben gezeigt, dass Menschen auf soziale Zurückweisung oder den Ausschluss aus Gemeinschaften nahezu identisch wie auf körperlichen Schmerz reagieren. Soziale Isolation aktiviert wichtige Teile der neurobiologischen Schmerzzentren im Hirn. Scham ist der sich am leichtesten generalisierende und am meisten überflutende Affekt.

Um Schamgefühle erträglicher zu machen bzw. sie nicht erleben zu müssen, werden sie abgewehrt (Marks, 2007, S. 71ff.). Die Abwehr kann kurz oder lang dauern, harmlos sein (z.B. Schmollen), aber auch selbst- oder gemeingefährlich (z.B. Sucht oder Gewalt).

Meiner Ansicht nach spielen einige Formen der Schamabwehr bei der Identitätsfindung eine wichtige Rolle, weil sie in die Isolation führen und so ein wichtiges Element, nämlich Anerkennung durch andere, so gut wie unmöglich machen. Z.B.:

Verstecken: Beim inneren Rückzug wird nach außen eine »Maske« (unbewegter Gesichtsausdruck) gezeigt und signalisiert »Mich berührt das alles nicht«. Eine andere Form des Sich-Kontakten-entziehens ist das Einigeln (Igel sind sehr empfindliche Tiere und rollen sich bei der geringsten Gefahr ein). Emotionale Erstarrung als Folge der Abspaltung schmerzlicher Gefühle kann im Extremfall bis zur Alexithymie (Unfähigkeit bei sich und anderen Gefühle wahrzunehmen) gehen und ist häufig eine Folge von Traumata. Aber auch Schamangst kann bis zu dieser Erstarrung führen. Transgenerationale Weitergabe an die eigenen Kinder kommt in solchen Fällen oft vor.

Projektion: Eigenschaften, für die man sich selber schämt, werden auf andere Personen oder Gruppen projiziert. Das wiederum führt sehr leicht zu **Angriffen** wobei beschämen dieser Personen oder Gruppen, sie zu verachten oder zynisch zu behandeln, hervorzuheben wäre. Zynismus ist eine Form von Verachtung und Folge von Kränkung oder verweigerter Anerkennung. Beim **Trotz** werden Schamgefühle abgewehrt, indem Affekte umgedreht werden. Anstatt durch Scham gelähmt zu werden, soll durch Aufbegehren gegen die übergriffige Umgebung das letzte Stück Autonomie bewahrt werden. Dieses Verhalten ist sehr häufig bei Magersüchtigen zu beobachten.

Schuld: Sehr oft steckt hinter Schuldgefühlen Scham. Schuld ist leichter zu ertragen, lässt sie einem doch noch Autonomie – »man hätte ja auch anders sein oder es anders machen können«. Möglich sind auch massive Selbstverurteilungen, Triumph- oder Rachegefühle gegenüber dem Verursacher der Schamgefühle. Leeregefühle, Dissoziation, Suizid. Schamangst.

Mobbing: Im Berufsleben ist Mobbing als eine Form der Beschämung zu verstehen.

Aus der Scham zur Schamfreiheit (Marks, S. 177). Schamlosigkeit ist nicht Schamfreiheit, sondern ebenfalls eine Abwehrform. Sie mündet häufig in der Beschämung anderer. Die meisten Formen der Schamabwehr bringen Schwierigkeiten bei der Sozialisation mit sich und in der Folge mangelnde Integration und Anerkennung.

3. Scham und Identität

Wer bin ich denn eigentlich? Über ein inneres Selbstwertgefühl zu verfügen reicht nicht aus, es muss auch von anderen Menschen, Gruppen, Gesellschaften gesehen und anerkannt werden. Achtung durch andere gehört unabdingbar zur Selbstachtung. Nicht gesehen, nicht gewürdigt zu werden ist beschämend.

Resch unterscheidet in seinem Artikel »Identität und Zeitgeist« in vorliegender Publikation zwischen reflexiver und identifikatorischer Identität. Ich habe die Selbstentwicklung, beginnend mit der frühen Bindungskommunikation bis zur Mentalisierung zusammenfassend ausgeführt. Gelingt diese Entwicklung, sollte der junge Mensch ein stabiles Selbstgefühl haben, zur Reflexion fähig sein und über eine reflexive Identität verfügen. Dazu kommt, dass wir uns im Laufe unserer Leben immer wieder, in manchen Phasen der Entwicklung, z. B. der Adoleszenz, vermehrt mit Personen, Rollen, Gruppen identifizieren. Die daraus sich ergebende identifikatorische Identität setzt jedoch auch eine Anerkennung der jeweiligen Person bzw. Gruppe voraus und lässt ein Gefühl der Zugehörigkeit entstehen. Die eingangs erwähnte dialektische Auseinandersetzung zwischen Zugehörigkeit und Autonomie und die Suche nach einer Balance geht damit einher.

Je instabiler ein Selbst ist, desto mehr ist es auf Zugehörigkeit angewiesen und neigt in stärkerem Ausmaß zu Identifikationen. Ich habe bereits auf die Probleme, die nicht-mentalisierte Scham zur Folge haben kann, hingewiesen. Pathologische Scham ist verbunden mit verminderter Reflexionsfähigkeit. Daraus ergibt sich eine *disbalance* zwischen den beiden Polen der Identität zugunsten der identifikatorischen.

»Es genügt nicht, dass ich über ein inneres Selbstwertgefühl verfüge, wenn andere Menschen es nicht öffentlich anerkennen oder, schlimmer noch, wenn sie mich herabsetzen oder meine Existenz nicht zur Kenntnis nehmen.« (Fukuyama, S. 27), und weiter »[…] G. W. F. Hegel führte aus, dass der Kampf um Anerkennung die höchste Antriebskraft der Menschheitsgeschichte sei.«

Zusammenfassend möchte ich sagen: Durch Anerkennung erhält ein Mensch auch Würde. So wie der liebevolle Blick zu Beginn des Lebens von existenzieller Bedeutung ist, so ist auch das Gesehen-und-anerkannt-werden im späteren Leben von eminenter Bedeutung. Nicht gesehen zu werden, eine Sache, ein Ding zu sein, ist entwürdigend und beschämend.

Literatur

Bauer, J. (2007): *Prinzip Menschlichkeit*. Hamburg: Hoffmann und Campe, 4. Aufl.

Erikson, E. H. (1966): *Identität und Lebenszyklus*. Frankfurt a. M.: suhrcamp taschenbuch wissenschaft 16, 29. Aufl. 2020.

Fonagy, P. (2003): *Bindungstheorie und Psychoanalyse*. Stuttgart: Klett-Cotta, 2. Aufl. 2006. Original: (2001): *Attachment Theory and Psychoanalysis*. New York, NY: Other Press.

Fonagy, P., & Target, M. (2002): Neubewertung der Entwicklung der Affektregulation vor dem Hintergrund von Winnicotts Konzept des »falschen Selbst«. *Psyche – Z Psychoanal*. Sonderheft: Entwicklungsforschung, Bindungstheorie, Lebenszyklus. 56. Jg., September/ Oktober.

Fonagy, P., Gergerly, G., Jurist, E. L., & Target, M. (2004): *Affektregulierung, Mentalisierung und die Entwicklung des Selbst*. Stuttgart: Klett-Cotta, Stuttgart 2004. Original: (2002): *Affect Regulation, Mentalization, and the Development of the Self*.

Fukuyama, F. (2020): *Identität. Wie der Verlust der Würde unsere Demokratie gefährdet*. Hamburg: Hoffmann & Campe. Original: (2018): *Identity, Farrat, Straus and Giroux*.

Marks, S. (2007): *Scham, die tabuisierte Emotion*. Düsseldorf: Patmos.

Schneiderbauer, E. (1999): Zwischen Integration und Desintegration: Die Bedeutung des Schamaffekts. In: *Aspekte einer neuen Psychoanalyse*. Wien: Verlag Neue Psychoanalyse.

Schore, A. N. (1994): *Affect Regulation and the Origin oft he Self. The Neurobiology of Emotional Development*. Hillsdale, NJ: Lawrence Erlbaum Associates, Inc.

Schore, A. N. (2007): Affek*tregulation und die Reorganisation des Selbst*. Stuttgart: Klett-Cotta. Original: (2003): *Affect Regulation and the Repair of the Self*. London/New York, NY: W. W. Norton & Company.

Schore, J., & Schore, A. N. (2010): Zum aktuellen Stand der Bindungstheorie: Die zentrale Rolle der Affektregulation in der Entwicklung und in der Behandlung. *Selbstpsychologie. Europäische Zeitschrift für psychoanalytische Therapie und Forschung*, 40/41(2–3).

Seidler, G. H. (1995): *Der Blick des Anderen. Eine Analyse der Scham*. Stuttgart: Verlag Internationale Psychoanalyse.

Tiedemann, J. L. (2013): *Scham*. Gießen: Psychosozial, 3. Aufl. 2019.

Frank Lachmann
Worte und Melodien, Psychologie und Musik[1]

Als junger Teenager machte ich mit meinem Vater an Samstag- oder Sonntagnach-
mittagen lange Spaziergänge. Eines Tages gingen wir von unserem Haus in der
79. Straße in Manhattan bis etwa zur 48. Straße. Dort entdeckten wir zu unserer
Überraschung, dass Karten für ein kostenloses Radiokonzert des American Broad-
casting Company Symphony Orchestra verteilt wurden. Was für eine unverhoffte
Lust! Wir sind dann oft hingefahren, um das A. B. C. Symphony Orchestra zu hören,
das von dem damals sehr bekannten Dirigenten Max Goberman geleitet wurde.

Die Fahrten zum A. B. C. Symphony Orchestra hatten für mich eine besondere
Bedeutung, denn bei diesen Konzerten hörten mein Vater und ich oft Musik, die ihm
vertraut war, aber auch Musik, die er nicht aus Deutschland kannte. Das war Musik,
die wir nun beide zum ersten Mal hörten. Ich erinnere mich zum Beispiel an ein
Konzert, bei dem Chabriers *Orchesterrhapsodie España* und Bizets *Symphonie in C*
gespielt wurden. Mein Vater hatte beide Werke noch nie gehört, beide Werke wurden
bald zu unseren besonderen Lieblingsstücken.

Videos:
Chabrier: España Rhapsody: https://youtu.be/ZFF8I--PhHQ
Bizet: Symphony in C, No. I: https://youtu.be/3TuthxWVR4U

Viele Jahre später, als ich in der Ausbildung zum Psychoanalytiker auf der Couch
meines Lehranalytikers lag und frei assoziierte, tauchten zwischen den Erinnerungen
und Geschichten – zwischen den Worten, die mir durch den Kopf gingen – immer
wieder Bruchstücke von Musik auf. Als ich über die Beziehung zu meinen Eltern
sprach, hörte ich vor meinem geistigen Ohr ein Thema aus Bizets *Symphonie in C*.
Es erinnerte mich an die Konzerte, die ich mit meinem Vater besucht hatte, bei denen
wir beide dieses Stück zum ersten Mal hörten. Die Musik vermittelte eine besondere
Verbindung zu meinem Vater. In einer anderen Stunde, als ich mich an Aspekte meiner Beziehung zu meiner Mutter erinnerte, hörte ich den Walzer aus der Operette *Die
lustige Witwe* von Franz Lehar.

---

1 Eine erste, englischsprachige Version dieser Arbeit ist 2001 in Band 17 des *Progress of Self
Psychology*: »The Narcissistic Patient Revisited« mit dem Titel »Words and Music«, S. 166–177,
erschienen.

Video
Lehar: Waltz from The Merry Widow: https://youtu.be/ELufSzviGoU

Mein freudianischer Analytiker interpretierte diese Erinnerung als meinen ödipalen Wunsch. Ich war meinen Vater losgeworden, indem ich meine Mutter als Witwe darstellte, was sie nicht war, und eine fröhliche noch dazu. Die Gleichsetzung des Musikstückes mit seinem Titel bewirkte wenig mehr, als dass Musik durch Worte ersetzt wurde, als ob der Titel des Stücks meine entscheidende Assoziation gewesen wäre. Im Nachhinein denke ich, dass dies das Thema verfehlte.

Über die Deutung meines Analytikers, mein Einfall mit der *Lustigen Witwe* sei mein ödipaler Wunsch, also mein Wunsch, meinen Vater loszuwerden und mich mit meiner Mutter zu vergnügen, über diese Deutung habe ich mich damals sehr gefreut. In dieser Zeit wurde ich selbst zu einem freudianischen Psychoanalytiker, und so war ich froh zu wissen, dass in meinem Unbewussten ein Ödipuskomplex lauerte, genau wie, laut Freud, im Unbewussten eines jedes anderen Menschen. Es gab mir ein Gefühl der Zugehörigkeit, das Gefühl, nicht mehr ein Fremder und Außenseiter zu sein.

Als ich später über diese Interpretation nachdachte, versuchte ich herauszufinden, was vielleicht aufgetaucht wäre, wenn wir diesen musikalischen Moment untersucht hätten, anstatt nur den Titel zu deuten. Es wären vielleicht andere Bedeutungen aufgetaucht. Hätten wir erforscht, was *Die Lustige Witwe* für mich bedeutete, hätte ich vielleicht erzählt, dass meine Eltern mich zu einer Aufführung der *Lustigen Witwe* mitgenommen hatten, als ich ungefähr 14 Jahre alt war. Es war meine erste Broadway-Aufführung. Auf der Bühne erlebte ich Marta Eggert und Jan Kiepura, die diese Operette vor dem Zweiten Weltkrieg in ganz Europa auf Deutsch gesungen hatten. Hier, in New York sangen sie sie jetzt auf Englisch. Als meine Eltern mich zur Aufführung von *The merry Widow* mitnahmen, verband sie das mit ihrer Vergangenheit, mit der Welt, die sie verloren hatten. Für mich war das eine Einladung, diese Welt mit ihnen zu betreten. Ich war jetzt alt genug, und wir konnten es uns leisten, ins Theater zu gehen. Es war ein unvergesslicher Moment, jene Art von »erhöhter affektiver Erfahrung« [heightened affective experience], über die meine Kollegin Beatrice Beebe und ich später schrieben (Beebe & Lachmann, 2002, S. 134). Solche Erfahrungen haben Auswirkungen, einen organisierenden Einfluss, der weit über ihre tatsächliche Dauer hinausgeht.

Die ödipale Deutung hat nicht geschadet, aber sie hat die Bedeutung meiner Erinnerung an *Die lustige Witwe* nicht erkannt: Ihre Bedeutung als eine Brücke zu dem idealisierten kulturellen und musikalischen Leben, das meine Eltern meiner Vorstellung nach in Deutschland gelebt hatten. Es war eine Welt und ein Leben, von dem ich befürchtet hatte, dass es mir nie zugänglich sein würde, das ich aber jetzt wieder in Besitz nehmen konnte. Unbeabsichtigt gab mir die ödipale Deutung meines Analytikers das Gefühl, dass ich zu einer weltweiten Gemeinschaft gehörte. Als junger

Psychologe hatte ich das Gefühl, dass ich nun Mitglied einer Gemeinschaft von Menschen mit Ödipuskomplexen war – genau wie alle anderen. Das war vielleicht nicht die Absicht, die er mit seiner Deutung verfolgte, aber ich hatte etwas daraus gemacht, das ich brauchte.

Was sich daraus ableiten lässt: Die Bedeutung, die ein Hörer einer Musik gibt, ist persönlich, kostbar und einzigartig. Hätten mich meine Eltern in eine Johann-Strauß-Operette wie *Die Fledermaus* oder *Der Zigeunerbaron* mitgenommen, die beide damals in New York aufgeführt wurden und die beide dazu geeignet gewesen wären, uns mit unserer europäischen Vergangenheit zu verbinden, dann hätte ein solches Ereignis dieselbe Bedeutung gehabt. Hätte ich mich an eine Melodie aus einer dieser Johann-Strauß-Operetten erinnert, wäre es meinem Analytiker wohl schwerer gefallen, aus *Fledermaus* oder *Zigeunerbaron* eine ödipale Deutung zu formulieren.

Psychologie und Musik

Nachdem ich einige Jahre meines Lebens überspringe, bewegen wir uns nun direkt auf die Schnittstelle zwischen Musik und Psychologie zu. Um diese Verbindung zu erkunden, wende ich mich mehreren Aufsätzen von Heinz Kohut zu (1968, 1971, 1977).

In den 1970er Jahren begann ich mich für die Theorien von Kohut zu interessieren. Im Gegensatz zu Freud, der seine Theorie auf Sexualität und Aggression aufbaute, betonte Kohut die Zentralität des Selbstgefühls. Er beschrieb, wie das Selbstgefühl unter Druck und Bedrohung »fragmentiert«, wie die Kohäsion des Selbsterlebens verloren geht, was zu Gefühlen von Angst und Orientierungslosigkeit führt. Kohut beschrieb dann, wie eine psychoanalytische Behandlung zur Wiederherstellung, Transformation und Aufrechterhaltung des Selbstgefühls führen kann.

Bevor Kohut in den 1950er Jahren seine Theorie von der Zentralität des Selbstgefühls formuliert hatte, näherte er sich, im Einklang mit der psychologischen Literatur dieser Zeit, dem Thema Musikgenuss genauso wie den Themen der psychotherapeutischen Behandlung und der frühen Entwicklung aus der Perspektive Freuds (Kohut, 1957).

> »Die Stimme der Mutter«, schrieben Kohut und Levarie (1950), »wird für den Säugling mit oraler Befriedigung assoziiert; das Wiegenlied der Mutter mit der schläfrigen Zufriedenheit nach dem Füttern. Frühe kinästhetische Erotik, zum Beispiel das Schaukeln der Wiege, nimmt den Genuss des Tanzens vorweg und kann mit bestimmten rhythmischen Mustern assoziiert werden (Coriat, 1945, S. 142).«

Kohut verband damals bereits Musik mit Körpererfahrung, ein Thema, das er in seinen späteren Schriften weiterentwickelte.

Die Beziehung zwischen Musik und Psychologie, wie man sie in Kohuts Schriften finden kann, war typisch für die 1950er Jahre. Es war die Zeit, in der die Psychologie die Künste auf verdrängte sexuelle Wünsche reduzierte, die als akzeptable soziale Verhaltensweisen, als stellvertretende Mittel zur Konfliktlösung und Affektentladung nach Ausdruck drängten. Es war die Zeit, in der Psychologen versprachen, die Geheimnisse der Welt, der Liebe, des Sex und der Künste zu lüften. Es war die Zeit, über die Leonard Bernstein (1982) spöttisch sagte: »Als Dr. (Lawrence) Kubie den kreativen Prozess erklärte, indem er einfach das Wort ›vorbewusst‹ benutzte« (S. 229).

Kohut, der damals einer Konfliktlösungshypothese anhing, stellte die These auf, dass das Hören von Musik eine Bedrohung darstellt, die es zu meistern gilt, da in der Musik Dissonanzen und Abweichungen von der Grundtonart Spannung erzeugen. Wenn die Musik zur Konsonanz und zur Grundtonart der Komposition zurückkehrt, so Kohut, gebe es ein Empfinden der Erleichterung und ein Gefühl von Beherrschbarkeit. Mit dem Hinweis auf Empfindungen von Spannung und Erleichterung formulierte Kohut das Hören von Musik als eine Erfahrung, die den ganzen Körper des Zuhörers einbezieht.

Ein kurzer Ausflug in die Musikwissenschaft mag helfen, dieses und das folgende Material verständlich zu machen. Die Grundtonart, auch Tonika genannt, ist die Tonart, in der eine musikalische Komposition geschrieben ist. Die Tonika definiert die Anfangsstimmung, von der aus westliche Komponisten in den letzten 400 Jahren ihre musikalischen Ideen entwickelt und ausgearbeitet haben.

Tonleitern, Tonarten und die Töne oder Noten, aus denen eine Tonleiter besteht, werden von der harmonischen Reihe abgeleitet, einem Gegenstand der physikalischen Akustik. Die harmonische Reihe enthält alle Töne, die zu hören sind, wenn eine gezupfte Saite (wie bei einer Geige) oder eine Luftsäule (wie bei einer Flöte) schwingt; das heißt, das Zupfen einer Saite regt andere Töne an, die als »Obertöne« bezeichnet werden und die in einer konstanten Beziehung zueinander stehen.

Die harmonische Reihe ist wichtig, weil sie zeigt, dass Tonalität eine inhärente physikalische Eigenschaft von schwingenden Objekten ist. Verschiedene Kulturen, wie die chinesische, indische oder westliche Kultur, haben verschiedene Tonleitern entwickelt, indem sie unterschiedliche Tonreihen aus den 12 Tönen, aus denen eine Oktave besteht, gebildet haben. Einige Kulturen verwenden eine fünfstimmige pentatonische Skala. Wir verwenden eine siebentönige Tonleiter, die diatonische Tonleiter. Alle 12 Töne bilden die chromatische Tonleiter.

Die harmonische Reihe zieht die Musik in Richtung Tonalität. Diese Tendenz wird in Kohuts Kommentaren reflektiert. Kohut entdeckte aber in seinen späteren Arbeiten einen weiteren starken Sog, einen psychologischen Sog bei Analytiker und Analysand, und ich würde das auf Komponisten, Interpreten und Zuhörer ausdehnen. Dieser starke Sog ist das Streben nach Selbstbehauptung, Selbstartikulation und danach, sich selbst als einzigartig zu definieren. In der Musik sind dies die gegensätzlichen

Sogkräfte von Tonalität und Atonalität, von diatonischen und chromatischen Tonleitern und von konsonanten und dissonanten Klängen. Nach diesem kurzen Ausflug in die Musikwissenschaft wenden wir uns der Beziehung zwischen Hörer und Musik und zwischen Musik und Psychologie zu.

Das Modell für die Lust beim Hören von Musik, das Kohut verwendete, war Freuds Theorie der Sexualität. Und zwar genau jene Theorie der Sexualität, die er und viele andere Psychoanalytiker später grundlegend kritisiert haben. Ein früher Kritiker dieser Theorie war George Klein (1950). Aber in den 1950er Jahren bestimmte noch die Theorie Freuds, dass es sowohl in der Sexualität wie auch in der Musik darum ging, Spannungsgefühle loszuwerden, sie zu »entladen«, und nicht darum, ein exquisites sinnliches Gesamterlebnis zu genießen, einschließlich eines aufregenden Spannungsaufbaus.

Wenn es um genussvolle sinnliche und sexuelle Erfahrungen ging, um den Genuss der ansteigenden Spannung vor der Befriedigung durch ein Gefühl von Entlastung oder dem Orgasmus, waren Dichter, Liebhaber und Komponisten den Psychologen weit voraus. Künstler und Liebhaber sahen alle das Vorspiel, den romantischen Aufbau von Erregung und Spannung als einen untrennbaren Teil der lustvollen sexuellen Erfahrung.

Ein hervorragendes Beispiel für ein ausgedehntes Vorspiel ist Richard Wagners Oper *Tristan und Isolde*. Wagner dehnt Tristan und Isoldes gegenseitiges sehnsüchtiges erotisches Verlangen auf über vier Stunden aus. Er tut dies durch eine Reihe von quälend zweideutigen Akkordfolgen, die sich nicht auflösen, sondern zu einem weiteren unaufgelösten Akkord führen. Damit beginnt das Vorspiel der Oper, und die unaufgelösten Akkorde erreichen erst ganz am Ende der Oper eine musikalische Auflösung. Sie sind deshalb so quälend, weil jeder unaufgelöste Akkord in diesem Vorspiel, dem die Tonart nicht eindeutig zuzuordnen ist, erst in den allerletzten Tönen der Oper, im Liebestod von Tristan und Isolde, zu einer Auflösung kommt. Dort werden die Akkordfolgen aufgelöst, was darauf hinweist, dass die beiden Liebenden ihr erotisches Verlangen im Tod endgültig gestillt haben.

Video
Wagner: Vorspiel und Liebestod aus Tristan und Isolde:
https://youtube/zZreeVzaOEo

Nicht nur wegen der Erwartung, dass sie wieder in die Konsonanz zurückgeführt werden, ist das Abweichen von Konsonanz und Tonika lustvoll, wie im Vorspiel. Auch wenn eine solche Erwartung im Hintergrund stehen mag, sind schon die Verstöße dagegen lustvoll.

Abweichungen von der Tonika, Ausflüge durch Modulation in verschiedenen Tonarten und Verletzungen von Erwartungen sind charakteristisch für die stufenweise

Entwicklung der Themen in musikalischen Kompositionen. In der symphonischen Musik zum Beispiel werden Themen von verschiedenen Instrumenten aufgegriffen und in verschiedenen Tonarten gespielt. Sie werden sozusagen »durchgearbeitet«. Wie Analytiker und Analysand finden Ausführende und Zuhörer Wege, altes Material neu zu betrachten und neu zu hören. Das alte Material erscheint in einem sich ständig verändernden Kontext. Wie in der Psychotherapie zielt das Durcharbeiten in der Musik nicht darauf ab, die Wirkung des Alten zu eliminieren, sondern es in eine Vielzahl von neuen Kontexten einzubetten. Dadurch erhält das Alte eine reichere Textur in der Gegenwart. Sowohl in der Psychotherapie als auch beim Hören von Musik ist eine aktive kreative Beteiligung aller Beteiligten, der Ausführenden wie der Zuhörer, erforderlich.

Auch Heinz Kohut wich in seinen Aufsätzen über Musik von seiner traditionellen psychologischen Perspektive ab und beschrieb neuartige Berührungspunkte zwischen Musik und Psychologie. Zunächst verknüpfte Kohut (1957) die Funktion der Musik mit der Funktion des Psychotherapeuten. Er erweiterte Freuds Empfehlung, Patienten mit gleichschwebender Aufmerksamkeit zuzuhören, indem er empfahl, dass Therapeuten auf »den Klang der Stimme des Patienten hören sollten, auf die Musik, die hinter den Bedeutungen der Worte liegt« (S. 243). Indem er der Musik des Patienten zuhörte, und nicht nur seinen Worten, wies Kohut einen Weg, er war aber noch nicht so weit, auch die Musik des Therapeuten einzubeziehen, das empathische Eintauchen des Therapeuten ins Erleben des Patienten als ein »Mit-Schöpfer« [co-creator]. Er war noch nicht so weit, psychotherapeutische Behandlung als ein Improvisationsduett zu beschreiben.

Zweitens betonte Kohut (1957) die zentrale Rolle von Wiederholungen und Rhythmus in musikalischen Kompositionen. Allerdings brachte er die Häufigkeit und Akzeptanz von Wiederholungen in der Musik mit einer Reduktion des Aufwandes von psychische Energie in Verbindung. Er hatte noch keinen Zugang zur empirischen Säuglingsforschung, die zeigte, dass Rhythmus starke Verbindungen schmieden kann (Jaffe et al., 2001).

Drittens verglich Kohut Musik mit »Spiel« und wich damit vom Angst- und Spannungs-Abbau-Modell des Lustgewinns durch Musik ab. Stattdessen verknüpfte er den Musikgenuss mit Freuds Beobachtungen eines Kindes, das das »Fort-da«-Spiel spielt,[2] um die schmerzliche, passiv ertragene Erfahrung der Abwesenheit der Mutter aktiv zu bewältigen.

Viertens verglich Kohut Musik und Dichtung. Ein einfacher Rhythmus kann in einer ausgefeilten Sprachmelodie versteckt oder von ihr verdeckt werden, genauso wie die tiefere primärprozesshafte Schicht des Rhythmus oder des Verses durch den verbalen Inhalt eines Gedichts überdeckt werden kann. Hier verwies Kohut auf eine

---

2   Der Autor bezieht sich hier auf eine Beobachtung Freuds an seinem 18 Monate alten Enkel (vgl. Jenseits des Lustprinzips, 1920, A. d. Ü.).

breite, komplexe künstlerische Organisationsform, die aus Oberflächenstrukturen und tieferen Strukturen besteht. Diese Parallele zwischen Poesie und Musik faszinierte auch Leonard Bernstein (s. unten).

Zu der Zeit, als Kohut schrieb, dass die Lust an Musik in früher oraler Befriedigung wurzelt, stellte ein anderer Psychoanalytiker, Ralph Greenson (1954; Lachmann, 2014b), ähnliche theoretische Überlegungen in seinem Aufsatz »On the Meaning of the Sound ›Mm‹« an, »Mm« wie in einer damals populären Werbung für Campbell-Suppen:

Mmm, Mmm, Good,
Mmm, Mmm, Good,
That's what Campbell's soups are,
Mmm, Mmm, Good.

Greenson vermutete, dass dieses mit geschlossenen Lippen gemachte Geräusch »Mmm« das einzige Geräusch ist, das ein Baby beim Stillen machen kann und trotzdem die ganze Milch in seinem Mund behält. Greenson untermauerte seine Ansicht, indem er alle Sprachen auflistete, in denen das Wort Mutter mit dem »Mmm«-Laut beginnt oder darauf aufbaut: Mama, mommy, Mutter, madre, mere, und so weiter.

Springen wir in die 1970er Jahre. Obwohl Greenson die Entwicklung des »Mmm«-Lautes nicht weiter verfolgte und Kohut seine Studie über Musik nie im Einklang mit seinen späteren Beiträgen zur Selbstpsychologie aktualisierte, waren für Leonard Bernstein diese beiden Vorgaben eine Herausforderung. Er stellte seine Ideen in seiner Norton-Vorlesungsreihe vor, die er 1976 in Harvard hielt, unter dem Titel »Die unbeantwortete Frage« [The Unanswered Question], wobei er den Titel einer Komposition von Charles Ives verwendete. Diese Frage lautet: »Wohin [geht die] Musik?« [Whither music?] Bemerkenswerterweise stimmen Bernsteins Ideen weitgehend mit Kohuts Theorien überein, vor allem, wenn sie durch Beiträge aus der empirischen Säuglingsforschung ergänzt werden.

Bernstein (1976) führt zwei Hauptquellen an, die seine Ideen beeinflussen. Eine Quelle war das Werk des Linguisten, Philosophen und Kognitionsforschers Noam Chomsky, dessen Arbeiten über die Tiefenstruktur der Grammatik, die Transformationsgrammatik. Bernstein wollte eine Parallele zu Chomskys Arbeit ziehen, indem er vergleichbare Tiefenstrukturen, Transformationsprozesse, für die Musik darstellte. Bernstein wurde auch von dem betont interdisziplinären Zugang seines Philosophieprofessor David Presall in Harvard beeinflusst: Der beste Weg, eine Disziplin zu erforschen, ist im Kontext einer anderen Disziplin. So machte sich Bernstein daran, die Struktur der Musik im Kontext von Dichtung, Linguistik, Ästhetik und Physik zu untersuchen.

Eines Nachts im Jahr 1973, so Leonard Bernstein (1976), konnte er nicht schlafen und verbrachte die Nacht damit, über die Ursprünge der Musik nachzudenken.

Seine Überlegungen waren zunächst denen von Greenson ähnlich, gingen dann aber in eine andere Richtung.

Für Greenson war der Laut »Mmm« an orale Befriedigung gebunden. Bernstein hingegen verknüpfte die von ihm als primär angenommenen Mmm- und Aaa-Laute mit dem Entstehen von Musik und mit Kommunikation.

Bernstein stellte sich ein Neugeborenes in prähistorischer Zeit vor, das, genau wie Greensons Baby, seine neu entdeckte Stimme ausprobierte: Mmm. Bernstein stellte sich vor, dass ein Säugling, wenn er hungrig ist, die Aufmerksamkeit seiner Mutter mit Mmm, Mmm, einfordert und seinen Mund öffnet, um die Brustwarze aufzunehmen, Mmm-Aaa. Dann, bei zunehmendem Hunger, wachsender Ungeduld oder Freude, wird das Wort länger: Maaa. Und, meint Bernstein aus seiner evolutionären Perspektive, jetzt singen wir. »Worauf es hinauszulaufen scheint«, schreibt er, »ist eine Hypothese, die ein Klischee bestätigen würde – nämlich: Musik ist ›gesteigerte Sprache‹ [Heightened Speech].« (S. 15) Die Ursache für eine solche Steigerung wäre ein intensiveres Gefühl. Im weiteren Verlauf der Vorlesungsreihe stellt Bernstein dieses Klischee jedoch in Frage. Musik ist mehr, viel mehr, als gesteigerte Sprache.

Greensons und Kohuts Säugling machte Laute, die durch Befriedigung oder Belohnung verstärkt wurden. Bernsteins Säugling hingegen nahm die Theorie motivationaler Systeme von Josef Lichtenberg, Jim Fosshage und mir (2011) vorweg. Bernsteins Säugling war motiviert durch Sinnlichkeit, durch das Bedürfnis nach Ausübung physiologischer Funktionen und nach Regulierung physiologischer Erfordernisse und er war motiviert durch Neugierde, Exploration, Selbstbehauptung und Bindung. Musik, Kommunikation, die Theorie motivationaler Systeme und die Säuglingsforschung haben also, folgt man Bernstein, einen gemeinsamen Anfang in prähistorischer Zeit.

Diese Überlegungen beziehen jedoch noch keine responsive Umgebung mit ein, in der Erfahrungen von Befriedigung und Frustration vom Säugling und von der Bezugsperson ko-konstruiert und interaktiv reguliert werden. Der Säugling wird immer noch als wesentlich von seiner Umwelt geformt dargestellt, ohne diese gleichzeitig selbst zu formen. Dennoch beschrieb Bernstein ein Modell von Ko-Konstruktion beim Erschaffen der musikalischen Erfahrung, wie er in seinen Vorlesungen zeigte.

Natürlich ist das Hören von Musik komplex eingebettet in kulturelle, emotionale, intellektuelle und entwicklungsbedingte Einflüsse. Es wird zu einem interaktiven Prozess, in dem wir, angetrieben durch unsere Neugierde, uns am Neuen erfreuen, vom Unerwarteten gelockt und durch Überraschungen erschreckt werden können. Die Lust liegt in der Herausforderung, den Feinheiten der Musik zu folgen. Wir geraten in ein Crescendo der Freude und in ein Decrescendo der Erschöpfung. Das Wichtigste ist jedoch die Form unseres Engagements, das unsere musikalische Erfahrung gemeinsam mit dem Komponisten und dem Interpreten ko-konstruiert.

Wie in der empirischen Säuglingsforschung bedeutet auch beim Musikhören Ko-Konstruktion nicht, dass jeder der Teilnehmer, sei er Komponist, Interpret oder

Zuhörer, in ähnlicher oder gleicher Weise zu dieser Erfahrung beiträgt. Vielmehr trägt jeder auf eine bestimmte Art und Weise zu diesem Erlebnis bei, beeinflusst die Anderen und wird von den Anderen beeinflusst. Wenn Bernstein zum Beispiel die *Beethoven-Sonate op. 31, Nr. 3* spielt, empfindet er die Noten als sehnsüchtig und neckend. Er »hört« und spielt einen Dialog zwischen den klagenden Anfangstakten und der etwas strengeren, melodischen Antwort. Durch sein Spiel veranschaulicht er die Ko-Konstruktion der musikalischen Erfahrung durch Komponist, Interpret und Zuhörer. Aber woher kommt dieses Sehnen, dieses Gefühl, das Bernstein beim Spielen ausdrückt? Ist es in der Musik? Ist es in Bernstein als Interpreten? Oder in Bernstein als Zuhörer? Oder ist es der »Bedeutung« der Musik immanent?

Video
Bernstein in Harvard: Beethoven Sonate opus 31, #3,
https://youtube/nezMfei5HPM

Bernstein (1976) fragte: »Hat Beethoven all das so gefühlt, oder etwas Ähnliches? Habe ich diese Gefühle erschaffen, oder sind sie bis zu einem gewissen Grad verwandt mit Beethovens Gefühlen, die durch seine Noten auf mich übertragen wurden?« (S. 138). Seine Antwort lautet »beides« und steht im Einklang mit seinem Glauben an die inhärente Mehrdeutigkeit von Musik und an die Ausdruckskraft von Musik.

Bernstein unterscheidet zwischen der Ausdruckskraft von Musik und der Bedeutung von Musik. Die Ausdruckskraft beruht auf den Beiträgen des Zuhörers, wie in der gerade besprochenen Beethoven-Klaviersonate. Musikalische Bedeutungen sind etwas anderes, betont Bernstein. Musik hat keine buchstäbliche Bedeutung. Sie ist abstrakt, erzeugt durch einen ständigen Strom von Metaphern und Transformationen. Aber, so behaupte ich, als Zuhörer verleihen wir der Musik eine persönliche Bedeutung, wie ich es oben mit den persönlichen Bedeutungen, die ich der *Bizet-Sinfonie in C* und der *Lustigen Witwe* gegeben habe, illustrierte.

Wie Kohut zieht auch Bernstein eine Parallele zwischen Dichtung und Musik. Er argumentiert, dass Prosa durch Metaphern und durch verschiedene Sprachformen in Dichtung verwandelt werden kann, zum Beispiel durch Weglassen und durch Stilmittel wie Einbettung, These und Antithese, Wiederholung.

Hier kommt etwas Prosa: Julia ist ein Mädchen. Romeos übliche Temperatur ist 98,6 Grad Fahrenheit. Wenn Romeo in der Nähe von Julia steht, steigt seine Temperatur auf 98,8 Grad Fahrenheit.[3] Die Sonne befindet sich im Zentrum unseres Sonnensystems. Die Strahlen der Sonne erhellen und erwärmen die Teile der Erde, die sie berühren. Hier ist Shakespeares dichterische Version dieser Prosa: »Julia ist die

---

3 Ein Anstieg von 37° auf 37,1111° Celsius, A. d. Ü.

Sonne.« Erhebliche Auslassungen sind in der Prosa erforderlich, um die dichterische Metapher »Juliet is the sun« zu schaffen.

In der Musik werden Verwandlungen in ähnlicher Weise durch »Sprachformen« und Stilmittel wie These und Antithese, Gegensatz von Konsonanz und Dissonanz, Imitation, Alliteration, Variation von Rhythmen, harmonische Progression, Symmetrie und Wiederholung erreicht. Symmetrie und Wiederholung nehmen einen besonderen Platz ein. Wenn wir Musik hören, sind wir darauf eingestellt, Ausgewogenheit, Symmetrie und Wiederholungen zu erwarten. Verletzungen von Erwartungen und Verletzungen der Symmetrie werden zur Quelle der Erregung, die Musik hervorruft.

June Hadley (1989), eine Neurobiologin, fand heraus, dass wir in erster Linie neurologisch darauf programmiert sind, sowohl Wiederholungen als auch Neues zu suchen, in zweiter Linie Erregung innerhalb tolerierbarer Grenzen zu halten und in dritter Linie Lust zu suchen und Schmerz zu vermeiden. Genau wie in der frühkindlichen Entwicklung wird – innerhalb gewisser Grenzen – durch Verletzungen der Erwartungen an das Vertraute, Aufmerksamkeit erregt. Sie fesseln unser Interesse und bereiten uns Lust. Als Hörer von Musik erwarten wir das Vertraute und das Neue. Wie Leonard Bernstein, als er die Beethoven-Sonate spielte, drücken wir dem, was wir hören, auch unsere eigene Form auf. Zusammen mit dem Interpreten, ob live oder als Wiedergabe einer Tonaufnahme, ko-konstruieren wir eine persönliche und hochgradig abstrakte ästhetische Erfahrung.

Wiederholung in der Musik führt ein Gefühl für Zeit ein, in gewisser Weise ein Gefühl für reale Zeit. Wiederholung enthält, bewegt und rahmt das Hörerlebnis wie das Ticken einer Uhr. Die Philosophin Susan Langer (1953) erklärte, dass »sich das Ticken einer Uhr wiederholt und dass es regelmäßig ist, aber es ist nicht aus sich selbst heraus rhythmisch; das Ohr des Hörers hört den Rhythmus in der Abfolge gleicher Tickgeräusche« (S. 126). Mit Daniel Stern (1995) vertritt sie die Ansicht, dass Rhythmus unsere subjektive Art und Weise ist, wie wir sich wiederholende Zeiteinheiten organisieren. Wir bewegen uns im Rhythmus, und der Rhythmus bringt uns und die Musik in Bewegung. Unser Erleben von Wiederholungen leitet sich von unserer bereits bei der Geburt vorhandenen Fähigkeit ab, Rhythmen zu unterscheiden. Laut den Säuglingsforschern DeCasper und Carstens (1980) muss die Unterscheidung von Rhythmen nicht gelernt werden. Stern (1995) verortet Wiederholungen und Rhythmus – einen Takt, der sich wiederholt – an einem entscheidenden Punkt in der Bildung von Repräsentanzen und in der zeitlichen Konturierung von Gefühlen. Rhythmen können eine Quelle von Vertrautheit und Neuheit sein, aber auch das Gerüst für Affekte.

Empirische Studien über die außergewöhnliche Bedeutung von Rhythmus haben eine umfangreiche Literatur zur vokalen Rhythmuskoordination zwischen erwachsenen Paaren und zwischen Säuglingen und Erwachsenen hervorgebracht.

Bei der vokalen Rhythmuskoordination (Jaffe et al., 2001) werden Mikrofone am Hals der beiden untersuchten Gesprächspartner angebracht. Die Mikrofone nehmen nicht den Inhalt des Dialogs auf, sondern das Ein-Aus-Muster von Laut und Stille. Das heißt, sie nehmen den Rhythmus des Sprechers auf, aber nicht seine Worte. Sie dokumentieren Variablen wie Sprechen, Pausieren und das Muster des Wechsels: Wie Gesprächspartner aushandeln, wann einer spricht, wann er zu sprechen aufhört und der Andere zu sprechen beginnt. Vokale Rhythmus-Koordination bedeutet, dass der Rhythmus des einen Sprechers aus dem Rhythmus des anderen Sprechers vorhersagbar wird. Erwachsene Gesprächspartner neigen dazu, sich mit dem Sprachrhythmus des Anderen zu koordinieren. Erwachsene haben zwei Modi des Sprechens, auf Erwachsene gerichtetes Sprechen und auf Kinder gerichtetes Sprechen. Kleinkinder haben nur einen Modus. Wenn Erwachsene mit Kleinkindern sprechen, ändern sie ihre Tonhöhe, ihren Rhythmus und ihre übliche Sprechweise. Obwohl sie in der »Babysprache« sprechen, entsteht dennoch ein wechselseitiger Rhythmus.

Der Sprachrhythmus ist ein grundlegender Bestandteil von Interaktionen, er sagt eine sichere Bindung zwischen den beiden Teilnehmern voraus. Vokale Rhythmen sind interaktiv organisiert. Greenson und Bernstein hätten sich auch Mutter-Kind-Paare vorstellen können, bei denen die Säuglinge »Mm« zu ihren Müttern machen und die Mütter Laute erzeugen, die sich der Vokalisation des Babys annähern; dadurch kann sich das verbale-musikalische Repertoire des Säuglings erweitern. In ähnlicher Weise werden sich die begleitenden Rhythmen wahrscheinlich verändern, wenn wir Musik hören oder wenn Analytiker den Assoziationen ihrer Patienten lauschen. In einem Gespräch passen wir unsere Rhythmen den Rhythmen der Anderen an, und diese passen ihre Rhythmen den unseren an. In dieser rhythmischen Interaktion wird sich unser eigenes Repertoire an Rhythmen vergrößern. Der Takt unserer Musik und der unserer Patienten kann koordiniert oder synkopiert sein, aber, hoffentlich, kommen wir nicht zu weit aus dem Takt.

Die Koordination des eigenen vokalen Timings mit dem des Partners, gleich ob Säugling oder Erwachsener, ist entscheidend für die soziale Entwicklung des Säuglings, aber auch für die Beziehungen der Erwachsenen untereinander. Diese Ausformung oder Koordination findet außerhalb des Bewusstseins statt. Sie gehört zum Bereich des prozeduralen Gedächtnisses, zu Fähigkeiten oder Handlungssequenzen, die als Prozeduren enkodiert sind. Ein Beispiel für prozedurales Gedächtnis ist, wie man ein Auto fährt, nachdem man das Fahren gelernt hat und eine Weile gefahren ist. Mit der Zeit werden diese Abläufe automatisiert und beeinflussen Prozesse, die das Verhalten steuern. Bei Erwachsenen sind prozedurale Erinnerungen inhaltsfrei, in dem Sinne, dass sie das Lernen von Prozessen und nicht das Lernen von Informationen beinhalten. Prozedurale Erinnerungen leiten uns in der Art und Weise, wie wir in einen Dialog eintreten.

Wenn Jazzmusiker improvisieren, führen sie miteinander und mit ihren Zuhörern eine Konversation. Menschen, die sich unterhalten, Musiker, die improvisieren, Solisten, Duos, ein Solist und ein Orchester, die spielen: Sie alle führen Dialoge. Ein Dialog mag abstrakt und mehrdeutig sein, aber ein gewisses Maß an Wechselseitigkeit ist immer vorhanden. Vergleichen Sie ein »Gespräch« zwischen einem Kleinkind und einem Erwachsenen, das bereits die Struktur eines Gesprächs zwischen zwei Personen hat, aber nur aus Kichern und Plappern besteht, mit dem Dialog zwischen Klavier und Streichern aus Beethovens *Klavierkonzert Nr. 4.*

Beethoven bietet in seinem *Klavierkonzert Nr. 4 in G-Dur* eine Illustration eines Dialogs ohne den Gebrauch von Worten, nur durch Musik. Der zweite Satz dieses Konzerts beginnt als ein Gespräch zwischen den Streichern und dem Klavier. Die Streicher machen eine selbstbewusste Aussage, das Klavier antwortet in einem eher versöhnlichen Ton. So geht es ein paar Mal hin und her, bis sie schließlich zusammenfinden.

Video
Beethoven: Klavierkonzert Nr. 4, 2. Satz (beginnt nach 19 Minuten)
https://youtube/e7DJMtEu4_4

Wir werden mit einer Orientierung in Richtung auf rhythmisch koordinierte zwischenmenschliche Interaktionen geboren, wir teilen unseren Puls und unseren Herzschlag mit anderen. Tatsächlich, so meinte der Bach-Forscher Russell Miles (Lachmann, 1950), sei der Takt der Barockmusik – der Takt der Musik Bachs – der Schlag des menschlichen Herzens, etwa 72 Schläge pro Minute. Der Dirigent muss nur einen gleichmäßigen Takt beibehalten. Wenn Bach wollte, dass die Musik langsam voranschreitet, schrieb er sie in halben oder ganzen Noten, so Miles. Wenn Bach wollte, dass die Musik schneller voranschreitet, schrieb er sie in Achtel- und Sechzehntelnoten. Die harmonische Reihe ist aus der Physik abgeleitet, Rhythmus jedoch stammt aus der Biologie und Physiologie des Körpers.

Rhythmus und Zeit, die Regelmäßigkeit der Schläge und der Abstand der Schläge in einem Zeitrahmen sind grundlegende Organisatoren, welche den Dialog zwischen Säugling und Fürsorgeperson, zwischen Gesprächspartnern und zwischen Musikern und Zuhörern zusammenhalten.

Die Entwicklung der Musik von ihren Ursprüngen in Mmm, Aaah und Ma bis zur Zeit Bachs dauerte viele Jahrhunderte.[4] Doch bei all den Wandlungen, die die Musikgeschichte prägten, behielt die Tonalität ihren Platz. Schließlich beruht sie, wie Leonard Bernstein argumentierte, auf einem fundamentalen physikalischen Prinzip, einer Universalie. In der Musik des 19. Jahrhunderts begann es, dass die Tonalität

---

4   Jahrhunderttausende? A. d. Ü.

untergraben wurde. Zu Beginn des 20. Jahrhunderts wurde sie brüchig. Die Opern Richard Wagners und später die impressionistischen Werke von Claude Debussy stießen das Tor zur Herausforderung der musikalischen Tradition endgültig auf. Auf jeweils unterschiedliche Weise gewann die Chromatik die Oberhand über die Diatonik. Man erinnere sich an die verunsichernden Anfangsakkorde von *Tristan und Isolde*. Dennoch behielten sowohl Wagner als auch Debussy die musikalische Form bei. Trotz ihrer tonalen Revolution und ihrer planvollen Mehrdeutigkeit behielten ihre Kompositionen eine makellose Struktur. Aber die Würfel waren gefallen. Im frühen 20. Jahrhundert unternahmen Komponisten konzertierte Anstrengungen, die Form der tonalen Musik zu zerbrechen. Der erste dieser Abtrünnigen war Arnold Schönberg. Er entwickelte ein System in der Musik, das er Zwölftontechnik nannte; keine Note konnte wiederholt werden, bevor nicht alle anderen 11 Noten verwendet worden waren. Theodor Adorno verteidigte Schönberg leidenschaftlich in seiner *Philosophie der neuen Musik* (zit. in Bernstein, 1976) und hielt dessen Werk für völlig authentisch, voll Wahrheit und Schönheit, im Gegensatz zu dem, was er für den Inbegriff unaufrichtiger Musik hielt, die Musik Igor Strawinskys. Obwohl Bernstein Schönberg bewunderte, schlug er sich (1976) auf die Seite Strawinskys. Er fasste das wie folgt zusammen:

>»Strawinsky und Schönberg wollten das Gleiche auf unterschiedliche Weise. Strawinsky versuchte, den musikalischen Fortschritt in Bewegung zu halten, indem er tonale und strukturelle Mehrdeutigkeiten immer weiter bis zu einem Punkt ohne Wiederkehr vorantrieb.
>Schönberg, der diesen Punkt ohne Wiederkehr voraussah und sich von der Bewegung des Expressionismus in den anderen Künsten inspirieren ließ, leitete einen sauberen, totalen Bruch mit der gesamten Tonalität und ebenso mit der Symmetrie ein« (S. 271).

Der »Point of no return« ist der Punkt, an dem es keine Tonalität, keine Grundtonart mehr gibt – ein Bruch mit der Vergangenheit. Es ist ein Punkt, auf den Strawinsky sich zubewegte, den er aber nie erreichte. Doch auch in der Zwölftonmusik gibt es eine Art von Organisiertheit, aber es gibt keinen Anker, wie ihn die Tonalität bietet. Bernsteins *Norton Lectures* waren ein Plädoyer für ein gewisses Maß an Tonalität. Er argumentiert ähnlich wie Kohut (1981) bei dessen Hinweis auf die Astronauten im Orbit. An einem Punkt, an dem es für sie möglicherweise kein Zurück mehr gab, zogen sie es vor, bei einer Rückkehr nach Hause auf die Erde abzustürzen, anstatt im Weltraum verloren zu gehen. In ähnlicher Weise plädiert Bernstein für eine Rückkehr zur heimatlichen Tonalität.

Adornos Argumente haben einen vertrauten Klang für alle, die die Kontroversen in der psychologischen Literatur mitverfolgen. Adorno beschrieb Schönbergs Musik als aufrichtig und authentisch, während Strawinskys Musik in seinen Ohren unaufrichtig und unauthentisch klang. Schönbergs Werk war für ihn unverstellt, genial, zutiefst persönlich und subjektiv. Strawinskys Werk fand er distanziert, verdinglicht und regressiv, was bedeutete, dass dieser eine Verbindung mit der Vergangenheit beibehielt. Für manche andere Zuhörer aber klingt Schönberg mechanisch und Strawinsky klingt ernst, aber humorvoll, ironisch und versponnen. Wenn ich die Wahl zwischen diesen beiden Komponisten habe, bevorzuge ich Strawinsky. Versuchen Sie selbst dieses Experiment.

Video:
Zwölftonmusik von Schönberg: Verklärte Nacht: https://youtube/3Atur0Lj3uI[5]
und als Gegensatz: Strawinsky: Der Feuervogel: https://youtube/RZkIAVGlfWk

Das Überleben der Musik angesichts von Abtrünnigen und gewisser Modeströmungen beruht nach Bernstein auf der Anerkennung und Akzeptanz bestimmter »Universalien«. Die Tonalität ist tief in uns verwurzelt. Sie ist wie ein Container. Sie bietet Kontinuität und zieht einen »Zaun« um musikalische Ausflüge, Variationen, Abenteuer und Experimente. Wir sind an Tonalität und Rhythmus gebunden, nicht nur durch Konvention, Tradition und Erziehung, sondern durch die Universalie der harmonischen Reihe und durch unseren Herzschlag.

Wir verorten die Psychologie, die Psychotherapie und die Psychoanalyse im Bereich der Künste (Lachmann, 2016), der Dichtung und der Musik, einem Bereich, der durch Ambiguität und Abstraktion gekennzeichnet ist. Im psychologischen Diskurs, ebenso wie in der Musik, gibt es eine Mehrdeutigkeit, in der sich die Bedeutungen eines Teilnehmers oder Mitwirkenden mit den Bedeutungen eines anderen überschneiden. Das sind die uns vertrauten Prozesse, in denen sich unsere Rhythmen und unsere Kommunikation überschneiden.

Ähnlich wie Kohut (1981) in seiner Beschreibung der Astronauten, die es vorzogen, durch einen Aufprall auf die Erde zu sterben, um nach Hause zu kommen, anstatt endlos in den Weltraum zu trudeln, fasste Bernstein die Wiederentdeckung und erneute Akzeptanz der Tonalität in der zweiten Hälfte des 20. Jahrhunderts als einen, durch »freundschaftlichen Wettbewerb« geförderten musikalischen Fortschritt auf. Wie Kohut hatte Bernstein die Vorstellung, dass fachliche kollegiale Unterstützung [mentoring] zwischen den Generationen über ein reines Rivalisieren die Oberhand behalten würde. Fortschritt in der Musik baut auf zwei miteinander verbundene Universalien: Auf die harmonische Reihe, die das Überleben der Tonalität sichert, und auf eine musikalischen Syntax, die wie die Dichtkunst Metaphern verwendet und sowohl den Reiz von Symmetrie und Wiederholung, wie auch den Reiz der Verletzung von Erwartungen betont. Dies war Bernsteins Antwort auf die Frage: »Wohin [geht die] Musik?«

Und: »Wohin [geht die] Psychologie, die Psychotherapie und die Psychoanalyse?«

---

5 *Verklärte Nacht* wird der spätromantischen Schaffensperiode Schönbergs zugerechnet und ist deshalb nicht unbedingt ein gutes Beispiel für Atonalität. A. d. Ü.

Universalien neigen dazu, uns Bauchschmerzen zu machen. Wir trauen ihnen nicht, weil wir die unendliche Vielfalt der menschlichen Natur wertschätzen. Betrachten wir die psychotherapeutische Behandlung als eine Kunstform wie Dichtkunst und Musik: Nicht als Zweig der Philosophie, nicht als Zweig der Natur- oder Geisteswissenschaft, nicht als Zweig der Biologie oder Physik, sondern als Kunst. Psychotherapeutische Behandlung mag einige Perspektiven mit Philosophie und Naturwissenschaft teilen, aber sie erwächst aus den gemeinsamen Rhythmen unserer Kommunikation. Therapeut und Patient sind sowohl Interpreten als auch Zuhörer und ko-komponieren gemeinsam ein therapeutisches Wechselspiel, um unsere individuelle Einzigartigkeit zu feiern, die wir so schätzen: unsere dissonanten Naturen, unsere chromatischen Emotionen und unsere atonalen Selbstzustände. In diesem Improvisationsduett werden leise Stimmen verstärkt und schrille Stimmen gedämpft, aus inneren Stimmen werden Themen und aus Themen werden andere Themen. Rhythmen werden geteilt und synkopiert. Musik entsteht, eine Musik, die zuvor von keinem der Teilnehmer gehört wurde.

Als Psychotherapeuten sind wir, ähnlich wie beim Hören von Musik, weitaus aktiver beteiligt, als wir bisher erkannt haben. Anstatt Musik auf eine psychologische Funktion zu reduzieren, wie z. B. zum Abbau von Triebdruck oder als ein erhöhtes Sprechen, können wir die Psychotherapie in jenen mehrdeutigen, abstrakten Bereich auf einen Platz neben der Musik emporheben, wo sie nicht vergehen wird. Wenn wir auf unsere Tonalität zugreifen, können wir verkünden: Ich singe, also bin ich.

Übersetzt von Franz Herberth

Literatur

Beebe, B. & Lachmann, F. (2002): *Infant Research and Adult Treatment: Co-constructing Interactions*. Hillsdale, NJ: The Analytic Press.

Bernstein, L, (1976): *The Unanswered Question*. Cambridge, MA: Harvard UP.

Bernstein, L. (1982): *Findings*. New York: Simon & Schuster.

Coriat, I. H. (1945): Some aspects of psychoanalytic interpretation of music. *Psychoanal. Rev.*, 32, 408–418.

DeCasper, A., & Carstens, A. (1980): Contingencies of stimulation: Effects on learning and emotions in neonates. *Infant Behav. & Devel.*, 9, 19–36.

Greenson, R. R. (1954): About the Sound »Mm…«. *Psychoanal Q.*, 23, 234–239.

Hadley, J. (1989): The neurobiology of motivational systems. In: *Psychoanalysis and Motivation*. Hrsg. v. J. Lichtenberg. Hillsdale, NJ: The Analytic Press, S. 227–372.

Jaffe, J., Beebe, B., Feldstein, S., Crown, C., & Jasnow, M. (2001): Rhythms of dialogue in infancy. *Monograph of the Society for Research in Child Development*, 66, 2.

Klein, G. (1950): Freud's Two Theories of Sexuality. L. Breger (Hrsg.): Clinical-Cognitive Psychology, Models and Integration. Englewood Cliffs, NJ: Prentis Hall, 1979, S. 136–151.

Kohut, H. (1957). Observations on the psychological functions of music. In: *The Search for the Self: Selected Writings of Heinz Kohut: 1978–1981*, Vol. 1. Hrsg. v. P. Ornstein. Madison, CT: International UP, 1978. S. 233–254.

Kohut, H. (1968):The psychoanalytic treatment of narcissistic personality disorders – Outline of a systematic approach. In: P. Ornstein (Hrsg.): *The search for the self*. Vol.1. Madison, CT. International UP, S. 470–510.

Kohut, H. (1971): *The analysis of the self*. Madison, CT. International UP.

Kohut, H. (1977): The restoration of the self. Madison, CT. International UP.

Kohut, H. (1981): Introspection, empathy, and the semicircle of mental health. In: *The Search for the Self: Selected Writings of Heinz Kohut: 1978–1981*, Vol. 4. Hrsg. v. P. Ornstein. Madison, CT. International UP, 1991 .

Kohut, H., & Levarie, S. (1950): On the enjoyment of listening to music. In: *The Search for the Self: Selected Writings of Heinz Kohut: 1978– 1981*, Vol. 1. Hrsg. v. P. Ornstein. Madison, CT. International UP, 1978. S. 135–158.

Lachmann, F. (1950): The modern interpretation of Bach. *Choir Guide*. November, S. 50–52

Lachmann, F.M. (2014): Richard Wagner: Grandiosity, entitlement, and its metastases. *Psychoanal. Inquiry*, 34, 498–511.

Lachmann, F. (2016): Credo. *Psychoanalytic Dialogues*, 26, 499–512.

Langer, S. (1953): *Feeling and Form*. New York: Charles Scribner's Sons.

Lichtenberg, J., Lachmann, F., & Fosshage, J. (2010): *Psychoanalysis and Motivational Systems: A New Look*. New York: Routledge. The Taylor and Francis Group.

Stern, D. (1995): *The Motherhood Constellation*. New York: Basic Books.

Martin Goßmann / Andrea Harms

Im Gedenken an Joseph Lichtenberg (1925–2021)[1]

Wir möchten in diesem Band aus der Serie *Jahrbuch Selbstpsychologie* an den Tod von Joseph Lichtenberg (gestorben am 19. Mai 2021) erinnern. Joe, wie er gerne genannt wurde, hatte einen ganz wesentlichen Einfluss auf unsere Entwicklung, er hat uns inspiriert und war in vielfältiger Weise ein Förderer, in professioneller und in privater Hinsicht.

Seit 1988 kam er für viele Jahre mit Anna und Paul Ornstein aus Cincinnati und Ernest Wolf aus Chicago regelmäßig zum »Internationalen Symposium für Selbstpsychologie« nach Dreieich, dem Vorort von Frankfurt, in dem uns ein Hotel eine angenehme Heimat für diese Tagungen bot, in denen er mit seinen Kollegen Vorträge hielt, Falldiskussionen und Supervisionsworkshops abhielt und mit uns über die Jahre hinweg in einem vielfältigen Austausch blieb, der eine professionelle Basis und schließlich freundschaftliche Züge hatte.

Er reiste nach Wien, um den WKPS zu unterstützen, und war viele Male bei Ron Bodansky in München zu Gast.

Mit seinen lebendigen Schilderungen zog er Viele in seinen Bann, und sei es seine besondere Fähigkeit, die Interaktionen eines Dreijährigen mit einem Erwachsenen

---

1   Ein Nachruf ist zu finden unter: https://www.legacy.com/us/obituaries/baltimoresun/name/joseph-lichtenberg-obituary?id=11521592&__cf_chl_captcha_tk__=pmd_npP5FoDwqLJWWSx6JGd m3lzbmYVpkrThdi_heQoIstU-1635692730-0-gqNtZGzNA3ujcnBszQel

so nachzusprechen, dass man das Gefühl hatte, unmittelbar dabei zu sein, wie auch bei seiner Begeisterung, als wir in Jerusalem am Abend vor dem Kongress 2014 mit dem Taxi vom Österreichischen Hospiz nach Hause fuhren – das Hospiz war uns extra empfohlen worden und wir wollten Joe ein besonderes Erlebnis vermitteln. Und obwohl sie an dem Tag eigentlich gar nicht geöffnet hatten, zauberten sie trotzdem ein einfaches, aber sehr gutes Abendmahl für uns.

Mit der gleichen Lebendigkeit war er dann am nächsten Tag beim Kongress und fand abends auf der Terrasse des Hotels, dass es doch schön wäre, noch ein wenig miteinander zu plaudern. Und dann berichtete er von seinem neuen Buch, an dem er gerade arbeitete.

So auch bei unserem letzten Telefonat drei Wochen vor seinem für ihn bereits absehbaren Tod. Das Gespräch war Gelegenheit, miteinander über die vielen gemeinsamen Erlebnisse zu sprechen, ihm auch für die Förderung bei den Plänen zu danken, erst eine Zeitschrift, dann das *Jahrbuch für Selbstpsychologie* herauszugeben, das Sie jetzt vor sich haben, und dann von ihm zu hören, dass er gerade an einem Buch schreibe, das besser und umfassender als alles Bisherige sein immer weiter sich vertiefendes Verständnis der menschlichen Psyche wiedergebe.

Er mochte es nicht, in diesen letzten Gesprächen in trauernder Weise über den Tod zu sprechen und in diesem Modus Abschied zu nehmen, er wollte lieber über das sprechen, was ihn sein Leben lang interessiert und ausgemacht hatte und immer noch ausmachte: das Bedürfnis, Menschliches zu verstehen und dieses Verständnis mit Gewinn anzuwenden und zu erweitern.

Mit dieser Intention, uns an ihn als Vertreter dieser Motivation zu erinnern, fragten wir an, ob wir die damals bereits vorliegenden ersten Seiten des mit Jim Fosshage und Frank Lachmann in Planung befindlichen Buches *On Power* vielleicht übersetzen und in unserem Jahrbuch veröffentlichen dürften – und er sagte gerne ja.

Der Text hat einen besonderen Duktus: Sehr kompakt geschrieben reiht er die Schilderung von Phänomenen und ihnen zugesprochener Bedeutungen aneinander, stellt Manches nebeneinander, webt ein Netz von Verbindungen über mehrere Ebenen der Unmittelbarkeit und der Abstraktion hinweg, das am Schluss durch die übergeordnete Bedeutung des Erlebens von Macht seine erlebniszentrierte Vieldimensionalität erhält. Es war uns wichtig, diesen Tonfall, diesen »affective tone«, wie er es genannt hätte, bei der Übersetzung zu erhalten, und wir hoffen, dass das gelungen ist und damit dieser Text »sein« Text ist, in dem seine Stimme mit dem ihr zugehörigen »Summen« zum Klingen kommt. Daher ist dieser Beitrag in besonderer Weise als Danksagung und Lebewohl gedacht.

Joseph D. Lichtenberg

Das Gefühl der Macht
Das primäre motivationale Ziel des täglichen Lebens

Vorwort

In diesem Buch[1] erweitern, ergänzen und verändern wir[2] unsere psychoanalytische Theorie der Motivation. Unser ursprünglicher Beitrag zur psychoanalytischen Theorie mit der Formulierung der motivationalen Systeme ist bekannt und wird häufig zitiert. Die sieben motivationalen Systeme sollen eine erfahrungsbezogene Sicht auf alle menschlichen Absichten, Gefühle und Ziele geben. Erlebte Erfahrung wird in Erzählungen ausgedrückt. Die Geschichten, die diese Narrative erzählen, können verbal, präverbal, durch eine Körperbewegung, eine Erweiterung des Sehens, Hörens, Schmeckens, Riechens und Fühlens und/oder physiologisch vermittelt werden. Das Suchen – das Streben – ist der Funke, der die motivierende Aktivität auslöst, und das Interesse ist es, was sie lenkt und aufrechterhält, nicht der instinkthafte Trieb. In diesem Buch fügen wir diesen Vorschlägen eine noch umfassendere Revision der psychoanalytischen Theorie hinzu. In ihrer Anwendung bietet diese Revision eine neue Orientierung bei dem, was wir in einer analytischen Therapie erwarten.

Wir schlagen vor, dass das gemeinsame Thema, das *alle* motivierenden Aktivitäten beseelt, *ein Gefühl von Macht*[3] ist, die Erfahrung, etwas tun zu können, Handelnder zu sein. Schwankungen im Gefühl der Macht, der Handlungsmöglichkeiten, haben weitreichende und gleichzeitig selten erkannte Konsequenzen für die Betrachtung der Beziehung zwischen situativ angemessenen Anpassungsleistungen und unangemessenen Absichten und Zielen. Wenn der Versuch scheitert, eine adaptive Absicht zu verfolgen, kann die Person einen alternativen Weg zum Erfolg suchen. Oder er oder sie kann automatisch, ohne bewusste Absicht, unmittelbar ein Narrativ aktivieren, das das Gefühl der Macht durch ein problematisches Muster steigert, welches für das, womit wir uns in der Therapie befassen, von zentraler Bedeutung sein kann. Dies ist eine wichtige Erklärung dafür, dass Menschen, die einen frustrierenden Verlust des Gefühls von Macht erleben, automatisch und ohne Reflexion zu einer

---

1 Dieser Text war ursprünglich als Beitrag für ein gemeinsam mit James L. Fosshage und Frank M. Lachmann geplantes und bisher nicht veröffentlichtes Buch gedacht.

2 Joseph D. Lichtenberg, James L. Fosshage und Frank M. Lachmann.

3 Der hier benutzte Begriff der Macht (engl. Power) ist m. E. komplex und umfasst eine Vielzahl von anderen Begriffen wie Kraft, Wirksamkeit, Wirkmächtigkeit, Berechtigung ..., die in dem einen Zusammenhang mal in dieser, mal in anderer Weise mitgedacht werden können (Anm. d. Ü.).

beunruhigenden Reaktion übergehen, weil sie eine Absicht nicht erreichen. Um ein Gefühl von Macht wiederherzustellen, kann eine liebende Mutter ihre Tochter anschreien, weil sie sich nicht benommen hat; oder ein frustrierter Angestellter kann aus dem Büro stürmen, wenn sein Vorschlag nicht angenommen wurde; ein Preisboxer, der die Runde verloren hat, kann sich sofort einbilden, er sei Weltmeister, oder ein Politiker, der eine Wahl verloren hat, kann die Unwahrheit glauben, dass er nicht verloren hat, sondern das Opfer einer Verschwörung ist. Das Konzept der sofortigen Wiederherstellung eines gesunkenen Gefühls von Macht durch Wut, Vermeidung, grandiose Fantasie, das Schimpfen auf sich selbst oder andere oder durch Fantasien, Opfer einer Verschwörung zu sein, hilft, die universell zu beobachtende Anfälligkeit für negative maladaptive Reaktionsmuster zu erklären. Unser Konzept des Gefühls der Macht erfordert eine Neubetrachtung des Sinnes für die Zeit: für die Beziehung zwischen der episodischen Erinnerung an Erfolge oder Misserfolge bei der Aktivierung des Gefühls der Macht und der Aneinanderreihung der einzelnen Momente, in denen fortlaufend Schwankungen unterschiedlicher Intensität auftreten. Das Ausspielen des Gefühls der Macht, das mit dem Erfolg beim Erreichen eines Ziels ansteigt oder aber mit dem Misserfolg abfällt, hat einen starken Einfluss auf das Gefühl der Identität.

Jeder Mensch erlebt in jedem Augenblick ein durchschnittliches Niveau der Vitalität und der Intensität des Gefühls von Macht. Die Erfahrung eines glücklichen Zufalls oder eines kreativen Moments kann zu einem Anstieg der Intensität des allgemeinen Erlebens des Gefühls von Macht und ein Trauma kann zu einem verringerten allgemeinen Gefühl von Macht führen.

Das Gefühl der Macht ist von zentraler Bedeutung für das, was in zweierlei Hinsicht für den Fokus einer explorativen Therapie gesucht wird, wenn sie das gerade miteinander Erlebte zu verstehen sucht: das Erforschen der Vergangenheit einerseits und das Erkennen von Erfolg oder Misserfolg im gegenwärtigen Moment der Behandlungssitzung anderseits. Zum Ersten, weil die Geschichte des Erfolgs oder Misserfolgs beim Erreichen eines Gefühls der Macht im Zusammenhang mit dem eigenen Streben und mit der Durchführung einer Absicht und eines Ziels in der unmittelbaren oder entfernten Vergangenheit ein zentrales Merkmal der analytischen Exploration und Deutung ist. Zum Zweiten, weil in den Behandlungssitzungen von einem Moment zum anderen Schwankungen im Gefühl der eigenen Macht auftreten, die die Beziehung zwischen Analytiker und Analysand (Übertragung/Gegenübertragung) und die Offenheit für Exploration beeinflussen.

Die Konzeptualisierung des Gefühls der Macht als primäres motivationales Ziel des täglichen Lebens verschiebt die psychoanalytische Theorie von der Ebene des Abstrakten zum Persönlichen und verlagert den Hauptfokus von der vergangenen Erfahrung auf die größere Bedeutung der Kontinuität des Aufeinanderfolgens der einzelnen Momente im Hier-und-Jetzt.

Einführung

In *Narrative and Meaning* (Lichtenberg et al., 2017) haben wir die These vertreten, dass das Nachdenken über die vielen Formen von Narrativen dazu dient, Sinnzusammenhänge abzuleiten. Die sieben motivationalen Systeme sollen einen erlebnisbezogenen Blick auf alle menschlichen Absichten, Gefühle und Ziele bieten. Die gelebte Erfahrung[4] wird in Narrativen zum Ausdruck gebracht. Die Geschichten, die diese Narrative vermitteln, können verbal, präverbal, in der Körperbewegung, in Gesichtsausdruck, Kleidung, Geruch, Geschmack, Berührung, Vitalität und Gesten ausgedrückt werden. Einige Narrative sind Lebensgeschichten, die erzählen, wer ich bin; meine Sicht auf mich, kombiniert mit dem, wie ich denke, dass andere mich sehen. Von zentraler Bedeutung für die Geschichte des Selbst in Vergangenheit und Gegenwart ist die Sicht auf sich als jemand, der etwas tun kann; als die Geschichte eines Handelnden, der etwas tut.

– Die Notwendigkeit, auf etwas zu reagieren, löst bei der Person ein Bestreben aus.
– Das Bestreben löst Interesse aus.
– Interesse triggert Denken und Fühlen.
– Denken und Fühlen wecken Narrative und Metaphern.
– Erzählungen und Metaphern lösen Reflexion aus.
– Reflexion führt zu Verständnis.
– Verstehen führt zu Wertung, Bedeutungszusammenhängen und Sinnhaftigkeit.

Im Laufe der menschlichen Evolution hat der Körper präverbale Narrative gebildet, die kognitiv organisierte Narrative von intentionalen Reaktionen auf Durst, Hunger, Schmerz, Harndrang, Stuhlgang und motorische Aktivität auslösen. Der Verstand bildet Narrative, um den Körper dazu zu bringen, ein Bad zu nehmen, Kleidung anzuprobieren usw. Die Narrative einer jeden Person wirken auf die Narrative anderer Menschen. Einige Narrative aktivieren ein Gefühl der Macht für die betroffene Person und auch für Andere. Diese Erfahrungen werden, wenn sie wiederholt werden, kategorisiert und systematisiert. Wenn angestrebte Ziele erreicht werden, wird ein Gefühl des Erfolgs als Handelnder erlebt, der etwas »tut«. Misserfolg führt zu Enttäuschung und entweder zu einer erneuten Suche nach einem praktikablen alternativen Ansatz oder zur Aktivierung einer unmittelbaren maladaptiven Reaktion wie einem Wutausbruch, einem Panikzustand oder auch einer grandiosen Fantasie, einer

---

4   Im Englischen wird der Begriff der »lived experience« benutzt; im Deutschen kann eine »experience«, also eine Erfahrung, auch eine kognitive Erkenntnis sein; um das hier gemeinte davon abzugrenzen, wird von »erlebter Erfahrung« gesprochen, die mehr umfasst, als die rationale Erkenntnis; die im Gegenteil gerade das umfassen soll, was das subjektive Erleben dessen ausmacht, was es bedeutet, eine Situation erlebt zu haben, ihr ausgesetzt gewesen zu sein (Anm. d. Ü.).

Verschwörungstheorie des von ihr vermeintlich betroffenen Opfers. Die folgenden Berichte aus der klinischen Praxis illustrieren zunächst einen plötzlichen Wechsel von dem Gefühl der Macht, eine adaptive Absicht erreichen zu können, zu einem anderen Gefühl der Macht, die durch den plötzlichen Wechsel in einen pathologischen Zustand zum Ausdruck kommt, und illustrieren dann das gesteigerte Gefühl der Macht, wenn ein Narrativ körperlich ausgedrückt wird und/oder angenommen wird.

Frau T., Mitarbeiterin in einer Kanzlei, wandte sich an eine psychotherapeutisch erfahrene Sozialarbeiterin und suchte Rat wegen ihrer Unfähigkeit, eine Beziehung mit einem Mann aufrechtzuerhalten. Die Sozialarbeiterin rief mich an, um mir von Frau T. zu erzählen: Frau T. hatte bereits fünf erfolglose Versuche einer Psychotherapie unternommen. Die Sozialarbeiterin rät Frau T., sich mit mir in Verbindung zu setzen, und fügt hinzu: »Wenn er Ihnen nicht helfen kann, geben Sie es auf.« Ich willigte ein, Frau T. zu sehen, und erhielt einen Anruf von ihr, den sie geschäftsmäßig führte. Zu der dabei vereinbarten Zeit begrüßte ich dann Frau T. im Wartezimmer. Eine modisch gekleidete attraktive Frau in den Dreißigern begrüßte mich freundlich. Im Sprechzimmer erzählte sie mir den Grund ihres Kommens und begann mit der Erzählung ihrer Geschichte. Während ich zuhörte, flog ein Vogel am Fenster vorbei. Ich bin empfindlich für Bewegungsreize und drehte mich kurz zum Fenster. Als ich zurückblickte, sah ich erschrocken, dass Frau T. zusammengebrochen war. Sie hörte auf zu sprechen, ihr Kopf fiel auf die Brust und ihr Gesichtsausdruck war depressiv. Besorgt fragte ich sie, ob sie mein kurzes Abwenden von ihr, um den Vogel zu betrachten, verstört habe. Sie sah zu mir auf und nickte bejahend. Ich versicherte ihr, dass ich nicht die Absicht gehabt hatte, mich von ihr zu distanzieren. Sie antwortete: »Aber meine Mutter hat es getan. Sie konnte es nicht ertragen, wenn ich Blickkontakt herstellen und halten wollte. Sie schaute immer weg und je mehr ich es versuchte, desto abweisender wurde sie.« Ich erkannte, wie enttäuschend und desillusionierend das für Frau T. als Kleinkind und dann später war. Wir trugen dieses Thema dann weiter zu den verschiedenen Auswirkungen auf Misserfolge in ihrem Gefühl für die Kraft, irgendeine Beziehung mit einem Mann oder einem Therapeuten aufrechtzuerhalten. Welche Verbindung sie auch immer auf verbaler Ebene herstellte, unter der Oberfläche erwartete sie eine Abwendung, eine Zurückweisung, die sie aus gewöhnlichen körperlichen, besonders mimischen, Bewegungen ablesen konnte. Auf der Basis dieses gemeinsamen Verständnisses führten Frau T. und ich eine lange erfolgreiche Psychotherapie fort, die für sie zu einer zufriedenstellenden Ehe führte.

Alice war in der Oberstufe, als sie zur Behandlung kam. Ihre ersten Jahre hatte sie in Großbritannien verbracht. Der Umzug der Familie und Unstimmigkeiten zwischen ihren Eltern waren zu einer Belastung geworden, die Alice in der Schule gleichgültig, sozial zurückgezogen und oft depressiv werden ließ. In den Psychotherapiesitzungen kamen sie und ich gut miteinander aus. Am Ende einer Sitzung war sie aber verärgert und deprimiert. Aufgrund eines Musters, das sie aus Großbritannien übernommen hatte, hatte sie das Händeschütteln beim Abschied eingeführt. Ihr Körper neigte sich dabei typischerweise beim Verlassen zur Tür hin. Jetzt neigte sie ihren Körper nicht, sondern sie stand mir fest verankert gegenüber, als wir die Hände schüttelten. Sie schien den Tränen nahe. Ich schaute ihr ganz bewusst in die Augen, mein Blick war geprägt von tief empfundenem Mitgefühl. Als wir so dastanden, griff meine linke Hand, ohne dass ich mir dessen bewusst war, nach oben und umschloss ihre Hand zwischen meinen beiden. So standen wir ein paar Minuten, bis sie ein Zeichen gab, dass sie bereit war zu gehen. Ich entspannte meine Hände, als sich ihr Körper in Richtung Tür neigte. Die Behandlung verlief erfolgreich weiter und ich hörte später von ihr, dass sie im College war.

In einer erfahrungsbasierten Vision der psychoanalytischen Theorie und Praxis (Lichtenberg et al., 2021) haben wir in Anlehnung an Panksepp (Alcaro & Panksepp, 2011) die Ansicht vertreten, dass das *Streben und nicht der Trieb oder Instinkt der primäre Auslöser für die Motivation ist*. Das Streben oder Suchen – englisch: seeking (Anm. d. Ü.) – konzentriert sich auf die Absichten, Affekte und Ziele jedes der sieben Motivationssysteme. Ein Teil des Suchens ist bewusst. Die Person kann erkennen, wonach sie sucht. Vieles Suchen geschieht unbewusst, eher intuitiv als bewusst definiert. Wir haben drei Entwicklungspfade für das Streben identifiziert: den Pfad für das Streben nach Beziehungen und Intimität, den Pfad für das Streben nach Beherrschung der Umwelt, Lernen, Kreativität, Humor und Spiel, und den Pfad für das Streben nach einem gesunden Körper, physiologischer Regulierung und einer guten Verbindung von Körper und Geist. Wir haben auch zwischen Enttäuschung und Desillusionierung unterschieden. Enttäuschung führt dazu, einen alternativen Weg zu suchen, um Erfolg zu erleben; Desillusionierung führt dazu, das Streben hin zu dem Erreichen einer Absicht und eines Ziels aufzugeben.

Auf der Grundlage unseres Verständnisses von Narrativen und des Strebens untersuchen wir die adaptive Rolle der breiten Vielfalt von Affekten, Absichten und Zielen der sieben motivationalen Systeme. Wir fragen nun, *ob es ein gemeinsames Thema gibt, das sich durch alle motivationalen Ziele, die gesucht werden, hindurchzieht. Wir glauben, dass ein Gefühl der Macht, dass der Erfolg oder Misserfolg uns dabei als tuende Handelnde – englisch: a doer doing – zu empfinden, ein Thema ist, das sich durch alle unsere Bestrebungen hindurchzieht, sowohl bei der Bewertung von Ereignissen als auch in jedem Moment im Hier-und-Jetzt.* Wenn wir Erfolg beim kompetenten Ausführen einer Absicht erleben, empfinden wir ein gesteigertes Gefühl von Macht. Bei Misserfolg erleben wir ein vermindertes Gefühl von Macht. Wir können dann nach einem alternativen Mittel suchen, um unsere Absicht zu erreichen, oder, und das ist das Wichtigste, nach einem alternativen Ansatz, der, auch wenn er unpassend ist, schnell wieder ein Gefühl von Macht vermittelt.

Wenn wir von »Macht« im »Gefühl der Macht« sprechen, bezieht sich das auf eine universelle Erfahrung, die sich aus der Verfolgung einer beliebigen Aktivität ergibt, die eine bewusste oder unbewusste Absicht und ein Ziel beinhaltet. Handlungsfähigkeit, Beherrschung und Vertrauen sind Begriffe, die häufig verwendet werden, um dieses Gefühl der Macht auszudrücken. Da sich diese Begriffe im Allgemeinen auf die Fähigkeit beziehen, eine adaptive Absicht zu verwirklichen, haben wir uns für die Verwendung des »Gefühls von Macht« entschieden, weil es sowohl adaptive Ziele als auch maladaptive Absichten einschließt. Wir führen ein neues Verständnis für die verschiedenen Erfahrungen ein, die entstehen, wenn sich eine Person erfolglos fühlt. Wir beziehen uns nicht auf physische Macht wie eine Batterieleistung oder die Kraft eines Motors. Wir beziehen uns auch nicht auf das Ausüben von Macht über jemanden oder über eine Sache oder sonst etwas. Das Ausüben von Dominanz über jemanden oder über etwas verstärkt das Gefühl von Macht.

»Gefühl« im Begriff des »Gefühls der Macht« beinhaltet die gesamte Bandbreite der impliziten und expliziten mentalen Verarbeitung: bewusste Wahrnehmung, unbewusste Wirkung auf Affekt, Absicht und Ziele, reflektierende Wahrnehmung, eine Bandbreite zwischen Klarheit und einem unterschwelligen affektiven Ton. Mit Macht meinen wir das Gefühl, etwas tun zu können, eine Absicht erreichen zu können. Die Macht des Könnens wird oft als Vertrauen, Geschicklichkeit und Beherrschung bezeichnet. Wir stimmen der Verwendung dieser Begriffe zu, aber diese Metaphern für Macht implizieren die Bewältigung von adaptiven Aufgaben. Macht wird aber auch durch Dominanz, Sadismus, Wut, Hohn, Verachtung und Geringschätzung erlebt. Ein Gefühl von Macht wird empfunden, wenn man ein mathematisches Problem löst, den Weg zu einem Ziel findet, einen Witz erzählt und einen Lacher erntet, etwas aus dem Weg schiebt, spazieren geht, uriniert, flucht, sadistisch ist – Macht über Körper und Geist hat, wer konstruktive und destruktive Handlungen ausführt. Für manche Menschen ist das Gefühl der Macht nur dann vorhanden, wenn sie sich selbst als dominant erleben. Einschätzungen sind polarisiert: »Gewinner« haben ein Gefühl von Macht, »Verlierer« nur Schwäche und Wertlosigkeit.

»Switch«: Der Prozess, den wir als »Switch« bezeichnen, eine plötzliche, automatische, unreflektierte Änderung der Affektabsicht und des Ziels, ist von zentraler Bedeutung für das Verständnis der Auswirkungen größerer Verschiebungen im Gefühl von Macht. Eine Ehefrau, die normalerweise rücksichtsvoll und nachsichtig mit ihrem Mann ist, schreit ihn an, wenn er so spät nach Hause kommt, dass das Abendessen ruiniert ist. Ein Kunde, der mit dem Service in seinem Lieblingsrestaurant unzufrieden ist, stürmt hinaus. Ein Patient, der überzeugt ist, dass sein Therapeut kritisch ist, greift die vermeintliche Kritik auf und beginnt, sich selbst zu attackieren. In *Blink, The Power of Thinking without Thinking* stellt Gladwell (2005) das Beispiel des Hin- und Herwechselns zwischen bewussten und unbewussten Denkweisen vor. Die Entscheidung, einen Mitarbeiter zum Essen einzuladen, wird überlegt und geplant. Die Entscheidung, mit dem Mitarbeiter in einen Streit zu geraten, wird unbewusst getroffen. Der Wechsel zu Wut, Rückzug und Selbstkritik von Ehefrau, Kunde und Patient ist plötzlich, automatisch und ohne Plan oder Reflexion. Es handelt sich um eine unmittelbare Wiederherstellung des Gefühls von Macht nach einem Verlust des Gefühls, etwas tun zu können – das aus dem Scheitern bei der Verfolgung einer Absicht resultierte. Der plötzliche Wechsel ist eine evolutionäre Entwicklung, die notwendig ist, um Feinden und anderen Gefahren zu begegnen. Ein ähnlicher Wechsel ist der Wechsel von einer linearen Aktivität zu einem nichtlinearen prozeduralen Prozess – das Abwenden eines drohenden Autounfalls durch Drehen des Lenkrads, das Greifen nach etwas, das herunterfällt, und all das Training für Fabrik-, Militär- und andere Routinetätigkeiten. Um die Auslösung des Switches eines Patienten in einer analytischen Therapie zu verstehen, muss man zurückverfolgen, was zu einem Gefühl des Versagens im Machtempfinden geführt hat.

Ein weiterer Wechsel nach einem anhaltenden Scheitern im Gefühl der Macht, eine Intention erfolgreich zu verfolgen, ist der Beginn eines depressiven Zustands. Der traditionelle analytische Ansatz konzentriert sich auf die Erforschung der Enttäuschung und/oder Desillusionierung, die das Scheitern im Machtempfinden ausgelöst hat. Wir schlagen vor, dass das Kernelement der Depression nicht die Enttäuschung ist, sondern der Verlust der Hoffnung. Folglich schlagen wir vor, dass das zentrale Augenmerk bei Exploration auf den Wandlungen der Hoffnung liegen sollte: Wie stark oder schwach war die Hoffnung vor dem Ausbruch der Depression? Wie wurde sie verloren? Wie stark war die Hoffnung allgemeines Merkmal der zugrunde liegenden affektiven Gestimmtheit? Wie kann dem Patienten geholfen werden, die Hoffnung wiederzuerlangen und das Gefühl und die Wirkung der Depression zu begrenzen?

»Erfahrung«: Gelebte Erfahrung bezieht sich auf alle von Moment zu Moment stattfindenden Ereignisse, die eine Person innerhalb und außerhalb des bewussten Gewahrseins und der Reflexion beeinflussen. Erfahrung bezieht sich auf Gefühle, Vitalität, Belebung, Erzählung, Gestik, Gedanken, Empfindungen, Erinnerung, Erwartungen, Fantasie, Intuition, Vorstellungskraft, Einstellungen, Absichten und Ziele.

Wir haben viele Möglichkeiten, den Lauf der Zeit zu erklären. Eine sind die Epochen des Lebens: Säuglingsalter, Kindheit, Jugend, Erwachsenenalter und die älteren Jahre. Eine andere unterteilt dies in kleinere Einheiten: Säuglingsalter, Kleinkindalter, frühe und späte Kindheit, Jugendalter, junger Erwachsener, älterer Erwachsener, mittleres Alter, Seniorenalter. Eine gängige Art, den Ablauf der Zeit zu konzeptualisieren, ist episodisch – von Ereignis zu Ereignis: Wann wir zuletzt in diesem Restaurant waren; den Monat, den wir in der Toskana verbrachten; das Jahr, in dem mein Blinddarm entfernt wurde. Ein solches episodisches Gedächtnis ist die Grundlage des Narrativs – der Geschichte unseres Lebens, unseres Selbstverständnisses und unserer Identität (Lichtenberg et al., J. 2017). Unsere Ansicht, das Thema dieses Buches, ist, dass eine kontinuierliche Abfolge von Gegenwartsmomenten (Stern, 1985, dt. 2007) der optimale Weg ist, um das Wesen der gelebten Erfahrung zu erfassen. Während wir das Gefühl der Macht als eine Komponente der gelebten Erfahrung jedes gegenwärtigen Moments betrachten, kann die Person eine ganze Bandbreite davon im Bewusstsein haben, jemand zu sein, der etwas tun kann oder nicht tun kann, was von voller Anerkennung über ein schwaches Empfinden bis dahin reicht, sich dessen überhaupt nicht gewahr zu sein. Das Umschalten erfolgt am häufigsten mit wenig oder gar keinem Bewusstsein dafür.

Während wir gemeinhin denken und aus Episoden unsere Erzählungen formen, ist in jedem Moment ein Gefühl der Macht präsent. Wir können eine Analogie zum Wetter ziehen. Das Wetter ist sowohl ständig präsent, episodisch, als auch ständig wechselnd und immer wiederkehrend. Die zugrundeliegenden Hintergrundfaktoren ergeben sich aus der Entfernung vom Äquator und vom Auge des Orkans.

Unser Konzept des Gefühls der Macht ist eine radikale Abkehr von bestehenden Motivationstheorien. Die traditionelle psychoanalytische Theorie betrachtet Motivation als aus instinktbasierten dualen Trieben entstehend – der Libido und den aggressiven, Leben und Tod betreffenden Instinkten. Die primitive oder dezentrale Energie wird durch das Ich reguliert, das als exekutive Organisation funktioniert und vom Über-Ich (Moral) und dem Ich-Ideal (Ethik) beeinflusst wird. Im Gegensatz dazu beruht ein erfahrungsbasiertes Verständnis der Motivation auf dem Erreichen von Erfolg bei der Erfüllung der Gefühle, Absichten und Ziele eines oder mehrerer motivationaler Systeme. Das Ergebnis des Erfolgs ist die Erfahrung eines Gefühls von Macht. Das Scheitern beim Erreichen der Absichten eines motivationalen Systems wird als ein vermindertes Gefühl von Macht erlebt, als Schwäche und Unfähigkeit. Die sofortige Wiederherstellung des Gefühls von Macht kann durch die Aktivierung der Suche nach einem alternativen Weg oder durch die Einführung einer maladaptiven Zielsetzung erreicht werden.

Das Ansteigen oder Abfallen des Gefühls von Macht von einem Moment zum anderen wird von einem positiven oder negativen Grundton oder einem »Summen« beeinflusst, die Zuversicht oder Zweifel, Optimismus oder Pessimismus, guten Willen oder Scham und Schuld vermitteln. Die Fähigkeiten einer Person in Beziehungen, im Umgang mit der Umwelt und in der Aufrechterhaltung des körperlichen Wohlbefindens werden kontinuierlich innerhalb oder außerhalb des Bewusstseins bewertet.

Der Kern des Selbsterlebens beinhaltet die konsistente Wahrnehmung des Gefühls der Macht und diskreter Affekte und ist unabhängig von Schwankungen eines zugrunde liegenden generalisierten affektiven Tones (Lichtenberg et al., 2021). Der zugrundeliegende affektive Ton ergibt sich aus der Qualität der Bindungserfahrungen zwischen Säugling und Mutter wie ein Hintergrundthema in einer musikalischen Komposition. Die Konsistenz der Reichhaltigkeit oder Flachheit des verallgemeinerten Tons taucht zusammen mit diskreten Affekten auf, während sich jedes motivationale System selbst organisiert, stabilisiert und in dynamischer Spannung mit anderen motivationalen Systemen fluktuiert. Der zugrundeliegende affektive Ton bezieht einen

Großteil seiner Qualität aus den Wechselfällen der frühen Bindung, insbesondere aus dem Vorhandensein oder Fehlen von Sicherheit, Wärme und sinnlichem Vergnügen.

Ein Beispiel einer adaptiven Moment-zu-Moment-Verschiebung des Gefühls von Macht trat auf, als ich (J. L.) gebeten wurde, die erste analytische Behandlung auf der Grundlage der neu entwickelten Selbstpsychologie vorzustellen. Mein Gefühl von Macht war sehr unklar, da ich kein Mitglied der Gruppe um Kohut war und auch keine Supervision durch einen Selbstpsychologen gehabt hatte. Was ich wusste, wusste ich aus der Lektüre und meiner eigenen Buchbesprechung (Lichtenberg, 1993) von Kohuts Buch *The Analysis of the Self. A Systematic Approach to the Psychoanalytic Treatment of Narcissistic Personality Disorders* (Kohut, 1971, dt.: Narzißmus, 1973) Ich entwickelte eine Fallbeschreibung, die ich den 1.000 Therapeuten vorstellte, die an einem Treffen in Boston teilnahmen. Während ich darauf wartete, dass ich an der Reihe war, saß ich in der ersten Reihe, neben mir meine Tochter, die in Boston auf dem College war, und neben ihr Heinz Kohut. Ich war zunehmend ängstlich, und meine Tochter war es nicht gewohnt, mich so um mein Gefühl von Macht besorgt zu sehen, um meine Fähigkeit, bei der Bewältigung einer kognitiven Aufgabe erfolgreich zu sein. Als ich aufstand, um ans Rednerpult zu gehen, sagte Kohut zu ihr, seine Hand auf ihrem Knie: »Mach dir keine Sorgen, dein Papa macht das ganz prima.« Diese Worte klangen in meinen Ohren und ich spürte, wie ich mein Gefühl der Macht etwas wiedererlangte. Als ich vorlas, was ich geschrieben hatte, festigte meine implizite Einschätzung, dass meine Worte das ausdrückten, was ich sagen wollte, mein Gefühl der Macht: mein Ich-kann-es. Dann hob meine Beobachtung, jetzt dessen bewusst, dass das Publikum aufmerksam, interessiert und positiv reagierte, mein Gefühl der Macht weiter an. Nachdem mein Vortrag zu Ende war, gab mir der Applaus des Publikums einen weiteren Moment der Rückversicherung, bevor eine gewisse Sorge über die Reaktion der nun folgenden Diskutanten aufkam. Der erste Diskutant, Ernest Wolf, sagte, ich hätte eine gute Präsentation eines analytischen Falles unter Verwendung der Selbstpsychologie vorgetragen – ein weiterer Auftrieb für mein Gefühl der Macht. Dann sagte Nicholas Treuniet, ein europäischer Analytiker, ich hätte eine gute Präsentation eines analytischen Falles unter Verwendung der traditionellen psychoanalytischen Theorie gegeben. Ich war erleichtert, gelobt und nicht kritisiert zu werden, aber verwundert darüber, was er mit traditionell gemeint hatte. Später sagte er mir: Winnicott.

Die Erfahrung, die ich beschrieben habe, kann auf zwei aufschlussreiche Arten konzeptualisiert werden – als vergangene relevante Ereignisse und/oder die Abfolge von gegenwärtigen Momenten. Was Monate zuvor, als ich den Auftrag annahm, mit Zweifeln über die erfolgreiche Durchführung einer Absicht meines motivationalen Erkundungs-/Bewältigungssystems begonnen hatte, beinhaltete im Hier-und-Jetzt einen Moment der Empathie von Seiten Heinz Kohuts und endete mit meinen Gefühlen von Erleichterung und Erfolg.

Die Reaktion auf ein abnehmendes Gefühl von Macht kann darin bestehen, einen alternativen Weg zu einem vergleichbaren Gefühl und Ziel zu suchen oder in einer sofortigen Aktivierung eines von mehreren möglichen maladaptiven Zuständen:

1. wütend, zornig, zerstörerisch werden;
2. ablehnen, weglaufen;
3. eine narzisstische Fantasie von grandiosen Leistungen entwickeln;
4. Scham und Selbst-Geißelung;
5. eine Verschwörungstheorie bilden, deren vermeintliches Opfer man ist.

Beispiel 1 – Wütend, zornig, destruktiv werden

In seiner Analyse ging Herr T., ein erfolgreicher Geschäftsmann, auf die Unsicherheit ein, die er während seiner späten Jugend und frühen Erwachsenenjahre empfand. Sein Fokus lag auf den Zweifeln, die er hatte, seine Tests zur Zulassung für die Universität zu bestehen. Er bereitete sich zusammen mit seinem engen Freund Benson vor, der ihm in einem Bereich sehr half, in einem anderen jedoch nicht. Die Aufsätze, die Herr T. schrieb, wurden von seinem zwanghaften Vater routinemäßig kritisiert, aber von den Lehrern in der Schule gut aufgenommen. Viele seiner Selbstzweifel tauchten im Zusammenhang mit den Zulassungsprüfungen und den Bemühungen auf, an einem guten College aufgenommen zu werden. Nachdem ich über die Quelle seiner Zweifel – sein episodisches Gedächtnis – nachgedacht hatte, bat ich ihn, sich selbst in dem Raum vorzustellen, in dem er den Test machte. Er beschrieb, wie er Selbstvertrauen aufbaute, als er an dem Bereich arbeitete, bei dem er das Gefühl hatte, dass er die Aufgaben gut bewältigte. Aber dann sank sein Gefühl der Macht – des Könnens – schmerzlich, als er den Teil begann, den er nicht zu beherrschen glaubte – den Teil, für den Benson kein Interesse gezeigt hatte, sich darauf vorzubereiten. Herr T. beschrieb sein Gefühl der Enttäuschung darüber, dass er Benson nicht überzeugen konnte – ein vermindertes Gefühl von Macht –, und erlebte dann einen unmittelbaren Schub von Wut: die Aktivierung des Gefühls von Macht, das Wut und Angriff vermitteln. In dieser Vignette können wir mehrere gegenwärtige Momente und Verschiebungen des Gefühls von Macht sehen: Herr T. arbeitet mit dem Analytiker zusammen, um sich kreativ in das Erlebnis zurückzuversetzen; Herr T. bewertet, dass er effektiv mit dem Analytiker kommuniziert; der Analytiker aktiviert Herrn T.s Interesse, das Erlebnis noch einmal zu erleben; der Analytiker versteht Herrn T.s Affekt, Absichten und Ziele; der Analytiker ist in der Lage, das, was ihm gesagt wird, in einen Kontext zu stellen, wie es sich auf ihre intersubjektive Erfahrung auswirkt oder von ihr ableitet. Und all dies wird durch den Hintergrundaffekt beeinflusst, den jeder der beiden hat, nämlich die Erwartung, dass er in der Lage ist, empathisch zu sein und effektiv zu kommunizieren oder nicht. Der Erfolg von Herrn T. und des Analytikers beim Aufbau einer Beziehung, mit einem Gefühl von individueller und gegenseitiger Macht über die längere Zeit der Behandlung, dem »Durcharbeiten«, verschob allmählich das Hintergrundrauschen weg vom Pessimismus hin zum Optimismus.

Beispiel 2 – Ablehnen, Weglaufen

Fräulein N., eine in Kalifornien lebende Krankenschwester, war verliebt in einen Arzt des Krankenhauses, in dem sie arbeiteten. Von Zeit zu Zeit wurde über Heirat gesprochen, ohne dass es eine verbindliche Aussage gab. Frau N. stellte fest, dass sie immer unzufriedener wurde, immer unsicherer über ihre Absichten und Ziele. Ihre Eltern hatten wiederholt phasenweise getrennt gelebt, was sich negativ auf die Kinder ausgewirkt hatte. Außerdem zeigte ihre Mutter eine klare Präferenz für Frau N.s Bruder. Der deutliche Angriff auf ihr Gefühl von Macht kam, als sie entdeckte, dass der Arzt, den sie als ihren »Verlobten« betrachtete, eine sexuelle Beziehung mit einer anderen Krankenschwester hatte. Sie fasste sofort den Plan, den Arzt und die Westküste zu verlassen und nach Washington in den Osten zu kommen. Sie löste sich von allen Bindungen, die zu ihrem Machtverlust beigetragen hatten.

Beispiel 3 – Aktivieren einer narzisstischen Fantasie

Herr S. war ein junger Anwalt in einer angesehenen Kanzlei. Er hatte eine schwer einschätzbare Beziehung zu dem Seniorpartner, bei dem er in Ausbildung war. Während vieler Sitzungen begann er – nach einer groben und für mich unfairen und unnötigen Schimpftirade – zu erzählen, was passiert war. Dann wechselte er plötzlich aus seinem depressiven Affektzustand heraus und beschrieb ein Tennismatch, in dem er den besten Spieler des Clubs geschlagen hatte. In seinem Modus des Polarisierens sagte er: »Ich bin ein Gewinner, kein Verlierer.« Seine ganze Stimmung und sein Auftreten änderten sich, als er mir erzählte, wie gut seine Rückhand funktionierte. In einigen Sitzungen hielt sein Wechsel zu einem optimistischen Gefühl der Stärke bis zum Ende der Sitzung und sogar noch eine Zeitlang danach an. Zu anderen Zeiten, besonders wenn er damit konfrontiert war, dass er am Ende der Sitzung mein aufnahmebereites Zuhören verlassen musste, kehrte ein Gefühl der Enttäuschung und/oder Desillusionierung zurück.

Beispiel 4 – Selbstgeißelung

Frau S. nähte gerade einen Rock für ihre Tochter. Während sie daran arbeitete, fühlte sie ein relativ gleichmäßiges Gefühl der Macht, abzumessen, zu nähen und anzupassen. Wenn sie eine Kleinigkeit entdeckte, die ihr nicht gefiel, sank ihr Gefühl von Macht für einen Moment, bis sie die gewünschte Anpassung vorgenommen hatte. Ihr Gefühl von Macht wurde durch die Bewunderung für das ästhetische Vergnügen, das sie aus der Farbe und dem Design des Stoffes zog, und durch die Vorstellung, wie gut ihre Tochter darin aussehen wird, verstärkt. Sie hatte auch das Gefühl, dass ihre eigene Mutter – eine erfolgreiche Designerin – sie anerkannte. Als sie fast fertig war, versuchte sie, eine Schärpe anzulegen, und riss sie dabei leider kaputt. Sofort frustriert, warf sie den Rock und die Schärpe quer durch den Raum, als das Gefühl der Macht als geschickte Schöpferin sank. Als sie den Raum verließ, stieg ihr Gefühl von Macht wieder, während sie begann, sich selbst als Idiotin zu geißeln, die nichts hinbekommt. Auf diese Weise erlebte sie die Macht ihrer Mutter, die sie früher für jeden großen oder noch so kleinen Fehler beschämt hatte. Beide Erfahrungen ihres Gefühls von Macht, kreativ und destruktiv, betrafen Körper und Geist. Als sie den Erfolg ihres Vorhabens spürte, den Rock zu nähen, hatte ihr Gesicht die leichte Andeutung eines Lächelns, ihre Augen hatten ein Funkeln und ihr Körper neigte sich nach vorne, während sie den Schnitt ausarbeitete. Nach dem Reißen der Schärpe verengten sich ihre Augen zu einem Stirnrunzeln, ihre Hände ballten sich zu einer Faust, ihre Bewegungen waren ruckartig und die Muskeln angespannt, als sie kognitiv ihre Enttäuschung darüber erfasste, keine geschickte Näherin zu sein.

In unmittelbarem Zusammenhang mit ihrer Aktivität stand die Bewertung ihres Erfolgs oder Misserfolgs beim Erreichen der Absichten eines oder mehrerer motivationaler Systeme. Um ihren Erfolg beim Nähen zu bewerten, stützte sie sich auf ihr lineares Lernen, wie man die benötigten »Werkzeuge« benutzt – eine Fähigkeit des explorativen motivationalen Systems. Um das Design, die Schönheit des genähten Rocks zu bewerten, griff sie auf ihr ästhetisches Empfinden zurück – ein Aspekt des sinnlichen motivationalen Systems. Der Riss in der Schärpe wurde gemäß ihres linearen Lernens wahrgenommen. Der Schock und die Bestürzung griffen auf das aversive motivationale System von Frau S. zurück. Die Intensität ihrer Reaktion auf das Scheitern einer Absicht basierte auf ihrer starken Neigung, sich selbst durch das Urteil ihrer Mutter als beschämte Idiotin zu betrachten, die nichts zustande bringt.

Beispiel 5 – Aktivieren einer Verschwörungstheorie

Eine Verschwörungstheorie gibt der Person ein Gefühl der Macht, »Experten« abzulehnen und versteckte Gruppierungen zu entlarven. »Wenn ich mir vorstelle, dass meine Feinde durch und durch böswillig sind, dann kann ich jede noch so zerstörerische und grausame Taktik anwenden.« Herr Y., ein hoher Regierungsbeamter, war oft mit den Älteren in seiner Abteilung uneins. Er war der festen Überzeugung, dass seine Ansicht richtig war. Wenn er keine Bestätigung erhielt, überprüfte er seine Telefonleitung oder seinen Computer in der Überzeugung, dass sein Gefühl der Macht von Verschwörern untergraben wurde. Ähnlich verhielt es sich, wenn er bei seiner Frau und seinen Töchtern nach einer Bestätigung ihrer Liebe und Bewunderung suchte und diese nicht erhielt, obwohl es in dem Moment unwahrscheinlich war und er dann sein Gefühl von Macht wiederherstellte, indem er alle Fensterläden herunterzog, die Türen verriegelte und den Computer ausschaltete, um die Verschwörer auszuschalten. Interessanterweise ging Herr Y. noch weiter und schloss sich einer Gruppe von Verschwörern an, die weltweit im Fernsehen warnende Vorträge hielten.

Welcher Affekt, welche Absicht und welches Ziel wird in dem jeweiligen motivationalen System angestrebt?

In jedem gegenwärtigen Moment nimmt eine Person eine Einschätzung des eigenen Gefühls von Macht vor. Hat sie Erfolg bei der Suche nach Gefühlen, Absichten und Zielen, die ihr Interesse wecken und ihr Gefühl von Macht stärken? Die angestrebten Ziele variieren in Abhängigkeit von den Potenzialen, die für jedes motivationale System zentral sind. In einer Therapiesitzung versucht die Analyse, sowohl zu erkennen, was der Patient sucht, als auch das Narrativ des Suchens in den Diskurs zu bringen. Der Analytiker nimmt die gleiche Bewertung sowohl seines eigenen Suchens als auch das des Analysanden vor. Was gesucht wird, ist unterschiedlich, je nachdem, welches motivationale System dominant ist.

Bindung: Zuneigung, Vertrauen, das Wissen über den Anderen und das Wissen über das Selbst-mit-dem-Anderen sowie auch beide zusammen (englisch: the self with the other and both together, Anm. d. Ü.), Zustimmung, das Gefühl der Verbundenheit und der Gemeinsamkeit, Bewunderung, Kommunikation in der Tiefe, Hilfestellung mit der Offenheit für Widersprüche und deren Auflösung, Sinnlichkeit als anhaltender Gefühlszustand in Verbindung mit dem Anderen, Sexualität und orgiastisches Streben, wenn es angemessen ist.

Eine der wichtigsten Erfahrungen in der Bindung ist das Gefühl für den »Anderen« als die Gegenwart eines unterstützenden Anderen, wie Winnicott es formuliert: »allein in der Gegenwart des Anderen« (Winnicott, 1958, *Playing and Reality*; dt.: *Vom Spiel zur Kreativität*, 2012). Wenn sich die Behandlung dem Ende zuneigt, gibt es ein Gefühl des Wegdriftens der Nähe – ein Nachlassen der Präsenz des unterstützenden Anderen, der bei einem gewesen ist. Eine alternative Fantasie kann ins Spiel kommen – bewusst oder unbewusst. Es ist die Phantasie, vom Therapeuten adoptiert zu werden. Wenn ich mir vorstelle, dass Sie mich adoptieren, gibt es kein Ende. Ich gehöre immer zu Ihnen. Neben der Adoptionsphantasie gibt es noch eine andere Phantasie – irgendwo ist mein wirklicher Elternteil. Die erste Patientin, die ich jemals behandelte, war eine junge Frau, die mit Schizophrenie ins Sheppard Pratt Krankenhaus kam. Wir beide kamen besonders gut mit einander zurecht und die Symptome gingen deutlich zurück. Als es ihr besser ging, begann ihre Familie damit zu drohen, sie gegen den ausdrücklichen ärztlichen Rat mitzunehmen. Sie selbst formulierte den Wunsch, dass ich sie adoptieren sollte. Dies war in ihrem Fall sehr konkret. Ich dachte sogar darüber nach, konnte dies aber mit meiner Frau und meinen Kindern nicht tun. Ihre Familie nahm sie aus der Klinik mit und verweigerte jede weitere Therapie. Innerhalb von vier Monaten beging sie Selbstmord.

Zugehörigkeit: zu einer definierten Gruppe – Familie, Schule, Team, Burschenschaft oder Schwesternschaft – zu gehören, als Mitglied einer Gruppe erwünscht sein, Mitglied und/oder Führungskraft sein wollen.

Fürsorge: empathische Sensibilität für die Bedürfnisse, Schmerzen und Leiden Anderer, Mitgefühl, aktiver Beitrag zu einer Gesundheitsstörung.

Physiologische Regulierung: Aufrechterhaltung der Körperfunktionen und -bedürfnisse in einer gesunden, angenehmen Weise – Essen, Urinieren, Stuhlgang, Haut, Zähne, Augen, Muskelkraft und Bewegung.

Explorative Selbstbehauptung: Beherrschung der Umgebung, Lernen, Leichtigkeit im Umgang mit Aufgaben und Werkzeugen, Humor, Spielfähigkeit, Handlungsfähigkeit, Effektivität, mechanische Fähigkeiten, Kreativität.

Sinnliche/sexuelle Dimension: eine breite Palette sinnlicher Motivationen, die einen positiven emotionalen Zustand, Wertschätzung von Kunst und Schönheit, Freude an Berührung, an Geschmack, Geruch, Musik, am Geschaukelt- und Beruhigt-Werden sowie Gutmütigkeit einschließt. Sexualität bezieht sich auf orgiastisches Erleben mit dem Anstieg der Erregung bis zum Höhepunkt und dann ein schnelles Loslassen und ein Gefühl der Freude und Erleichterung.

Aversivität, Vermeidung und Antagonismus: Fähigkeit, nein zu sagen, sich zu widersetzen, sich von einer Gefühls- und Handlungsweise zu entfernen und/oder diese trotz der Entschlossenheit Anderer, insbesondere von Autoritäten, durchzusetzen.

Das Gefühl der Macht, therapeutische Exploration und nachhaltige Veränderung

Zwei Prozesse sind für den Erfolg in der analytischen Psychotherapie verantwortlich, Exploration und Bezogenheit. Suchen ist der Funke, der den Geist/Körper-Zustand der Wachheit auf eine Absicht, ein Gefühl und ein Ziel eines der motivationalen Systeme lenkt. Interesse ist der affektive Prozess, der die Richtung und Intensität der

Intention vorgibt. Die Bedeutung der Absicht und die Art und Weise, sie zu erreichen, werden zu einem gemeinsamen Ziel von Patient und Analytiker – oft in unterschiedlichem Maße. Der Patient wird offener für eine Interpretation sein, wenn der Analytiker ein Gefühl der Empathie aufbaut, und der Analytiker kann besser folgen, interpretieren und Hypothesen aufstellen, wenn er sich vertraut und respektiert fühlt. Wir haben das Ideal der Situation beschrieben, in der eine Modellszene von Analytiker und Analysand gemeinsam erforscht wird, die sich eine Beobachtungsplattform teilen (Lichtenberg et al., 1996). Das Gefühl der Macht für jeden der Beiden entsteht sowohl durch das introspektive Suchen und Lösen von Problemen als auch durch die Interaktion und den Austausch. Gleichzeitig mit der Aktivität, die sich auf die Identifizierung der gesuchten Absicht und des gesuchten Gefühls konzentriert, geschieht die weitgehend aus dem Bewusstsein heraus erfolgende Bewertung des Gefühls von Macht. Dies beinhaltet eine weitgehend unbewusste Bewertung des Erfolgs oder Misserfolgs der Suche.

Der Prozess, den wir beschrieben haben, wird in jeder Psychotherapie erlebt. Jede Interpretation und Intervention wird notwendigerweise auf Erfolg oder Misserfolg hin bewertet, mit einem daraus resultierenden Anstieg oder Abfall des Gefühls von Macht von Analytiker und Analysand – in der Weise in der jeder und beide gemeinsam betroffen sind. Erfolg und Misserfolg und Veränderungen des Gefühls von Macht werden zwar erlebt, aber in der Regel nicht identifiziert. Die Prozesse, die wir mit dem Konzept des Gefühls der Macht und seinen Auswirkungen ersetzen, werden als Instinkt, Trieb, Abwehr, Konflikt, ödipale Konfigurationen, Veränderungen in Es, Ich und Über-Ich, als Internalisierung oder projektive Identifikation gekennzeichnet. Unsere zweite Behauptung ist, dass eine Theorie, die das Gefühl der Macht in den Mittelpunkt stellt, eine andere Modalität für das Erlernen und Praktizieren einer explorativen Behandlung bietet. Der Therapeut wird fragen: Wonach strebt mein Patient? Welche Absicht und welches Ziel versucht er zu erreichen? Welches motivationale System wird aktiviert? Welches Interesse ist ausgelöst worden und wie intensiv ist das Interesse? Gibt es eine Vitalität im Streben? Welche Form nimmt die Erzählung an: unmittelbare Erfahrung, Lebensgeschichte, Imagination (Fantasie), Erinnerungsepisode, Geschichten, die Andere darstellen? Findet eine Reflexion statt? Kann der Patient aus seinem Verstehen einen Sinnzusammenhang ableiten? Wo befindet sich ein bestimmtes Streben im Prozess der psychischen Entwicklung? Ist die Entwicklung mehr oder weniger altersentsprechend? Jede Frage wirkt sich auf das Gefühl der Macht aus, Erfolg führt zu einer Zunahme des Gefühls des Könnens, Misserfolg zu einer Abnahme. Die unmittelbare Folgefrage ist, wie sich ein Misserfolg in der Gegenwart und in der Vergangenheit ausgewirkt hat – und beinhaltet die Suche nach einem alternativen Ansatz für ein adaptives Ziel oder den plötzlichen Wechsel hin zu einem maladaptiven Ziel.

Falldarstellung – Dr. A

In jeder Sitzung einer explorativen Psychotherapie ergeben sich mehrere Gelegenheiten für Steigerungen und Verminderungen des Gefühls von Macht. Der Patient und der Therapeut können dabei einzeln und/oder gemeinsam Erfolg oder Misserfolg in Bezug auf das zunehmende Bewusstsein für das Aufdecken von Assoziationen zu relevanten episodischen Erinnerungen an vergangene und aktuelle Erfahrungen und den Kontext erleben, der das Ereignis beeinflusst hat. Der Patient und der Therapeut können in jedem gegenwärtigen Moment einzeln und/oder gemeinsam Erfolg oder Misserfolg bei dem Versuch erleben, ein Narrativ zu formen und zu vermitteln, das wiedergibt, was er oder sie vermitteln möchte, und dessen Bedeutung der Zuhörer versteht.

Ich werde meine Verwendung dieser Konzepte anhand einer klinischen Vignette illustrieren. Dr. A. ist ein unverheirateter Arzt in seinen Dreißigern. Er kam auf Anraten seiner letzten Freundin zur Analyse. Er sagte, dass er jahrelang über eine Analyse nachgedacht hatte, weil er eine große Feindseligkeit gegenüber seinen Eltern empfand, deren Grund er nicht verstehen konnte. Er gab auch an, dass er, wenn er sich zu einer Frau hingezogen fühlte und eine Beziehung mit ihr einging, das dringende Bedürfnis hatte, sich zu trennen. In seiner Anamnese beschrieb er mehrere längere Bindungen an Frauen, die zwar intelligent und erfolgreich waren, aber ungewöhnlich emotional bedürftig und anhänglich zu sein schienen.

Kommentar: Dr. A. sagt, dass sein Gefühl von Macht durch seine Unfähigkeit stark eingeschränkt ist, mit einer Frau eine intime, dauerhafte Liebesbeziehung anzustreben und herzustellen und dass es ihm mit seinen Eltern auch so geht. Er fühlte ein Gefühl der Macht, sein Narrativ erfolgreich zu vermitteln.

Worüber ich berichten werde, ereignete sich in einer Woche zu Beginn seines zweiten Analysejahres. In seiner Montagsstunde beklagte sich Dr. A., dass er ein angespanntes Wochenende gehabt hatte. Am Morgen hatte ein Freund bemerkt, dass er verstimmt aussah, und ihn gefragt, was los sei. Er bestätigte, dass er sich gereizt und niedergeschlagen fühlte, wusste aber nicht, woran das lag. Er wollte mit seiner Freundin Schluss machen, aber sie flehte ihn immer wieder an, es nicht zu tun, und das bereitete ihm ein schlechtes Gewissen. Er wusste, dass es sehr schön mit ihr sein konnte, wenn er nicht depressiv war. Am Dienstag sagte er seine Stunde ab, mit der Begründung eines Notfalls, auf den er reagieren musste. Die Stunde am Mittwoch (eine frühe Morgenstunde, die er häufig versäumte) begann Dr. A. in etwas unzusammenhängender Weise und sagte, er sei überrascht, dass er gekommen sei; er habe es nicht gewollt. Er beschrieb einen verstörenden Traum: *Er würde etwas zu sehen bekommen, wie eine Szene in einem Film, der gerade gedreht wurde. Eine Frau mit schönen, langen schwarzen Haaren, die denen seiner Mutter ähnelten, war an einen Stuhl gefesselt. Um die Frau herum wurde eine Reihe von Rahmen aufgebaut, nach*

*einer Seite offene und breiter werdende Quadrate. Ein Bär mit hellbraunem Fell
wurde am äußersten Ende hereingeführt. So wie es aufgebaut war, wurde der Bär
wie in einem Trichter zu ihr hingezogen. Als Dr. A. dem zusah, fühlte er sich sehr
angespannt und unruhig. Der Bär kam direkt auf die Frau zu und biss sie. Die ganze
Sache war widerlich.*

Dr. A. fügte keine weiteren direkten Assoziationen hinzu und begann, sich über
die Analyse zu beschweren. Wie lange würde es dauern? Ein Jahr war vergangen.
Er wusste, dass es ihm in mancher Hinsicht besser ging, aber ein Ende war nicht in
Sicht. Sein Tonfall wurde gereizter.

*Eine Möglichkeit, den Beginn der Sitzung zu konzeptualisieren, ist, dass Herrn A.s
Erzählung, sich planlos zu fühlen, erfolgreich einen Verlust des Gefühls von Macht
gegenüber seiner Freundin und der Behandlung vermittelt. Vom Standpunkt des gegenwärtigen Augenblicks aus betrachtet, vermittelt Herr A. erfolgreich seine Gefühle, die Ereignisse, die seine Sichtweise auslösten, und einen Traum, an den er sich
erinnert. Der Analytiker erlebt ein Gefühl der Macht, dass Dr. A. gekommen ist, dass
Dr. A. frei spricht und sich an einen Traum erinnert, und dass er spüren kann, dass
er Dr. A. nahe ist und ihn versteht. Gemeinsam können sie das Gefühl der Macht
erleben, das aus ihrer dauerhaften Beziehung resultiert. Der Fokus des Analytikers
liegt auf dem Gefühl der Macht, das Herr A. und der Analytiker erleben, und nicht
auf Abwehrmechanismen, einem Konflikt, einem Trieb oder der psychischen Struktur.*

Ich glaubte, eine Verbindung zwischen dem Erleben, das ich empathisch erspürt
hatte, und einem Teil des Traums herstellen zu können. Ich schlug vor, er könnte sich
wie der Bär fühlen, der in eine Situation geführt wurde, in der er aufgrund der Art und
Weise, wie sie aufgebaut war, immer näher zu einer Person hingezogen wurde, die
starr auf einem Stuhl saß. »Ach Mensch«, sagte er, »daran habe ich gar nicht gedacht.
Ja, ja.« In dem Glauben, dass ich eine Plattform für gemeinsame Beobachtungen
geschaffen hatte, fügte ich hinzu, dass wir schon oft über sein Gefühl gesprochen
hatten, gefangen zu sein, und dass wir wussten, dass dies eine Quelle von schlechter
Laune und Verärgerung war. Er stimmte zu und beschrieb, wie solche Entdeckungen
in der Analyse ihn immer wieder in Erstaunen versetzten, aber trotz der Befriedigung
oft noch mehr Anspannung in ihm auslösten. Mein Eindruck war, dass er auf den
empathischen Austausch reagierte, und ich meinte, dass vielleicht das Herausfinden
von Dingen mit meiner Hilfe ihn möglicherweise zu mir hingezogen hat, und er sich
dann noch gefangener in einer Verpflichtung fühlte, in meiner Nähe zu bleiben. Er
antwortete: »Ja, dann möchte ich Ihnen etwas Rotziges sagen.« Ich paraphrasierte:
»Mich mit Sarkasmus beißen«, und er kicherte am Ende der Stunde freundlich.

*Wir erlebten ein gemeinsames Gefühl der Macht, als wir jeder für sich und ge-
meinsam einen Sinn in seinem Traum und seinem affektiven Zustand suchten und
fanden. Die Kulmination im gemeinsamen Humor verstärkte das Gefühl der Macht
unserer Bezogenheit. Humor ist eine sehr geschätzte Form des sozialen narrativen*

Ausdrucks einer großen Vielfalt von Komödianten, aber ich glaube, dass Humor in der analytischen Theorie und Therapie unterschätzt wird.

Am Donnerstag schilderte er einen anschaulichen Vorfall vom Vorabend, als ein Mann, der in einem Restaurant an einem Tisch neben ihm saß, Wolken von Zigarrenrauch über die Trennwand geblasen hatte. Er hatte den Mann höflich gebeten, den Rauch irgendwie woandershin zu leiten. Der Mann reagierte provokant. Beinahe wäre es zu einem hässlichen Streit gekommen. Er brachte dies mit Vorfällen von Wut und dem Gefühl in Zusammenhang, sich gegenüber denjenigen beweisen zu müssen, die ihn ausnutzen könnten. Ich dachte über Übertragungsimplikationen seiner Wut nach. Der Rauchvorfall schien eine zu spezifische Quelle für seine Emotionen zu sein, und das Gefühl seiner allgemeinen Ansprechbarkeit mir gegenüber zu positiv, um einen subjektiv interpretierbaren Zusammenhang anzunehmen. Ich hielt es für das Beste, abzuwarten und zu sehen, ob dieser Anlass ähnlich war wie andere Male, bei denen wir gemeinsam erkennen konnten, dass ich die Person war, von der er sich provoziert oder ausgenutzt fühlte. Bei diesen Gelegenheiten hatte ich gespürt, dass er mehr von seinen Gefühlen auf mich richtete. Indem ich wartete, konnte ich auch spüren, ob ein anderes Thema auftauchte.

Während er weitersprach, spürte ich, wie er zunehmend distanzierter wurde, nicht feindselig, aber mutloser. Als ihm das Thema wie »altes Zeug« vorkam, das wir schon oft besprochen hatten, fragte ich mich, ob er sich, wie in seinem Traum, eher wie ein Beobachter fühlte, der eine Szene oder einen Film beobachtet, der gerade gedreht wird, denn als ein Teilnehmer. Er sagte: »Ja, und ich fühle mich genauso angespannt und aufgewühlt wie in dem Traum.« Er fügte mit einem Stimmungswechsel hinzu: »Wissen Sie, ich wollte eigentlich zu dem Traum zurückkehren, aber dann ist diese Sache im Restaurant passiert und hat mich so wütend gemacht, dass es mich aus der Bahn gehauen hat.« Ich schlug vor, dass er vielleicht am nächsten Tag wieder an dem Traum arbeiten wollte.

In dieser Sitzung verlagerte sich das Gefühl von Macht von Dr. A. von der Kraft, über die wütende Erfahrung im Restaurant zu berichten, hin zu der Enttäuschung, dass er im Verständnis seines Traums nicht so weitergekommen war, wie er es sich vorgenommen hatte.

Am Freitag sagte Dr. A., er sei nicht sicher gewesen, ob er wegen eines Notfalls kommen könne, aber er habe es schnell geregelt bekommen. Ich nahm dies als Hinweis darauf, dass er eine positive Intention gegenüber der analytischen Arbeit verspürte. Als er erklärte, dass er auf dem Weg zur Sitzung über seinen Traum nachgedacht hatte, nahm ich den Wunsch auf, den er am Ende der Stunde geäußert hatte, die Frustration am Tag zuvor, dass er nicht dazu gekommen war und dass er den Notfall gelöst hatte. Er berichtete über seine Anziehung zu Frauen und das Gefühl, gefangen zu sein, und benannte ähnliche Gefühle gegenüber seiner jetzigen Freundin.

Ich fragte nach seinen Assoziationen zu dem »Biss«. Interessiert erklärte er: »Das war seltsam. Der Bär hat die Frau in die Seite gebissen (er zeigte auf den linken unteren Brustkorb). Ich erwartete, dass es blutet, aber stattdessen war es eine klare Flüssigkeit. Das war der seltsame Teil. Meine Mutter war immer so rätselhaft. Sie tat das Richtige – blieb zu Hause, um sich um mich zu kümmern. Sie sorgte dafür, dass ich auf eine Privatschule kam, aufs College gehen und dann Medizin studieren konnte. Sie sagte mir, sie wolle, dass ich ein nettes Mädchen kennenlerne und sie heirate, und doch gebe ich ihr die Schuld. Ich nehme es ihr übel, und ich weiß nicht, warum.« Ich brachte ihn auf das Traumbild zurück, Blut von einer Person zu erwarten und stattdessen eine klare Flüssigkeit zu bekommen, und fügte hinzu, dass es dafür einen gebräuchlichen Ausdruck gibt. »Oh, mein Gott«, antwortete er aufgeregt, »Eiswasser in ihren Adern. Das war es! Ich brachte ein Mädchen mit nach Hause, um sie ihr vorzustellen und sie war so nett, während sie da war, und danach sagte sie in ihrem kalten, hochmütigen Ton: ›Hast du die Manieren dieses Mädchens gesehen? Sie wusste nicht mal, wie man Leute grüßt und ihr Hemd war schmutzig‹. Nix mit Warmherzigkeit!«

Eine treffende erklärende Metapher zu finden, die von mir vorgeschlagen, aber von Dr. A. mit aufgeregtem Enthusiasmus ausgesprochen wurde, gab dieser Sitzung eine ausgeprägte Vitalität/ein Gefühl von Macht. Wir konnten in viel größerem Ausmaß sein Bewusstsein für das Ungleichgewicht seiner Bindung an seine Mutter, deren Quelle und deren Auswirkung auf seine Beziehungen zu potenziellen Partnerinnen freilegen.

Ich sprach die Intensität seiner Gefühle, seine Erregung an. Anknüpfend an die frühere analytische Arbeit an sein kopflastiges Sich-Hineinstürzen in Gefühle der Empörung, nutzte er meine Anerkennung seiner wachsenden Erregung als Hinweis darauf, dass das jetzt wieder passieren könnte, und beruhigte sich etwas. (Ich glaube, dass die beruhigende Wirkung das Ergebnis seiner erweiterten Fähigkeit zur Regulierung seiner Affektstürme als Ergebnis der vorherigen analytischen Arbeit war.) Er erklärte: »Ich weiß, wenn ich mich ganz gehen lasse, werde ich mich vor mir selbst ekeln, weil ich die Kontrolle verloren habe.« Ich spürte, dass er seine Erregung ausreichend im Griff hatte, um weiterhin an der Deutung seines Traumes teilzunehmen. Dann bemerkte ich seinen Ekel, als er den Bärenbiss beobachtete. »Ja.« Dann fügte er, schon etwas ruhiger, hinzu. »Wissen Sie, wo der Bär sie gebissen hat – dort, wo das Herz ist. Ich weiß es nicht; es ist rätselhaft.« Ich schloss daraus, dass er mit seinen – mehreren – Anspielungen auf »rätselhaft« seine Schwierigkeiten ausdrücken wollte, seine widersprüchlichen Gefühle zu verstehen.

In der unmittelbaren analytischen Arbeit war er von einem allgemeinen Gefühl der Wut auf seine Eltern zu dem spezifischen Gefühl der Kälte seiner Mutter gegenüber seinen Bestrebungen nach Unabhängigkeit übergegangen. Ich merkte die vielen Male an, in denen er beschrieben hatte, dass er sich zu seiner Mutter durch ihre physische

Attraktivität hingezogen fühlte, wie sie durch ihr schönes, langes schwarzes Haar verkörpert wurde und durch ihre vielen Anzeichen von Interesse und Aufmerksamkeit, wie z. B. durch das Sponsern von Dr. A.s Schulbesuch. Aber ich wies auch auf sein Gefühl hin, dass seine Mutter die Bemühungen von Dr. A., unabhängiger zu werden, von zu Hause wegzuziehen oder in eine andere Stadt zu ziehen, nicht mit Wärme unterstützte, und dass Dr. A. sie als besonders kalt empfand, als er eine Freundin hatte. In der Bildsprache seines Traumes war es so, als ob seine Mutter dagegen war, dass sich der Rahmen seines Lebens wirklich öffnete. Er endete mit einem Seufzer: »So habe ich mich immer gefühlt, wenn ich jemandem nahe sein wollte, mit allen.«

Indem ich die Interpretation so formulierte, wie ich es getan hatte – dass er sich sowohl zu seiner Mutter hingezogen fühlte, als auch wütend auf sie war –, blieb ich so nah wie möglich an der Art und Weise, wie der Patient diese kritische Beziehung erlebte. Ich war mir bewusst, dass Dr. A. zu einem anderen Zeitpunkt verstehen müsste, dass er Aspekte seiner Mutter in seinen Liebesbeziehungen sah. Ich wusste auch, dass er später erleben würde, dass er sich zu seiner Mutter »hingezogen« fühlte – nicht im passiven Modus dieses Ausdrucks und der Bilder des Traums, sondern aktiv, absichtlich auf der Suche nach ihr für eine Vielzahl von Zielen, einschließlich sinnlicher Ziele.

Jede der folgenden Modellinterpretationen gibt eine Definition für das Ansteigen oder Absinken des Gefühls von Macht und Streben und Interesse.

1: Ihre Absicht, als Sie Ihre Mutter anriefen, war also, sie zu trösten, aber als sie anfing, Sie zu kritisieren und zu schimpfen, wurden Sie wütend und legten so schnell wie möglich auf.

2: Was ich heraushöre, ist, dass Sie vorhatten, den Reiseplan, an dem Sie arbeiteten, fertigzustellen, und als Sie das Gefühl hatten, dass Sie es geschafft hatten, feierten Sie das gute Gefühl, etwas getan zu haben, mit einem Drink.

3: Nachdem Sie also drei Freunde angerufen und keinen von ihnen erreicht hatten, fühlten Sie sich enttäuscht und frustriert und verbrachten eine Stunde damit, sich aufgeregt Pornos anzuschauen, anstatt schlafen zu gehen.

4: Gleich nachdem ich die Geschichte über den Wutausbruch Ihres Vaters eingebracht hatte, sprachen Sie weiter über Ihre Erwartung, ungerechterweise gescholten zu werden, aber Ihrer Stimme fehlte die Lebendigkeit, die vorher noch da gewesen war. Hatten Sie das Gefühl, dass ich Sie damit überfahren habe?

5: OK, Sie sagen, es war eine Kleinigkeit, aber Ihre Reaktion mutete mich wie der Verlust Ihres Glaubens daran an, dass Sie etwas tun können. Haben Sie diesen Verlust gespürt?

6: Sie haben die ganze Nacht durchgeschlafen. Was für ein gutes Gefühl.

7: Als Tom und Ihre Kumpel in Ihrer Burschenschaft so darauf bestanden, dass Sie eine Hure anheuern, hatten Sie das Gefühl, dass sie mitmachen mussten, aber Sie fühlten sich wie ein Schwächling, der klein beigibt.

8: Ich habe versucht, Ihnen ein wenig Unterstützung anzubieten, aber es klingt, als hätten Sie es als Kritik verstanden. Können Sie mehr zu diesem Gefühl sagen?

9: Wo sind Ihre Gedanken hingedriftet, als Sie still wurden? … Oh, dann hat das, was ich gesagt habe, vielleicht eine anderes Narrativ angesprochen und Sie von Ihrer Absicht weggebracht.

10: Wir müssen aufhören, aber ich glaube, dass das, worüber wir gerade gesprochen haben, es wert ist, weiterverfolgt zu werden, so dass wir bei unserer nächsten Sitzung darauf zurückkommen könnten.

11: Ich weiß, dass Sie mir immer wieder erzählen, wie gewöhnlich und unauffällig Ihr Leben war, aber die Führungsqualitäten, die Sie in Ihren Jahren beim Militär gezeigt haben, widersprechen dem. Haben Sie Angst davor, all Ihre Fähigkeiten zu sehen?

Das Beurteilen des Erfolgs oder Misserfolgs beim Erreichen einer Intention

Wir glauben, dass die Akzeptanz unseres Vorschlags der zentralen Bedeutung der Kontinuität der Erfahrung eines Gefühls von Macht die Funktionsweise des menschlichen Geistes im Vergleich zur Ich-Psychologie, zur Selbstpsychologie, zu Lacan, Klein und Bion entmystifiziert. Unser Vorschlag enthält jedoch sein eigenes Geheimnis. Woher wissen wir, ob unser Patient und unser Gefühl von Macht steigt oder fällt, wie bewerten wir kontinuierlich den Erfolg oder Misserfolg beim Erreichen eines angestrebten Affekts, einer Absicht oder eines Ziels? Unsere Antwort auf diese Frage ist, dass die Evolution uns auf sensomotorische und kognitive Reaktionen vorbereitet hat, die uns die Fähigkeit verleihen, kontinuierlich Bewertungen mit größerer oder geringerer Genauigkeit vorzunehmen.

In einer Reihe von Studien untersuchten Hamlin, Wynn und Bloom die entwicklungsbedingten Ursprünge der Fähigkeit sehr junger Säuglinge, die positiven und negativen Verhaltensweisen des Unterstützt- oder Behindert-Werdens zu bewerten und zu unterscheiden (Hamlin, Wynn & Bloom, 2007, 2010; Hamlin, Wynn, Bloom, & Mahajan, 2011). Sie stützten ihre Experimente auf das Wissen, dass Säuglinge eine klare Fähigkeit zeigen, Unterscheidungen auf der Basis von Präferenzen zu treffen. Zum Beispiel reagieren Säuglinge positiv auf physisch attraktive Gesichter und auf Augenkontakt mit vertrauten Personen. Sie reagieren negativ auf wütende oder unbewegliche Gesichter. Im Alter von drei Monaten zeigen Säuglinge eine positive Präferenz, indem sie jemanden, der sie unterstützt, anschauen und im Alter von fünf Monaten reagieren sie sowohl durch Anschauen als auch durch Greifbewegungen.

In einem Experiment werden drei- und sechsmonatige Säuglinge zwei Szenen mit entgegengesetzten Ergebnissen ausgesetzt. In beiden Szenen bekommen die Säuglinge eine Schräge und einen Klettermax in Form einer Holzklotzfigur mit großen Kulleraugen zu sehen. Der Kletterer befindet sich zunächst in Ruhe am Fuß der Schräge. Dann klettert der Kletterer auf das untere Plateau und führt einen Freudentanz auf. Der Kletterer versucht dann zweimal, ein oberes Plateau zu erreichen, und fällt jedes Mal wieder auf das untere Plateau zurück. Dann unterscheiden sich die Szenen. In der einen gibt ein Helfer dem Kletterer einen Schubs nach oben. Der Kletterer, der den Gipfel erreicht, vollführt einen weiteren Freudentanz. In der zweiten Einstellung unternimmt der Kletterer wiederum einen dritten Versuch, vom ersten Plateau auf den Gipfel des Abhangs zu gelangen. Diesmal versetzt ihm die eintretende Figur als Störenfried zwei Stöße, die den Kletterer nach unten drücken, so dass er kopfüber zu Boden stürzt.

In jeder getesteten Altersgruppe waren die Ergebnisse gleich. Die Säuglinge reagierten bevorzugt auf den Helfer und aversiv auf den Störenfried. Die Fähigkeit von Säuglingen, soziales Verhalten zu unterscheiden und unterschiedlich darauf zu reagieren, nimmt an Komplexität zu. In seinem Buch *Blink, The Power of Thinking without Thinking*, stellt Gladwell (2005) fest, wie »dünn«, wie begrenzt die Informationen über menschliche Absichten sein können, um dennoch sinnvolle Schlüsse daraus zu ziehen. Von frühester Kindheit an kann ein Blick in ein Gesicht alles liefern, was nötig ist, um den Gemütszustand eines Anderen einzuschätzen und die eigene Einschätzung automatisch auf die eigenen Reaktionen umzuschalten. Die Bewertung, die bewusst oder häufiger unbewusst erfolgt, hat unterschiedliche Genauigkeitsgrade. Je stärker das Denken einer Person polarisiert ist, desto mehr zieht die Bewertung auf die eine oder andere Seite: Gewinner oder Verlierer, echter Mann oder Weichei, schön oder hässlich, dominant oder unterwürfig, Held oder Feigling. Beschämt-Werden spielt eine wichtige Rolle bei der Polarisierung. Sobald sich ein Muster herausgebildet hat, führt die Wiederholung zu der Erwartungshaltung und der Empfänglichkeit für gewisse Affekte (Lichtenberg, 2005).

Glückliche Zufälle und kreative Antworten

Glückliche Zufälle werden in Diskussionen über psychoanalytische Theorie und Praxis selten erwähnt. Wir glauben jedoch, dass es seltsam wäre, durchs Leben zu gehen, ohne dass »es« einem passiert. Frau B. war schon lange unzufrieden mit der Firma, für die sie arbeitete, aber zu ängstlich, um sie zu verlassen. Eine Freundin rief an und wollte einfach ein wenig mit ihr reden und erwähnte dann im Laufe dieses

Gespräches, dass ihre Firma expandiere. Frau B. hatte plötzliche eine Idee: Ob sie dort vielleicht mitarbeiten könnte? Ihre Freundin sagte: »Ich wusste nicht, dass Du auf der Suche bist, aber ja – es gäbe eine Stelle, die genau Deinen Fähigkeiten entspricht.«

Glückliche Zufälle haben in meinem Leben eine große Rolle gespielt. Als ich zehn Jahre alt war, beschloss meine Familie während der großen Depression den dritten Stock unseres großen Stadthauses an ein Ehepaar in den späten 1940ern zu vermieten. Onkel George, wie ich ihn nannte, besaß ein kleines Fuhrunternehmen. Er war Sportler, der einen Amateurboxkampf mit dem großen John L. Sullivan bestritten hatte. Von dem Moment an, als Onkel George und Tante Angie mich und ich sie in Augenschein genommen hatten, sprachen wir aufeinander an und es bestand eine empathische Verbindung. Sie überredeten meine Familie, mich den Sommer mit ihnen in ihrem Ferienhaus direkt am Ufer der Chesapeake Bay verbringen zu lassen. Onkel George brachte mir bei, zu schwimmen, Krabben für mein Mittagessen zu fangen, barfuß zu laufen, zu boxen, mit einem Gewehr zu schießen, er brachte mich in Kontakt mit Fischern, Austernfischer und Bauernkindern und ich lernte, mit ihnen gut zurechtzukommen. All das kam mir für den Rest meines Lebens zugute, besonders im Zweiten Weltkrieg als Offizier in der Marine.

Am wichtigsten für unsere These ist, dass eine so tiefgreifend positive Erfahrung das anhob, was wir als das gewöhnliche tägliche Niveau der Vitalität meines Gefühls von Macht bezeichnen können. Zuvor war mein Gefühl, jemand zu sein, der etwas kann, relativ hoch in Bezug auf intellektuelle Bestrebungen, aber niedrig, wenn ich mich mit meinen sportlichen Klassenkameraden verglich. Jetzt war meine Mittellinie, das gewöhnliche Erfahrungsniveau meines Machtempfindens, höher.

Im Gegensatz dazu steht die Reaktion auf ein Trauma, manchmal in Form einer funktionierenden Anpassung, im Allgemeinen als negative Auswirkung auf das Gefühl von Macht. Einige der Autoritäten in meinem psychoanalytischen Institut sahen in mir einen Störenfried, weil ich die bestehende Theorie in Frage stellte, und weigerten sich, mich zum Lehr- und Kontrollanalytiker zu machen. Mein Ruf als Dozent und vom Institut nicht anerkannter Supervisor war allerdings so gut, dass ich mein Vertrauen in meine Fähigkeiten bewahren und meine Konzepte in einer Reihe von Aufsätzen und Büchern veröffentlichen konnte. Anders erlebte ich die Minderung meines von Moment zu Moment erlebten Gefühls von Macht nach einer Lungenentzündung. Zuvor konnte ich weite Strecken schwimmen, Tennis spielen und mehrere Kilometer laufen. Leider habe ich nach der Lungenentzündung einen beträchtlichen Teil meiner körperlichen Fähigkeiten verloren. Ich konnte mir mein Gefühl von Macht bei konzeptionellen Aufgaben bewahren, aber meine allgemeine Art, mich körperlich zu fühlen und zu präsentieren, hat in Bezug auf Intensität und Optimismus nachgelassen.

Ein Gefühl der Macht und ein hedonistischer Grundton

Gleichzeitig zu dem konsistenten Empfinden des Gefühls von Macht, unabhängig von Schwankungen in den Absichten, besteht der konsistente Einfluss eines zugrunde liegenden generalisierten affektiven Grundtons (Lichtenberg et al. 2021). Ein zugrundeliegender affektiver Ton taucht zusammen mit den diskreten Affekten auf, die jedes motivationale System charakterisieren. Die Beständigkeit der Reichhaltigkeit oder Flachheit des allgemeinen Tons entsteht, wenn sich jedes motivationale Symptom selbst organisiert, stabilisiert und in dynamischer Spannung mit anderen motivationalen Systemen schwankt. Der zugrundeliegende affektive Ton bezieht einen Großteil seiner Qualität aus den Wechselfällen der frühen Bindung – dem Vorhandensein oder Fehlen von Empathie, Sicherheit und sinnlichem Vergnügen.

Tom und Alvin beschlossen, an einem sonnigen Frühlingsnachmittag einen Ausflug zu machen. Sie waren Zimmergenossen im College und enge Freunde. Eine wesentliche Ausnahme war Toms Lässigkeit in Bezug auf zeitliche Verpflichtungen, die bei Alvin Angst und Ärger in Bezug auf Unsicherheit und Kontrollverlust auslöste. Während sie zum Ausflug fuhren, verspürte Tom ein angenehmes Gefühl der Macht, das er aus dem Umgang mit seinem relativ neuen Sportwagen ableitete. Alvin summte eine Melodie aus einer Show, in der sie gewesen waren. Plötzlich wich ein Auto auf ihre Fahrspur aus und brachte sie in unmittelbare Gefahr. Tom trat auf die Bremse und lenkte erfolgreich aus. Alvin schrie vor Angst. Erleichtert beschlossen sie, an der Raststätte zu halten und sich bei einem Kaffee zu erholen. Zurück auf der Autobahn gewann Tom sein Gefühl der Macht als Fahrer eines großmotorigen Fahrzeugs zurück. Für Alvin war der Nachmittag ruiniert, da er mit Angst und Wut kämpfte.

Tom und Alvin war gemeinsam, dass sie beide ein Gefühl der Macht hatten, das sich aus der Erfüllung vieler Gefühle, Absichten und Ziele unterschiedlicher motivationaler Systeme ergab. Allerdings war der Einfluss ihres zugrundeliegenden Tons von Lust oder Unlust in bestimmten Kontexten deutlich verschieden. Toms Bindung war in den frühen Jahren sicher. Auf Stress- und Angstsituationen wurde mit Empathie, Vertrauen und Zusammengehörigkeit reagiert. Allein jeweils mit seinen getrennt lebenden Elternteilen erlebte Alvin in der Regel Zuneigung und Verlässlichkeit. Im Gegensatz dazu erlebte Alvin seine Eltern aber als oft abgelenkt durch ihre Streitigkeiten und später durch Drohungen des Vaters, zu gehen, was er dann auch tat, als Alvin sechs Jahre alt war.

Der zugrundeliegende affektive Ton der Person und ihr relativ konsistentes Gefühl von Macht bilden zusammen das, was wir »Persönlichkeit« nennen: lebhaft, charmant, lustig, mürrisch, schüchtern, reizbar, hochnäsig, dominant, unterwürfig, clever, unecht.

Wenn wir genauer hinschauen, können wir erkennen, dass der zugrundeliegende affektive Ton durch Schattierungen der Qualität der täglichen Erfahrung beeinflusst wird. Bei Patienten mit Beziehungsproblemen, Leistungsversagen und/oder körperlicher Dysregulation ist der zugrundeliegende affektive Ton in der einen oder anderen Form dyston. Die verschiedenen Gruppierungen von Affekten, Absichten und Zielen haben etwas unterschiedliche Nulllinien für das Gefühl von Macht. Mit Nulllinie meinen wir den gewöhnlichen Geisteszustand des Könnens, oberhalb dessen Erfolg und unterhalb dessen Misserfolg erlebt wird. Oft variiert die Grundlinie, je nachdem, welcher Pfad für das Streben vor einem liegt. Die Grundlinie für Verbundenheit und Intimität kann hoch sein, für körperliches Wohlbefinden bei chronischer Krankheit niedrig und bei Erkundung und Beherrschung der Umwelt im Mittelfeld. Diese Abweichungen sind oft subtil, aber wichtig, um sie in den therapeutischen Austausch einzubringen. Wir glauben, dass die Herstellung einer Verbindung dieser Abweichungen in der Grundlinie des Gefühls von Macht mit früheren und aktuellen Erlebnissen im therapeutischen Dialog einer explorativen Therapie ihre Tiefe verleiht.

Der zugrundeliegende affektive Ton ist ein wichtiger Faktor für die Empfänglichkeit des Patienten für die Deutungen des Therapeuten. Von Geist (2007) als Durchlässigkeit beschrieben, basiert die Offenheit darüber hinaus auf der Akkumulation von Erwartungen: Wird die Intervention zu einem gesteigerten Gefühl der Macht führen? Zu einem Wissen, das Potenzial weckt, eine Absicht und ein Ziel zu erreichen? Oder wird das Akzeptieren der Deutung dazu führen, sich einem reduzierten Gefühl der Macht ausgesetzt zu fühlen, von Scham, Schuld, Unfähigkeit und Schwäche?

Eine wichtige Quelle für die Art des zugrundeliegenden affektiven Tons ergibt sich aus dem, was oft als Temperament bezeichnet wird, d. h. eine angeborene Neigung zu Freude, Verträglichkeit, Zuversicht oder Angst, Erregbarkeit, Depression und Ärger. Die angeborene affektive Tendenz des Säuglings wirkt sich auf die Bindung zwischen Säugling und Mutter aus, und der Affekt, der sich daraus ergibt, ist sowohl unmittelbar spürbar als auch ein Ursprung dafür, wie sich die Episoden entwickeln. Die Auswirkungen der spezifischen Affekte hinterlassen Spuren, die einen Grundton, ein »Summen« im Hintergrund kennzeichnen, das einen kontinuierlichen Einfluss auf das emotionale Erleben einer Person hat. Unser Hinweis auf ein »Summen« verweist auf die sensorischen Nuancen im zugrundeliegenden Affekt. Die Erfahrung eines Säuglings und seiner Bezugspersonen beinhaltet eine Gestalt aus Sehen, Klang (Musikalität), Geruch, Berührung, Bewegung und Geschmack. Alle diese Elemente hinterlassen einzeln und in Kombination eine Spur, die zusammen den zugrundeliegenden Affekt bilden und aufrechterhalten.

In einer analytischen Therapie ist die Häufigkeit der Sitzungen (mehrmals pro Woche) notwendig, um Assoziationen und ihre Deutung wach und für das Gewinnen von Erkenntnissen verfügbar zu halten. Die Länge der Zeit – Jahre – ist notwendig für die Kontinuität einer empathischen Beziehung, die erforderlich ist, um Stück für Stück, Nuance für Nuance, den zugrundeliegenden affektiven Ton zu verändern. Traditionell als »Durcharbeiten« bezeichnet, betrachten wir die sich wiederholenden

Erfahrungen eines Gefühls der Macht als die Quelle der Schattierungen, der Spuren, die sich zusammenfügen, um den zugrundeliegenden affektiven Ton in Richtung Optimismus, Vitalität und eines tiefen Gefühls der Macht zu verändern, das mit dem Erleben eines fürsorglichen, empathisch unterstützenden Anderen einhergeht. Jahre nach Abschluss einer angemessen langen Analyse beschreibt ein ehemaliger Analysand, wie er das Gefühl entwickelte, dass ihm der Analytiker und wichtige Erkenntnisse immer nahe waren und ihm das Vitalität und Ermutigung vermittelte ein Handelnder zu sein – mit einem Gefühl der Macht zu leben.

Übersetzt von Martin Goßmann, Berlin

Literatur

Alcaro, A., & Panksepp, J. (2011): The SEEKING mind: primal neuro-affective substrates for appetitive incentive states and their pathological dynamics in addictions and depression. *Neuroscience Biobehavioral Reviews,* 35(9), 1905–1820.

Geist, R. (2007): Who are you, who am I, and where are we going: Sustained emphatic immersion in the beginning phase of psychanalytic treatment. *International Journal of Psychoanalysis Self Psychology*, S. 1–26.

Gladwell, M. (2005): *Blink, The Power of Thinking Without Thinking.* New York, NY: Back Bay Books, Little, Brown and Co.

Hamlin, J.K., Wynn, K., & Bloom, P. (2007): Social evaluation by preverbal infants. *Nature,* 450, 557–560.

Hamlin, J.K., Wynn, K., & Bloom, P. (2010): Three-month-olds show a negativity bias in their social interactions. *Developmental Science,* 13(6), 923–929.

Hamlin, J.K., Wynn, K., Bloom, P., & Mahajan, N. (2011): How Infants and Toddlers React to Antisocial Others. *Proceedings of the National Academy of Sciences* (108)50, 19931–6.

Kohut, H., (1971): *The Analysis of Self: A Systematic Approach to the Psychoanalytic Treatment of Narcissistic Personality Disorders.* Chicago: University of Chicago Press. Dt.: Kohut, H. (1973): *Narzißmus. Eine Theorie der psychoanalytischen Behandlung narzißtischer Persönlichkeitsstörungen.* Frankfurt a. M.: Suhrkamp.

Lichtenberg, J. (1983): An Application of the Self Psychological Viewpoint to Psychoanalytic Technique. In: Lichtenberg, J., & Kaplan, S. (Hrsg.): *Reflections on Self Psychology.* Hillsdale, NJ: The Analytic Press, S. 163–185.

Lichtenberg, J. (2005): Sanderian Activation Waves: A Hypothesis of a Nonsymbolic Influence on Moods. *Psychoanal. Q.,* 74, 485–505.

Lichtenberg, J., Lachmann, F., & Fosshage, J. (1996): *The Clinical Exchange. Techniques derived from Self and Motivational Systems.* London: The Analytic Press. Dt.: (1996): *Zehn Prinzipien psychoanalytischer Behandlungstechnik.* Stuttgart: Pfeiffer bei Klett-Cotta.

Lichtenberg, J., Lachmann, F., & Fosshage, J. (2017): *Narrative and meaning: the foundation of mind, creativity and the psychoanalytic dialogue*. New York, NY: Routledge.

Lichtenberg, J., Fosshage, J., & Lachmann, F. (2021): *An Experience-based Vision of Psycho-analytic Theory and Practice*. New York, NY: Routledge.

Stern, D. (1985): *The interpersonal world of the infant: A view from psychoanalysis and de-velopment*. New York, NY: Basic Books. Dt.: Stern, D. (1992): *Die Lebenserfahrung des Säuglings*. Stuttgart: Klett-Cotta.

Wir trauern um

Dr. med. Lotte Köhler

19. August 1925, Darmstadt – 1. Januar 2022, München

Die Selbstpsychologie verdankt Frau Dr. Köhler wichtige Impulse. Nach den Jahren der Verfolgung und Vertreibung von Sigmund Freud und seiner Schule hat sie unermüdlich daran gearbeitet, die Wiederherstellung und die wissenschaftliche Weiterentwicklung einer Psychoanalyse zu fördern, die verlässlich im Dienst einer Kultur der Menschlichkeit steht. Viele der emigrierten Psychoanalytiker hat sie als Erste wieder nach Deutschland eingeladen: René A. Spitz, Heinz Kohut, Henri Parens, Ernst Wolf, Michael Basch, Anna und Paul Ornstein und andere.
Sie hat u. a. Säuglingsforschung, Bindungsforschung und die neuropsychoanalytische Forschung großzügig gefördert und unterstützt, sie hat geholfen, die Psychoanalyse in Deutschland auf neue, interdisziplinäre Pfade zu führen.
Für unsere Münchner Selbstpsychologiegruppe war sie Mentorin und Vorbild in ihrem unermüdlichen Forschungsinteresse und ihrem empathischen Zugang zum Verständnis von psychoanalytischen Prozessen.

Ron Bodansky, München, 7. Januar 2022

Wir trauern um

Dr. phil. habil. Martin Dornes
10. Dezember 1950 – 25. Dezember 2021

Am Weihnachten 2021 ist Martin Dornes gestorben. Er war ein Pionier der psychoanalytischen Säuglingsforschung und Entwicklungspsychologie. Zu einer Zeit, als empirische Beobachtungsstudien zur Mutter-Kind-Interaktion noch als »unpsychoanalytisch« und »bloße Sozialpsychologie« abgewehrt wurden, sorgte er gegen erheblichen Widerstand für die Integration von Säuglingsforschung und Psychoanalyse im deutschsprachigen Raum. Seine auf dem jeweils neuesten Forschungsstand fortgeschriebenen Monographien zur mentalen Entwicklung des Kindes – vom »kompetenten Säugling« (1993) bis zur »Modernisierung der Seele« (2012) – haben unser Wissen über die soziale Bezogenheit des Seelenlebens ständig erweitert und nicht zuletzt zu jener schulenübergreifenden Modernisierung der Gegenwartspsychoanalyse beigetragen, die als intersubjektive Wende oder »relational turn« längst auch die Selbstpsychologie ergriffen hat. Mit seinem Tod verlieren wir eine bedeutsame Stimme. Sein Lebenswerk wird bleiben.

Martin Altmeyer, 9. Januar 2022

Die Autorinnen und Autoren

Erwin **Bartosch**, Dr. theol., seit 1972 Psychoanalytiker in freier Praxis in Wien, gründete als Lehranalytiker 1987 den »Wiener Kreis für Psychoanalyse und Selbstpsychologie« als Ausbildungs- und Weiterbildungsinstitut, den er bis 2006 leitete. Veröffentlichungen: *Auf dem Weg zu einer neuen Psychoanalyse* (1999) und *Vorlesungen zur Selbstpsychologie* (2004). Weitere Veröffentlichungen in der Zeitschrift *Selbstpsychologie* und im *Jahrbuch Selbstpsychologie*.

Camilla **Chwojka**, BEd, Psychoanalyitkerin in freier Praxis (Erwachsene, Kinder/Jugendliche), Mitglied im »Wiener Kreis für Psychoanalyse und Selbstpsychologie«. E-Mail: camilla@chwojka.at

Martin **Goßmann**, Dr. med., ist Neurologe und Psychiater sowie Facharzt für Psychosomatische Medizin und hat seine analytische Weiterbildung bei Anna und Paul Ornstein am International Center for the Study of Psychoanalytic Self Psychology gemacht; er ist als Leiter einer Klinik und als Lehranalytiker und als Gastdozent an der Internationalen Psychoanalytischen Universität in Berlin sowie in der Führungskräfteentwicklung und Teamentwicklung tätig. Sein Interesse gilt vor allem dem therapeutischen Prozess und der Berücksichtigung narzisstischer Phänomene im Miteinander, in der Therapie, der Beratung und dem Coaching.

Andrea **Harms**, Dr. phil., Klinische Psychologin und Gesundheitspsychologin, Psychotherapeutin mit Weiterbildung in Säuglings-, Kinder- und Jugendlichenpsychotherapie. Psychoanalytikerin in freier Praxis in Wien und Gmunden. Lehranalytikerin, Supervisorin und von 2006 bis 2018 Präsidentin des »Wiener Kreises für Psychoanalyse und Selbstpsychologie«. Lehrbeauftragte des WKPS im Masterlehrgang »Psychotherapeutisches Fachspezifikum: Individualpsychologie und Selbstpsychologie« der Universität Wien. Mitbegründerin und Lehrbeauftragte des Masterlehrgangs »Early Care Counselling: Frühförderung, Familienbegleitung, Elternberatung« an der Universität Wien. Seit 2000 Leitung des »Interdisziplinären Forums für Entwicklungsförderung und Familienbegleitung« (IFEF) und mit dem dazugehörigen Bildungsinstitut (BIFEF). Mitglied des »International Council« der IAPSP. Ausgedehnte supervisorische Tätigkeit. Zahlreiche Veröffentlichungen vor allem in der Zeitschrift *Selbstpsychologie* und im *Jahrbuch Selbstpsychologie*. E-Mail: dr.andrea.harms@gmail.com

Franz **Herberth**, Dr. med. univ., bis 2018 als Psychoanalytiker in Brühl, Rheinland niedergelassen. Paar-und Familientherapeut, Arzt für Psychiatrie. Dozent, Lehranalytiker und Supervisor am Rheinlandinstitut (IPR) in Köln. Mitglied im »Wiener Kreis für Psychoanalyse und Selbstpsychologie«. Veröffentlichungen zu den Themen Beziehungsanalyse, Selbstpsychologie und Intersubjektivität, Genderidentität, Supervision, Körpertherapie und Psychoanalyse.

Rachel **Kella**, M.A., ist klinische Psychologin und Psychoanalytikerin in freier Praxis in Ramot-Hashavim, Israel, und arbeitet mit Kindern, Adoleszenten und Erwachsenen. Sie ist Fakultätsmitglied und Lehranalytikerin im Tel Aviv Institute for Contemporary Analysis; Fakultätsmitglied und Supervisorin im Vier-Jahresprogramm für fortgeschrittene Studien »Self Psychology and Therapeutic Presence« an der Sackler Faculty des medizinischen Psychotherapieprogramms, Tel Aviv University; und Mitglied des Curriculum Komitees, Fakultätsmitglied und Supervisorin in »Human Spirit«, dem psychoanalytisch-buddhistischen Ausbildungsprogramm der Israel Association for Self Psychology and the Study of Subjectivity.

Frank **Lachmann**, Ph.D. ist Gründungsmitglied und Lehrender des »Institute for the Psychoanalytic Study of Subjectivity«, New York. Er ist Autor und Co-Autor von mehr als 150 Publikationen und Autor der Bücher *Transforming Aggression* und *Transforming Narcissism*. Er ist Mitglied des »International Council of the International Association of Psychoanalytic Self Psychology« und Ehrenmitglied im »Wiener Kreis für Psychoanalyse und Selbstpsychologie« und in der American Psychoanalytic Association.
E-Mail: framlach@aol.com

Erich **Lehner**, Mag. Dr., Psychoanalytiker in freier Praxis, Lehranalytiker beim WKPS, forscht und lehrt in Männlichkeits- und Geschlechterforschung und in Palliative Care. Lehraufträge an den Universitäten Wien und Graz.

Joe **Lichtenberg**, M.D., gest. 19. Mai 2021, war Autor zahlreicher Bücher über Säuglingsforschung und Entwicklungspsychologie. Er war bekannt für das Konzept der motivationalen Systeme; seine vielfältigen Veröffentlichungen befassen sich mit der Untersuchung von Kreativiät und analytischer Behandlungstechnik. Er war der erste gewählte Präsident der IAPSP und war Mitbegründer des Institute of Contemporary Psychotherapy and Psychoanalysis in Washington, D. C. Er war Herausgeber der Zeitschriften *Psychoanalytic Inquiry* und der *Psychoanalytic Book Series*. Er besuchte die selbstpsychologischen Tagungen in Dreieich, Deutschland, regelmäßig und hat so zur Verbreitung der Selbstpsychologie und der Theorie der motivationalen Systeme in Europa beigetragen.

Ute **Moini-Afchari**, Dr. med., Fachärztin für psychosomatische Medizin und Psychotherapie, ist als Psychoanalytikerin (DGPT) und Gruppenanalytikerin (D3G) in Wesseling niedergelassen. Sie ist als Lehranalytikerin, Supervisorin und Dozentin am Institut für Psychoanalyse und Psychotherapie im Rheinland (IPR) in Köln und als Gruppenlehranalytikerin in der internationalen Arbeitsgemeinschaft für Gruppenanalyse in Altaussee (IAG) tätig. Veröffentlichungen zu den Themen Psychoonkologie, Gruppenanalyse, Mentalisierungsbasierte Therapie, Intersubjektivität und Supervision.

Gabriela **Mann**, Ph. D., klinische Psychologin und Lehranalytikerin; ehemalige Präsidentin des Tel Aviv Institute of Contemporary Psychoanalysis und Lehrende im Rahmen der psychoanalytisch-buddhistischen Ausbildung »Human Spirit«; Leiterin des Postgraduate-Ausbildungsprogramms »Selfpsychology and the Study of Subjectivity« an der Tel Aviv University, Medical School. Sie ist Mitglied der Redaktionsleitungen der Fachzeitschriften *Psychoanalysis, Self and Context* und *Psychoanalytic Inquiry* Im Jahr 2020 war sie die Herausgeberin des Bandes »Beyond the Consulting Room – Psychoanalysis Within the Social Sphere«, *Psychoanalytic Inquiry*, Bd. 40, Nr. 7.

Anna **Ornstein**, M.D., geb. 1927 in Ungarn, emer. Professorin für Kinderpsychiatrie an der Universität von Cincinnati/USA, Psychoanalytikerin aus dem Kreis um Heinz Kohut, über 80 Veröffentlichungen. Darunter 1974/1991: »The dread to repeat and the new beginning« (»Die Angst vor der Wiederholung und der Neubeginn«), zusammen mit ihrem Mann, Paul Ornstein, 1996 »Speaking in the interpretive mode and feeling understood«, ebenso 2001 »Empathie und therapeutischer Dialog«, allein 1997 »Tales of slavery and deliverance« (»Versklavung und Befreiung. Jüdische Schicksale aus Ungarn als zeitgemäße Pessachgeschichten«); zahlreiche Ehrungen.

Christa **Paulinz**, Mag. phil., Psychoanalytikerin in freier Praxis (Erwachsene, Kinder/Jugendliche), Lehranalytikerin und Supervisorin im »Wiener Kreis für Psychoanalyse und Selbstpsychologie«.
E-Mail: paulinz@aon.att

Viera **Pirker**, Prof. Dr., (*1977 in Tübingen) ist Theologin und Pastoralpsychologin, sie hat die Professur für Religionspädagogik und Mediendidaktik an der Goethe-Universität Frankfurt inne. In ihrer Forschung arbeitet sie zu religiöser Bildung in digitaler Transformation, visuelle Religionskulturen, Identität und Pluralität. Mit der Arbeit »fluide und fragil – Identität als Grundoption zeitsensibler Pastoralpsychologie« wurde sie 2012 an der PTH Sankt Georgen (Institut für Pastoralpsychologie und Spiritualität) promoviert. Bis 2020 lehrte und forschte sie am Institut für Praktische Theologie der Universität Wien. Lehraufträge in Essen, Linz, Wien-Krems, Graz, Mainz, Gießen.

Gudrun **Prinz**, Dr. phil.; selbstpsychologische Psychoanalytikerin und Humanbiologin; Lehranalytikerin und Supervisorin im »Wiener Kreis für Psychoanalyse und Selbstpsychologie« (WKPS) und seit 2018 Leiterin dieses Kreises; Lehrbeauftragte im Masterlehrgang »Psychotherapeutisches Fachspezifikum: Individualpsychologie und Selbstpsychologie« der Universität Wien; Arbeit als niedergelassene Psychotherapeutin in eigener Praxis mit Erwachsenen, Kindern und Jugendlichen im westlichen Niederösterreich und in Wien.
E-Mail: gudrun.prinz@gmx.at
Homepage: www.gudrunprinz.com

Petra **Purkarthofer**, Dr. phil., Psychotherapeutin und Psychoanalytikerin in freier Praxis, Mitglied des »Wiener Kreises für Psychoanalyse und Selbstpsychologie« (WKPS), Sozialwissenschafterin und Lehrbeauftragte an der Universität Wien.
E-Mail: praxis@petrapurkarthofer.at

Franz **Resch,** Prof. Dr. med., geb. in Wien. Psychiater, Kinderpsychiater, Individualpsychologe mit Ausbildung am Alfred-Adler Institut in Wien, Ordinarius für Kinder- und Jugendpsychiatrie, Zentrum für Psychosoziale Medizin, Universtätsklinikum Heidelberg. Von 1999 bis 2013 Präsident der Liga für das Kind Deutschland. Forschungsschwerpunkte: Entwicklungspsychopathologie der Adoleszenz, Risikoverhaltensweisen, Stress und Trauma, schizophrene Psychosen. Autor und Co-Autor von zahlreichen Büchern und über 500 wissenschaftlichen Publikationen, Herausgeber der *Praxis der Kinderpsychologie und Kinderpsychiatrie*.

Eleonore **Schneiderbauer**, Dr. phil., Klinische Psychologin und Gesundheitspsychologin, Selbstpsychologische Psychoanalytikerin und Klientenzentrierte Psychotherapeutin, Lehranalytikerin im WKPS, seit 1985 in eigener Praxis in Wien.
www.schneiderbauer.eu
E-Mail: psychotherapie@schneiderbauer.eu

Karoline **Windhager,** BA, selbstpsychologische Psychoanalytikerin und Pädagogin; Vorstandsmitglied im »Wiener Kreis für Psychoanalyse und Selbstpsychologie« (WKPS); Leiterin der Informations- und Beratungsstelle des Wiener Landesverbands für Psychotherapie (WLP); arbeitet als Psychotherapeutin mit Jugendlichen und Erwachsenen in freier Praxis in Wien.

Brandes
&Apsel

Daniel N. Stern
Nadia Bruschweiler-Stern

Geburt
einer Mutter

*Die Erfahrung,
die das Leben einer Frau
für immer verändert*

»Einfühlsam hat Stern all die psychischen
Beben und Verwerfungen in Szene gesetzt, die
eine Mutterschaft mit sich bringt.«
(Psychologie heute)

»A warm, insightful book about the steps
which new mothers must encounter on their
road to motherhood.«
(T. Berry Brazelton)

*6. Aufl., 244 S., Pb. Großoktav, € 24,90
ISBN 978-3-95558-057-5*

Daniel N. Stern

Ausdrucksformen
der Vitalität

*Die Erforschung
dynamischen Erlebens
in Psychotherapie,
Entwicklungspsychologie
und den Künsten*

»Therapeut und Patient *können der in den
Vitalitätsformen zum Ausdruck kommen-
den Abwehr inne werden. Es entsteht ein
körperlich-geistiger Dialog des impliziten
Erlebens, der neben der reflektierten verbalen
Verarbeitung herläuft und es so ermöglicht,
tiefe Einblicke in das Implizite zu bekommen.«
(Selbstpsychologie)

*2. Aufl., 168 S., Pb. Großoktav, € 19,90
ISBN 978-3-86099-692-8*

Daniel N. Stern et al.
(The Boston Change
Process Study Group)

Veränderungs-
prozesse

Ein integratives Paradigma

»Der eigentlich neue und originelle Beitrag der
Stern-Forschungsgruppe gründet im Beharren
auf der zentralen Bedeutung vorsprachlicher
Begegnung als eigentlich relevantes therapeu-
tisches Geschehen.«
(V. Kattermann, Dt. Ärzteblatt)

*3. Aufl., 280 S., Pb., € 29,90
ISBN 978-3-86099-901-1*

Daniel N. Stern

Der Gegenwarts-
moment

*Veränderungsprozesse
in Psychoanalyse,
Psychotherapie und Alltag*

»Nichts geringeres strebt Sterns ›Present Moment‹ an, als eine neue metapsychologische
Kategorie und eine Methode der Interaktions-
analyse der Psychoanalyse und der Alltagspsy-
chologie zu Grunde zu legen und als Theorie
intersubjektiver Verständigungsprozesse zu
postulieren.« (Psyche)

*5. Aufl., 288 S., Pb., € 29,90
ISBN 978-3-86099-817-5*

Unseren Psychoanalysekatalog erhalten Sie kostenlos:
Brandes & Apsel Verlag • Scheidswaldstr. 22 • 60385 Frankfurt am Main
info@brandes-apsel.de • www.brandes-apsel.de

Brandes
&Apsel

Donna Orange
George E. Atwood
Robert D. Stolorown

Intersubjektivität in der Psychoanalyse

Kontextualismus in der Psychoanalytischen Praxis

Mit ihrem Werk haben die Autoren eine längst überfällige aktuelle und praxisorientierte Grundlage der psychoanalytischen Intersubjektivitätstheorie verfaßt. Ebenso wie vorangegangene Bücher von Stolorow et al. ist auch dieses Werk für eine breite Leserschaft von Psychoanalytikern und psychoanalytisch orientierten Psychotherapeuten eine theoretisch erhellende und klinisch hilfreiche Lektüre.

2. Aufl., 144 S., Pb. Großoktav, € 19,90
ISBN 978-3-86099-224-1

Donna M. Orange

Emotionales Verständnis und Intersubjektivität

Beiträge zu einer psychoanalytischen Epistemologie

Für Orange ist der Schlüssel psycho analytischer Arbeit die emotionale Heilung, die aus dem verbalen und nonverbalen Zusammenspiel von Patient undAnalytiker besteht.

»Sie bahnt den intersubjektiven Weg zum Verständnis des Patienten, wobei die Empatie, verstanden als stellvertretende Introspektion, den Zugang in die Erlebniswelt des Patienten bereitet.«
(D. Becker, Psyche)

288 S., geb., € 29,–
ISBN 978-3-86099-781-9

Joseph D. Lichtenberg
Frank Lachmann
James L. Fosshage

Das Selbst und die motivationalen Systeme

Zu einer Theorie psychoanalytischer Technik

Ein grundlegendes Werk zur Fundierung der Theorie des Selbst und der psychoanalytischen Behandlungspraxis, die die Entwicklungen der Psychoanalyse und anderer Wissenschaften der letzten Jahre integriert.

2. Aufl., 344 S., Pb., € 39,90
ISBN 978-3-86099-161-9

Joseph D. Lichtenberg

Kunst und Technik psychoanalytischer Therapien

In Kunst und Technik psychoanalytischer Therapien geht Lichtenberg ausführlich auf das Handwerk des Psychotherapeuten ein, und zwar im Hinblick auf die Patienten unserer Zeit – Patienten, die typischerweise unsichere Bindungserfahrungen und ernsthafte, um die Themen der Sicherheit und Retraumatisierung kreisende Ängste in die Therapie mitbringen. In jedem der zehn Kapitel wird eine andere Leitschnur für die Technik formuliert.

232 S., geb., € 29,–
ISBN 978-3-86099-857-1